与改革开放同行

中国人民大学校友口述史（第一辑）

中国人民大学校友工作办公室／编写

中国人民大学出版社
· 北京 ·

与改革开放同行

晓华题

编 委 会

序　言 | PREFACE

2018年，改革开放迎来了第40个春秋，中国人民大学迎来了复校40周年的纪念，距离77、78级校友入学，也已经过去了整整40年。中国改革开放大幕徐徐拉开，77、78级校友自从与人大结缘开始，以艰苦奋斗、自强自立的精神，探求真知、博学笃志的求学态度，心系社会、报效家国的责任担当，书写下与改革共命运、与时代共发展的精彩人生故事。

40载时光荏苒，历尽沧桑。1978年7月7日，国务院批复了教育部《关于恢复中国人民大学有关问题的请示报告》，诞生于抗战烽火、成长于革命征途的中国人民大学结束了短暂的驻足，重新迈开了奋进的步伐。此前不久，来自五湖四海的几百万考生，走进了高考考场。他们的经历注定不凡：虽曾历经苦难，却始终奋发向上，希望通过这场考试改变自己的命运。1978年4月20日，1977级3个班240名同学走进人大校园；10月20日、21日，1978级22个班1 077名同学入校，由此与中国人民大学结缘，同他们的母校一起，在改革开放的时代洪流中获得了重生。

40载岁月如歌，见证芳华。77、78级学生是中国人民大学复校后的第一批学生。复校初期，办学条件虽艰苦，但他们求知的热情和飞扬的理想却并没有被阻挡。八百人大教室慷慨激昂的演讲、露天食堂的饭菜、一本本油印的教材……这方校园的一情一景，都成了他们最珍贵的记忆。他们激荡于古今中外的学说思想中，沐浴在改革开放的春风里，关注着社会的日新月异，与母校共同进步成长。

40载心怀感激，师恩深重。中国人民大学复校的消息传来后，曾散作漫天星火的人大教职员工，克服了种种困难重聚校园。面对中国人民大学的新一批大学生，老师们感到的不仅是兴奋，还有重新搭建学科体系、立德树人的沉甸甸责任。大家以“时不我待，只争朝夕”的紧迫感，全身心投入到教学、科研和日常管理任务之中，使复校后的中国人民大学，很快回归到了它在社会中应有的地位。教职员工们的辛劳付出，让77、78级同学们终生难忘。

40载春风化雨，桃李芬芳。77、78级校友从人大启航，奔向新时期现代化建设的各条战线。从敢为人先、推动国家社会向前发展的政界精英，到筚路蓝缕、艰苦创业的商界翘楚，再到闻名遐迩、潜心治学的专家学者，他们在自己的工作岗位上兢兢业业，努力奋斗，奉献着青春和智慧，为我国改革开放和社会主义现代化建设做出了应有的贡献。77、78级校友不仅是时代变革的见证者，同时也是时代变革的参与者和推动者。他们持之以恒地践行着“实事求是”的校训，为中华民族的伟大复兴不断谱写新的华章。

40载砥砺奋进，不断前行。中国人民大学复校40年来发生了翻天覆地的变化，校园面貌焕然一新，新校区在北京城市副中心开工建设，绘就出了“世界一流、北京最美、独具风格”的现代化示范校园蓝图；学校各项工作全面推进，一流学科发展和绩效评价体系制定完成，“双一流”建设稳步推进，科研工作取得新进展，人才培养工作在稳健中不断创新，人才队伍建设扎实推进，国际交流水平持续提升。这些成绩的取得，凝聚着包括77、78级校友的大力支持和无私帮助。

呈现在读者面前的这部《与改革开放同行——中国人民大学校友口述史（第一辑）》收录了40位77、78级校友的口述访谈，用文字还原了40位改革开放见证者的求学经历和奋斗故事，刻画了时代背景下一段段跌宕的人生轨迹，描绘了一个个鲜活的人大校友奋斗者的形象。尽管囿于种种条件，不能访谈所有校友，但相信本书记录的故事，可以为人民大学的校友群像增添一抹耀眼的亮色。

追寻改革足迹，聆听改革声音，塑心聚能，澎湃向前。在这个独具意义的历史时间节点，我们感受历史的厚重，也目睹了新时代的成就。重温历史，我们体会信仰的力量；阅读今天，我们见证斐然的发展成绩；畅想未来，我们对中国道路更加自信。

我们与77、78级校友共勉，不忘初心、牢记使命。我们共同回望改革之路的征途，温习中国人民大学与党和国家共命运的光荣传统，是为了在新时代找准自己的前进方向，继续扎根中国大地、创办世界一流大学。

我们与77、78级校友同行，“却顾所来径，苍苍横翠微。”复校40年起点上的中国人民大学年轻而充满朝气，在这个古老而伟大的国家，改革的步伐已走过千山万水，仍需披荆斩棘。年轻而充满朝气的中国人民大学，必须在伟大的时代中准备好承担自己的使命，不驰于空想、不骛于虚声，勇做“双一流”建设的排头兵，勇做时代之问的答卷人，勇做民族复兴的筑梦者！

目　录　CONTENTS

王丹彦

人物简介 北京人

大众传播伦理学博士，二级高级编审，享受国务院特殊津贴专家（正局级），全国百佳广播电视理论工作者。1978—1982年就读于中国人民大学哲学系。曾任中央人民广播电台理论部主任、法制部主任、社教中心副主任，中央电视台社教中心副主任、主创作者，国家新闻出版广电总局宣传管理司副司长，中国电视艺术委员会副主任兼秘书长，中国电视艺术家协会常务理事，中国广播电视学会常务理事。十余次获中国广播电视节目一等奖、全国人大新闻一等奖、全国“五个一”工程奖等。现任中国文艺评论家协会副主席，北京大学艺术学院及中国传媒大学艺术部特聘教授。

人大给我的最深的印记就是：融化在血液里的使命感、责任感和家国情怀。在遇到问题时，不会以个人去站位，而总是会从国家的角度，从民族的角度来考虑。

◎ 学海泛舟久，十年人大情

我在北大出生，也在北大长大。父母都是离休干部，一路参加革命当兵过来筹建总参某部，所以我从小行事作风就有军人的感觉，没有女孩子娇滴滴的习气。因为北大于我太过熟悉，所以一心想要换个环境，于是有了与人大的情缘。本科加上博士，人大记录了我将近 10 年的岁月痕迹，也影响了我的发展轨迹，打磨了我的观念秉性。

我小学转了三次学，都是红小兵副连长，到了中学，做班里的团支部书记，后来又做校团委副书记。但实际上我不会“当官”，我会干事儿，做事才走心。我在北京 101 中学做校团委副书记的时候，专管出学校宣传的最重要的两大块黑板报，每隔一段时间更新一期。这个过程很锻炼人，每新出一期，黑板报前都会围满了人。那时候海淀区还有校团委书记的马列学习小组，我们都很活跃。我后来一心想学哲学，渊源也就在这。

上大学之前的工作，我其实有很多选择，例如去部委做秘书，我都没去。那时候，我一心想当产业工人，调研了各地插队的情况后，我觉得产业工人最先进。终于，有个纺织厂来校招工，于是我有了在北京市七一棉织厂的一段工作经历。刚进厂时，厂里看重我，想让我做团委副书记，而我一门心思要从底层干起。就这样，我成了一名光荣的织布挡车工。那时的工作是早中晚三班倒，看管 36 台织布机，一圈一圈地转，眼快手快是必需的。要时刻保持注意力，不能打盹，特别是夜里。因为打盹就有可能放过布料上的小疵点，而小疵点的处理必须在10厘米之内。过了10厘米，布料就不能拆开了，瑕疵也就没法补救，整批布将降为二等品。在处理手头的小疵点的时候，还要兼顾其他35台机器的情况，要协调好。当年，我创造了我们厂里第一个万米无次布，成为北京市“学大庆标兵”。那时候没有任何物质奖励，就是一车人敲锣打鼓到家里送大红花、送喜报。

这一段亲身经历，后来成了我笔下的答卷。1977年我参加高考，那一年高考的语文作文题目是《我在这战斗的一年里》。我写了这一段经历，结果作文拿到了85分的好成绩。1978年人大复校，我如愿成为中国人民大学的一名新生。我一直对物质和意识的关系问题非常感兴趣，在我的理解中，哲学是自然科学和社会科学之上的一个统领学科，所以我选择了哲学专业。和大部分同学不同，我当时的身份是工人，因此是带薪上学。

我对研究康德很有兴趣，而当时我们班同学大部分的研究方向都不是这个，于是，我经常去找陈志良和唐有伯两位研究生讨论问题。我们的讨论多半在吃饭的时间，地点是教职工食堂。我是本科生，本没有资格进教职工食堂，为了讨教问题，我就顾不了那么多了。我们一起讨论的话题很多，除了康德，还有很多相对高深的学术问题。他们读的书多，所以他们的视野自然比我们本科生更开阔、更专业。

那时国门刚刚打开，国外的很多英文资料涌入进来。我的英语在班里还可以，我翻译了《社会心理学》、康德的《未来形而上学导论》和《实践理性批判》等书籍的节选章节。罗国杰老师也很信任我，让我帮他翻译一些原著作品，大约十万字。翻译过程本身就是一种锻炼提高，遇到不明白的问题我就去请教高年级的学生，又是难得的学习机会。

这样跨年级的交流和对话，在努力中钻研、进步，这些经历让我受益良多。

回忆大学时光，除了学习，还有令我印象深刻的事，那就是每天早起跑步背单词。我那时是英语快班的课代表，出于鞭策督促自己的目的，我告诉自己必须得早起坚持背单词。早晨六点起床到操场。身体和头脑都运动，宿舍 8 个人一早就都出去了，那时候特别积极，风雨无阻。我还参加了学校武术队，早上跟大家一起站桩、压腿，然后下午 4 点多还有一段训练，每天两段训练是一个比较有意思的事情。这个每天坚持锻炼的习惯，竟然把我多年的鼻窦炎治好了。

工作多年后再与母校结缘，是在 1996 年。校友们告诉了我一个好消息：国家的新政策出台，参加工作的可以用同等学力直接读博。我本来工作很忙，天天加班。但是感念他们的好意，我觉得是种鼓励，也是种肯定。于是，在学友们的帮助下，也通过自身的努力，我顺利通过了五门加试，1998 年，我又回到中国人民大学哲学系入学读博。

我考虑再三，我认准了罗国杰老师令人折服的学养和为人，想着这就是我的人生导师，所以最终选择了跟随罗老师做传播伦理学方面的研究。罗老师思想很开放，也有一套自己的学术布局，我们这一批学生主要研究方向大都是应用伦理学。我们之前的工作经验成了博研经历中的一笔宝贵的“财富”。

我是全国大众传播伦理学的第一个博士。因为长期从事广播电视相关的工作，话语体系已经养成了传播学的习惯，写出来的东西就不像伦理学的。那时，传播伦理学在国内没有任何引进的读物可以借鉴，经常写着写着我就自己推翻了，博士论文的写作就是不断推翻传播学逻辑关系，更改成伦理学模式的过程。所有的大小书店，所有的和应用伦理有关的书我全都买来，还有就是去国图复印相关资料，集中研究应用伦理学的话语体系。经此一段，我也明白这篇博士论文的写作，必定是要在曲折中寻找方向，不断摔跤跌倒再不断爬起来向前。论文很“难产”，加上工作繁忙，整个论文的写作打磨耗费了很长时间。到最后，借着“非典”时期会议少，我在办公室住了 3 个月不回家，天天修改论文，天天熬。功夫不负有心人，最终我的论文成为人大伦理学的全优论文。而这也成了我长达5年的博士生涯的完美句号。

博士论文的写作过程，潜移默化地使我有了一种学术思考的习惯，今后无论做什么事情会有两套思维体系，一套是尽职尽责要做的事，另一套就从一个学术的角度来看这件事情是怎样的。在职期间，我先后结合工作完成了近20个业务调研报告和部级课题，在《人民日报》《光明日报》《红旗文稿》《理论前沿》和《中国广播电视学刊》等报纸杂志上发表了100多篇评论研究文章，先后主编出版了《中国电视艺术发展报告》系列等20多部理论研究著作。我的新专著《电视艺术创新：思维重启》近期已送出版社，即将正式出版。

◎ 知识即力量，理论广传播

从踏上岗位到退休，我在广播电视界工作了几十年。然而我并不是新闻专业出身。从哲学的高深转入广播电视的通俗，一切的最开始，都是机缘巧合。

本科毕业分配时，中央人民广播电台作为一级单位，优先来到学校挑人。他们要求的条件比较苛刻，政治上、文笔上都得过硬。当时我在班里不是最能写的，却是最早发表文章的。我的学年论文写的是康德的终极意向，发表在《自然辩证法报》上，后被选入《人大期刊复印资料》，再加上我的毕业论文也是优，于是我就被老师们推荐，选到了中央人民广播电台工作。其实我自己当时也不怎么听广播，懵懵懂懂就一脚踏入了新的领域。

那个时候全社会都讲“知识就是力量”，大众媒体都非常重视理论。当时的中央人民广播电台有理论编辑部这个部门，分为哲学、经济、法律3个组，我就进了哲学组。

到央广后我发表的第一篇学术小文章叫《受众群》，我提出了“广播受众群”这个概念，不认识我的人读了几乎都以为我是老头儿，跟我说一个多余的字都没有，条理特别清晰，逻辑性很强。我的文风就是这样的，这可能受益于我上学期间读译康德的英文原著，也受益于罗老师对我进行的翻译训练，对我的思维能力起到了一定的潜移默化的积极作用。

刚去第一年，我找到人大哲学系的老师合作，做了“全国自学高考哲学问答”。我采访老师并执笔，之后老师再根据文稿帮我修改。这个哲学问答推出后备受好评，出版成书竟然卖了55万册。当时，理论编辑部根据社会热点举办各类广播讲座，例如：十三大党章修改的辅导讲座，就请修改党章的人来做广播讲座辅导，讲为什么要这么修改。如果农村改革是年度重点，我们就做中国农村改革当前的若干重要问题系列讲座；如果国企改革是年度重点，我们就做国企改革的问题；如果金融改革是年度重点，我们就做金融专题等等。之后印刷出版的书籍都十分火爆。而我出的书基本上列为每年理论编辑部的出书之“最”：推出书籍数量最多，销量也最高。比如《现代思维与改革漫谈》《现代领导观念漫谈》及《中国文化传统对话》。值得一提的是我编的《严新气功现象》是唯一一本被香港出版社选中并买走版权的严新相关书籍。

当然，这份工作压力也不小。中央人民广播电台的理论编辑部，当时在全国的权威性非常强。

著名的“真理标准问题大讨论”，《光明日报》刊载文章当然是第一功臣，但在整个讨论的前后时期，中央人民广播电台联手配合推出了若干相关的内容，在全社会营造合力。从那时起，每一个理论编辑部的成员，都以传播高端但又关注现实的理论知识点和对现实解疑释惑为己任。强大的权威性意味着重大的责任感。工作过程中，大家都特别注意确保文化的原汁原味和理论的准确性。因为任何一个微小的常识性问题都可能被听众挑刺，那么中央人民广播电台理论节目的权威性也就会受到挑战。

在理论部的工作，为我的职业成长和学术成长打下了很好的基础，文史哲经法都触及。每做一个大专题，就可以和相应学科领域里顶级的学者对话交流，自然也就在这个专业里有了积淀。

我举一个例子。在很长时间里，中国出现了“一手软一手硬”

的问题，就是只抓物质文明，不抓精神文明。后来针对此问题，中央连发了两个精神文明决议。在这个过程中，全民掀起热潮，讨论社会公德、传统美德、职业道德等等话题。我策划了专题“传统道德大家谈”。“大家”有两个意义：一是从各方来的声音，所有人都可以参与讨论。二是专指名家、大家发表自己的观点看法。我当时采访了很多哲学界、史学界、文学界的泰斗，比如任继愈、季羡林、张岱年，邀请他们来谈中国传统道德是什么。有些地方把我们每期节目的内容都张贴出来，广为宣传。我们收到了好几麻袋的听众来信。后来这些内容结集，由中国人民大学出版社出版，书籍叫作《传统与选择——中国传统道德大家谈》，出版后广受好评，大家都爱看。我后来还做过一个比较有影响力的专题节目——“共和国法制建设 50 年”。第一部宪法、第一部婚姻法、第一部消费者权益保护法……我们邀请所有参与过法律制定、撰写法律条文的前辈来口述历史，作为历史的见证记录。因为我并不是法学界的人，很多情况都不了解，联络采访的时候，得到了司法部、中央政法委、人大法工委、中国政法大学等多方面的帮助。现在很多当时参与节目的人已经不在了，这些录音也就成了中央人民广播电台的绝版，常常作为重要的音频素材出现在重大节庆的专题节目中。后来，根据这些录音内容，我整理出版了一本书，叫作《共和国法制建设 50 年》，我因此入选中宣部司法部“三五普法先进个人”，《人民日报》刊出了获表彰人员名单。

还有值得一提的一件事是我曾接受总理办公室的任务，撰写《答日本 NHK 记者问：如何看待九十年代中国改革和中日关系未来》，要求我用 5 天交稿，我 4 天就交了上去。大领导批示：写得很好，可提供参阅。后来得知这项任务在我之前曾找了好几个人都没接下来，由此我得了“广电第一支笔”的绰号。

长期的工作积累，让我个人形成了一个中国顶级专家的联络资料库，这一点我非常自豪。简单说，全国范围内所有学科领域，无论需要找哪位专家，我马上就可以联络到。这主要与我在日常工作中的用心积累有关系。每做一个专题，联系采访的相关专家我都认真记录下来，逢年过节也会打电话问候他们。没有什么礼物相送，我就把每年出版的书籍寄给他们，就这样保持联系，形成一个庞大的联络网。每遇到大事需要找专家咨询，各部门同事就会打电话过来，让我帮忙推荐联系相关专家。我也会根据情况给出自己的建议，比如哪位专家最近身体不好暂时不要打扰，哪位专家水平很高或者口才好等等。国家的十三大、十四大、十五大等，每一个中共中央的决议的辅导报告都是理论部首先去做专题的讲解辅导，请报告的撰稿人来直接做节目。我是全国理论广播研究会的会长，负责协调全国30多个省台的社教部，统一时间，统一联播，然后各台根据自己的时间重播。

我赶上了理论节目在全国最辉煌的十几年，我很幸运，也很努力。由于我在广播方面的业绩，《中国新闻出版报》当时对我做了一篇2 000多字的人物通讯——《激情飞扬的广播人》。我总觉得自己溶在血液里有一种使命感和责任感，这种使命感和责任感鞭策我：做事不能凑合，做事要严谨，要追求完美。

◎ 展示真善美，凸显价值观

作为人大人，我不仅学到了丰富的知识，还真正领略到、体会到知识分子的拳拳之心。

记得中央电视台要拍一个党的十四届六中全会精神文明决议的专题节目。由于电视业的发展，电视的影响力越来越大。上级就把这个任务交给了中央电视台，认为全国广播联播已经做到顶了，没有再上升的空间了，就做电视，那是1996年。因为我有理论部功底，当时被借调到中央电视台，正好接手这一任务。我去的时候，任务已布置下来两个月，还没接上头。杨伟光台长就说：丹彦来了，这些事由她牵头总负责，我就开工。我记得有关于精神文明道德建设这部分，是中宣部常务副部长郑必坚牵头负责，由中宣部理论局局长李君如来讲。在十四届六中全会正式会之前，我们的讲座已经录完了。等到决议一通过，就准备开播。

这个时候就发生了很有故事性的一个情节。那是在京西宾馆的十四届六中全会的预备会上，大家对整个文稿进行讨论，对最后一稿提交反馈。当时会上就有中国伦理学会会长罗国杰老师。

我记得他看了稿子以后，作了15分钟左右的发言。重点是针对建设社会主义精神文明决议里面的社会主义初级阶段的道德建设。有个背景是，中华人民共和国成立以来一直讲“以集体主义为原则”。我们这么多年伦理学教学，强调社会主义道德的核心理念，就是“集体主义”。但这一稿，把这个改成了以“为人民服务”为原则，说这是社会主义初级阶段的道德的基本原则。罗老师看了文稿之后阐述了他的观点，主题是“集体主义不能丢。”他说，从《共产党宣言》开始，无产阶级政党的基本理念，深层伦理原则就是集体主义，而不是个人主义。可以说，集体主义这个概念是共产主义奋斗目标里暗含的一块重要的理论基石，不能去掉。他用15分钟的发言说服了撰稿组的所有专家，但是因为已经写成了“以为人民服务为基本原则”。时间非常紧张，再过2天就开会了，大家就紧急动手修改，将决议改成“以为人民服务为核心，以集体主义为原则”。在其他地方强调指出“要加强社会主义的社会公德建设，职业道德建设、家庭美德建设，要在建设过程中坚持和弘扬为人民服务和集体主义精神。”很显然，集体主义是后加上的，但是集体主义没有丢。在这件事上，作为执政党的决议，上会之前审议稿能够吸收一个专家的中肯意见，显示了我们执政党建设的开明。这么多年的发展过程表明，我们认定实践是检验真理的唯一标准，谁掌握着检验后的真理，我们就认同谁。

对罗老师而言，就是在这种场合下已经被层层的各级审查通过的稿子，他认为什么表达更具真理性，什么表达更具实践性，更有利于国家和民族的发展，它是一个基本原则不能断。罗老师敢于站出来，应该说我们中国的知识分子中像这样的人，不是多了，而是太少，十分难能可贵。能用15分钟将集体主义讲得清晰明白，脉络清晰，确实体现了罗老师作为理论大家的修养和学识。同时，也体现了一个知识分子，一个有责任感、使命感的理论家、伦理学家的担当。作为伦理学的泰斗，他心里面只认同什么是真理，而不是谁的权威大我就听谁的。我认为，这就体现了一个知识分子的良知、高尚的品德和博大的爱国情怀，高山仰止。往小了说，罗老师是我们人民大学的骄傲。往大了说，他是中国知识分子的骄傲，是中国知识分子群体的杰出代表，是我们哲学界的骄傲。同时，因为他修改了决议的一个理论核心支点，我作为节目总负责人，就要把这一讲重录。当时找李君如局长，他很爽快，说丹彦这一讲咱们得重录。这一点对李君如局长来说也是很不容易的，实际上修正了李君如局长和郑必坚部长的观点。大家都向真理看齐，重新录了包含集体主义的一讲。

在十四届六中全会后不久，我又接受任务做了十五大报告的专题解读节目。当时我用多年积累的专家信息库资源询问这次总撰稿组由谁牵头负责，一问是时任中办主任的温家宝负责，中宣部常务副部长郑必坚是常务副组长，工作点定在玉泉山。我就去采访，上报到台里，杨台长说“好，就按照这个采访出结构、录专题”。大概是 22 集还是 24 集这么一个体量的专题，每一集 20 分钟。采访的名单都是各方面撰稿组的牵头人，例如：外交部分是由当时中央外事办主任刘华秋主讲，军事方面是副总长熊光楷主讲，经济体制改革部分由国家体改委副主任高尚全主讲。后来播出的整个讲座，创造了中央电视台的重播之最。我当时了解到台里已经重播了 43 次，历史上，在中央电视台的专题节目中，这是从来没有过的。除了《西游记》，现在全中国任何一个电视节目也没有被这么关注、这么重播过。因为从这一次决议开始全国党员都以收看电视学习为主了。从此以后，电视专题片就成了宣传党的精神、传播党的声音的首要媒介渠道。

◎ 荧屏绽异彩，纪录万象新

从 1982 年大学毕业到 2000 年调入国家新闻出版广电总局宣传管理司，这 18 年的时间我一直在广播电视领域的一线工作。除了上面提到的中央人民广播电台的丰富工作经历，我还在中央电视台待了两年半的时间。那两年半属于挂职交流的性质，我当时是中央人民广播电台的理论部主任，到中央电视台是社教中心副主任。

我当时经手管理了很多知名的节目：《夕阳红》《十二演播室》《走近科学》我是第一策划，《今日说法》也是我们一起开讨论会拿出的最早方案。用力最多的还是纪录片。我到了央视之后，参与监审和策划了很多大型的纪录片、专题片。

《世界著名大学》这个专题特别值得一说。那时候国门刚刚开放，已经有些人开始外出留学。但是学习的通道还不那么顺畅，很多情况大家还不了解，掌握的信息也有限。基于此，我一手策划了这个专题，也是想为大家“打开一扇窗户”。当时领导也很重视，一下子批了几百万元。

第一集上下两部分共 30 分钟，做了破题的开篇。澳大利亚 6 个省我们转了 4 个，片子内容很丰富，介绍了澳大利亚 10 所著名大学，还采访了这十所大学的校长、澳大利亚的教育部长、青年旅游部长和科技委主任。我当时既是出镜记者又是撰稿人，忙得不可开交。

节目播出之后，火得不得了。连续三四个月电话不停，都是咨询提问的。“那么好那么漂亮的校园，那么好的环境，我们怎么都不知道？留学怎么留，手续怎么办？”各种问题，一波接一波。说《世界著名大学》这个专题片的拍摄掀起了澳大利亚第一轮留学热，毫不夸张。

除了普通大众关注，这个片子还引起了同行们的注意。好几位拍纪录片的资深专业导演都认为片子拍得特别好看，还特意找到我，说王主任我得向你讨教，你那个镜头是怎么拍的，怎么接的，怎么能拍成这样的效果。但其实我是半路出家，做广播出身转到电视。这个片子能有这样好的画面效果，主要得益于两点。第一，我有一个好的摄像。这个摄像的腰功极强，不带哆嗦的。他拎着机子跟拍，我边走边采访人，他就跟着走，镜头保持得特别稳，也没用任何滑轨。我们也特意用心挑选了很多刁钻新鲜的角度拍，都是之前不常见的。第二，当时我们跟澳大利亚使馆关系很好。他们有拍好的年度最新宣传片，很多镜头都十分漂亮。因为我们拍得很通透，都是阳光白云蓝天的背景，他们的片子也很通透，两者刚好可以无缝对接。所以有些地标性建筑物的镜头，我们就直接拿来用。这是个讨巧的办法，效果也非常好。这个节目共做了106集，至今仍作为央视品牌节目继续在电视上播出，近期节目也将连线上短视频播出。

1998年，又有一个重大的题目摆在面前。时值改革开放20周年，那时我是一线的总监制。我们拍了《改革开放二十年》这部纪录片，这也是中国较早的一部以纪念改革开放为主题的纪录片。一共12集，有人物、有故事，有长镜头、有蒙太奇的手法，打破了之前编年式、文件式的纪录片创作结构，在创作手法上进行了很多创新。片子的第一集《飞越神州》，是第一次航拍中国。通过鸟瞰，纪录中国每个省的发展变化。当时拍摄也很不容易，有一次飞机出事差点出人命。飞机要是再歪一点，我们总摄影师的整条腿就会被压得粉碎。好在种种努力终究值得，片子播出受到了观众的好评，也拿了不少奖项。

在央视的时间不长，但是由此我和专题片、纪录片结下的缘分不浅。后来我兼任中国电视艺术委员会的秘书长和副主任，组织制作了系列电视纪录片《绽放的力量——中国电视艺术回眸》，用四集把中国50年电视艺术的特征和来龙去脉说清楚。做这部片子历时三年半，披露了上百张珍贵老照片，采访了两百位老中青三代电视知名人士。前期没有任何的宣传，但播出之后，圈内专家都给我打了电话，说有一个纪录片不错，一看是你做的。圈内人也互相传，说最近有一部重量级的纪录片。能获得肯定自然值得高兴，而这背后也包含了我从业多年的思考。做纪录片，我们总结的思路逻辑是“专题故事化，故事人物化，人物细节化”。专题片要纪录片化，纪录片要有专题片的高度，这才是国家级电视台的品质。后来这部片子被国家档案馆收藏，我们又续拍了18集。另外还拍摄了30集的《飞天传奇》。

实践向前推进，也要有不断进步的理论做支撑。《中国电视》是中国电视艺术委员会主办的艺术理论刊物。我去到艺委会之后，正好赶上纪录片和动画片的大发展，所以我就又增加了两本杂志：《中国电视 · 纪录》和《中国电视 · 动画》。说起来，我是自己给自己增加了工作量。本来作为主编，我每月只是审一本杂志，增加之后每月就要审三本，有 30 多万字。我在任期间，杂志办得很好，有好几个学校的院长或是老师都想跟我合办栏目。名义上是合办，其实就是拿钱换、卖栏目，因为现在杂志的版面都很紧张。但是我一直坚决顶着，就坚持做纯学术刊物，不卖任何版面。

2010 年，我们决定组织编撰《中国电视艺术发展报告》年度蓝皮书。这本书是国家新闻出版广电总局（以下简称广电总局）首次组织编撰的，具有专业性、系统性、文献性和权威性。我也是连续熬了好几个月在撰写，连我的助手都说这本书出不出来了。因为第一本需要建立一个规范和标准，所以来回推翻了再起草，连续推翻了四稿五稿。总论部分我就天天熬夜，咖啡、茶、西洋参换着喝，结果熬得不行，我还能坚持，但把我的司机熬得春节高烧在家里病了 3 天。打开书籍，连这里面的祥云纹样式的设计都是我建议的，我对这些细节很追求完美，希望图案的特点都是能够和我们电视的节目和我们的主题相关的。这本书连同照片图表合计 80 万字，其中我用图表的形式来做的著名栏目汇集，为这些信息做梳理和存档，做得非常严谨和权威，直到现在他们都还经常要查询这个表。这本蓝皮书也是唯一一个蓝皮书系列能够在光明日报用全彩版整版给我们宣传推介的。做蓝皮书的过程，实际上就是把每年的情况打一个结，有一个时间节点和空间节点的结合，这样把事情的进步和优劣就看清楚了，等到两年的时候把这些一合并就变成书了，这也是一种工作思路。所以就慢慢让团队都有这样的工作思路，现在他们都成专家了，有关于纪录片、电视剧等等的论坛，肯定得请我们分卷的主编去讲课，慢慢也会成为副主编。

多年来我一直积极在做各项课题的研究。例如：关于引进节目模式问题的最早调研报告就是我提出的。内容涉及分析中国引进节目模式的现有类型，国外引进节目模式的渠道和方法研究，引进后有哪些受益以及遇到的问题等等。每到一个省台，我都特别注意在相关问题上做深入调研。这些调研为政府职能部门的节目管理提供了第一手的政策参考依据和背景资料，也便于日后对节目管理进行更好的把握。

◎ 坚持守底线，规矩成方圆

调入广电总局宣传管理司之后，我的工作内容从一线具体性的事务上升到了总体性的监管、审核、统筹。守底线、立规矩，更是对自身使命感和责任感的考验。而且我是广电总局唯一一个身兼两个局的干部，一个宣传司，一个中国电视艺委会。

有一年，广电总局派我和一位同事一起到商务部和日本通产省去谈判。最开始准备的时候，发来了两个问题：中国动画的现状、如何开展中国动画和日本动画的深度合作的问题。第二天去谈判。日本通产省来了一个团，分项和我们各个部委的人对话。有三个人来和我们对话，在问完那两个准备的问题后，日方说："我们日本有很多动画片在全球都非常受欢迎，有很高的质量，我们在全世界都卖得很好，但已经两年时间了，我们日本的动画片没有一部被你们中国引进。你们口口声声说要引进全世界优秀的文化，为什么对我们日本动画片采取这样的态度？"这是一个突如其来的问题。我立即回应道："任何一个国家的民族文化，在它发展的起步阶段都有保护性的措施。我们国家的动画正好是在这个阶段，我们要对自己民族动画产业的发展给予一定的保护和倾斜，所以我们最近这两年就没有采取引进国外动画这样的政策。"一句话就给打回去了，这是一定要打回去的。他本来觉得我对这突如其来的问题会不知所措。不是说他们的动画不好，但是你就得这么说。我就是敢于说"不"。

他们后来问了差不多3个类似的越规的问题，反反复复地说为什么日本这么好的东西，中国以前引进，而且效果很好，现在不引进了，这个是违反常规的。因为之前我刚带着中国动画团到日本去考察不久，日本动画界和中国动画界要深度合作，大家都很友好，都想合作。但是现在我们实际上就是要保护我们民族动画产业的起步发展，所以我们要采取这样的政策。我说："我们欢迎你们跟我们合拍，但是引进我们可能要限制，我们要把资金、资源都放在我们自己的产业上，最好的黄金时段只能播中国动画片！现在黄金时段播出的中国动画片虽然看着品质有点粗糙，但是必须有这个过程，我们相信未来会越来越好！"

我们必须得要在该说"不"的时候说"不"，哪怕是面对领导，哪怕面对利益，尤其是在国际形象、国际关系中，你还是得有自己的一些原则。该表达的表达，该维护的维护。这也是职业带给我的很独特的经历。

记忆深刻的还有一件关于迪斯尼落地中国的事情。迪斯尼当时要在中国落地已经筹备了大约有十年了，他们的条件就是：迪斯尼的建造要带个频道落地，并且要在北京或上海或广州挑地方。后来，上海浦东新区就主抓这个事了，打算与迪斯尼深度谈合作。于是，迪斯尼出钱，组织我们相关部委的所有的人，去全世界迪斯尼转一圈，考察迪斯尼到底适合不适合落地中国。我转回来以后，写了一份详细的分析报告，核心意思是：迪斯尼是披着华丽的文化外衣的文化输出，这个我们必须要小心。法国迪斯尼建在戈壁滩上、高地上、风口上，为了躲避风口，它把迪斯尼挖一大坑放进去，然后建个高墙，高墙外面要求迪斯尼建一个医院，建一个学校，建一个地铁站，这些要求迪斯尼都做到了，于是法国才把这块地给了迪斯尼。日本是填海建的迪斯尼，香港地区也是填海建的，凭什么我们人口多，耕地少，我们要把良田改成迪斯尼乐园。迪斯尼的理论是，我们具备世界上最优质的普世文化资源，比如我们讲：友爱、勇气、自信心等等，任何家庭小孩都需要的，既然你们是要引进各国文化的，就应当引进我们。但我发现，每一个迪斯尼最赚钱的是"海盗船"，就是美女与金钱决定一切的项目。背后他们悄悄赚钱，但表面上把共享价值往大了说。有的领导说：你这话说得有点犀利；也有领导说：我们还可以再犀利一点，迪斯尼就是一个文化帝国主义。我说我就中间值，就这样给他们送过去，但是再有什么，也不能让他们频道落地。应该把它们放到一片未开垦的荒芜之地，如果像法国那样，让迪斯尼必须给我们配一个医院，配个学校，配个地铁站，配个商场，配个宾馆等等，这些就业不就解决了，还会有很多游客去的，而且顺带拉动当地基础设施建设。我们可以让他进来，让他离得远点不就完了吗？我该说的话还得说，因为我是为国家、为民族的未来负责，为子孙千秋负责。

曾经有 3 年时间，全国所有引进的电视剧和动画片，我是最后一支笔，是否播出以我最后签字为准。所以，当时可以说国内国外的电视剧，还有动画片，我是全中国看得最多的。因为如果每个台一年能够引进一部，那么全国就需要引进 30 多部。而 30 多部是在一百多部里面选，引进之前都要审。虽然有专家团队会提专家意见，但是我的领导交代给我：专家意见，你只能参考，你自己要看。我说好，我就每天晚上看，一集一集仔细看，看到底有没有问题。每天看到 12 点、1 点多再回家。

有特别节目的时候，我白天上班，晚上去节目现场。例如央视青歌赛播出时期，晚上我去做青歌赛评委监审，其他一起做评委监审的还有赵季平、李谷一、闫肃、金铁霖几位老师，要评审谁为什么打高分，谁有什么问题之类。

我也是央视春节联欢晚会审查小组里的成员。白天上班，晚上审春晚，一审就审两三个月，以前都是这样的。晚上审春晚的时候，比如 5 个小时的节目，吃晚饭都快夜里 12 点了，吃完晚饭再开一个小时到两个小时的会，凌晨 2 点钟回家。第二天早上 8:30 又按时出现在办公室。电视圈就这个节奏。

我连续参审了 15 年的春晚。在春晚审查小组成员中，我往往是提出最直接、最具体的审查意见的人。例如：2009 年春晚有个小品是《不差钱》，就是小沈阳出道的那一个。小品内容说丫蛋要去上星光大道，当时的台词有一句是丫蛋说“爷爷，我才十六”。我说这句不行，违反广电总局关于真人秀选秀节目的规定，规定明确要求了参加选秀节目必须 18 岁以上。那年春晚录过六次彩排，他们改过一回，但是后来又改回来了，到腊月二十九晚上最后一场彩排时还按照十六说。当然演员确实也有自己的考虑：因为这是垫的一句，后面还跟了一个小包袱。如果这句话不说，后面台词的衔接很突兀。但是我很坚持，穷追不舍。到了年三十上午，我给中央台副台长打电话，说必须得改，否则全国的选秀规定就搞乱了。坚持原则是一方面，我也会认真帮他们想办法。因为我是一线干节目出来的，我不会直接说“这样不行，你们自己看着办”之类的，我会给他们出招。《不差钱》这句台词，我后来跟他们说，建议改成“爷爷，我才多大呀。”就模糊一下，不要具体说年龄。最后当晚直播就是这么处理的。

这种事情就是马虎不得。春晚是全国文艺管理的晴雨表。各地方主管文艺节目都对标春晚。春晚能到什么尺度，当年的综艺节目就能到什么尺度。所以坚守住这个底线，至关重要。央视的节目抓得紧，地方上的节目我们也丝毫不放松。江苏电视台的《非诚勿扰》曾经引发了一阵全国的热议，“宁可在宝马车里哭，不在自行车后面笑”这种言论，十分恶俗。全国声讨，节目被叫停整改。我当时就对他们提出建议，说一方面是停播整改，但另一方面也不是说这个节目就枪毙不能做了。修改以后的节目，请了新闻阅评组派人去看，让他们跟进整改过程。新闻阅评组会根据实际情况写报告，最后反馈回来是写了3篇批评，两篇表扬。客观全面认识，不都是负面，《非诚勿扰》这才留下了种子，一直到现在还在播。

在电视节目监管这方面，中国的情况比较特殊，和世界上大部分国家和地区都不一样。其他国家和地区是事后管理，建立法规，违法了就处罚。我们的新闻传媒一直都是以事先管理为主。另外，我们的电视是不分档的。大众传播和窄众传播，伦理要求规范不一样。比如一些欧洲国家，8点半前叫合家欢时间，电视节目里不能有接吻的镜头，不能有床戏，要求很严格。8点半以后，非合家欢时间再有具体的规定，是儿童在家长指导下观看或是儿童不宜，不同档位有不同要求，划分很细致。这种电视节目分档的机制在全世界都通行，但是中国没分。那怎么办呢？就只能在宣传的细则上把关。

我在任期间，将管理从事前管理发展到事中和事后管理相结合。事中管理就是：中间出现不好的情况就马上调整。例如：重庆台的《第一次心动》选秀节目，曾出现了严重低俗问题，我们立即叫停整顿，网上出现了 98% 的网民一边倒的支持，得到了大家一致的认可。

事后管理这方面，之前的监管条例只有 10 条要求，都是纲领性的，没有具体化。我牵头制定的细则，规定就很细致了，把这些年关于反低俗和不规范的内容全部细分化，比如规定少儿节目主持人，不能穿破洞牛仔裤。因为主持人这么穿的话，太过个性化，可能误导没有判断力的小朋友。整个制定的过程也是不断打磨，试行，修改，再试行，之后全国推广。现在每隔一两年，应该还有一些细微的修订。不过整体上这些年因为有具体的明文规定，电视节目上低俗的问题已经很少了。制定这些标准，规范国内的电视荧屏，也使得和国际的反低俗接轨成为一种可能。因为反低俗不是中国的问题，是全球的问题，全球的视听领域都存在低俗的现象。有段经历我记忆很深。国外的同胞跟国内民众同样反感低俗甚至更强烈。2011 年我作为国际艾美成员带团出席纽约的国际艾美奖典礼。之后在纽约领馆总领事陪同下，应邀去哈佛大学演讲，讲的是中国电视艺术发展的现状与趋势。哈佛周围几个常春藤学校的中国留学生也去了不少人。互动时间他们问的全都与国内荧屏低俗问题相关，很是焦虑！让我很感慨：海外学子都这么关注反低俗！爱国不是空话而是关切祖国荧屏净化。我们在其位更得谋其政了。

因为上级让我长期分管全国反低俗工作，因此节目播出、艺人言论不合适，都是先到我办公室来做检讨的，第一轮都是我谈，具体是怎么错了怎么整改，这个叫作“反低俗诫勉谈话”，我前后负责反低俗工作约 12 年。由于我长期处在广电编创一线岗位，所以我到管理岗位后也不由自主地爱站在被管理对象的角度思考问题，批评的同时也常提一些调整建议。我也曾经给电视剧界出了不少主意，我说你们要拍医疗剧，医疗剧绝对是好题材，中国没有好得像《仁医》那样的医疗剧，所以你们要拍。现在医疗剧，已经成了一大剧种了。还有一件记忆深刻的事，电视剧《世纪之约》是讲大亚湾核电站的故事，但总通不过审查，我就建议他们找核工业元老专家们看片子，再把看片子之后的建议上报。就这样顺利通过了，片子播出后，反响很好。在多年的管理岗位上，提了很多也许是看似微不足道的建议，但也算是对电视艺术的发展尽了我自己的绵薄之力。

◎ 开拓勇尝试，去故方取新

虽然要坚持原则，但我的思想不保守，而且不唯上。就像陈云老前辈说的“不唯上，不唯书，只唯实”。从事国家媒体形象管理、宣传管理，尺度分寸拿捏当然重要，但是也不能因此就缩手缩脚。遇到好的主意就要大胆尝试，觉得合适的内容就要尽力支持。

“超女”节目最开始播出本来是在地面频道播出，想上卫视但又不敢。后来湖南卫视的人就借着请我讲课的机会，把这个节目给我看了，说我们有个新节目，你看一看，行不行。我当时看没什么问题，就是最初的海选，选手都挺朴素，也有专家点评之类的，我说这符合中央文件说的“三贴近”，贴近生活、贴近群众、贴近实际，可以的。

后来“超女”做得越来越大，影响也开始有变化。《成都晚报》发报道说因为“超女”海选导致万人逃学，领导就开始考虑叫停这个节目。我当时跟部长争取，说我先去实地看看是不是有这个情况，之后咱们再定。我第二天就到成都，发现所谓的万人逃学已经没有，大约就在星期五下午出现了一回。于是我就跟上级领导反馈，说所谓的万人逃学这事已经过去了，就是报纸疯传。而且，这不是个政治问题，如果叫停，问题也比较大。我的建议是边播边改。上级领导听了也认同，就采纳了这个建议。

之后我们就盯着整改，在“超女”最火的那段时间，我们每个星期给湖南卫视发 10 条修改意见。每一次的这 10 条意见是我最后定稿，然后交给领导审核签字，再传真过去。经过坚持不断地改，我们净化了荧屏，相关的业内人士也对此有了新的认识。《娱乐信报》是第一个公开骂以“超女”为代表的电视节目恶俗的媒体。后来在上级机关组织的主题讨论会上，北京电视台主持人表示，看到最近荧屏的变化了，虽然曾大贬超女说恶俗，但在这里他们收回恶俗的说法。

《恰同学少年》也是个典型的例子，这是第一部重大革命历史题材的青春偶像剧。剧里把青年毛泽东这个人物在湖南长沙第一师范的校园里的画面弄得干干净净的，跟话剧舞台似的，一身白校服一尘不染，一个褶子都没有。但是这部剧演出了那个时代的大浪淘沙，就是不同的学生选择不同的人生道路，最后有不同的人生造化。这样一个戏，当时审查的时候以批评声为主，“这还像重大革命题材?”“这个大事不虚，小事不拘，这搞得这么华丽，这么漂亮，我都怀疑。”好多专家都持这种意见。只有我一个人无保留地支持。我当时就说，我们为什么不能试一试重大革命历史题材用多样化的艺术形式展现呢？我们既然是谈中学时代，青年人 18 岁选择人生道路这一段，那我们用这样的形式是完全可以尝试的，并不是说重大革命题材一定都要穿得破衣烂衫。在重大题材组，人家都是老文献专家、军事专家、党史专家等等，而我本身比较年轻，我觉得自己可以更多代表年轻一点的人。而且在电视剧界，我了解一些现状，我觉得我的发言就是说了一点实话而已。这部剧后来播出，整体反响也非常好，获得了“飞天奖”。后来我听人讲，《恰同学少年》的主创之一把我会上的这段录音反复听了 3 遍，对于我的这份支持十分珍惜。

我作为多个部委的联络员，每年要参加几十次各部委的会议与活动。文化部牵头的“相约北京”国际联欢活动现在叫“相约北京”艺术节，每年至少有四五十个国家的艺术院团，作为主办方之一的代表，每年我都在北京发布会上讲话，讲怎么宣传好这个活动。

还有值得特别说的，是我在艺委会时主管中国电视剧“飞天奖”，这个奖项我一共管了 10 年。当时我接手的时候，“飞天奖”

的知名度已经滑到谷底了。就是提到电视剧奖项，大家都不知道有一个“飞天奖”，只知道有一个“金鹰奖”。我主管“飞天奖”之后，为了打造知名度，想了很多办法：搞论坛、出书、让所有获奖者上新媒体等等。我还用到了自己积累的资源，因为我在宣传司时管理全国的电视台，各个卫视都熟，我就一个台一个台地打电话，建议各个主要卫视都播出“飞天奖”的颁奖典礼。

2009 年举办第 27 届“飞天奖”的颁奖典礼，是在水立方。业内人士都说那是一个无法超越的里程碑。当时我们设计了很多很有创意的环节，比如水上芭蕾、空中飞人、获奖的导演走上星光大道去领奖的时候，两侧的水上芭蕾溅出的水花引领获奖人一路前行，达到了非常好的视觉效果。那一年正好是中华人民共和国成立 60 周年，我们还设置了“60 年 60 人”突出贡献奖，都是德艺双馨的艺术家获奖，李雪健还作为代表做了全体电视剧人的宣言。航天英雄翟志刚和英雄航天员刘伯明、景海鹏为他们颁发的纪念奖杯。

由于我在艺委会的一系列改革，《光明日报》刊发了长篇特写肯定艺委会这些年加强电视文艺评论评价的举措。

◎ 传递正能量，树立新风气

我认为由于我学哲学伦理学，所以我自己更喜欢做正能量的事。无论是理论部的理论传播，还是后来的评奖、监听监看，反低俗等等，都是正能量的事情。

抗震救灾也属于正能量的事情，那时候我们真是挺拼命的。2008 年，我刚去艺委会兼职没多久，正好赶上汶川地震事件。我负责统筹捐款并对接汶川地震“爱的奉献”特别节目捐款。我就带着几个年轻人连夜干，每天我手机打电话打到滚烫，打到没电再充电，然后再没电再充电。一开始是每个省广电局、电视台、广播台，还有各个电影厂等等的捐款每天汇总到我这里。到最后，全国所有的宣传思想文化口的捐款都到我这里来汇总，然后我交给民政部汇总。民政部汇总之后，决定在央视“爱的奉献”节目直播中，捐款 300

万以上的爱心代表可以举捐赠牌上台。谁能上台全靠我的记录决定，我担责任。

当时节目后台，有各种各样应急的事情。例如：当时某省代表，找到我说："我现在没有300万，但是我一定要上去，要不我们省就丢大了，你一定得让我上台。我确保300万，力争1 000万，你信不信我？"这时候，这位代表我并不认识，他说话管不管用，我只能靠我自己判断。打电话给省电视台台长，问你这宣传部长人怎么样，能力怎么样，威信怎么样，然后再问广电局局长，再问一下这个省里面，问捐款能不能保证，这个问完了以后，然后我说让他上。这时，副台长说："不行不行，他连300万都没有，怎么能举牌1 000万的牌子呢。"我说："你让他上，我王丹彦负责，如果他真的没钱了，我到（某省）追债去，我也让他到1 000万！"那位代表最后就举了1 000万的牌子上台去了。后来他感谢我，让他给他们省争了光。当时在现场，我就做了两个类似这样的决定。这是必须担责任的。如果制造假新闻我自己事业就会毁于一旦，如果说假话，后面对不上账也不行。后来钱款很快到账。节目结束了以后，每一笔款项都是经过我和民政部赈灾司的司长，一笔一笔地对账，不敢有丝毫马虎。

与此同时，我还负责广电总局赴地震灾区的两个慰问小分队的联络情况。小分队的吃住行情况，危险不危险，等等这些都是我在管。每天要把小分队的最新信息汇总写一份简报，报送中宣部。例如：前方新写来的歌词是什么，他们演出了几场，遇到了什么困难或者受到了什么样的欢迎等等，都需要写清楚。

一切完成后，总局领导在党组会上说："这回丹彦是咱们的第一功臣。"后来的玉树抗震工作又是这样一个过程。

工作几十年，我参与过的项目、内容还有很多，如此种种，不一而足。我这人这么多年性格始终如一，追求完美，再加上好强，做什么事都要尽力做好。

回过头来看，我觉得走过的这几十年很充实，也应该说是一直在努力，回馈母校给予的"站位高视野宽"的这种教育。我一直以来的座右铭就是两句话：认认真真做事，老老实实做人。但是最近我根据自己的经历，认为还应该在此基础上加上两点：健康的、快乐的生活。把健康和快乐放到生活中很重要的位置，这样的人生才能更精彩。

王丹彦自述，本次采访时间为2018年9月20日，由中国人民大学校友工作办公室负责采访、录音整理及文字编辑。

采访 / 孟繁颖　　文 / 李宣谊

牛 军

|人物简介| 重庆人

1954年生，法学博士。1978—1982年就读于中国人民大学中共党史系中共党史专业，获学士学位；1982—1984年就读于中国人民大学中共党史系中共党史专业，获得硕士学位；1985—1988年就读于中国人民大学中共党史系中共党史专业，获博士学位。曾任中国人民大学中共党史系讲师和中外关系教研室主任，中国社会科学院美国研究所研究员，美国外交研究室主任。现任北京大学国际关系学院外交学与外事管理系教授，副系主任，中美关系史研究会秘书长，北京太平洋国际战略研究所特约研究员。

◎ 我还是想上学，就是想上学

我家祖籍是山西，我出生在重庆，3 岁随父母到了北京。我是 1954 年出生在重庆军区，出生以后不久，因为解放军正式组建空军，需要从各大军区抽调干部。当时父亲从重庆抽调到北京空军政治部，我就来到了北京。

我小学四年级以后就没怎么好好上课读书了，原因是“文化大革命”开始后，对学校里的气氛和发生的一些事情有抵触情绪。我出身成分不好，感觉受歧视，就不太愿意去学校。一直到六年级结束，学校通知我该毕业了，我才最后去了一次学校办手续。上了初中后不久，家人被下放到河南的一个军队的劳改农场，我也随着到了那里。刚到劳改农场时没有学校可以去，就跟着大人干农活儿。家长们商量，还是要让我们学习文化，农场还有下放的一批空军学院的教员，就让教员们轮流给我们几个孩子上文化课，上课用的是空军部队给战士上课的政治课本。后来我们被安排到兰青公社上中学，才开始正式学各科知识。那时自然科学课程的内容注重农村实用的需要，例如物理课就学发动机原理、柴油机基本工作原理以及如何修理农用机械等等。科学知识比较少，基本上都是实践操作的经验。

我在农场生活了 3 年，学校的教学各方面都不正规，而且一年里很多时间都在参加春耕、夏季抢种、秋种等农业活动。只要田间农忙劳动紧张，全校就停课去干农活儿，没怎么完整地学习各科知识，所以我迫切希望能有一天真的坐在教室里，好好地上一次学。

后来因为父亲落实政策，全家回到北京，终于有机会满足我上学的愿望。我们回到北京时已经是秋天了，错过了北京高考的时间，那次是“文化大革命”中第一次恢复高考。后来为了安置那批受迫害干部的子弟，北京市政府专门在166中学增设了一个30人的高中班，当时称高一（3）班，之前166中学高中只有两个班。我们班同学的家长绝大部分是平反恢复政治名誉回到北京工作的空军干部，也有几个是地方部委的干部子弟。我们算是“文化大革命”恢复高中以后的第一届高中生，由于班里大部分是空军的孩子，男生多，基本上都穿军装。“文化大革命”中穿父亲的军服是时尚，又可以省钱，不用专门买衣服。所以我们班一出操的时候，放眼望去同学都穿着“国防绿”上衣，配上空军蓝的裤子，脚蹬部队专用的解放胶鞋。一出操，三个班集合，另外两个班就称我们是“老兵班”。我们班同学年龄差距也比较大，一些同学因为跟着父亲下放，耽误了几年上学的时间。

1973年夏天，到了我们高中毕业可以考大学的时候，“文化大革命”运动正好进入了一个新的阶段。出了张铁生这样的“白卷英雄”，还有以黄帅的名义掀起的“反潮流精神”，反对恢复正常教育制度的潮流成为新政治潮流，一个内容就是要维护知识青年上山下乡这个“新生事物”。结果大学也就根本不可能恢复正常的高考，我们这批高中毕业的学生就在家等着，一直等到1974年春天，我们被安排到北京的平谷县（现为平谷区）镇罗营公社去插队，到农村去“接受贫下中农再教育”。到平谷县插队算我自己第二次离开北京市。第二年冬天平谷县集中各公社劳动力修水库，插队青年也参加了修建平谷的一个水库工程。“文化大革命”结束后，平谷那个水库变成了一个著名的度假区，就是现在的平谷金海湖度假村。我在平谷插队两年多，一直到1976年底，三机部的国防工业出版社到平谷县招工，才又回到北京城里工作。

那时候北京很多单位很缺人，他们都比较关注“文化大革命”中恢复高中时招的第一届高中生，普遍认为这届高中生是从初中里面筛选和考核出来的，总体来说素质比较好。我插队的时候，当过生产小队的干部，出版社领导觉得我综合素质比较好，插队表现也不错，就将我招进了第三机械工业部的国防工业出版社，在那里做校对工作。

又回到北京后，我的心情是很复杂的，对自己的前途颇感迷茫，但心底一直存着上大学读书的愿望。所以，1977 年一宣布恢复高考，我就报名成了第一届参加高考的考生。我考大学时想得很简单，没有过多复杂的考虑。上大学是我自己长久以来的愿望，之前跟我父亲他们从河南农场回来考高中时，就面临过类似的选择。当时回北京后，部队可以招收一批落实政策的干部的孩子去当兵。我记得我父亲问我是否想从军？我说还是想读书，后来就上了高中。那时候想上学还是受传统观念的影响。中国人传统就比较重视教育，即使经过“文化大革命”也还是有这种很本能的判断。现在社会变化很快，读书可能会有一些更功利的考虑。但以前我们是集体分配，不用考虑上学以后将来的工作待遇，我考大学是觉得读书对于人生是非常重要的事情，一辈子读书也可以。现在回想起来，虽然经过“文化大革命”，读书在我头脑中从来都不是负面的。

◎ 人大永远是我的母校

1977 年参加高考，我们可以报三个志愿。当时中共第十一次全国代表大会已经做出了结束“文化大革命”，将把党和国家的工作重心转移到经济建设上来的重大决定。我想既然国家要搞经济建设，就会需要经济建设方面的人才。所以，我的第一志愿就报的北大经济学系，第二志愿报的是北京经济学院，第三志愿才是按我个人的兴趣，报考的河北大学文学系，当时那里有个文学评论专业，我本人其实特别喜欢文学评论。结果我考了 301 分，北大经济学系的分数线记得好像是 320 分，很遗憾地落榜了，于是我打算就继续在国防工业出版社工作。就在心灰意冷的时候，我接到了人民大学的录取通知书。后来我们一入学，哲学系的李秀林教授在中国人民大学的八百人大教室做了入学教育报告，我才知道后来又能接到录取通知书的原因。

中国人民大学在“文化大革命”期间被解散了，1977年才复校，以前的各个系都解散了。有的系完整地移到别的学校去，有的系老师都解散了，恢复起来难度较大。于是学校当时只恢复了党史系、政治经济学和科学社会主义3个系，这3个系完整地并入到北京师范大学，复校的时候这3个系可以首先回来复课。所以，学校从1977年北京市落榜的学生里面选出来了大约120个学生，分到这3个系，中国人民大学就这样开始复校、复课。我现在还记得李老师跟我们讲中国人民大学建立的光荣历史和辉煌成就的场景，他说人大被解散时的心情，还说感谢公交公司的32路公共汽车，一直保留了“人民大学”作为一站的站名，学校就剩下这点痕迹。

我被分到党史系，当时也不知道具体学习内容是什么，不了解党史专业的研究方向和发展前景。但考虑到如果错失这次机会，明年还得再考一次，能进大学学习已经心满意足了。进了中国人民大学以后，我们党史系的总支部书记告诉我们，进党史系是很不容易的，并讲述了他自己的经历。他说从人民大学毕业的同学都是充实到各个重要的政府机关和高校，每个同学都是经过严格的挑选，才有机会来这里读书，希望以此勉励同学们珍惜自己的学习机会，增加每个人的认同感和光荣感。

现在我回想人大刚复校的求学场景，条件之困难是现在难以想象的，可谓筚路蓝缕，以启山林。刚复校时学校还没有图书馆，也没有教材，教材都是临时油印的。因为没有教室，北京前一年地震搭的地震棚还在，我们就只能在简陋的地震棚上课。人大的老师都希望学校能够尽快恢复，即使没有教学条件，也要尽早恢复教学，迫切希望教学秩序能早点走上正轨，知识能够重新被延续下来。当时第一批录取的学生之所以都是北京的，最重要的原因就是宿舍紧缺，大家都走读。后来有些远郊区的学生开始提出申请，学校再临时分配床位，陆续给大家安排在学校住宿。记得是到第二年，全班同学才可以都住校了。

我们77级的学生可能跟现在的同学不一样，对学校有深厚的感情是一样的，但的确有特殊的内容，是现在的同学无法想象的。刚复校时，学校校舍都比较简陋，没有学生宿舍，也没有大的食堂，吃饭的地方很简单，有时就在露天地里吃饭。77、78两级学生有很多都是工作了很多年的，都吃过苦，所以不在乎。等到79级同学年龄就小了，都是应届高中生，来了以后吃饭没地方，听说有同学都哭过。当时一下雨，学校的路上满地泥泞。虽然我们上学时教学条件不是很好，同学读书的积极性和努力程度跟现在可是不相上下的。

改革开放以后，我们一进校园就是全新的感觉，大家都是如饥似渴地学习新的知识。我的感觉是原来还有这么多新鲜事物没听说过，和年龄大的同学相比，他们还读过一些书；和年级低一点的同学相比，他们正规地接受连续教育，而我这个年龄段是问题最大的，所以只能是笨鸟先飞。当时图书少，老师提供的参考书也少，如果要换到现在这样好的条件，我们可能会学得更好一点。

我在人大求学的另一个特别深的印象就是人大老师教学非常认真，特别敬业。我在北大教书，自认为还算做得不错的，但是跟当时给我们教书的老师比，就敬业的角度讲，还是比不上的。他们教书的敬业勤恳和热情投入，还有对同学的关心呵护，给我留下特别深刻的印象。记得有一次上国际共运课，我感冒发烧，卧床休息没法去上课。到了下午的时候，国际共运课的授课老师就到宿舍来，专门给我一个人补课。他走到我宿舍第一句话就问你好点了吗，我说我不发烧了。老师说那我把上午的课给你讲一遍，于是他花了两个小时，给我一个人讲了一堂课，由此可见那时的老师对教学的认真负责。当然现在每个班级学生也多了，课时工作量也很大，客观上也做不到。但我有时想，如果有条件的话，我是不是能做到像那位老师一样认真敬业？

很多老师讲课时都是热情澎湃、全神贯注、身心投入，也让听课同学很受感染。当时给我们上古代史的老师是郑昌淦教授，他跟着尚钺教授共同研究中国古代史。他上课的风格很独特，讲课精彩纷呈，在他的课上会给我们唱汉乐府的小调。我们班很多同学之前在不同的地方工作过几年，较为成熟，历史知识和生活经验也比较丰富，关于历史的思考也就更深入一些。每次在郑老师的课堂上，讨论都特别激烈，同学们的积极性全被调动起来了，不是单纯地听课，而是积极地投入和思考。很多同学都有自己的想法，迫不及待地想交流。不仅在课上跟老师争辩讨论，课间也争论不休。有时一下课，就有一些同学们涌上讲台，挤在郑老师面前，一个接一个地提出自己的疑惑和观点。经常是人群慢慢往前移动，郑老师就被挤得一点一点往后退，一直到把他给挤得背靠在墙上。郑老师抽烟，在课间有时要抽一支，经常刚抽两口，夹着烟卷就被同学挤得靠在墙上动弹不得，点着的烟夹在手上烧完了为止。到现在我还记得当年气氛热烈的课堂，老师讲课能把学生的热情和积极性调动到这种程度，可见他们的讲课水平和敬业水平都是很高的。

老师能在课堂上做到这一点很不容易，说明他的精力完全投入到教学工作中，也可以体会到他们对学问的执着和对学生的爱护。老师们对待课堂教学和研究的态度对我的影响是很大的。我对做研究、当老师等感兴趣，可能就跟这些老师有关系。我印象很深的是：以前教我们政治经济学的老师，讲《资本论》时，上课拿一根粉笔就来了，完全不依赖教材和大纲，讲起来条理清楚，立论深刻，可想而知他对《资本论》等著作的熟悉程度。他的经历非常奇特，20世纪60年代在中国与苏联论战的时候，他就提出赫鲁晓夫当年的改革是对的。就是因为坚持这个观点，在“文化大革命”期间他被批判了。现在对《资本论》、马克思主义理论是有各种各样的看法，但是他研究的水平在当时是非常高的。我们在课堂上听到他介绍那样的观点，感觉是石破天惊的，也被他坚持的学术精神所感动。

还有位党史系的李良志教授给我们讲课，学问非常扎实，自己的经历也很曲折，但是他自己仍然几十年如一日，兢兢业业地做研究，没有因此而放弃颓废，一蹶不振。他主要研究抗战史，讲课引人入胜、发人深省，抗日战争史的课给我留下的印象非常深。我的博士论文后来写的就是从抗战后期到解放战争初期的课题，这跟他讲授的内容有一定关系，它引起了我对这段历史特别浓厚的兴趣。人大的老师们不论跟同学们的关系，还是他们个人的苦难经历，以及在那么复杂的经历下对自己研究的执着、坚持和对教学的热情投人，都令人感叹不已。人民大学永远是我的母校，不管后来怎么发展，获得什么样的荣誉，做人的基本价值取向以及世界观都是在人民大学读书这段时间形成的。我很幸运遇上这些老师。

◎ 板凳宁坐十年冷，文章不写一句空

在大学老师的影响下，我后来对老师这一职业也心生向往。我毕业以后虽然在社科院工作了10年，但最终还是选择了教书这条路。我上学时情况比较复杂，本科毕业以后去干什么也很迷茫，后来就决定考硕士吧，读书总是有意思的，于是就攻读硕士。读完硕士之后就很想工作，当时我在学校已经度过六年时光，可党史系想把我留在系里当老师。我从本科开始一直学习成绩比较好，可当时就是不想留校当老师，想去学校外工作。党史系跟我自己联系过的单位沟通了，告知这是学校要留校当老师的人，单位还是另寻他人吧。像我这种情况的毕业生当时有二十几个，本来打算硕士毕业后就出去工作，但又面临留校。后来大家商量决定都考博士，于是我放弃了就业，接着读博士深造。

当年还是计划经济时代，教委会给学校固定数额的留校教师名额，计划留校任职的同学都考博士，学校空余出来了一些教员名额。学校当时就决定，把这群考上博士的原定留校生转成在职的博士生，即一边教书，一边读博士学位。我就这么留在了人民大学。在学校生活是有保障的，衣食无忧，工资也足够了，这样一直工作到1990年调到社科院美国研究所。

我的博士论文写的是中美关系，我由此对美国外交有了浓厚的兴趣，当时看了很多关于美国外交等各个方面的书和资料档案。我的博士论文后来出版了，是我出版的第一本学术著作。现在再回头看这第一本书，在学术上一直还算是站得住脚，在中美关系领域目前还没有人再专门研究过。我去社科院美国研究所工作同这段经历有关，后来在美国研究所干了10年。不过我内心还是想当老师，于是联系北大国际关系学院和历史系，北京大学这方面也很积极，希

望我到北大来教书。2000年末我到北大当了老师，一直以来我对北京大学都有比较好的印象，既然决定离开人民大学后还是想当老师，那当然要选择去一所文科专业比较权威的大学。我到北京大学国际关系学院主要是教授中国外交，在北大教书也算实现了我的人生理想，把教书作为一生的工作，在这里画上一个句号也心满意足了。

我这一生挺顺利的，没有遇到特别大的挫折。博士毕业后想去社科院美国研究所，美国所领导态度很积极。但是学校是有政策的，规定除在职博士期间之外，在校工作5年以上才能离校，我才工作了两年。按照规定如果我要离校，就需按一年600块钱的标准补足违约金。其实我也能理解，学校还是不希望我走。我对学校自然很有感情，不过还是想要体验生活中不同的可能性，最终还是选择离开了。

我从美国研究所到北大来也算是没有太大的挫折。当年社科院美国研究所也不希望我走，人事关系等相关手续没法办理。我告诉北京大学国际关系学院，我的人事关系无法转过来。北京大学国际关系学院就给出解决办法，重建一份个人档案。于是我就从家里拿着个人履历表照着填写到北京大学的履历表上，北大就可以凭此给我发工资。校长告诉我，北大想调的人都是原单位里的骨干。如果原单位都不想留的人，我们北大一般也不会要，这很正常，所以北大要有自己的政策，否则就无法进人了。我在北大工作两年以后，社科院领导派人跟我谈了一次话，说希望我彻底离开前，能把决定调动的真实原因告诉院里，以便改进工作，避免老研究员等人才的流失。其实这主要还是人生志趣所在，尽管在社科院研究工作也不错，但我还是想回学校当老师，做像我的老师一样的老师。

今年是北大建校120周年，学校出文集约我写了一篇文章，我在文章里把北大和人大做了简单的比较。我觉得北大整体而言比较开放，学术气氛、学生整体的特色以及老师授课风格等等，都比较开放。相比起来我觉得人大当年的特点就是扎实，从老师的教学工作到对学生的整个培养过程，要求比较扎实、比较求实、比较务实。

我在中国人民大学本科毕业，后来硕士、博士都是在人大读的，我的硕士导师是刘炼教授，博士导师是原党史系的系主任胡华教授。党史系的教学对我的人生影响很大，我到现在还记得我们系的系训，这是党史系最早的系主任何干之先生写的两句话："板凳宁坐十年冷，文章不要一句空。"现在要做到"板凳宁坐十年冷"，客观上是不可能的。我带了这么多学生，每次都会跟他们说，"板凳宁坐十年冷，文章不要一句空"，希望他们做学术研究时牢记这两句话。

我在北大带博士生有一个原则：就是我带的博士生必须是真心想做老师，做研究，对学术研究有兴趣有毅力，我就在这样的学生中选博士生。如果他们将来想去经商从政，只是给自己补一个博士学历，那我就不带了，我认为没有必要。在中国做一个行政干部，博士学位并不是必需的，而这四年学校要花费时间精力，社会要付出巨大的资源，只是为了去干一件没有必要的事情，这没有意义。我认为获得博士学位仅仅是为了提职升迁的话，那就违背了博士学位教育的初衷了。

系训这两句话给我留下很深的印象，孔子"述而不作"真可谓大智慧了。每个人的思想都是会改变的，一个时段的思考用白纸黑字写下来，以后思考改变了，那些文字却改变不了。不仅是社会环境等外部因素迫使你改变，自己的认识也会一直变化。像我们这一代人经历过很多事，我们的观念在不断变化，对自己过去的诸多认识会调整，知识体系也在变化，所以要保持一种对知识的敬畏和对自己研究成果的怀疑，这会让人变得谦虚一点，变得谨慎一点。我到现在铭记这两句话，还把它告诉我的学生，也希望他们能牢记并践行其中道理。教育必须遵循实事求是，尽管后来社会环境发生变化，我们的教育方式也在随之不断改变，但基本的原则一旦确定下来，似乎就没有那么容易被动摇了，做学术研究起码有这样的目标："板凳宁坐十年冷，文章不要一句空。"

总之，做研究做学问一定要严谨，在人大学的是这个原则，到北大来做老师也在遵循这个原则，这些都是从以前教我的人民大学老师身上学到的。我不太赞成高校把教学放在跟科研相比不那么重要的位置上，我在学习期间接触到的人大老师这方面给我留下很深的印象。将心比心，这么多孩子费了这么大的精力到大学来读书，我认为总归得对得起他们。如果老师对教学不尽心尽力，那没有其他什么托词，就是教学态度和师德人品的问题。作为老师尽了最大努力，不一定就能做得很好，但是必须要尽力，这样才无愧于老师这个职业。

换个角度，正因为要做好教学工作，所以对大学老师的科研要求应该非常的高。我体会师者之职责在于传道授业解惑，讲台上的老师讲课是否认真负责，坐在讲台下的同学是心知肚明的。哪个老师教学水平高，哪个老师工作要求严，他们都能够体会出来，只不过不说而已。今年也是人大复校40周年的重大历史时刻，77、78级的校友都会回校相聚，借此机会我也能见到很多老同学。重要的是用我们的经历来激励现在在校的同学们专心求学，能在学校有更多的收获。

未来还有更多的40年等着同学们去创造，我希望母校中国人民大学也能更好，毕竟学校能保持好的风气是非常不容易的。

牛军自述，本次采访时间为2018年9月5日，由中国人民大学2017级法学院研究生谭佳妮录音整理及文字编辑。

采访 / 谭佳妮　李萌　　文 / 谭佳妮　　编辑 / 李宣谊

尹韵公

|人物简介| 重庆人

1956年10月生，中共党员，研究员，1978—1982年就读于中国人民大学新闻系新闻专业。现兼任湖南师范大学新闻与传播学院院长。曾任中国社会科学院新闻研究所所长和中国社会科学院中国特色社会主义理论体系研究中心主任。

◎ 年少受苦，磨炼心志

我于1956年10月生于重庆市，那时重庆尚未成为直辖市，所以称为四川重庆。在我上小学三年级时，“文化大革命”爆发，学业就此中断，直到1969年才进入初中。1974年高中毕业，毕业后就留在家中。1976年，我面前有两个选择，上山下乡或是参加工作，最终选择了参加地质队在重庆的招工。

地质队的工作很苦，但毕竟是工人，是国家饭碗。我所在的地质队常年驻大凉山地区找矿，也就是现在的攀枝花。攀枝花钢铁厂是那时三线建设很重要的地区，也算是核心地区。攀枝花的铁矿是全世界都少有的一种铁矿，叫作钒钛磁铁矿，有着丰富的稀有金属元素，并且磁性很大。钒钛磁铁矿就是我所在的地质队发现的，当时叫作四川省地质局403地质队。我们地质队落脚的地方叫作会理，距攀枝花200多公里。中央红军曾经路过会理，而且开过一次会，叫作会理会议。

由于政策规定，地质队必须距离县镇3公里以上，因此我们就驻扎在会理县黎溪镇，那个地方是真的很苦。电视上经常报道悬崖村，但是新闻报道不完整，它只报道了悬崖村的居民冒着生命危险架着钢梁爬几百米的悬崖，孩子们为了上学不得不在悬崖上爬上爬下的艰苦，但是并没有报道这些人为什么偏要居住在悬崖上而不愿下来的原因。我在这个地方生活过，所以我知道村民为什么不得不留在悬崖上，是因为悬崖顶部是一块巨大的向阳平坝，有十几平方公里，且土地肥沃，有利于庄稼生长。在那样地势崎岖的地方，平整的地带很少，所以这样的一块平坝就为人们提供了生活来源，成了唯一一块不能舍弃的庄稼地。并且由于地势不平修公路也很难，所以人们就不得不千百年来不停地在悬崖上爬上爬下。

在今天来看，那里确实是很美的。山海拔很高，我们站在山上看成昆铁路蜿蜒入山，火车像是一只蚂蚁缓缓蠕动。从山上看下去，金沙江就像一条线一样那么细。山到底有多高呢？高到头顶的天都已经黑了，星星都出来了，而天边还是亮的。毛主席有一首诗写道“苍山如海，残阳如血”，真的是这样，我估计毛主席当年在长征途中也看到了类似的场景。山峰就像大海的波浪一样，很远的天边的残阳，就像血一般红。现在攀枝花成了养生的胜地，也是因为它的冬天并不冷，我在那里几乎没有穿过棉衣，一年四季都像是春天一样。

但是那时的工作很辛苦，当地的居民也都很辛苦。彝族的老百姓建的房子都是下面是牛圈上面住人，导致有很多跳蚤、虱子。我们刚过去的时候一个月吃一次肉，后来到了1978年的时候生活才开始好一点。当时长途汽车一个星期才会从县城到我们所在的镇上来一次，来的时候会把这一段时间的信件和报纸杂志带给我们。对于我们来说，看报纸、看杂志、看书都是很奢侈的事情，我们和外界唯一的联系，从大众传媒来讲，就是广播。只有在每天早上听广播的时候才能知道外界发生了什么事情，否则在那种地方真的会产生与世隔绝的感觉。对于我来说，一方面是精神上的沉闷，好在我很喜欢看书，我把我们单位能找到的书几乎都找来看了一遍。另一方面就是物质上的苦，那时候我正在长身体，还记得我吃得最多的一次是一顿吃了2斤4两，但我的体重实际上还不到90斤。我进大学体检的时候，其实已经在重庆养了两个月的身体，但是在人大的医务室里护士还吃惊地说我怎么这么轻。我当时虽然体重轻，但还是青年突击队的队长，要带头背着50公斤的水泥袋，往肩上一压，低着头在山路上跑，也是跑得飞快。

我在地质队待了两年，最大的好处就是经历社会最底层的苦的磨难，所以在我今后几十年的生活中，所有的苦都不能算作苦，当年物质上和精神上的匮乏才是真的苦。

◎ 参加高考，一鸣惊人

在那样苦的生活中，年轻人都想方设法通过各种关系脱离那个地方，考大学对于我来说是一个最好的选择。1977 年恢复高考，我参加了那一次高考，感觉自己考得还不错，但是没有被录取。第二年我又继续参加高考，那时北大与人大都来四川招生了。高考成绩出来后，我们那里就开始有传言，说是从县城里传来消息，我们地质队考了个状元，是西昌会理的。由于我们单位消息很闭塞，这个消息传到我们那里时已经不知道落后多长时间了。我们单位当时有个人把装着成绩单的每个信封交给考生，还让大家当场打开信封，说出他们的成绩。我当时在看报纸，因此是最后一个拿到成绩单的，打开一看，那个人说："哎哟你是最高分。"他们走了之后我又继续看报纸。因为我觉得最高分不能说明什么问题，在会理这样的小县得到最高分算不了什么。我当时实际上也不知道我的排名，不知道自己考得到底怎么样。

到了我们要去体检的时候，我是西昌状元的消息才真正落实了。后来填志愿的时候，我们到县上的会理一中，20 多个人坐在一个大教室里等待填表，我高考就是在这个中学考的。我对自己的成绩有预感，是因为考试的时候不断地有老师来到我背后看我的答题情况，甚至有位老师专门泡了杯茶放到我面前让我喝，并且说好好考。但是因为我当时神经高度紧张，只是看了他一眼，都没有顾得上谢谢他。我考完之后，那个学校就传出言论说有一个考生答题答得特别好，我就感觉他们说的可能是我，所以我后来听说自己是所谓的"会理状元"一点也不惊讶。

会理是个老县城，有一面高高的城墙，城门洞里贴了很多学校的宣传海报，我印象最深的就是人大和北大。我一直想考新闻系，听说北大中文系新闻专业和人大新闻系都很不错。我有一个亲戚在人大读过书，他那时就一直鼓励我考人大。我在填表的时候还是有些犹豫，因为不知道自己的成绩在四川是排怎样的位置。那时通讯很落后，没有手机和电话，我当时找了我们地质队的通讯员偷偷给家里发了一封电报，让家人帮忙打听一下我的成绩在四川和重庆排名多少，但最终没有打听出结果。所以我那时虽然向往人大和北大，但是确实不敢填，草草填完后就和大家坐在一起聊天。过了一会儿有两个人一前一后地走进教室，前面那个看起来是领导，后面是他的部下。那个人进教室后问："谁是尹韵公?"我就马上站起来说："我是。"他赶紧走到我面前坐下来，后边的人介绍说这是招生办的李主任。李主任掏出我的志愿表说，这是你填的？我说是。他就当着我的面"哗"就撕成两半。我当时就有点懵。他问我："你为什么不填北大?"我说："我不知道我的成绩在全省排名情况，怎么敢填?"他说你不知道我知道，你的分数在我们全省排名第三，但是前两个是理工科的。我这才知道我是文科的第一名。李主任又给我拿了一张新表，当时人大和北大是混合录取中文系的学生，于是我填报了北大中文系新闻专业和人大新闻系。李主任走的时候还告诉我，其实我去年考得也很高。

我最终被录取到了人大。当时，人民大学新闻系还归属于北大中文系，没有完全复校回到人民大学来，只有少部分人回到人大，到了 1979、1980 年北大中文系新闻专业的老师才全部回来。我们到人大的第一年很多课都是在北大上的，骑自行车或者是走路，到了二年级之后就少了，三年级以后几乎就没有了。当时北大中文系新闻专业 77 级的学生到三、四年级上专业课的时候都是跑到人大来上的，基本上都是交叉授课。

我后来一直很感谢李主任。我一直想再回到会理去看望他，去年我在西昌开会的时候，专门回到会理教育局去找李主任，感谢他，但是听说他已经去世了。其实我都不知道李主任叫什么，后来才打听出他叫李永辉。我很感谢他，可以说他改变了我的一生。

后来到了人大之后我发现我们班同学基本上都是状元。人大是 10 月份开学的，我和重庆以及重庆周围的很多学生都是坐着同一辆火车进京的。开始大家都不知道，互相不认识，第二天熟悉了之后才知道大家都是去北京读书的。熟起来之后大家就互相问成绩，轮到我时我说我考了 394 分，算上英语 10 分是 404 分，然后我就一科一科地报。我说完之后大家就都不再问谁多少分了，因为我已经把其它的同学都比下去了。

◎ 人大就读，一生无悔

到人大新闻系就读，我觉得这是我这辈子做得最正确的事之一。人大很多专业在全国都是独一无二的。

当时人民大学还处于恢复期，人大的校园条件还比较差，二炮占领人大的地方大部分还没有退回来，所以我们在学习与生活方面的条件还是比较艰苦的。

1979 年我们学生为争取校舍进行请愿活动的时候，第一张大字报是我们宿舍写的。因为我喜欢书法，所以那一张是我抄的，大家一起写完就贴出去了，当时一下就闹开了。因为当时“文化大革命”刚结束，刚刚发表了实事求是的讲话，但是我们这些学生偏偏又不懂事，没有意识到这次事件会给学校带来不好的影响。在 1977、1978 年的时候还没有什么法制思想，不像现在，所以这个社会是一直在进步的。这件事情我认为是有两面性的，好处就是促使了二炮退房，使人大师生学习条件、教学条件改善了很多；坏处就是带来了不好的影响，这是事实。我们几个新闻系的学生也算是始作俑者，我认为不能一味地否定这个事，也不能一味地肯定，要从两面来看。

在读本科的时候有一位老师教我们如何写消息。他会拿很多素材出来，让我们写导语，因为任何一则新闻报道消息的导语是很重要的。导语只有一句话，却是消息最核心的部分。他鼓励我们从不同的角度来看同一份素材，从不同的视角来理解这个事件，来提炼信息。这对我们的能力有很大的锻炼，使我们能够从不同的角度去思考、去提炼，写出最合适的、最能表达立场的导语。

◎ 扎实研究慧眼明辨，发表《赤壁之战辨》

我读本科时曾经在《光明日报》史学版上发表过一篇历史方面的论文，叫作《赤壁之战辨》，引起了比较大的轰动，因为那时在

《光明日报》上发表文章是很困难的，而我作为一个大三的学生就做到了这一点。

我论文的主要观点是“赤壁之战不是个大战，而是个小战”。我是用倒推法推导出这个结论的。历史上的大决战皆是一战定乾坤，只要这一战输了，政权与王朝就会基本上垮掉，就像袁曹官渡之战打完了之后，袁绍基本上就垮掉了。我认为如果赤壁之战按照传统的说法来说是打败了曹操83万大军，那么既然曹操主要的军事力量已经被消灭，为什么孙权和刘备他们不趁此机会把曹操消灭，把许昌拿下，恢复汉室？一般来说军队失败之后，军心很容易涣散，战斗力和战斗意识也会迅速垮掉。就像党史上毛泽东认为三大战役结束，只要渡过长江，蒋介石的政权就很容易被打垮，因为它的主要精锐部队都已经被消灭了。除了白崇禧的桂军稍作抵抗外，国民党的其他嫡系部队没有任何反抗能力。既然曹操的主力都在赤壁之战中被消灭了，为什么之后还那么难打？只有用赤壁只是一场小战来解释，因为曹操的主力并没有受到损伤，才会对最终的局势没有很大的影响。

诸葛亮的《后出师表》也是辅证，他把曹操一生的错误、重大的军事过失全部都列举出来了，但就是没有列举赤壁之战，唯一的解释就是他认为赤壁之战不能算是重大的军事错误。当时我的这篇论文引起了很大的轰动，关于赤壁之战的讨论也持续了很久。

◎ 对范长江西北采访提出质疑

我读硕士的时候是1982年，那个时候国家的硕士教育、博士教育还刚刚起步，大家还在摸索怎么写论文，用什么方式进行硕士考核。1985年正好是范长江采访西北角50周年。当时新闻系的郑兴东老师和我们提出，能否借范长江走西北50周年的契机，去重走西北，我的导师听了这个想法后也比较赞同。我们的硕士导师蓝鸿文老师为我们联系了《经济日报》，就像《经济日报》的前身《大公报》以特约通讯员的方式刊登采访范长江西北角的连载一样，让我们以

《经济日报》特约通讯员的方式在走西北的过程中写一个连载。就这样，1984 年，我和蓝鸿文老师的三名硕士研究生一起开始了重走范长江西北采访的道路。

我们沿着范长江的足迹，于 1984 年 3 月从成都出发，经过四川、甘肃，后来又去了新疆——范长江当年没有去新疆，我们结合当时中央开发大西北的战略，又想到国民党也提出过开发大西北，想看看在这样的历史比较中，党采取了什么样的做法——回过头到了宁夏、陕西，另一位同学去了内蒙古。

走了大概半年时间，最后我们将西北行的调研结果和随行手记中比较精彩的部分结集，出了一本《西北采访万里行》。这件事情在当时的人大校园和社会上都比较轰动。因为篇幅限制，一些我们觉得也很有价值的东西没有放进书里，比如对一名当年长征遗留在甘肃的红军的采访，就反映出长征中比较人性化的一些东西；还有当时路上的一些见闻，都非常有时代性。

重走范长江采访西北角的道路对我来说不仅是对新闻采访能力、写作能力大的提升和锻炼，也是对学术研究能力的培养。范长江当年采访西北角有两个目的，第一个是当时国民党提出了开发大西北，他想考察西北西南当时的现实状况；第二个是想探寻红军北上后中国的政治动向。我在走范长江北上之路的时候，发现了一些和学界原有观点不一样的地方。比如范长江到松潘后见到胡宗南，接着并没有追随着红军的脚步向西走，而是选择向北走到兰州。如果范长江采访西北角的目的是研究红军、关心红军命运，为什么不追随红军而是另选道路呢？我就对范长江采访西北角的动机有了一些怀疑。我又从范长江采访西北角的时间与红军长征的时间差、不同版本的范长江的文章中找到了一些新的证据，对他采访西北角的目的提出了一些颠覆性的看法，在学界引起了注意和争议，也得到了越来越多人的承认和接受。

◎ 研究明代新闻史

读博士时我主要是做了关于明代新闻史的研究。因为当时台湾有学者写过一个《宋代新闻史》的断代新闻史，我是大陆第一个在这个空白领域写《明代新闻史》的人。研究明代新闻史的主要问题是它的资料过少，因为明代新闻史没有人写过，论文很少，也不知道如何写这个体例。后来我通过查阅台湾的报纸、拜访我国的一批明清史的学者，费大力气搜集相关资料、明代的邸报，但都收效甚微。

我在无路之下，只能下苦功，把人民大学图书馆的明代史书全部翻遍，部头最大的《明实录》我主要翻看了崇祯和天启两个朝代。我把《明实录》、明代邸报、《明史》中的同一个事件进行对照和反复验证，发现《明史》是最简略的，邸报比较全，《明实录》就相对少一些，基本上就了解了一件事情的全貌。我也到故宫档案馆去查了很多资料，看完了 13 个明代兵部提刑稿缩微卷。我在史料上下苦功夫、笨功夫，基本上看完了所有能够找到的有关明代新闻史的资料，做了几千张资料卡，选择最好的、最能说明问题的史料，最终写出《明代新闻史》。外界对《明代新闻史》评价很高。

工作之后，我从传播学、新闻学的角度继续明代新闻史的研究。之前在写《明代新闻史》的时候看过谢国桢先生的《增订晚明史籍考》，一次无意拿起来重翻，发现《急选报》藏于北京图书馆，正好和我工作的中南海离得比较近。我在工作之余到北京图书馆找到了《急选报》的原件，之后写出文章，发现明代的《急选报》就是我国最早的雕版印刷报纸，北京图书馆所藏的《急选报》是我国最早的邸报类的报纸原件。如果没有我的传播学、新闻学背景，我可能会很难发现《急选报》，这体现出一个学科的差异。可能从新闻学的角度看这个史料，它才是有活力的，而从政治史、经济史的角度看待，它可能是死的。跨学科的思维、不同的视角让我把有些史料激活起来。

◎ 为全世界妇女大会起草国家报告

我在中南海国务院研究室工作期间帮助政府起草了很多文件和讲话。在中南海的工作经历对我最大的锻炼就是全局意识、政治意识、国家意识，如何站在国家的立场上，从整体利益的角度考虑问题。这段工作中我最难忘的是1977年我国召开第四次世界妇女代表大会，我牵头起草了我国作为主办国需要提交的国家报告。

那时我还只有30多岁，只是一个处级干部，他们说我笔杆子比较好，所以就点名让我牵头来做这件事。我对妇女问题不太了解，就去找妇联、国家统计局、国家发改委、文化部、卫生部、教育部等20余个部门要材料，花了半年多的时间写出了4万多字。经过反复的更改，删减到两万多字，最终提交到联合国去。我们中国是第一个提交国别报告的国家，当时外交部长李肇星在联合国担任大使，他看了报告之后说，这是他们看到的国内最好的一个报告，既写了好的一面，又写了需要改进的一面。国内的报告过去往往是只写好的一面，不写不足的地方，但由于我是学新闻的，知道如何把握分寸，如何从改进的角度写问题。因此之后写的很多关于妇女工作的文件都收到了相当不错的效果。

◎ 内参研究

我应该算是我们国家研究内参的第一人。我们之前一直倡导的“光盘行动”，其实是一个内参行为。新华社的一位记者写了一份内参报给了习近平总书记，习近平总书记在内参上写了一份很长的批示。为了贯彻习近平总书记的批示，全国大力提倡“光盘行动”以节约粮食，减少浪费。可见内参发挥了很大的作用。

我专门写过一篇关于内参机制作用的文章，这在新闻传播领域可以说是第一个。我现在在湖南师范大学兼任新闻学院院长，还专门成立了一个内参研究中心。内参机制在很多国家都是没有的，西方国家的批评大多都是通过报纸报道，而我们国家的内参很多是报忧不报喜的，负面的批评大多都是通过内参上传到上层。我们国家在很大程度上是内参治国的，习总书记每天都会批示很多内参。所以我专门就内参方面写了一篇研究论文，可以说是在新闻传播学的范畴内开辟了一片新的领域。

◎ 党史研究

在党史研究方面，我曾经写过一篇文章，叫《论粉粹“四人帮”的关键群体》，第一个提出粉碎“四人帮”的首倡人物不是叶剑英，而是华国锋。这是当时我在一场会议上发表的会议论文，反映比较好，在场的很多学者对我的观点很感兴趣，在会后和我交流。学者们问，看我引用的材料，应该是找了很多年了吧。我说确实，我多年来一直在关注这个话题，寻找材料证明这个观点，寻找材料的过程中在找证明人和核实上都经历了一些波折。在整个社会都不敢承认、都在回避这个问题的时候，我还是想办法尽可能还原出这段真实的历史。后来中央肯定华国锋起了关键的作用，我很高兴这个伟大的历史承认。

因为我对党史方面比较感兴趣，爱人也是做党史研究的，我还写了十来篇关于毛泽东的研究文章。大多是关于毛泽东的一些新的东西的研究，比如早期红军宣传工作是怎么做的，我觉得过去的人虽然也写过，但谈得不够、谈得不深；比如毛泽东早期已经提出的社会主义初级阶段的思想；比如毛泽东怎么渡过人情亲情关，这是根据十八大以后的反腐倡廉要求借史说当下事，反响还比较大。

◎ 新媒体研究

我在新媒体研究方面走得比较靠前。我曾经写过一篇《论网络文化》，篇幅不长，只有 1 500 ～ 2 000 字，但是因为对新媒体现象和趋势概括得比较好，影响颇大。

◎ 寄语年轻学子

任何人在一生中都会遇到困难与低谷，没有挫折的人生可以说是不完整的人生。关键在于有一个好的心态，举得起、放得下，遇到事情要想得开、过得去。我在读博士期间写过一句话：向真理屈服，向命运下跪。现在看来这就好像是我人生的写照，在我的一生中发挥了很大的作用。

如果说有什么信条和信念的话，我认为我作为一个中共党员，应当坚守党的宗旨，想着绝大多数人民的利益，为绝大多数人民利益做事。这个社会不能靠少数人，还是要使多数人得到美好生活的满足才行。未来社会主义最好的特点、最大的优势还是走共同富裕道路，这才是最主要的。我觉得作为一个学者，无论是胸襟还是境界，都应该做到这一点，其实这样的境界对做学问也是有好处的。这样写的、看的、思考的东西才会大开大合，用我们现在的话讲才会站位很高，才会视野更广。

人民大学已经做得很好了，希望人大能够一直保持它的学科优势。希望人大继续发挥它独特的文科优势，把这些学科做大做强。我想人大是有办成中国特色、世界一流大学的基础与实力的，我相信在未来的5年、10年当中，人大一定能够办成这样的学校。

尹韵公自述，本次采访时间为2018年7月27日，由中国人民大学马克思主义学院2017级本科郭子暄、郭思瑶同学负责采访、录音及文字整理。

采写 / 郭子暄　郭思瑶　　编辑 / 王迪

田惠明

人物简介 北京人

1978—1982 年就读于中国人民大学新闻系。曾任中国新闻社副总编辑，高级记者。

◎ 生于北京，骤遇“文化大革命”

我在北京出生，幼儿园、小学、中学、大学，都是在北京上的。

我上大学前经历就比较丰富了。我们这一代算是老三届，老三届就是指 1966、1967、1968 年毕业的初中和高中学生。那时，我正好是 1966 年的初中毕业生，就在北京三中。北京三中也是一座有悠久历史的学校，从清朝入关开始办学，至今有 280 多年了，是由八旗子弟学校演变成了公立第三中学。

我们在 1968 年底开始作为知青上山下乡。我到了山西燕北插队，大约过了 5 年，开始有了返城风，返城后就在北京干些杂务工作，后来又被分到一个工厂干了几年。所以从“文化大革命”到考大学一共有 12 年。

我们这一代基本和共和国同龄，我们和国家同呼吸共命运，最后在改革开放后我们才逐渐走上正轨，当时我已经二十七八岁了。

所以当时看到了招生，看到了高考，我们都比较兴奋。当时我们的学校还不错，是北京的重点学校，有些底子。当时老师教得不错，而且自己在下乡和在工厂时也没有放弃读书，自己感觉还行，因此就想试一试，改变一下现状。后来就考到了人大，学新闻，学成后就分到了中国新闻社。说起来跌宕起伏，但是其实也没有什么特别的，当时社会就是这样，我们是老三届、老知青，最后到了老记者，这就是我们这一代人的生活轨迹吧。

◎ 机缘巧合，求学人大

当时我无意间得知恢复高考的消息，真的是十分激动，感觉又看到了希望。但是当时我也有很大的阻碍，我已经结了婚，还生了一个女儿，所以我当时有些犹豫，到底要不要参加高考，上大学。好在家人都很支持，我又真的很想读书，逃离无休止的重体力劳动，换一种活法，这十几年我实在太疲惫了，想歇一歇。我就最终选择了参加高考，但此时离考试日期只有二十几天。

虽然只剩二十几天也要尽量试一试。时间真的很紧张，所以我只能像备战一样备考。我左兜装着地理书，右兜装着历史书，上衣口袋里是数学书，只要工作稍有间歇，我立刻在车间的水泥地上用粉笔涂涂画画，复习功课。好在以前还读过几年书，认认真真读的，还有一些底子，所以虽然时间紧张，临考突击，最后还是有一个能交代过去的成绩。

在当时不像现在这么严格，这么精准，当时高考刚刚恢复，可以用四个字来形容那就是“乱七八糟”。当时想着只要有学校上就行，后来稀里糊涂地被分到了人民大学二分校新闻系。后来我才知道，实际上我们那时候人民大学办了唯一一届的分校，一分校，二分校。

我于 1978 年考入中国人民大学二分校新闻系。我和许多同学不太一样，此时的我，已成婚育女。我每天早晨 6 点多起床后，把小女儿叫醒，给她收拾准备好，带上她和我的书包，骑上自行车将孩子送到幼儿园后，再朝学校骑去，每天都是如此。我抱着孩子上大学，在当时虽不是独一无二的，却也是为数不多。

中国人民大学除二分校新闻系外，一分校还有一个新闻系，两个班加起来有 80 多个人。我们上学的时候都去本校，当时本校还被二炮占着，只有很少的一部分校舍、宿舍，还都是平房。上大课的时候都和 77、78 的一起上，教室里特别拥挤，不像现在的大阶梯教室，当时什么都没有，分校都办到外面去，学生走读，老师当时也很辛苦，天天从人大跑到城里，给学生上课。

◎ 青葱岁月，记忆犹新

当时反正都是白手起家，像我们入学的第一年，老师通过闭路电视给全校上英语课。那时候电视小，不像现在这么大，就是一个十几寸的，全班在那里看电视。再比如政治课，政治老师在广播里讲课，连影像都没有，学生们听着老师讲的，自己做笔记，自己复习，全靠自己。

至于校园，一半都是军队占着，学校很小，不像现在学校这么大，没有那么漂亮的楼。当时树也不是特别多，毕竟是刚刚复校。当时老师都住在城里，铁狮子胡同那里有一个老人大。大多数老师都住在那里，当时的交通也不是很方便，他们还要骑车上下学，也有的老师坐公交车。公交车也不多，条件也不是很好，有时候很挤，总之都是很辛苦的。

当时分校在城里，学校很破旧，除了教室里有一些桌子椅子，能坐在那里上课以外，就没有什么太多的教学设备了。有时候我们也来本校上大课，比如甘惜芬老师的新闻理论课。那时候所有新闻系的学生一起上，所以叫大课。本校条件确实特别不好，没有现在这么多的大教室、阶梯教室，就是很破烂的平房，艰苦条件是现在想象不到的，和今天的条件比起来，简直天壤之别。

但是我们当时学习的劲头是很大的，只要是能学习，这些硬件条件就无所谓了。因为我们被耽误了十几年了，这期间中国就没有开办正式的大学，我在这些日子里就是上山下乡，返城后从事的又是繁重的工作，更加艰难。我们有幸赶上恢复高考，能进来上大学，就不管环境是否恶劣了，大家天天就是如饥似渴地学习。当时我们也学外语，拿着外语念啊念，还有讨论、辩论。同学们认真极了，上课时候没有交头接耳的，更没有打瞌睡的，拼命记着笔记。大家的热情都很高，都是一股劲儿往前冲，就想多学一点，把被耽误的时间补回来，所以只要是知识就拼命地学。我对当时的学习真是印象深刻，那样的学习氛围和学生的风貌，终生都难以忘记。

当时的老师也有十几年没有上讲台了，在“文化大革命”时也是被批被斗，都有一番苦难的经历，现在阴霾过去了，大家可以重新上讲台了，所以那些老教授，中年的、青年的教师，都将自己所学毫无保留地教给我们。那些老师我们都接触过，以新闻学院为例，当时的老教授甘惜芬，五六十岁了，讲起来新闻理论，确实吸引人。还有方汉奇老先生，当时也就是五十多岁，上课时候就带着一打卡片，侃侃而谈，善于讲故事，非常吸引人。他就一个卡片、一个卡片地讲，讲完了也基本下课了，讲得棒极了，同学们都特别有兴致，听得很认真也很高兴，那时候学习根本不是什么苦恼的事情。

还有一个教外国新闻史的老师，讲起美国的报纸，英国的报纸，出神入化，特别吸引人。他们也几十年没有上讲台了，因此特别珍惜，倾其全力。

中年教授就是40多岁的，当时年富力强，现在估计都是一些名家，当然现在基本上也都退休了。这些老师每节课都认认真真地准备，也都非常慈祥，对学生非常好。当时他们主要担着讲课的担子，一些名牌教授主要是上一些大课。

另外还有其他的副课老师，教得也特别好。我印象中有一个教俄罗斯文学的王金陵老师，她是一个女老师，教得太棒了，是苏联名著《这里的黎明静悄悄》的译者。她从小就开始学俄语，俄语学得特别好。她非常友善，非常和蔼。我记得，她组织我们一起去看电影《这里的黎明静悄悄》，让我们增加课外知识。

还有一个教古汉语的王恩宝老师。当时我们对古汉语都只是略知一二但不精通，真正要是把《左传》《战国策》拿出来让我们翻译是做不到的。上课时，他测验每个人的水平，一人发一张小纸，一共3道题，另外两道题我忘了，其中有一道是名词解释——刁斗。什么是刁斗啊？千万不要以为是烟斗或者是叼着烟斗，实际上刁斗是古代作战时的一种锅，但当时我们根本不知道。他第一次上课就要测一下学生的水平，再确定如何教，到最后让买一块五一本的古汉语词典。当时这本词典很薄，我到现在还留着，它里面就有"刁斗"如何翻译。就这样我们一步步学着古汉语，当时学的东西让我受益终身。

还有一个教宋词的赵老师，他对柳永的词情有独钟。所以我们现在都有印象，赵老师讲柳词的时候闭着眼，瞧着窗外，背"杨柳岸晓风残月"，那场景学生们都十分感动。我现在对一些柳词都有很深的印象，而且一直也很喜欢柳永的词，很大程度是受了他的影响，他确实给我们留下了太深的印象，现在都忘不掉。

老师特别愿意讲，恨不得把积攒十几年的知识全部教给我们，我们也是特别愿意学，如饥似渴。我从老三届，成了老知青，接着是老工人，但是经过这4年人大的培养，到最后分到了中新社，所学的知识全部来自大学4年。所以大学4年什么印象最深刻，那就是老师讲的东西印象深刻，至于校园多么简陋都无所谓了。大学，不是大楼之谓也，而是大师之谓也。我们人大有这么多老中青的老师，他们倾其所有教给学生知识，这是大学办学最重要的。

对当时的同学印象也都非常深刻。我们那一代学新闻专业的，百分之百都是在从事新闻相关工作，而且基本上都是终身从事新闻工作，因为是同行，以前又一起读过书，有那段宝贵的经历，所以与很多同学都保持着联系。

◎ 奋发有为，成就颇丰

大学毕业后，我被分配到了中国新闻社，就这样我开始了“新闻人”的生涯。20世纪80年代是一个特殊的时代，是一个真正改革的年代，我就在这样一个特殊的时期开始从事我最后坚持一生的新闻事业。那确实是一个与众不同的年代，在那个年代里当记者是一件很幸福的事情。

中国刚刚走出“文化大革命”，经过这一番洗礼之后，人们逐渐在改革开放的浪潮中冲破禁区，高扬起改革开放的大旗，改革的浪潮一波接一波。那时上至官员下至民众都是敢想敢干，中央经常有新战略、新举措、新思路、新方案推出，记者就在这个过程中做好瞭望塔，帮助人们看清前方。在当时那个变革很多的时代，总有采不完的新鲜事，总有写不完的好新闻，每天都接受新鲜事物，那是当记者最开心事情，那个改革开放的时代也是记者最开心的时代。

再后来，香港回归、澳门回归的现场报道，都是我带队去的。还有国家的十五大、十六大，我都经历了，还有建军60周年、70周年、80周年，也都经历了。再比如上海举办的APEC会议，二十几个成员国、地区的领袖都来了，看到了中国的新形象，包括国外的 APEC 会议，我们也都去了。我们乘坐专机到了新加坡、马来西亚，这些大的活动、大的场面，我都看过了。这也是记者职业给予我们的，并不是我们有什么成就，而是，我们为中国的改革开放欢呼过，这就已经足矣了。

30 年的记者生涯里，我参加过无数次会议，经历过无数次难忘的场面，也采访过各种各样的人。我从小记者写到老记者，从小编辑干到副总编辑，这一路下来所经历的，是我认为最宝贵的，也是我最骄傲的，也是我真正引以为豪的。

◎ 迎难而上，破除困境

从业几十年，大大小小的挫折经历了无数，一路上跌跌撞撞，摸爬滚打就这么走了过来，现在看当时的一些挫折，一些苦恼，一些失败也算不上什么。我们跨越了不同的时代，我从老三届，成了老知青，接着是老工人，最后变成了老记者，一直到现在，这种身份地位上的变化是需要我们去适应的，适应起来肯定会有困难，但是现实推着你走，只能根据实际情况去调整，就是难也要进行转变，最后都成功调整过来了。

说起这些年经历的困难，我讲两个：第一个困难就是我们中国新闻社与新华社的竞争。当时中国新闻社对外报道的竞争对手是新华社，但是我们跟新华社没法竞争，新华社好比是航空母舰，我们充其量就是一个鱼雷快艇。但是船小好调头，我们体量比新华社小得多，人员精简，以效率制胜，这就算一个优势。

我记得当时就是争发稿，我们希望能够发的比新华社又快又好，我们就把新华社当作竞争对手和目标。但是想想确实是有点自不量力了，凭借我们的能力怎么能和“国家队”竞争？但是即便如此仍然激励我们克服种种采访的困难。因为采访大场面，新华社都给他们的记者最好的位置，比如采访两会只给我们一个文字记者和摄影记者的位置，而且是在后面，这就是我们和新华社这种“国家队”

的差距，这种差距“与生俱来”，属于先天不足，只能是靠我们后天的努力尽量去弥补。

我做副总编之后，这些基本上都是我来指挥的。怎么让摄影记者有最好的位置，怎么给他们提供便利的采访条件，这是最大的困难。只能是想方设法把采访拿到，顺利地发出去，和新华社拼一拼。而且我们发出去的新闻在海外的采用量非常棒，我们也非常欣慰。虽然我们离新华社这种“国家队”差一个很大的层次，但是我们采取各种办法，让他们觉得我们是一个潜在对手，不可小视。

第二个困难来自网络时代的冲击。当时我们刚当记者时手写稿，快的是传真，没有电脑，没有网络。正好在新世纪开始，网络时代就来临了，我们要学电脑，学打字，这对于年轻人来讲不算什么，但对于我们来说稍微困难点。尤其是现在的新媒体、自媒体，这些东西怎么运用，这对于我们来说是一个很大的考验。首先打字要学会，这就很费劲，打字完了再存储，再传输，还要在网上看稿子，现在都是无纸化办公，必须“网来网去”的。现在又是手机智能化了，年龄大了视力不行，还要戴上眼镜，这些都增加了困难。但是虽然困难，也要学，也要做，也要去努力克服。毕竟是做新闻的，不能被时代甩到后面去，只能去学，尽量去熟悉。

个人生活上的困难都不算什么，主要是业务上面临一些困难。一个就是怎么和其他媒体竞争，另一个就是怎么学习新鲜的知识，这是一个考验。虽然我退休了，但仍然不能落后。

◎ 心念母校，寄予后辈

我常告诫自己：写白话不写套话，说“人话”不说“官话”，有时宁可不说话，不要说假话。“老三届”曾被誉为跨世纪的“桥梁”，社会的“脊梁”，我觉得人大的学生也应该是社会的脊梁。

从人大走出来的一批批踏踏实实、兢兢业业、勤勤恳恳的学子，他们在社会的各种岗位上，成为中坚力量、中流砥柱。他们特别务实，脚踏实地，这是人大的学风、校风所致。这种中流砥柱的学子，人大比较多，当然北大、清华也有。

人大也需要培养这些人才，社会也需要多培养一些兢兢业业，干实事的人。我们就是要培养扎实的人才，培养这种社会中坚力量，培养那些为国为民、脚踏实地的人才，培养一批心忧天下、勇于担当的人，我们要引导学生，让他们能走好自己的路。

田惠明自述，本次采访时间为2018年7月19日，由中国人民大学2017级新闻学院本科生徐辰烨负责采访、录音整理及文字编辑。

采写 / 徐辰烨　　编辑 / 刘芳

冯伯群

|人物简介| 山东莱州人

1949年生，1978—1982年就读于中国人民大学档案系，获学士学位。曾先后在国家档案局二处、《档案工作》杂志社、《中国档案报》社、中国第一历史档案馆工作。

◎ 漫漫知青路，苦得转机

我的求学之路与国家的时代背景密切交织，“上山下乡”运动将我个人的求学历程横截为两段，并对我个人在学校和专业的选择上带来了巨大的影响。

回顾我与母校相伴的岁月，就不得不从“上山下乡”运动说起。可能现在年轻人很少会知道“老三届”，但这个具有时代烙印的名词正是我求学之路的起点。“老三届”是指“文化大革命”爆发时，在校的1966届、1967届、1968届三届初、高中学生。我是北京四中1968届的老高中毕业生，毕业分配时，班里同学的去向按家庭出身情况被分成了5个等级，第一等级的两个同学被分配到了北京曙光电机厂；第二等级的少数同学参了军，参军在当时是一件非常光荣的事，参军的同学大多是得益于家庭背景，其中有的父辈就是军人，生活在军队大院之中，参军途径比较便利；第三等级的六七名同学被分配到北京第六建筑公司，前往京郊或河北施工；第四等级的同学去了内蒙古生产建设兵团或黑龙江生产建设兵团；第五等级的同学被分配“上山下乡”，一拨去了陕北，一拨去了吉林，我是属于这个等级的，去了吉林。后来才知道，我们几个去吉林的同学有一个共同特点——家庭有海外关系，当时这被视作严重的问题。我当时被分配到了吉林和黑龙江交界处一个小县城下面的农村，自1968年至1975年在这里度过了长达7年的漫长时光。

这7年虽然艰苦，却磨炼了我个人的意志，也对我日后的个人选择带来了巨大的影响。这段经历大概可以分为三个阶段：

第一阶段是我的农村生活。我在吉林农村生活了大约两年时间。刚被分配的时候，我的内心是非常苦楚的，一方面是感慨自己身份转换之快，另一方面是感觉农村的生活的确非常艰辛且看不到出路。过去的荣耀和骄傲一下子被现实剥离的痛苦是我被分配到农村后面临的第一重考验。我在初中的时候曾担任大队主席，高中时是团委会委员，但在“上山下乡”的分配中却落到了最底层，不得不面对完全颠覆的现实。当时乡下的每个青年点，也叫集体户中都会被分配一个“小流氓”，我所在的青年点被分配了一个经常打架而且没有接受过高中教育的小偷，想到自己一下子蜕掉名校高中学生干部的光环，与存在各种问题的人一起工作和生活，就会觉得心里不平衡。

农村生活的艰辛是我被分配到农村后面临的第二重考验，我们在农村的生活条件非常艰苦，吃喝非常差，工作极其辛苦。夏季东北的白昼非常漫长，我们生产队每天凌晨3点钟就要起床，4点钟就要到田间劳作，晚上将近8点，等到太阳落山才能收工，一天工作时间长达16个小时。农村的饮食也让我们难以适应，伙食非常差，受当地盐碱地的影响，我们下地只能喝盐碱水，每天基本只能吃到玉米面大饼子和农民自制的大酱，没有新鲜蔬菜。有时候在地里干活，突然下起暴雨，田里没有能够避雨的树木和建筑物，我们就只能坐在地下，等待雨停，听到有农民在一旁哭诉“农民的命真是太苦了”。农民都无法忍受的生活条件对我们这些“城里人”而言更是艰辛。农民的生活非常辛苦，几乎看不起病，鸡蛋成为农民现金收入的主要来源，非常重要，农民需要用鸡蛋到供销社换取火柴等生活用品。当时村里有一个和我年龄差不多的高中生回乡里干活，得了肺结核，只能靠注射链霉素来治疗疾病，他就等自家的鸡下蛋，然后拿鸡蛋到供销社换成钱，再买链霉素注射，一个疗程的链霉素所需要的资金是很难靠卖鸡蛋来支撑的，所以一年之后这个小伙子就去世了……在这种环境的影响之下，我们对农村的生活感到恐惧。

第三重考验来自幻想与现实之间落差感的压迫，我们这些知识青年会幻想回到北京，但吉林到北京1 000多公里的距离成了隔断自己与北京之间联系的阻碍，难以看到回京的希望，当时所做出的最坏打算就是扎根于吉林的农村，彻底成为依附于这块土地的农民。

虽然面对三重考验，自己已是难以招架，但当时在我们集体户里还有年龄比我小 3 岁的老初一的同学，我们这几个老高一的知青还有责任安抚他们，我就用之前学过的辩证法安慰其他人：“一切事物都在变化之中，咱们现在已经身处最差的情景之中，环境如果再发生变化也只会往好的方向改变；那些参军、去兵团的学生的处境既可能往好的方向发生变化，也可能往差的方向转变；而那些去往北京曙光电机厂的学生所处的环境却只会往差的方向发生变化了”。这种“阿 Q 精神”也算是困境中的一丝自我安慰。不过，后来现实的确如我所愿发生了变化，我们所在农村所属的县城里有很多小工厂，附近还有油田和热电厂，吉林省内也有很多大工厂，这些工厂到农村招收知识青年，我们就进了当地的工厂，这么一来，我们的处境就比去兵团的同学好多了。

第二阶段是我的吉林工厂生活。在农村工作大概两年之后，我就被抽调到本县一家小工厂工作，这段时期的生活品质较前一阶段有了提升，但依旧是看不到希望。这一时期，我在工厂每个月有 37.44 元的工资，生活不用发愁了，而且年底都会回家过春节，只是几乎买不到坐票，近乎一天一夜只能站着，一直站到天津，过了天津有了空位子才能坐下，整段旅程非常劳累。每年过完春节又要和家人分别，我现在回想起来当时的北京车站，满脑子全是站台上老人送年轻的孩子去外面的乡下、工厂、兵团时呜泱呜泱的哭声，导致一直到很多年后，我都不愿意再去北京车站，不忍想起当年的经历。尤其是在我调回北京的头两年，这种阴影对我的影响最为强烈，我当时坐大 1 路公交车经过东单站时，我都要把头扭过去，不愿意在方巾巷口看北京车站一眼。这段时间，我依旧是十分想家，但又看不到回京的希望，这种状况一直持续到 1975 年前后。这一阶段发生过一件小故事，对我后来考学也产生了重要的影响——有一年，我和我女朋友春节后坐火车回吉林，在车上遇见一个独自带孩子的女人，这个女人从上车开始就一直在哭泣，顺着女人的目光我看到站台上有一个瘦瘦高高的男人，第二天聊天才知道那个男人是她丈夫，他们夫妻两人长期分居于两地，男的在北京外贸部当翻译，申请调回延边，但是单位不放人，女的在延边当老师进不了京，夫妻两人每年只有在春节前后才能见十几天的面。考大学时，我一想起这件事就会对考学的决定产生怀疑，担心读完大学后也会和自己的爱人分居两地。

第三阶段是我调回北京后的生活。1975 年左右，我费尽周折，通过熟人介绍，和别人对换，得以调回北京，在北京一家工厂工作。大概是工作了两年时间，听到考大学的消息。这一阶段算是我从知青时期向考学时期的过渡阶段，知青时期的经历对我日后在考学时期的择校和择业都产生了深刻的影响。

◎ 曲折考学，缘结人大

考学时期，我仍旧对“上山下乡”的经历心有余悸，所以在决定是否考学和考哪所学校、读什么专业时也发生了一些小故事。

原本我打算在 1977 年就参加高考，于是在工厂车间工段口头报了名，但因为两个原因没能正式填写报名表。表面的原因是正式填表那天要送我爱人去医院，耽误了正式报名；根本原因还是在于我对考学这个决定非常犹豫。“上山下乡”运动中我费尽力气，托各种亲友帮忙才得以回京，如果最后真如同事所言，毕业后又被分配到外地工作，我岂不是白花费了一番心思。而且真想读书的话，我们工厂里有 721 工人大学，在工人大学里读过书后可以继续回原单位工作，相对来说更有保障。而且身边也有一些活生生的故事告诉我不需要考大学。例如：我们工段的大韩，他上了 721 工人大学之后直接回来在车间做了技术员；我邻居家里有三个孩子，老大学习最好，考上了清华大学的工程化学系，老三学习不太出众，在北京的中游高中读书，老二学习最差，初中读完后没考上高中，但是最后分配工作，结果却是反过来的：老大毕业时被分配到了甘肃省兰州市白银区的白银公司，在汽车运输队政工组当了一名接待员，负责外调人员的接待和给本单位外出人员开介绍信盖章；老三高中毕业后被分配到了内蒙古生产建设兵团当了农工；而学习最差的老二反倒是留在北京当了工人……还有我下乡时同学姐夫在中国科技大学学习氢弹、原子弹相关专业，毕业后竟被分到吉林省我们下乡的那个县里面一家造纸厂的食堂卖饭票。这些事情给我的最大感触就是：上了大学之后，自己的专业很可能对未来的工作没有什么作用，而且会面临从北京分配去外地工作的风险，自己对考试的决定始终持怀疑态度，就没能参加 1977 年的高考。

我们工段参加 1977 年高考的同事回来后把高考试题和我进行了分享，我看了一眼试题觉得太简单了，数学里面最复杂的一道题是求圆柱体体积的，所以自己又开始懊悔，决定 1978 年一定要参加高考。不过说来也巧，1977 年没参加高考反而可能是好事儿。1977 年是“文化大革命”之后第一年恢复高考，上面规定招收老高中生的名额非常少，导致许多老高中的学生没能考上大学。这些报考失利的“老三届”学生都认为国家不鼓励大龄考生参加考试，所以 1978 年就没再报名，而我 1977 年没参加高考，就没有心理上的负担，1978 年参加高考时反而没有遭遇那么激烈的竞争。

至于为什么会选择考文科专业，根本原因还是害怕离开北京，所以知青那段经历可能早已为我和人大之间的结缘埋下了种子。我高中是在四中读的，当时北京四中的风气就盛行学习理工科，大家会看不起学习文科的学生。我在高一的时候，班里五十几个学生中只有一个学生愿意学文科。我上初三的时候，北京师范大学办了两个实验班——理科实验班和文科实验班，理科实验班已经办了两年，效果非常好；文科实验班在我读初三那年首次从四中、八中、师大女附中、师大二附中招生，根据平时的语文和作文成绩招收大约四十名学生，可以不参加中考，直接上高中。四中推荐了七名学生去文科实验班，我文科的成绩不错，学校推荐了我，我也去参加了北师大介绍举办文科实验班的具体情况的座谈会。但我父亲坚决反对我读文科，印象中他对我的学习只过问过两次，第一次考初中时，我报考四中，父亲担心我考不上，说他们科室的同事说四中太难考了，双百分都不一定能考上；第二次就是得知我要报考北师大文科实验班，父亲认为学习文科没出息，认为我是想投机取巧躲避中考才要去上北师大文科实验班。父亲对文科的态度足以说明按照正常的升学流程来说我是不大可能报考文科类专业的，只是经过“上山下乡”的离京经历之后，我才有机会选择报考文科专业，才有机会来到人民大学。选择专业和学校的时候，我主要是基于两方面的考虑：一是未来去向的问题，二是兴趣的问题。在未来去向这方面，理工科专业的学生在毕业后很大概率会被分配到京外工作，厂里有同事告诉我，人民大学的学生毕业后很多会被分配到政府机关，留京概率很大，所以就决定报考人民大学；在兴趣这方面，我个人对历史非常感兴趣，而且经厂里同事介绍，人民大学的档案学专业与历史有关，且不会像历史学那样枯燥，最后就决定要报考中国人民大学的档案学专业。

◎ 朝花夕拾，经验总结

回首在母校的 4 年学习经历和毕业后的工作经历，我个人认为档案系的学生和从业者一定要稳扎稳打，开拓自己的知识面，同时也要学会挖掘档案中的信息资源。

大学期间文书学、档案学等基本课程都比较容易学，要掌握诸如如何整理档案、如何把握档案分类的原则性操作方法。真正能够体现一个档案学从业者自身素质的是自身的文字能力、历史知识和社会知识，这也是做好档案工作所必须具备的能力。

我毕业以后，一直从事编辑工作。我的第一份工作是在国家档案局的业务指导处，当时国家准备出一套“当代中国”的丛书，包括《当代中国的气象》《当代中国的外交》《当代中国的档案事业》等，我在国家档案局一年半的工作中就主要负责编写《当代中国的档案事业》这本书。在编书的过程中，我是跟着我们局的办公室主任工作，我从他身上学习到很多档案工作者所必备的优秀品质，为日后从事档案工作打下了坚实的基础。我们办公室主任是《当代中国的档案事业》的编辑部主任，对中国档案的事件非常熟悉，能够随时根据档案问题找到相应的文件，说出这件事在哪一年谁的讲话中被提到。受他的影响，我在编书过程中下了苦功夫，把档案局自成立以来的所有文件都翻阅了一两遍，并且把重要的历史事件制作成了卡片，也正因为这一时期的积累，我在日后的访谈、调研和回忆中对中国的档案问题都有强于大部分人的认知。

编完书之后，我又被分配到《档案工作》杂志社工作。在这里的五年时间中，我由副总编，到总编，根据局长的指示将杂志从一本纯专业杂志，逐渐改变为反映档案工作人员全面情况的行业性杂志，并且将杂志的名字从《档案工作》杂志改为《中国档案》杂志。我在担任主编的时候除了要管理编辑业务之外，还要负责财务、人事等工作，要和全国各地的人打交道。在花费大量时间管人的同时，还要组织杂志社每个月出 10 万字的杂志。出版杂志是一件很烦琐的工作，包括选稿、编稿、定稿、送印厂、一校、二校、三校、主编通看。前期工作是整个杂志社编辑人员参与，但最后需要总编一个人花一天时间通看全部校样，所以每个月我都会有一天是半夜两三点才能休息。此间，发生过一些事，让人回想起来仍然心有余悸。刚到杂志社的时候，我因为疏忽出现过两次文字的错误，把“沉甸甸”写成了“沉掂掂”，把“姿势”写成了“姿式”。某天晚上两点多，我完成通看放下清样准备休息，我爱人接过杂志看了一眼，发现正文下面有一处注释中“中国人民大学档案系主任吴宝康”印成了“中国人民大学档案系主任灵宝康”，之后我赶紧又重新检查了所有注释。这几件事告诫我们，档案编辑工作是一件费心费力的事，作为档案从业人员，必须要提高自己的文字能力，同时也要提高自己的责任心。根据我在档案局的观察，现在的很多大学生、硕士生乃至博士生的文字基础都比较差，所以我建议青年学生一定要狠抓自己的文字能力，可以手边常备一本字典，遇到不认识的字就及时查字典，这样我们在给别人审稿时就有足够的底气。

之后，国家档案局成立了中国档案报社，我被调往这里负责创刊工作，这是我职业生涯中最辛苦的五年。

之后又被调往中国第一历史档案馆担任副馆长，在这里工作的 10 年是我整个职业生涯中最省心、最感兴趣、学到很多知识的 10

年。第一历史档案馆保存的是中国明清时期中央机关的历史档案，在这里工作需要对清代的历史有比较深入的了解。身边的许多同事都非常有才华，在清代历史方面都有自己专攻的研究方向，有同事专门研究清代文件的格式，有同事专门研究满族文化，有同事专门研究清代的太监，有同事专门研究清代宫廷戏剧，有同事专门研究清代某位皇帝，也有同事专门研究宫廷的印章……这些同事都专注于自己的研究领域，有自己的成就，有同事专门研究雍正皇帝，出了好几本书；专门研究印章的同事是联合国教科文组织印章委员会的成员，经常参加国际学术会议。在这里工作，我深知自己在学术上的建树不可能强于其他同事，就想着发挥自己在编辑方面的长处，帮助同事写文章、发文章，以便同事评高级职称，避免同事因无职称提前退休所带来的人才流失。

回顾我的工作经历，不难看出业务能力永远是决定我们高度的第一要素，我们要为提高自己的业务能力下苦功夫，也要善于运用自己的业务能力来提升自己的价值。具体到我自己的领域来说，档案从业者必须要开拓自己的知识面，要能够从档案中挖掘信息资源来为社会服务，而文字能力、历史知识和社会知识就是加强这方面能力的基础。另外，对于文科生来说，文字功底是个人实力的体现，是一个人工作上的加分项，同样要强化自己的文字基本功。如何提高个人的文字能力？借用《左传》的一句名言，“言之无文，行而不远”，言语用来表达意愿，文采用来完备语言，语言没有文采，就难以传播开来，所以写文章文采很重要。文采从哪来？一方面需要多看书、多看文章，文章看多了，会得到灵感的升华；另一方面也的确比较依赖灵气，提高灵气首先需要培养对于写作的爱好，其次需要开拓自己的知识面。上海档案杂志社的一位朋友文字能力非常强，是上海作家协会的会员，写的文章不计其数，这很大程度上得益于自身对文学的爱好和宽广的知识面，他同时研究租界问题、清代历史、中国封建社会的演进。除了文采之外，文章也要充实，要搜集足够多的材料，在文章里对材料进行研究分析。我曾经在一位副处长带领下参加过档案进馆范围调研，做了好几个月的调查，到昌平县（现为昌平区）下属公安局、科委等数十家县属一级机关及部分二级单位走访，调查各级单位的档案形成情况，摸清楚昌平县县级档案馆的发展历程，事后我写了《县级档案馆档案进馆范围的研究》一文，最后这篇文章被作为首篇文章刊登在人民大学档案系主办的杂志上。

◎ 心系后辈，深切厚望

作为过来人，我想从选择和业务素养两个方面为人大学子提出一些小的建议：

首先是选择问题。现在的学生在做选择时，的确会面临巨大的现实压力，会对某些职业或行业趋之若鹜，但换一个角度来看的话，当大家都集中于一个目标而努力时，成功的概率就会变小。“当某个行业出现混乱的时候，往往是最适合投资的时候”。现在看起来不重要的问题，恰恰可能在未来是社会所需要解决的问题。前几年古诗词、国学没有兴起的时候，谁能想到这一领域会变成现在这么火？如果我们前期在国学方面踏踏实实研究，那现在就会收获巨大的机遇。未来一直都在变化，我们没办法清晰地判断出未来的发展，就像我参与“上山下乡”运动时也不曾想过我还有机会读大学，就像我如果真的 1977 年就参加高考，说不定我会因为 1977 年高考的激烈竞争而放弃考大学这条路……年轻人在选择的时候，千万不能过于功利和浮躁，还是应该结合自己的兴趣和长处来判断；另外，在无法清晰把握未来的时候，年轻人能做的就是要充实自己，努力提高自己的业务能力，为把握住未来可能会遇到的机遇而努力。

其次是关于业务能力的问题。人大是一个以文科而非理工科见长的学校，培养的学生在未来都是对国家、对社会、对人民非常有价值的人才，我们首先要对自己将来要从事的领域充满信心，其次就要努力加强自己的业务能力。就我在工作时所接触过的年轻大学生，这些年轻人在文化素质和专业业务能力方面的表现相对比较差，具体表现为知识面比较窄，业务领域钻研不够，只是把学历当作求职的敲门砖，没有成为这一领域内专家的志气。有句老话讲“板凳宁坐十年冷，文章不写半句空”，我们既然从事某项业务就要钻研这一领域的知识，把这一领域的发展脉络、领军人物、发展趋势摸透，争取成为这一领域的专家。你们现在生活在一个幸福却又遗憾的时代，幸福的是现在的物质条件优渥，但遗憾的是社会上缺少一种认真钻研的氛围。年轻人可以利用自己手上的资源来钻研自己的强项，为抓住未来的机会提供资本。

总的来说，青年人在做选择时一定不能过于功利，要根据自己的兴趣来；在做出选择之后，就要踏踏实实提高自己的业务水平，争取成为领域内的专家，切忌“样样通，样样懂，却样样不深入”。

冯伯群自述，本次采访时间为2018年8月10日，由中国人民大学人事学院2017级研究生郭艳峰、谢文曦负责采访录音及文字整理。

采写 / 郭艳峰　谢文曦　　编辑 / 耿希继

朱新会

|人物简介| 浙江绍兴人

1952年生，1978—1982年就读于中国人民大学贸易经济系商业经济专业。曾任华丝企业股份有限公司总经理、红牡丹丝绸服装有限公司董事等职位，获得过广东省优秀青年企业家等荣誉称号。现为大连东方安裕投资管理有限公司法定代表人、人大大连校友会会长。

◎ 对人大心向往之

我出生在浙江省绍兴市的嵊县（现为嵊州市），这个地方人杰地灵，出过不少名人。在上大学之前，我既当过兵，也在工厂工作过。我先在军队里度过 4 年岁月，服役满期后我便退伍，去了一个工厂工作。1977 年国家恢复了高考，我从小有大学梦，然而那一年我并没有参加。那时候的我已经 25 岁了，感觉自己岁数不小了。按照家里的说法，这是个到了该成家的年龄，所以家里人一直给我介绍对象要准备结婚。到了 1978 年的时候，有很多的同学和朋友被大学录取了，我非常羡慕，我自己从小学习成绩也比较好，因此我还是想去上大学。所以上半年的时候就下了决心要参加当年的高考。实际上那个时候我的复习时间比较紧张，幸好我原先就有一些基础，并且部队期间也一直坚持学习。由于我写作不错，语文这方面的优势还是比较明显，所以我就跟一些朋友商量着去参加 1978 年的高考。我很幸运，考的成绩挺不错的。

为什么我选择了人民大学呢？ 1966 年“文化大革命”的时候，我就把北大、人大和清华这 3 个校园都走访了一遍。那个时候一圈转下来，我就特别喜欢人民大学，一到人大门口，看到“中国人民大学”几个字就觉得非常亲切。那时的我还在读初中，我就想以后要考大学的话就一定要考中国人民大学。高考复习的时间很紧，并且我对自己的能力究竟是在怎样一个水平也没有明确的定位。所以当初只有一个非常清晰的目标，那就是无论如何一定要考进大学。我们那一年是成绩公布以后再填的志愿，考试成绩出来以后，我坚持自己心中的想法，毫不犹豫将第一志愿填为中国人民大学。这整个过程究竟是如何的我也说不清楚，冥冥之中我觉得自己就应该是上人大的，幸运的是最终我被人民大学录取了。

◎ 在人大的岁月

被学校录取后，我是贸易经济系。在人民大学的这几年，我深深地感觉我跟这所学校的精神是融合在一起的。在母校 70 周年校庆捐赠仪式中，我为母校捐赠了 100 万元人民币。在捐赠仪式中，我感谢母校能够给予自己此次珍贵的捐赠机会，能够为母校建设尽一份绵薄之力，是我的荣幸也是一直以来的心愿。

因为我当过兵的缘故，所以早在 1974 年就入党了，是一名共产党员。在人民大学上学期间，除了政治方面表现良好，我的学习成绩也一直很好。1979 年，北京市第一次评选市级三好学生，分配到学校的名额很少。那时候，市级三好学生相当于市劳动模范，当初的不少报纸都有报道。如果我没记错的话，两个系才有一个名额。我们贸易经济系就出了一个，我后来被评选上了。市级三好学生是在人民大会堂颁奖的，当初出席这个颁奖典礼的有国家副主席王震、国务院副总理方毅，还有我们的老校长成仿吾、郭影秋。开会之前，学校领导还在人民大会堂旁边的一个厅里边接见了我们，给我们讲了很多鼓励性内容的话，我备受鼓舞。在人民大学读书的这四年让我印象最深刻的便是这件事情了。我很高兴，也很荣幸能在人民大会堂参加这么一次会议。

在校期间我上过这样一个老师的课。老师的名字叫雷正孝，他是研究人才问题的专家。那一堂课我去得比较早，但是教室窗户外面都站满了人。他讲的是人生的自我设计，不少内容和理念在当时的情况下是非常超前的。当时他提出来：对于人生，要自己去设计，自己去规划。那时，在计划经济的大环境下，我们国家对于就业方面都是统一分配的，想要自我设计是很困难的。但在内心中，这个讲座对我后面的事业和人生的路，还是起了微妙的作用。

我是南方人，到北京很不习惯。当初我们大学生的月粮食定量是 36 斤，36 斤的定量分成 3 个部分，大米 9 斤、高粱 7 斤、面是

20 斤。面和高粱我吃不惯，但是 9 斤的大米又吃不饱。幸好有些同学愿意把他的面票给我换米，而高粱票是换不出去的，因为没有人要。

我之前在部队待过四年，每天锻炼，早上起来都是先全副武装跑 10 公里，才回去吃饭，所以身体特别棒。那时候，在人大的体育课中，有几项需要达标。半年后，学校统计下来我们班是比较糟糕的，43 个人就我一个人达标了。但是到了大学三四年级的时候我的身体免疫力就下降了，因为我从小有支气管炎，而且北方的气候比较干燥，这对我的健康非常不利。因此，大学毕业的时候我跟家里人商量好了，为了身体健康不能留北京，我坚决要求回南方。

◎ 商海沉浮

当初我们分配工作，总的工作分配原则叫“全国统一分配”，简称“统配”。在统配之前，有一个优先录取的单位，他们到各个系去选人，要等他们选完以后才能进行统配的工作。这些单位中有很多国家机关和其他一些比较重要的机构。那时，优先录取单位看到我是北京市市级三好学生和 8 年党龄的老党员，对我非常感兴趣，但是由于我个人的原因，我还是要回浙江去。

最后如愿以偿回到了杭州，当时我被分到了浙江省丝绸集团，也是一个很好的省级机关单位。那时候我们人大的学生分到丝绸公司，按照当时的情况是属于分得不怎么好的，被分到政府机关的更多一点。但就我个人而言，我不想要当官，想从商，因此去了丝绸集团我是很高兴的。

我非常喜欢丝绸公司的工作，因为跟外贸有关。贸易做进出口，思考如何将中国丝绸发扬光大，需要做的事情很多，而且我觉得这个很有意义。正好这个时候，浙江省要在深圳去设窗口企业，于是丝绸集团就决定在深圳组建一个印染厂，通过引进意大利先进的设备技术，来改善我们民族工业技术比较落后的局面。公司的副总找我谈话，我一听这个事不错，就应了下来。后来我被派到深圳，在那里的中外合资企业做董事。1983 年 12 月，开了第一届董事会，成立了华丝企业股份有限公司筹备组，那时候我 31 岁。

1984 年，深圳的格局是什么样的呢？按照国家想法是要做窗口，但不同人对窗口的理解是有差异的。大多数的人，都是把国外的零件进口到深圳组装，再把产品卖到内地。这之中又以电子产品为主，也包括“三大件”。比如说三洋电视机，这个品牌老早就在深圳落户了，它做的彩电生产出来就内销，包括洗衣机和比较小件的 838 计算机。这些当时在国内都没有，都是通过一些进口零件生产组装然后内销，甚至有一些是直接走私进来的。我们去了之后将整个格局改变了。我们使用国产的原材料，应用国外的先进技术深加工，提高产品的附加值然后将其出口。做这个事情的，我们是第一家。那个时候公司让我去向深圳市领导汇报这件事，我汇报时，深圳很多的领导都惊呆了，很多人没想到事情原来还能这么办，因为正好反过来了。

我们的这个合资工厂属于浙江省丝绸集团的窗口企业，当初做出口，国务院副总理谷牧去公司看了以后，马上就准备大型研讨会，题目是“内联企业如何外向”。我是被他们邀请去做演讲的，在研讨会上我做了汇报，将他们的整个思路做了很大的调整：把国产的东西通过深圳引进技术，提高产品的附加值出口创汇。原材料、劳动力都是我们自己的，再通过引进技术，然后开辟出口渠道，把我们生产的产品卖向全世界。那次研讨会以后，深圳大学也邀请了我去讲课。

华丝后来发展壮大，我做到了副总经理。1984 年，当时企业希望我去独立再办一个丝绸服装厂。董事会原本的想法是进一步开印染厂，没有想到要做服装。我过去后，下半年去香港考察看了很多工厂，发现香港的整个生产总值里，服装生产量占 30%，比重非常大。这让我一直觉得很奇怪，因为香港并不具备服装生产和出口的优势，为什么呢？因为做服装出口有 3 个必要条件：一是廉价的劳动力，服装出口是劳动密集型行业，这个香港并不具备，香港的劳动力一点都不廉价，员工的工资高我们10倍到20倍；二是充盈的纺织品原材料，这也是靠内地运输过去的，那内地原本应该更具优势；三是交通运输条件，这个是香港具备的，同时深圳也具备，香港仅仅只具备这个条件而已。

所以我回来以后，给董事会写了一篇报告认为在深圳发展服装工业大有可为。董事会开完以后马上同意了我的说法，表示支持在深圳办服装厂。所以我们当初就办了一家公司叫红牡丹丝绸服装有限公司。那个时候我只是做董事而且还在华丝企业做副总经理，后来做得非常好。后来跟招商局合资我们又设立了一家敦煌服装厂，应该说敦煌服装厂那一段是我人生当中最辉煌的时刻。

以前做出口，很大程度上依赖于香港纺织品经销商，包括丝绸，我们当初在香港地区有10个经销商，给了香港商人很多的优惠条件，让他们去开拓国际市场。我们的对外贸易实际上是对港贸易，卖到香港就完事。而当初自己年轻，却一直在思考怎样越过香港地区，直接出口到美日欧呢？正好这个时候，有一个日本客商要来我们这里参观工厂，想洽谈出口的业务。这个公司是伊藤忠商社，在日本非常有名的企业。因为当初在出国考察的时候，我去找他们，双方交换了名片，并且我当即招了一个日语翻译，要他介绍我们的公司，并了解对方企业的要求，看看能不能让他们不通过香港，直接与我们合作。以前我们是渠道的问题，现在我们已经认识了，而且语言障碍不存在。我自己也会日语，但是我们还是请了更专业的翻译。很快，出于双方的利益他们就决定来看看，他们对我的报价比较满意。第一次来的是一般职员，第二次来的就是高管级别，直接和我谈出口的问题。他们的订单需求量非常大，而且要求非常严格。这个过程很漫长，伊藤忠商社要培训我们达到一定的水准，然后才会把订单下给我们，所以派了三位专家进驻在我们的厂里。这三位专家每天早上先到我那里问候，后来我发现伊藤忠商社其实也在考察我们，比如上班时间是否有迟到早退。一段时间以后日本总部就来通知说，他们一个在下单之前负责考核的最高领导要来，要我们做一些准备。我看了他们的提纲非常细致，对我这个总经理的要求从仪表穿着到产品管理都更为严格。他们从言谈举止到专业技术，都是一项一项做的，但还是以技术分为主。他们回去不到一个星期，来通知说考核通过了，要开始下单了。这单很大，而且我们马上就可以扩大生产，利润非常高。

我报的价格是留有余地的，本想着给他们留一个讨价还价的余地，没想到他们根本不还价，因为香港那边报价比我的报价高得多。对于我当时做的这件事情，市政府是非常认同的。市政府和招商局的人几次到我厂里，说这个小朱年纪很轻但是很厉害。当初我那个厂，初期投资投了 400 万元人民币，头一年挣了 2 000 万，人均创汇、人均利润在深圳市乃至广东省都是第一名。过了一段时间之后，伊藤忠商社的社长要来视察，和当时的深圳市委书记一行先去看了印染，然后再看我们工厂，看完以后在我的会客室里边坐了下来。书记就问伊藤忠商社的社长：看了两个工厂有什么样的感受？直到现在，我还清晰地记得他说："书记先生，到了东南印染厂我的感觉是在苏州，到了敦煌服装厂我的感觉是在日本。"全场记者那么多人，第二天深圳各大报纸全篇报道了这件事。所以，我们也是非常激动的，能得到如此高的评价。那段时间，各种荣誉朝我奔来，荣获先进工作者、劳动模范称号，还获得了 1989 年广东省优秀青年企业家称号。那时，我们的工作方方面面得到了认可。

然而好景并不长，1994 年国家开始了宏观调控。宏观调控对于整个国家来说是很好的一件事，但是对我们企业，却是使我们变得非常糟糕。由于我们的成功，很多人都想到深圳去搞服装出口。创办服装厂的特点是：门槛很低，投资不大，规模可大可小。那个时候全民办工厂，深圳从我们一家两家到最后有 6 400 家服装厂，产能肯定是过剩的，最后出口被压缩，就变成了抢订单。抢订单产生的结果就是恶性竞争，恶性竞争的结果就是价格越做越低，利润越做越少。

我记得非常清楚，当初一套丝绸做的运动服，一套是 24 美金，成本 12 美金，美国人很喜欢，所以订单很多。第一个和我竞争的是我自己招进来的徒弟，他跟着我干了几年业务，后来他自己办了一个服装厂跟我们抢订单。因为我的客户他也认识，他就直接找我的客户说他也办了工厂，能不能给一些订单。于是客户把我做的单子让他报价，他报价 16 美金，我报价 24 美金，客户悄悄地就把订单给他。之后我发现了，骂了他一顿，那天他被我说得哑口无言。但是竞争的局面已经形成了，最后，价格一路跌。我们最后一批订单是 13.2 美元，只有 10% 的利润。客户最后问我能不能做，我说做不了，因为我们 12 美元成本，何况宏观调控了以后不能随便贷款，融资的成本很高。所以企业经营越来越困难，也就倒闭了。

1997 年我经历了人生的低谷，那个厂办不下去了，我就把它停产关掉了，当然这个也是股东同意的。在经营过程当中，我个人跟一些银行和企业建立了非常良好的关系。在我非常困难的时候甚至有一些公司老总为了帮我，把一些资金借给我。那一段时间对我来讲非常郁闷，而且思想斗争也很激烈。因为担心按照破产处理有一些人会被追究责任，所以还是选择了停产处置债权债务，整体来看，亏损大概有 3 000 万元人民币。

那时我已经去深圳大概 13 年了，在这期间，赶上炒股大潮，当时我刚好有银行存款 3 000 万元人民币，但也是非常犹豫。这 3 000 万是否拿出来，整整一个星期我都没想明白。后来我下决心，钱是身外之物，钱不是最要紧的。所以我就把这些钱全部拿出来，把所有的该还的债务全部清理干净。

然而客户对我非常好，一些客户仍然找我，要借钱给我再办一个服装厂。那个时候我已经移居香港了，以港资企业身份在深圳设了一个工厂。当时投资不大，才 200 万元人民币，一听说我办厂了，我原先的那些员工和技术骨干全部回来了，客户一看这个阵容，都很愿意把订单给我。原来的香港客户也是一家上市时装公司，公司的老板找我，给了一笔利润丰厚但是要求比较高的订单。后来，我第一个月就把 300 万挣回来了，于是把两百万的钱还掉。慢慢地，我和我太太一起将服装厂做了 9 年，也把 3 000 万挣了回来。

制衣行业是经久不衰的一个行业，但是这个行业技术含量并不高，文化要求更不高。到后来我考虑必须要做一些调整，想做点别的事。后来我来到北京，人大的校友也向我伸出了温暖的手。我的同班同学贾放是当时信达的总裁助理，梅兴保是中国东方资产管理公司的总裁，他俩建议我做不良资产处置服务商。于是我就跑到老家，很多人听说我要做不良资产处置服务后便报了名帮我。我从3 000 万一下子集资了 4 个亿，有 7 个股东，占股最多的人做董事长，我做总经理，成立了大连东方安裕投资管理有限公司，是东方资产管理公司的子公司，开启了我的第三次创业。

从制造业到类金融，这个跨度还是比较大的。校友之间的一些感情，尤其是感情维系所产生的业务上的一些往来，对我的发展是非常有帮助的。这个行业，对我个人来讲到了一个新的高度。从2006 年正式注册公司做到现在，我们为国外的一些基金连续做了好几个资产包，我们主要做服务。去年财经杂志还有一个不良资产联盟做了一个评比，在全国评了十大优秀投资机构和十大优秀服务机构，在十大优秀服务机构中我们被评为全国第一名。现在房地产调控形成的房地产业的不良资产，比如烂尾楼，还有中美贸易摩擦产生的一大笔出口企业的业绩下滑和部分企业慢慢倒闭，也为我们整个的不良资产市场提供了更多的业务。

2013 年，浙江爆发经济危机，产生大批不良资产，所以我应邀到浙江开了一家分公司，开始从浙江做到上海，现在又做到成都、北京。这个市场越来越大，可以说到了前所未有的一个时代。

◎ 自我回顾与反思

回顾过去的人生，其实我也有其他的选择。但是我不后悔我的选择，因为我的性格就是适合经商的。我的人生感悟就是“宁可天下人负我，我不负天下人”。这些年经历的事情太多了，生活当中经常会碰到所谓的“小人”，搞得大家不团结，但我信奉“静坐常思己过，闲谈莫论人非”。只有这样的文化，一个社团或企业，才能够和谐发展。我在公司也经常谈这个观点，谈宽容、包容，因为只有非常团结的一个团体，才是最有战斗力的一个团体。这是我这些年最主要的一个感悟。

朱新会自述，本次采访时间为2018年9月16日，由中国人民大学校友工作办公室负责采访、录音整理，中国人民大学文学院2017级本科生邱可蓉整理成文。

采访 / 孟繁颖　　文字 / 邱可蓉　　编辑 / 李宣谊

刘国新

人物简介 北京人

1950年生，1977—1982年就读于中国人民大学中共党史系中共党史专业，获学士学位；1982—1984年就读于中国人民大学中共党史系抗日战争史专业，获硕士学位。1984年留校任教。曾任当代中国研究所《当代中国史研究》编辑部主任、副主编、社长兼主编（正局级），现代化研究中心主任（正局级），第三研究室主任，当代中国文化史建设与发展研究中心主任。2009年被评为中国社会科学院二级研究员。现为中国社会科学院博士生导师，二级研究员，享受国务院特殊津贴专家。

◎ 我是被人民大学挖过来的

我的小学、中学都是在北京景山学校度过的。景山学校是个非常好的学校，“文化大革命”前是一所教改学校，最开始是九年一贯制，后来就改成十年一贯制。

1966 年，我刚上完八年级，“文化大革命”爆发。于是，那年 6 月份就中断了学业。1968 年，响应上山下乡的号召，我到了黑龙江生产建设兵团三师 28 团。其实当时我已经被分配到北京轻工业局下属的一个厂，但是当年的革命浪漫主义深深影响了一代年轻人，我也不例外。那时有个纪录片叫《军垦战歌》，描写新疆生产建设兵团农垦战士屯垦戍边的故事。我深受这个电影的启发，不愿留在城里面，立志去边疆实现自己的人生价值，所以我就一定要去黑龙江边疆屯垦戍边。1968 年 6 月 18 日，我离开北京前往黑龙江生产建设兵团，在那一共待了 8 年，1976 年回到北京。这八年期间干了很多农活，后来又当了中学老师，做过副连长，干了很多工作。这段艰苦岁月的经历使我得到了很大的锻炼。

我回北京以后，很快就赶上 1977 年恢复高考。我当中学老师这段经历对我考大学有很大帮助，基本不用复习。考的成绩也很不错，分数比较高，排名比较靠前，在志愿填报的时候就少了很多限制，多了很多选择。我是一直喜欢历史的，但是那年北大只有世界史专业招生，而我想学中国史，所以我就转而报了北师大的中国史专业。而人民大学在“文化大革命”期间被解散以后，一直没有恢复，所以 1977 年的招生简章里面没有它。然而有一天，突然有一个人民大学的招生老师找到我家。当时高校招生办公室在崇文门旅馆，离我们家非常近，只隔着一个东单公园。人民大学的招生老师前来做了自我介绍并说明了来意，希望我可以到人民大学读中共党史专业。当时我有点犹豫，但因为我的邻居们都是一些老大学生，他们也建议去人民大学。就这样，我可以说被人民大学挖过来了。

◎ 复校伊始条件差，师资力量很强大

“文化大革命”期间人民大学被迫停办解散，校园大部分被二炮占领了，缺乏基本的办学条件，复校难度比较大。人民大学当时没有教室，没有宿舍。只招了 3 个专业，就是政治理论系的 3 个专业：政治经济学、哲学、中共党史。其他两个专业招了 50 人，我们中共党史这个专业招了 40 人，实际入学 39 人，我们班全是北京人。人民大学是 1978 年才正式复校的，1977 年时人民大学没有完全恢复，甚至没有招生办，是委托北师大的招生办来走完招生手续，录取通知书都是北师大发的。我们是冬天招生，来年春天开学，但是我们比一般 77 级的开学还晚一个多月，我们是 4 月报到的，因为要解决上课条件问题。

我们是人民大学复校的第一批学生，在我们入校以后，人民大学正式复校的文件教育部才批下来。当时的党中央主席华国锋同志亲自题写的校名，所以我们发的第一批校徽都是华国锋同志题写的“中国人民大学”6 个字。

在学校里，我们三个系是在木板房里上课，一个系一间木板房。现在回想起来，那时条件还是很艰苦的，但是当年不觉得，因为上学的愿望实现了，是非常高兴的。我们班最大的和最小的整整差 12 岁，最小的是当年的高中应届生，最大的都有孩子了。那个时候的大学生，和现在完全不一样，因为我们都是经历了十年荒废，能有机会上学，大家都非常珍惜这个机会。而且那个时候学习不是为了考分数，真是自觉地学，也从来没有无故缺课的人。

那个年代，社会主流还是非常强调集体主义的，所以大家的班级荣誉感非常强烈。期末的时候，大家自愿分成几个学习小组，小组里既有学习好的也有学习差一点的，学习好的带着学习差的一起

复习，互相帮助共同进步。那是很值得回忆的大学生活，校园气氛非常向上。

非常幸运的是给我们上课的都是最有名的老教师。他们也有十年没有上课了，重新走上讲台的他们也是带着十分的热情。比如：经济学家吴树青老师、史学家郑昌淦老师。郑昌淦老师讲历史，一上来，就写了一大块板书，讲大一统的多元一体的中华民族。老师们都有个共同特点，名气很大但教学民主，讲课当中你可以和他讨论，可以质疑他的观点。我们下了课就围着郑老师辩论，甚至有一次同学们围着追着问他，把他逼到了墙角，可见当时师生间的关系之融洽。上研究生以后，讲《资本论》的老师中有一位是孟氧老师。孟氧老师在“文化大革命”中受到迫害，后来平反以后他继续讲《资本论》。孟氧老师是一位年轻时就才华横溢的人，他编写了一本《资本论》的典籍注释，是很有成就的一个人。所以我们第一批学生受到了最好的老师的教学，也获得很大的教益。

学校的课程设置分为基础课、基础理论课、专业课，而且不是学分制。学校规定多少课学生就上多少课，但考核方式是不尽相同的。有的是考试，有的叫考查。考试就要计分，考查就稍微宽松一点。教学结束了以后一定要有教学实习的过程，教学实习有很多方法。我们党史系就是考察革命老区，主要是考察革命历史。比如：去井冈山看当年毛泽东建立的井冈山革命根据地，到南昌看南昌“八一起义”历史，到武汉参观抗战时期武汉八路军办事处和“二七大罢工”历史事件。教学实习主要是为了辅助我们的专业课学习，回来以后就开始做论文。那个时候的毕业论文一个老师对应一个学生，学生的题目报上来以后，经过班主任和其他老师认可以后，就根据题目匹配相对应的老师，面对面地辅导。学生提纲出来以后老师对学生进行辅导，论文出来以后要给学生修改，这种对症下药式的辅导对学生的帮助很大。

当时的学习还有一个特点就是与时事紧紧结合在一起。20 世纪 80 年代初，改革开放正在兴起，从家庭联产承包责任制到后来的城市改革，这期间还经历了理论争论，比如人道主义的争论，后来又发生整顿党组织和党员重新登记这些问题。那时候我们正年轻，再加上就读的中共党史这个专业的特殊性，大家对时事政治都非常关心。我们好像并没有个人利益的概念，而都只在乎公共利益和国家利益。这也是因为当时大学生毕业工作都是统招统分，国家包分配，所以我们不愁工作，自然会有更多的精力关注公共事务，特别是对改革开放尤为关注。

党史系的传统是对于基本理论要求很严格，很多书目被列出来学生就得按要求阅读。我在上学期间学习态度也比较认真，学习也还可以，因此一直担任学习委员。在人民大学的学习对我的影响是深远的，到毕业 30 多年后的今天，我在审教材、审课题的时候，还能够及时地发现一些问题，尤其是关于政策性的、理论性的内容我可以一眼就看出问题所在，这就是因为在人民大学的学习要求下，基础非常扎实，以至于这么多年过去仍然不曾忘怀。

我本科毕业后直接攻读硕士，我在本科的时候是担任学习委员，到研究生的时候还是担任班长。我们那一届党史系招了 7 个研究生，本校直升了 3 个人，4 个是外校招的。我的研究方向是抗日战争史研究，这个领域在这些年成了热门，但是当年还是比较一般的专业。1982 年刚刚研究生入学的时候我就参加过一场关于谴责日本篡改教科书行为的讨论会。

研究生毕业留校以后我开始担任中共党史教研室主任。这个教研室除了教本系专业课外，还有很大的一部分工作就是上公共课，公共课有一个教学环节就是放一些革命历史题材的电影，作为帮助学生理解这段历史的背景和情节的材料。那个时候，我自己去联系有关部门来放电影，就在八百人大教室。不限于上课的学生，学校里所有学生都可以免费去看。这种教学与娱乐并行的教学方式是非常有效的，我的课堂还是比较受到同学们的欢迎和认可的。1984 年我被学生会组织学生投票评为“全校最佳授课教师”，这是对我当时教学活动的认可。

现在在我们这个行业里，绝大部分都是人大党史系毕业的，包括有很多当时都是我的学生。他们大都在中央文献文件研究室、中央党史研究室这些机构里供职，所以党史系还是很重要的。

◎ 顺利的工作经历，良好的性格品行

1984 年，我毕业的时候面临着好几种选择，好几个机关都向我抛来橄榄枝。因为“文化大革命”10 年人才断档，加上改革开放正在兴起，各个单位都急需人才。因此我们从本科到研究生毕业都能分配到非常好的工作，尤其是我们这种专业基本都是去党政机关工作。

因为我是“文化大革命”以后第一个留校青年，留校以后很快就受到了重用，先是担任教学室的副主任，后来担任系的党组织副书记，也当过一段时间的系副主任。1990 年我被破格提升为副教授，当年一共破格提了 10 个年轻教师，我是其中之一。

1990 年破格提升副教授的时候，有个机会出现在我面前：一个叫作当代中国研究所的机构成立了，正在各处招揽人才。当代中国研究所是研究、编纂和出版中华人民共和国史，搜集和编辑有关国史资料，参与国史的宣传与教育，联系与协调各地区、各部门的国史研究工作的研究机构。当时是中国社会科学院的一个主持工作的常务副院长向当代中国研究所推荐了我，于是他们便找到了我，我经过一番斟酌也答应了。答应跳槽到当代中国研究所工作的原因主要有两个：第一是研究国史比研究党史范围更宽，研究领域更广。而我正好不仅仅只是满足于党史的研究，想要拓宽自己的研究领域。第二就是到这样的专门机构工作，比起在学校教学，可能更有机会看到档案材料。搞历史研究毕竟还是以历史资料为重，丰富的史料有利于我的研究，所以我就答应了。

回首过去，我的人生道路比较顺利。我的人生经历很简单，没有什么大的起伏：我小学到中学八年级，8 年；上山下乡，8 年；本科和硕士研究生，7 年；留校工作，10 年；然后调到当代中国研究所一直到退休。在每个阶段我基本上都是处在比较先进优秀的梯队：小学的时候我是少先队中队长；上山下乡的时候当过副连长、指导

员；到大学以后也是学习委员、班长；留校工作后也是比较早就走上领导岗位；到了当代中国研究所，官修国史，我参加了第一卷的编纂，是第一卷的主编；后来我又担任了当代中国研究所创办的杂志《当代中国史研究》的编辑部主任、副主编，从正处到副局。《当代中国史研究》创刊于 1994 年，是由中国社会科学院主管，当代中国研究所主办的中国当代史暨中华人民共和国史研究领域的专业性学术期刊。1995 年，我被评为研究员；2000 年升为《当代中国史研究》杂志主编兼社长，是正局级干部；后来我又先后担任过现代化研究中心主任、文化史研究室主任、文化中心主任，是社科院研究生院的博士生导师，享受国务院特殊津贴专家；2009 年被评为中国社会科学院二级研究员。

我主要的研究领域为中共党史、中国当代史，主要研究方向为中国共产党治国理论研究、当代中国的国家安全与发展、当代中国文化与社会。我的社会兼职也很多，比如中央文献研究室高级技术职称评审委员会评委、中央党史研究室高级技术职称评审委员会评委；国家社科基金评审专家、国家新闻出版总署重点图书选题评审委员会委员、教育部三科教材审读特聘专家；北京市社科规划办、北京市教委特聘专家组成员。同时我也写了一些书，出版独著九部，发表论文 260 多篇。我也拿了不少奖，我与别人合著的《中国革命史》获吴玉章教学奖；合著《美丽中国——生态文明建设政策解读》获天津市社科优秀成果奖；合著《中华人民共和国史稿》获中国社科院优秀成果一等奖；独著专著《中国共产党治国社会方略研究》，是中宣部、国家新闻出版总署“纪念中国共产党成立 90 周年百种重点图书”，建设学习型政党指定教材。我还主持、参加了一些国家级、市级的项目，比如国家“八五”社科基金重点项目“中华人民共和国的创建”、“十五”社科基金重点项目“中华人民共和国史研究的理论与方法”、中国社科院重点项目“中国抗美援朝研究”、北京市“十一五”重点项目“当代中国国家安全的理论与实践”、当代所五年科研规划重点课题“论社会主义和谐社会提出的历史背景及其在中国共产党治国理论中的地位”以及国家级课题“党中央在延安13年”等。

我人生能够比较顺利有两个原因。第一，我不搞歪门邪道，我当领导干部一直是比较洁身自好的。第二，我做事认真，凡是同我合作过的机关、个人，都能长期合作下去。凡是交给我的事情，我就尽量做好，非常负责任地去做，良好的合作关系使得我的人际关系、社会关系都比较融洽。所以我觉得人生这两点很重要：第一个是作风正派，不管在什么情况下，做人要老老实实，正正当当；第二个就是干事认真，不干则已，要干就干好。我的人生体验就这么两条，所以我到哪都立得住。

◎ 对人大人的建议

“中国人民大学是我们中国第一个办起来的新式的大学，在中国历史上以前所没有过的大学。中国将来的许多大学都要学习我们中国人民大学的经验，按照中国人民大学的样子来办其他大学。”这是刘少奇同志在中国人民大学开学典礼上说过的一番话，现在听来还是非常鼓舞人心。人民大学这所学校，从它诞生起，就是社会主义共和国建立的一所新型的大学，所以它带有这样一个烙印。我就希望人大的学弟学妹们，在新的历史条件下，能做好一个人大人，争做21世纪新型人才，既是时代的弄潮儿，又可以把人大的特点传承下去。

刘国新自述，本次采访时间为2018年8月18日，由中国人民大学2017级法学院本科生苏琼璇负责采访、录音及文字整理。

采写 / 苏琼璇　　编辑 / 刘芳　李宣谊

孙钢

|人物简介| 吉林九台人

1954 年生，1978—1982 年就读于中国人民大学档案系档案学专业，获学士学位。曾任国家档案局中央档案馆副处长、处长、副司长、司长、正局级巡视员，兼任中共中央办公厅历史编写组副组长。1997 年荣立中央办公厅二等功。

◎ 与人大档案系的缘分

我 1954 年 10 月出生于一个革命干部家庭，父母建国以前就参加了革命，1948 年跟随解放军进城参与接管沈阳。我的童年是在无忧无虑中度过的，由于父母工作忙，从机关幼儿园到寄宿制干部子弟小学，一直过的集体生活。1966 年“文化大革命”爆发，生活突然发生了一场剧变，父母被打成“走资派”，学校停课，生活一下坠入了社会最底层，无学可上，虚度光阴。1968 年“老三届”下乡离开学校，我们才得以升入中学。中学由军宣队、工宣队管理，主要是学毛选，开批斗会，只有很少的文化课。好在沈阳五中是一所历史悠久的名校，有许多学识渊博的老师，他们冒着挨批的危险，给我们加课补习数理化，填补了一些知识的空白。1972 年周恩来总理提出工艺美术品出口创汇，相关工厂来学校选拔会画画的学生，这使得我提前中学毕业进入工厂，成为一名工人，躲开了上山下乡。

来到工厂，尽管物质生活相比于下乡的同学要好一点，但精神生活同样贫瘠。“文化大革命”时期，我们能读的书有限，接触到的知识很少，周围充斥的都是“文化大革命”的说教，高考取消了。可我当时内心有一个想法，总想着大学肯定还要考的，于是我没有放弃学习，业余时间就会和朋友们读《资本论》等书，其实能读到的也只有这样的书。等到 1978 年邓小平同志宣布恢复高考，我很兴奋，觉得一定要抓住这个机会，于是义无反顾报名了高考，决心拼一下，最终成功考上了中国人民大学。当时和我一样从沈阳考来人民大学的一共七八名同学，我们都是不同系的，有农经的、法律的、科社的……几个人非常投缘，也因此结下了一辈子的友谊。

说到专业，其实当时我报考的不是档案系，而是经济系。档案专业在1978年招生时属于保密专业，招生栏目上没有，但是我到学校后，学校老师找我谈话，因为我出身比较好，希望我能够去读档案系。虽然那时候我也不知道档案专业是什么，但由于是组织和学校的安排，就欣然答应了。

这样我就进入了档案系，学习档案学，与档案结下了一生的缘分。

◎在人大的学习生活

我对在中国人民大学生活、学习的4年记忆犹新，回忆起来总是心怀感激，这一段时光是我一生珍贵的回忆。

学校学习氛围很好，每个同学都很拼命，铆足了劲儿学习。因为我们“文化大革命”10年都没能好好读书，现在终于考上大学，能学知识，自然都很珍惜。记得我在人民大学时，每天6点多就起床了，跑去图书馆占位子，在图书馆门外排着大长队，一开门大家就都轰地一下冲进去，撞得椅子、桌子直响，急急忙忙，和打仗似的。我一般都跑进去占自己习惯的位置，到最后和周围的同学都熟悉了。在图书馆占完座后，就去上课。当时的条件很艰苦，教室资源紧张，总是没有座位，我们就自己拿个小马扎，坐着小马扎上课。每天课程结束后，就又去图书馆占的座位自习了。这基本是我每天的学习生活。

虽然当时的条件很艰苦，但就像刚才说的，同学们都很珍惜上大学的机会，总想着能多学一点是一点，每天教室、图书馆、宿舍连轴转，有时间就用来读书。我从来没想着放松娱乐，再者也没有那经济实力支持自己出去玩，买几本书，基本就把一个月的钱花光了。还记得当时为了学英语背单词，不得不买了一个砖头录音机，98元一个，是好几个月的工资呢！现在还记得很清楚。我是工作满5年带工资上大学的，每月是38元，因此在同学当中还属于富裕的。而有的同学是从农村来，家里贫苦，每月只能靠六七块的助学金生活，十分困难。

学校的总体环境也很艰苦，除了教室紧张外，也没有饭厅，我们都是打了饭，就在院子里找个地方蹲在那里吃，后来才慢慢修建了食堂饭厅。宿舍资源也不足，我在人民大学时住在红一楼，上下铺，7个人挤到一个小屋里，房子很小，有些闷。即使这样，也不是每个同学都能住上宿舍，在北京的同学只能走读，白天上完课，就要骑着车子回家，每天来回跑。

但是，困难的环境并没有困住我们学习的热情，艰苦的条件更激励我们奋发图强，好好学习。我们的学习氛围特别好，同学们热情高，老师讲课也讲得扎实。总之，那段学习生活十分愉悦。

学校里有很多知识渊博、学问高深的教授。我有幸听到了很多著名老师的课，像胡华教授、冯其庸教授等。还有我们系的几个老师，比如韦庆远教授，他是做政治制度史研究的学者，学术成就突出，著作等身。

大学4年间，我与很多老师的关系都很好，一直到现在，我们见面也很熟悉。其中，我与班主任王德俊老师关系尤其好。在大学时，他就十分关心照顾我，对我帮助很大，我们很亲近。后来，他调到我的工作单位中央档案局做报社的主编，我们接触的机会更多了，就一直互相关照着、扶持着，一些想不明白的问题我就会向他请教。可以说，我们的关系不仅是师生，更是朋友，从师生情变成了一辈子的友谊。

总之，所有的老师都很认真负责，关心帮助学生，和宝荣老师、韩玉梅老师、陈兆武老师等都让我不能忘记。我认为人民大学档案系的老师都是平等地对待学生，支持学生的学习，鼓励学生的大胆探索精神、首创精神：你有想法可以提，你有文章我帮你发表，你有译著我帮你校对。在这样积极开明的指导下，我们学习更加积极热情了，有很多同学都取得了一定的成绩。

大学期间，我在老师的鼓励和帮助下翻译过一些外国的档案学文章和著作，黄坤芳老师、韩玉梅老师都一篇一篇地帮我校对。后来，我的这些文章得以在国内的期刊上发表，所以，我真的很感激他们，也觉得很幸运，遇到这么好的老师。

我上大学时曾在档案学的专业刊物上发表过一篇文章，这其中也和老师们的尽力帮助和支持分不开。当时是陈兆武老师、和宝荣老师看到我写的这篇文章，认为我写得很好，就直接帮我推荐到专业刊物上发表。我自然感觉很兴奋，作为一名学生就能在专业期刊上发表文章还是很难得的。这也更激励我不能放松，不能辜负老师的帮助与鼓励。

师生关系融洽，同学间相处得也很好，留下了很多共同的美好回忆。我们班曾在 2012 年出过一本回忆册——《青春从未远去》，以纪念中国人民大学档案系 78 级入学 30 周年，里面记录了我们班很多有趣的事。确实，我们班是一个很有意思的班集体，同学们的年龄差距、职业差距很大。刚入学时，最大的同学 32 岁，最小的只有 16 岁，平时年龄大的同学照顾着偏小的同学，像哥哥照顾弟弟，是一个大家庭。另一方面，我们的职业经历千差万别，有插队的、当兵的、卖豆腐卖菜的、做工人的……我们在一起讨论问题，每个人提出的看法角度都不一样，这时候总是火花碰撞，十分激烈，一番讨论后每位同学都收获很大。

总的来看，我认为自己大学四年收获很大。在老师的尽力帮助以及自己的努力下，基础知识、专业知识学得很扎实，为以后参加工作打下了坚实的基础。同时收获了真诚纯粹的师生、同学情谊，结下了一辈子的友谊。这是一段美好的时光，现在和老同学们聚在一起都会特别亲切地回忆起当时的情况。

◎ 我所经历和参与的档案部门的 3 件大事

“文化大革命” 10 年后，各项工作都开始恢复正常，档案工作也开始重建，全国各地都很缺档案人才。而人大档案系是当时全国唯一的档案系，所以毕业的时候，我们的工作分配比较顺利。我是被分入中央档案馆，自此正式进入了档案领域工作，主要进行档案的保管、编目、编研工作。档案保管，就是把档案收集、保管起来，能为后人所利用；档案的编目，就是将资料分卷整理，便于查找信息；档案的编研，就是把珍贵的档案从历史档案中发掘出来，能为现在的工作进行服务。

我很喜欢档案工作，也很珍惜这个工作机会。中央档案馆是保管党中央档案的地方，直接归中央办公厅领导，而我能一毕业就来这里工作，感觉很幸运也很难得。于是我一直严格要求自己，脚踏实地、兢兢业业地完成自己的工作。从科员到处长再到司长，三十多年的档案工作，每天都严谨办公，不放松自己。

自 2007 年 1 月，我被任命为国家档案局档案馆室司司长，一直到 2014 年年底，我在国家档案局档案馆室司司长的岗位上工作了整整 8 年，其间经历和参与了 3 件大事。

一、汶川地震和玉树地震后的档案应急响应机制

2008 年 5 月 12 日汶川发生 8.0 级强烈地震，2010 年 4 月 14 日玉树发生 7.1 级强烈地震。这两次强震给灾区人民生命财产造成了巨大伤害，也给灾区档案事业造成了严重损失。这两次强震发生后，国家档案局启动了应急响应机制。由副局长李和平、技术部主任王良城和我组成工作组，紧急飞往灾区。飞往玉树时商业航班已经停飞，我们是拿着抗震指挥部颁发的特别通行证与专业抢险队和医疗队一起乘坐专机抵达海拔 4 000 米的玉树高原的。我们工作组的任务是了解档案及档案馆设施受损情况，慰问遇难档案人员家属，与地方政府协调档案部门的灾后重建。汶川地震中受损最严重的是北川县档案馆，两名工作人员遇难，馆库坍塌，所有档案被埋。为防止疫情发生，北川县城实行了最严格的封城，禁止任何人进入。经过与当地政府协商，特别是张仲仁老局长的攻关，6 月 19 日解放军和武警第一次破例进入北川县城挖掘被埋档案，先后三次挖掘出 7 万卷。根据工作组了解到的情况，国家档案局与中央有关部门和地方政府协调，将四川省 41 个灾区档案馆和青海省玉树州县 2 个档案馆纳入了灾后恢复重建规划，并组织全国档案部门对灾区各县档案馆实行对口支援。这两次大地震后启动的档案应急响应机制，使我有机会在第一时间目睹了灾区人民的苦难与坚毅，体会了社会主义制度在应对大灾大难时的巨大优越性和国家对档案工作的高度重视。

这两次应急赶赴灾区的经历令我始终难忘。

二、“中西部县级档案馆建设规划”和新疆与四省藏区援建规划中的档案馆项目

2008 年 8 月，为应对国际金融危机，国家出台了“4 万亿”投资计划，这对于档案部门是一个千载难逢的重大机遇。在做了一系列前期准备工作后，2009 年 7 月 14 日，我陪同国家档案局局长杨冬权专程来到国家发展改革委，与负责投资工作的穆虹副主任、投资司王晓涛司长进行工作会商，敲定了中西部县级档案馆建设规划的投资项目。这个项目计划在 2011 年到 2020 年两个五年计划期间由中央财政投资 110 亿，为 2 066 家中西部县级档案馆建设新馆库。与此同时，我又找到国家发展改革委彭森副主任，请他帮忙将新疆维吾尔自治区档案馆和青海、甘肃、四川、云南四省藏区的十余家档案馆纳入了国家援建规划，共投资 8 个多亿。这两个规划的实施，是新中国建立后国家对档案部门投入力度最大、覆盖面最广的投资项目。为了抓好项目的实施与督查，几年中我先后跑了近 400 个县，每到一地看选址、查工程、核数据。对那些不及时提供建设用地、配套资金不到位、设计面积不达标的地方，处以通报、约谈、撤回投资等处罚。为这两个项目我几乎倾注了全部心血，因为既然命运把我推到了这个位子，又赶上了“4 万亿”计划的难得机遇，使我有可能为档案事业做些实实在在的事情，我就要担当起来，没有任何理由推诿懈怠。令我感到欣慰的是，这两个项目自实施以来至今进展顺利，预计到 2020 年将如期完成。2013 年 1 月 14 日，中央人民政府网站曾刊发过我的一篇文章《到 2020 年全面建成小康社会档案馆体系》，既是对这件事情的肯定，也是一份真实的记录。

三、“南京大屠杀档案”成功申报世界记忆遗产

2014 年 2 月 26 日，我和国家档案局外办副主任王红敏到外交部参加会议，主题是如何应对日本方面提出的“神风敢死队”申遗问题。会议决定，启动“南京大屠杀档案”申报世界记忆遗产名录。国家档案局领导指定由我司牵头组织这项工作，我们随即召开了有关档案馆领导参加的会议，做出工作部署。我们是抱着“背水一战”

的信念投入工作的。一面是30万南京死难同胞的冤魂，一面是日本侵略军惨绝人寰的暴行和日本政府否认历史的蛮横。此刻，我们是代表民族、国家、历史为人类的良知和正义而战。那些日子里，我们进入超负荷工作状态，组织论证、撰写、修改、翻译申报材料，反复核对数据。申遗成败的关键是评委的理解和认知，我们利用部分评委来华开会之机，请他们参观了南京大屠杀纪念馆。人类追求和平反对战争的本性和珍视生命与人权的价值观是相通的，一些评委在南京大屠杀情景展示面前掉下了眼泪。2015年10月7日，在阿联酋阿布扎比召开的世界记忆工程国际咨询委员会第12次会议上，中国申报的“南京大屠杀档案”获得通过，正式列入了世界记忆遗产名录。日本侵略军制造南京大屠杀的暴行被永远地钉在了人类历史的耻辱柱上。

◎ 档案工作给我的财富

回忆起来，我对自己的档案工作生涯，很知足，很满意。

因为档案工作本身是一份很有意义、很有价值的工作。尽管档案工作在社会上受了解不多，但其实是一个很必要、不可或缺的行业。国家是一个大机器，各行各业都需要人。档案保存人类活动的记录，包括整个国家运转的原始记录。档案是一种人类文化的记忆，也是全世界共同的事业。

我一直认为，看档案就是看历史、看人生。档案当中记录了最真实的资料，作为档案工作者，我们有得天独厚的条件能接触到这些最真实的案例、记录，其中就包括一些重要人物在历史上的起起伏伏。观看这些资料得到的体会和人生感悟，是一般人很难得到的。在看档案时，能得到很多人生教训，历史上有的人位高权重时为了一点利益，把握不住自己，触碰了底线，结果下场很惨。所以我在工作岗位上，即使主管分配着十几个亿的时候，也对自己丝毫不放松，绝对不会犯错误。

马克思在《青年在选择职业时的考虑》文章中讲道：在选择职

业时，我们应遵循的主要指针是人类的幸福和我们自身的完善。选择职业时应该将个人的完善与社会的美满统一起来。而档案对我来说就是这样一份工作：档案工作很适合我，让我的能力得到充分的发挥，我热爱档案工作；同时也对国家、对社会做出了实实在在的贡献。我觉得自己在多年的工作中，做得很有意义、让我一直很骄傲的主要有以下几件事：

一是发现毛主席在八大上推荐邓小平同志进入党中央领导层的珍贵史料。

在1990年、1991年前后，我部门接到一个为党的八大出一期专辑刊物的任务，在那时，我翻阅了很多有关八大的历史档案，研究档案内容。在这个过程中，发现了一则毛主席在八大上的讲话，是一篇用铅笔字和钢笔字书写的会议原始记录。内容是关于毛主席在八大上介绍邓小平，要将邓小平从西南局的书记调到中央工作。档案记录显示，毛主席向全党介绍邓小平，说邓小平能力很强，我们决定把他调到中央来工作，任我们党的总书记。邓小平同志推辞说，自己以前当过秘书长，还是做秘书长，对于总书记职位不太习惯。毛主席又说，总书记和秘书长在英文当中是一个词……档案记录很长，意思是说明小平同志能力很强，应该到中央来工作，我们全党要接受他。于是，邓小平自八大开始进入了中央的领导层，是中央政治局的常委，成为中央书记处总书记。

我看到这个档案记录时，心里一振，很兴奋，觉得这是一份珍贵的史料，能够说明邓小平同志是怎么从一个地方的领导，变成党中央第一代领导集体中的一员。于是，我就立马着手和另一个同事共同把这段资料整理出来，上交给领导。领导也很兴奋，认为这个资料很重要：毛主席的推荐意见，对于了解邓小平是怎样成为中央领导的这个过程是非常重要的。经过商讨，我们将原始档案与整理后的文字，一起上交给了当时中央书记处负责档案管理的胡乔木同志，由他亲自做了文字校对后，终于作为一个正式的稿子发布。

这段毛主席对邓小平的推荐资料解决了党史研究上的一个重大课题，即考证清楚了邓小平同志是怎么从一个地方领导变成一个中央领导的，毛主席是怎样认识、评价与推荐他的。而且，同时毛主席还推荐了陈云。这两个人作为第一代领导集体的核心成员，是怎样进入这个领导集体的，在这份档案中得到体现。这份材料的内容被中央党史研究室写入了党史正本，邓小平同志去世的时候，讣告和悼词当中也都引用了这段资料，以说明邓小平同志是怎样成长起来的。

因此，这件事也一直让我很骄傲，档案工作的意义，就是要从浩如烟海的历史资料中找出有价值的东西、对国家有用的东西，为现在的工作服务。

二是撰写《伟人之初：周恩来》。

我的工作使我能够接触到很多最真实的资料，其中我读过很多关于周总理的档案。我依靠这些档案为周总理写过一本书，叫《伟人之初：周恩来》。这本书讲述了周恩来从出生一直到青少年时代的经历，对宣传周总理的成长经历很有意义，对现在正处于青少年时代的同学们来说也具有很强的教育意义，周总理应该是他们学习的榜样。这本书曾经荣获中宣部的奖，在社会上的影响也比较好。

通过档案看周总理的一生，我们发现周总理做什么事情都是如临深渊、如履薄冰，谨慎负责，以这样的精神去做工作，为人民服务，才成为了人人敬爱的周总理。周总理的这种精神也给我个人很大的启迪，鼓励我踏踏实实地做好本职工作，不要投机取巧。

三是主编《初心——共产党员纪念册》。

这本书是2018年6月出版的，体系和内容按档案学原理设计，真实再现了共产党员一生的经历，提醒党员们时时不忘初心。本书精选了周恩来、朱德、宋庆龄、郭汝瑰、甘祖昌、雷锋、邹韬奋、谷文昌、麦贤德、钱学森、杨善洲、黄大年、黄旭华、梅兰芳、李雪健等共16位优秀共产党员的故事，展现其在成长之路、信仰追求、齐家修身、不忘初心等方面的感人事迹。

人民文学出版社副总编辑陈鹏鸣谈到这本书的时候说，这本纪念册，是出版方尝试着把党的建设的伟大工程与每个党员思想建设的个体基因有机结合起来，把“修身齐家治国平天下”的家国情怀熔铸在每位共产党员的成长之路上。“如果每一位党员都能怀着敬畏之心认真填写这本纪念册，留存自己的红色档案，并在人生每一个节点上认真反省激励自己，那么，短暂的重温就能变成一生的相伴，使入党初心与党员的成长如影随形。”

《初心——共产党员纪念册》出版不久，曾作为入党纪念品赠给牛犇老艺术家，老艺术家摩挲着封面，迫不及待翻阅起来：“纪念册非常珍贵，不仅提供了很多学习榜样，还为珍藏者留有足够的书写空间，可以写下入党感受、粘贴面向党旗举起右臂宣誓的照片、抄录入党志愿书，时刻提醒自己不忘责任担当，走好未来的艺术之路。”

回首30多年的档案生涯，心中充满激情、敬畏与感恩。电影《无问西东》中有一段问话：如果提前了解了你所要面对的人生，你是否还会有勇气前来？我的回答是，当然，我依然选择档案人生。

孙钢自述，本次采访时间为2018年7月23日，由中国人民大学文学院2017级本科生李俊昆负责采访、录音整理，并根据孙钢校友本人提供的《我所经历和参与的档案部门的三件大事》等资料编辑整理。

采写 / 李俊昆　　编辑 / 尹晶涵　李宣谊

李风

|人物简介| 河北白洋淀人

1978—1982年就读于中国人民大学工业经济系工业经济管理专业。北京荷风艺术基金会创始人、名誉理事长。2013年，李风创办以艺术教育、艺术普及和艺术推广为使命的北京荷风艺术基金会，带着“艺术启蒙推动社会进步”的愿望，开始了推进乡村艺术教育的实践之路。同时，李风担任北京大江投资有限公司董事长，长期从事股权投资业务；曾在香港、内地数家上市或非上市公司担任高管及董事会成员，担任过深圳万科公司董事。

◎ 家国情怀，为“道”入校

我的家乡在河北白洋淀，我从小跟随父母在北京长大。在“文化大革命”期间，因为许多高中都停办了，所以我从北外附校的初中毕业后就直接参加了工作。当时清华大学和北京大学受“文化大革命”时期“学习要和生产实践相结合”观念的影响，开办了校办工厂，招收年轻的工人入校。所以从 1972 到 1978 年期间，我通过招工进入了清华大学工作，负责管理电工学基础课的实验室设备，组织学生完成实验。

1977 年，在国家结束了 10 年“文化大革命”动乱后发生了一件关系到国家和当时青年命运的大事，那就是恢复高考。我们这一批青年经历过“文化大革命”，同时也有着丰富的社会经验，对社会现实的体会尤为深刻。和国家一起经历了历史的洗礼后，我们不仅希望改变自己的命运，还希望通过学习与实践探索“文化大革命”悲剧发生的原因，总结经验教训，与国家“同呼吸共命运”，为国家发展、民族复兴、社会进步的道路而上下求索。所以面对此种情境，我坚定了要上大学的决心。

1978 年，怀揣着报效祖国的愿望，我报名参加了 1978 年的高考。我选择人民大学的原因主要有两方面，一是因为“文化大革命”前我在外语学校上学，接受的教育整体偏文科，我个人也更喜爱文科；二是因为当时人民大学的经济、管理等学科在全国首屈一指，我认为去人大学习这些学科对我探索国家发展、民族复兴、社会进步的道路最有助益。所以我便怀着憧憬报考了人民大学。

◎ 感怀青春，追忆年华

我在人大度过了自己宝贵的青春岁月，度过了人生中重要的一段时期。虽然离开学校已经30年，但回忆起当年我在人大的点点滴滴，那些情景仍历历在目。在我看来，当年的人大虽然环境设施简陋，但校园里学习氛围极其浓厚，师生、同窗关系也十分融洽。

当时人大校园环境设施究竟如何呢？相比于其他高校，可谓是十分简陋。因为进入人大之后，我作为校排球队的队员经常去北大等高校比赛，我发现那些高校的校园环境都比人大好。再者我曾经在清华工作了7年，对清华的校园环境也比较了解，清华不仅校园面积大，而且还有很多古色古香的建筑。而人大正好相反，校园不仅面积小，仅仅比一般的中学稍大，校园的教学设施还十分老旧，甚至很多教学基础设施都没有。我记得当时既没有正式的阅览室给同学们看书学习，也没有足够的教室，甚至有些教室直接设在了平房里。由于校舍太少，学校原则上只给外地学生安排宿舍，家在北京的学生只能每天走读，十分辛苦。所以对比来看，人大可以说是所有高校里环境设施最简陋的校园之一。

另外，当时的人大还比较缺乏“校园氛围”，这是缘于一个很特殊的原因：当时二炮司令部占用的校舍还没有完全归还，有一部分园区是学校和军人共用的，校门口有军人站岗。按理说学生不能随意出入部队所在地，但是学生上学又不得不走大门。军人和学生共同进出一个大门，共用一些园区，我相信这在教育史上是很少见的。因为校园设施实在有限，不利于学习生活，所以人大学生自发请愿，表达学生希望二炮归还校舍的愿望。同学们组织有序，和平理性地进行请愿，在新华门门口递交请愿书，最终校舍问题也很快得到了解决。

我在人大就读期间，学校有两门非常有“人大”特色的课程。

第一，长课时的外语课程。当时高校的教学大纲规定，大学外语的课程课时是200学时，但人大的外语课课时是400学时，比其他学校多了整整一倍，所以当年人大有“第三外国语学院”的称号。我想这和当时的校长成仿吾不无关系，他是一个翻译家，十分重视外语教学。

第二，高要求高标准的马克思主义基本原理课程。我是经济系学生，基础课中的政治经济学主要学《资本论》。这门课的考核令我印象特别深刻，最典型的就是期末考试以口试而非笔试的方式进行，进入考场后需在一个纸盒里抽题，可能会抽到这样一道题：“请阐述马克思在《资本论》的第一卷第二章第四段关于某问题的论述，然后谈谈自己的理解和看法。”这就意味着考试要求我们不仅要对《资本论》的内容有深刻理解，还要对原文达到倒背如流的熟悉程度！不过放在现在，我认为这样的学法较为教条，其原因大概是在教学方法上还保留了不少传统因素吧。

在人大求学期间，我结识了许多令我终身受益的良师益友。当时的人大聚集了一批名家大师，他们不仅有高深的学问，还有高尚的道德情操。时至今日，那一批老师传道、授业、解惑的形象还深深镌刻在我的脑海中。我认为人民大学的学科教育之所以强势，与这样一批有着学者风骨的“先生”是分不开的。

回忆当初，在全校公共课程的老师中，对我影响最大的是胡华老师。他是当时党史课的顶尖学者。胡老师不仅学识渊博，更难能可贵的是他还能做到对历史实事求是。在“文化大革命”刚结束，全国思想还相对徘徊的背景下，他在课堂上敢于讲真话，求事实，这需要对真理的坚定信仰和求真务实、不畏权威的勇气。胡老师这种胸怀坦荡、实事求是、敢于求真的精神深深地感染了我，这也对我人格的塑造有着重要影响。在专业课老师中，企业管理学的徐昶老师给我留下了深刻印象。徐昶老师为人随和，学问上不仅才真学实，还极具创新精神，他开创性地改变了课堂教学方式，引导学生参与课堂讨论。那个年代授课的方式多是老师灌输基本原理或直接写出结论，学生只需要背诵书本和笔记，在考试时回答出正确的答案即可。可徐昶老师改变了这种教学方式，他引导学生和老师之间的互动讨论，这可以说是当时传统教学方式中的一股清流，同时这也取得了非常好的课堂效果。

课堂上，同学们一起努力学习，交流经验。生活中，互帮互助，团结友善，关系也十分融洽。一个非常特殊的情况，是我们这一届学生的年龄差距比较大。以我们班为例，班上最小的同学才 17 岁，而最大的已经31岁了，中间整整差了16年。在求学过程中，有一位非常令我钦佩的同学名叫白南生。白南生在入学前患有小儿麻痹症，有一条腿行动不太灵便，但白南生同学仍然坚持和大家一起打球、运动，他乐观坚强的精神深深地感染了我。另外他求真务实、踏踏实实做学问的态度也令我心生赞叹，白南生做学问非常用心，毕业后他长期研究中国农村经济的问题，在岗位上几十年如一日的钻研，为中国农村经济的改革研究做出了不少贡献。

◎ 母校哺育，滋养人生

在人大学习的4年里，母校不仅传授了我丰富的知识，更重要的是还给予了我取之不尽、用之不竭的精神财富，坚定了我立学为民、治学报国的信念，塑造了我实事求是、求真务实的性格。可以说在母校学习的这段经历，滋养了我的人生信念，为我以后的人生道路打下了一定的基础。

当时人大经济系的课程有两个特点：

一个特点是内容精深。这其实和整个中国的教育方式都有一定的关系，也就是在中国的大学学习，课程的内容往往比国外同时期讲得更深入。所以后来我在国外读MBA的时候发现，他们的很多课程我在人大的本科期间已经学习过了。这样扎实、深入的理论学习为我以后的发展打下了非常坚实的基础。

另一个特点是追求顶尖。我们是1978年入学的，到了1981、1982年的时候，我们的专业课已经开始用英文专业书了！我相信这一点超过了任何人的想象。还记得当时我们的管理学课程用的是英文教材，放到现在来看似乎无须大惊小怪，因为英文课程的开展在全国已经屡见不鲜，但是在当时这简直不可思议。记得当时我拿到课本的第一个反应是："这些德高望重的老教授们怎么会英文呢？如果会英文，他们又怎么会英文的管理课程呢？"因为考虑到当时的学术背景，我们还没有同美国建交，所以在经济学领域我们主要学习的是苏联的计划经济，包括我们的一些数学模型，用的也是苏联的计划经济模型，所以我才对此疑惑不已。疑惑背后也是钦佩，因为我明白在当时的环境下，老师们那样的年龄，必须学习国外理论，搜集国外教材，才能给我们讲授国际前沿的理论知识，这背后付出的心血难以想象！总之，正是由于人大这一批优秀大师的教学，我们才得以迅速接触世界最前沿的理论。

现在回忆起这段学习时光，有两门课程令我印象最为深刻：一是系统工程，二是企业管理。

当时引入的这门系统工程课程，直至今日看，其内容仍不过时。系统工程学诞生于美国20世纪30年代末40年代初研发原子弹之时，它的研发和实验是一个极其复杂的过程。其研发制造系统的各个部分之间应当如何进行组织管理？这就是该学科的创建之初的核心内容。我认为人大可能是全国最早引入系统工程课的学校。当时我是系统工程与企业管理课的课代表，我如饥似渴、孜孜不倦地学习知识，所以在专业课学习结束时我获得了课程全优结业。经过大学四年的努力，功夫不负有心人，我在每一年都获得了“三好学生”的荣誉称号。我认为这门课带给我的财富是一种系统思维，直到现在我做投资、做决策，都能用到这种系统思维。

当时引入的另一门课程是企业管理。企业管理课中有一个非常重要的学科领域就是决策学。在我看来，全世界做决策的方法到现在都没变。这门课程最重要的是教会了我方法论——做事的方法、思维的方法。譬如人在一生当中，需要不断处理事务与作出选择，而只要处理事务就一定会遇到方法的选择。思维的方法也同样重要，思维与逻辑是决策中的基础，也是最关键的要素。举例说明，有一个女生要找男朋友，现在有两个男生追她，这两个男生在不同的方面各有优点，如果你是这个女生，你怎么选择？这是一个很真实的情况。我常常和年轻人说：你用决策的方法，最后通过计算得到结果，你就老老实实承认这个结果。有时年轻人拿到结果后，认为逻辑上并无不妥，但心中却仍有疑惑。其实原因在于，人往往会舍不得任何一个选择的优点，这样的决策是主观的。而如果利用决策学的方法，不带主观色彩地用客观标准进行评价，最终的结果一定十分准确。所以人凭客观标准做出的决策和人凭主观感情、行为习惯做出的决策是有差距的，主观感情和行为习惯往往难以把握。然而，在现实生活中人们经常面临必须决策的困境，所以一个好的方法论就显得尤为重要了。我做项目投资时，时常面临不同项目都各有优点，而又受限于资源状况只能选择其中一个的困境，而决策学带给我的思维与方法就是我在投资中能够做出决策的法宝。

总的来说对我帮助最大的就是系统工程与企业管理这两门课程。纵观我的人大学生时代，母校给予我们最重要的财富并不是知识，而是一种心系天下、忧国忧民的精神。人大是在“文化大革命”之后复校的，我们也是经历过“文化大革命”后返校的学生，我们与母校有着契合的气质——从中国的过去中走来，为中国的未来而探索。所以母校的培养不仅为我们打下了坚实的基础，更为重要的是教会了我们从单纯的课本知识走向社会实践，时刻关注祖国情形与世界大势，立学为民，治学报国，为中国的发展与社会的进步而不断思索。

◎ 事业之途，商海沉浮

毕业之后，我在国家经济委员会工作了3年，参加过国务院的全国经济调整工作，了解了调整的第一手情况，同时我也多次到中国各地进行调研，了解了地方经济的一些基本信息。后来单位选派成员出国学习，我便参加了留学选拔考试并成功获取资格。但由于单位当时缺乏年轻能干的同志，我便被留在了单位。通过这几年的工作，我对中国的宏观经济状况有所了解，但心系祖国发展的我始终被一个问题所困扰：国外到底是何种发展模式？中国的发展能否借鉴国外的发展模式？所以最终我下定决心，自费选择去日本留学，接着再从日本去了美国。国外的教学更多是企业的案例分析，需要企业管理的实践经验，纸上得来终觉浅，大学学习的知识在这个阶段帮助并没有很大。反而在国家经济委员会的这三年的工作经历，为我在日本和美国的深造奠定了实践基础。不过这时候学知识已经不是我的主要目的了，我更想开拓视野，积累社会经验，了解国外的有益发展经验与先进发展模式。

我读完 MBA 后回到中国香港工作，那时已经是 20 世纪 90 年代了。1992 年，小平同志的南方谈话指引中国走向社会主义市场经济，那时下海经商成为一股浪潮。我也决心进入市场经济的大海中遨游，想看看能否通过改革为中国探索一条健康发展之路。那时我已经快 40 岁了，才拿起公文包下海经商，对此我也怀着懵懂和犹疑，20 年间，先后从事过数个不同的领域，这段经历可谓是“摸着石头过河”。

最初我从事的是广告行业。日本的一个 4A 广告公司要在北京成立一家分公司，需要找合作伙伴，我通过关系介绍与其开展了合作，就任公司董事长。在积累了一定的资金之后，我具备了一定的投资能力，于是我卖掉了广告公司开始投资当时作为中国互联网四巨头之一的 263 公司——我可能是中国最早的互联网投资者之一。后来我还从事了房地产行业，我曾到香港的一家公司做顾问，而这家公司是深圳万科的第二大股东，因此我便担任了驻深圳万科的董事长达六年。

接下来，我还从事了投资银行行业。我接触资本市场的契机是 1994 年摩根士丹利想要跟中国的建行合作，准备在中国成立第一家标准意义上的中外合办的投资银行。当时中金公司的卖方代表林重庚先生认为国有企业改制成股份制后可以增强实力，所以希望寻找中国第一批上市的企业。因为我曾经在国家经贸委工作，而且当时我正作为主要负责人之一，以国家经贸委为背景组织由全国大型企业组成的一家股份制公司。所以林先生找到了我，希望我帮助他筹备成立中金公司。为了中金公司成立后能寻找到更多的客户，我还为中金的筹备特别组建了一个班子（公司）——帮助中金寻找、物色有上市潜力的企业。这个公司的成员是来自人民银行、社会科学院、国家计委、国家发改委等不同工作单位的一批金融、经济领域的专家。在中金公司筹备期间，我们也曾面临困境。还记得当时我们给人民银行的人大校友挨个打电话，但却屡屡碰壁，因为那时没有人懂投资银行的业务知识。后来，为了学习业务相关的金融、经济知识，我们从美国买来书籍。为了提高学习效率，我们决定把书拆分，每个人研究书中的一章后再分别给全组人员讲授。下班后，我们仍坚持在办公室里学习词汇、温习书本。因此我们可能是中国最早一批接触投资银行相关业务的人。学习完相关知识后，我就帮中金公司联系一些国企和国家经贸委的领导，为中金做上市的下一步准备。最后经过各方面的努力，1995 年中金公司正式成立。于是我就将这个班子（公司）解散了，班子中有些人也加入了中金公司。时代变迁，今天的资本市场已经不可同日而语，回首这一段历史路程，我们也为这个领域的发展做出了贡献。

人生道路总是难以预测，个人很难预料未来自身的工作，但回首过去，每一段经历都是一笔财富。经过这些年在不同领域的奋斗，我不仅积累了广告营销、房地产经营、互联网投资的经验，在做投资银行的过程中我还积累了资本市场的知识。这些经历都为我后来做大江投资的并购业务和股权投资打下了知识与人际关系的基础。

◎ 华丽转身，荷风公益

在商海中沉浮多年，我悟出了一个道理，一个人要获得幸福不在于辉煌的成功、无尽的财富，而是要“心系天下，情系苍生”，将个人与社会的发展相联系。正如爱因斯坦所说的：“人只有献身社会，才能找出那实际上是短暂而有风险的生命的意义。”所以我便开始打算着做社会公益。在经过很长一段时间的探索与思考，我决心做艺术公益。在 2013 年 5 月 7 日，经过民政局的批准，我组织了荷风艺术基金会——致力于艺术教育、艺术普及与艺术推广。

现在中国做艺术公益的人可谓是凤毛麟角，我之所以选择做艺术公益，这和我从小受到的艺术熏陶密切相关。我非常喜欢艺术，直至今日我还能清楚地记得我的第一堂音乐课的老师的模样、钢琴的摆放、窗外的阳光。我上小学的时候正是“文化大革命”时期，很多学校停课，我也只能待在家中，闲来无事，我就喜欢翻大人的书和听大人的唱片。有多喜欢呢？比如说我把哥哥订阅的月刊《剧本》曾经一口气读了 11 本，尽管那时我才 10 岁。另外，我还经常躲在朋友家里偷听唱片，尽管那时候国家不允许听外国音乐和描写爱情的音乐。通过对这些唱片的欣赏，我开始理解音乐的美妙之处，那动人的声音能够直穿胸臆、震撼心灵。那时候哥哥还经常带我去天桥剧场观看歌剧、芭蕾等演出，去首都剧场欣赏话剧。我在人大上学期间，中国著名指挥家李德伦老师来人大开展交响乐普及活动，我们在八百人大教室认真聆听了李老师的讲座——这次经历给我留下了十分深刻的印象。从小到大的艺术熏陶，令我形成了长期对艺术的喜爱与欣赏，也有助于我的人格塑造和对“爱”这一情感的强化，为我做艺术公益埋下了一颗种子。

在离开国家经委之后，我先后留学日本、美国，回国后我因为工作和旅游经常去欧洲，因此我基本上接触了世界上大部分发达地区。通过这些经历我发现欧洲等国家（地区）的经济不仅非常发达（尤其是英国传统的商业模式影响到了全世界），而且这些国家（地区）艺术也达到了极高的水平。对艺术的爱好与欣赏的习惯，使我在留学、出差或旅游的过程中，都有意识的观察发达国家的建筑物、参观博物馆与美术馆、欣赏音乐会与歌剧。在对欧洲各类艺术形式的欣赏中，我感受到了艺术本身的灿烂与伟大。我的脑海里逐渐出现了许多疑问：为什么发达的国家艺术往往也很发达？为什么文艺复兴发生在欧洲这样一个对人类文明做出过诸多贡献的土地上？为什么多数伟大的艺术家都在这个土地上诞生？最后这些疑问就聚合起来形成了我自己的“世纪之问”——艺术和社会文明的进步有没有关系？如果有，那是什么样的关系？

我不是一个艺术家，我关心的重点不在于对艺术本身的钻研和艺术水平的提升。作为学经济出身的人，加之受到当时社会背景的影响，我们这一代人喜欢研究社会进步、国家发展的问题，想要“心系祖国，情系社会”，所以我才对自己更多地提出了这样一个世纪之问。带着这个问题我开始了不懈的研究与思考。遍读经典、通读著作之后我也没有寻找到答案，无论是艺术类还是经济类书籍、著作都很少涉及艺术与社会进步的关系。所以这时一个困境摆在我面前：要回答这个“世纪之问”是一个极其浩大的工程，如果要钻研苦解就势必耗费大量精力，而一个人的精力终究有限，鱼和熊掌不可兼得，我无法在日常工作与问题研究上齐头并进，所以自己到底要不要往这条路上钻研?

有人曾经劝我说：别这么累，一个人只要过好自己的生活就足够了，哪有那么多心思去操心别人？我想起北海道大学的前身札幌农学院第一任校长克拉克的名言：“同学们，你们要胸怀大志（Boys be ambitious)。”这话激励我要心怀“为国为民”之大志。人生价值的实现不在于长度而在于深度，不在于财富而在于对社会、对国家的贡献。首先，如果我能够对“艺术与社会进步”这一问题有一些研究、作出一些贡献，就足以快慰平生了；其次，艺术对我的熏陶也是我决心坚持的原因之一，艺术健全了我对爱的认知，教会了我如何去爱，告诉了我们要学会和这个世界握手亲近，所以我愿意坚持下去帮助他人；最后，由于我从小受家庭的影响，父母作为抗战时期参加革命的老干部，时常教育我要树立为祖国为民族做贡献的志向。基于这3个原因，最终我下定决心，决定钻研我的“世纪之问”。

为了钻研这个问题，我一边工作一边思考。一有空闲我就会邀请朋友一起探讨，有时间了就出国考察其他国家的艺术遗产、看建筑、逛博物馆，了解艺术的形式与发展。其中我为了研究文艺复兴去了四次佛罗伦萨，我还尽量挤时间来读书，尤其注重读各种艺术形式的发展史，希望从中找到艺术在人类进步中的作用。在经历过一段时间的探索后，我得出一个结论：在人类文明发展的长河中，艺术扮演着一个非常重要的角色。怀着为中国今后艺术发展做贡献的信念，我决定在国内开展艺术普及。

接下来我就开始研究用何种形式做艺术普及。我研究文艺复兴时，发现艺术发展的背后有一个不可或缺的要素：当时佛罗伦萨的商业巨擘美第奇家族，他们富裕又喜欢艺术，给了文艺复兴的艺术家和艺术工程莫大的支持，没有他们就没有文艺复兴。

我从美第奇家族受到启发：在我个人的资产并不足够庞大时，要推广艺术教育，最理想的方式就是做公益，面向全社会筹款。但当时国家规定成立公益组织必须挂靠，所以这件事情就一直搁置。直到2013年，事情出现了转机，国家公布新规定——公益组织可以独立成立。2013年5月7号，正好是我的生日这天，民政局给我颁发了证书，批准成立荷风基金会。谈到“荷风”这个名字，“荷风”的“荷”在中华文化中是纯洁美好的象征，出淤泥而不染，同时和佛教中的禅意相通；而“风”代表着传播的意味。“荷风”，把荷花的纯洁美好和微风的柔和轻拂两相组合，便是“以此风，拂彼荷”，也寄托着把公益之心、艺术中的爱与美传播出去的用意。选择“荷风”为名的另一个原因是我的家乡白洋淀因荷花著名，而荷风的第一个艺术援助项目就选在白洋淀的端村。我也参与在雄安的安新县端村捐了一所学校（端村学校），设计综合楼时增加了一个地下室作为艺术教育中心，它的整套设施，包括乐队排练室、戏剧排练厅、合唱排练室等。

关于荷风公益的使命，我将之分为3项：第一是艺术教育，主要是针对乡村儿童推行基础教育中不可缺少的艺术教育，用不同的方式开设管弦乐、合唱、芭蕾、美术、教育性戏剧和体育舞蹈等多类课外艺术过程。如今，荷风逐渐把这种艺术教育的模式扩展到了以培训乡村教师为主，因为通过这种方式才能让更多孩子接受到艺术教育。第二是艺术普及，旨在提高全社会参与艺术的意识，提高公众艺术修养，提升公众艺术欣赏水平和审美能力。第三是艺术推广，也就是支持艺术家、艺术团体、艺术作品、艺术项目，使之获得更多社会大众的关注和参与。在荷风基金会的宣传册中有一句话：以艺术启蒙推动社会进步，我把它定为我的公益愿景。

◎ 艺术启蒙，社会进步

人们常问我艺术启蒙为什么能推动社会进步，其中的逻辑关系到底是什么？我从以下几个方面简要说说我这些年的研究和实践体会。

（1）艺术教育是基础教育中必不可少的重要内容。基础教育通常指小学阶段的教育，它是中等教育、高等教育的基础。基础教育阶段是开展艺术教育的最佳时期，同时基础教育阶段的艺术教育对孩子们也有至关重要的作用，我认为原因主要是以下五点：

第一，艺术教育有助于开发智力。孩子智力开发的核心在于改善、提高创造力，基础教育最重要的目标也是改善、提高创造力，国际上已对此达成共识。而提高创造力的最好方式是什么？是艺术教育。因为一方面，创造力是由想象力、观察力、注意力、感知力等综合形成的能力，艺术教育能以视觉艺术、听觉艺术等不同形式帮助孩子们提高这些能力从而提高创造力。例如在美术教育中，孩子们通过观察图画的色彩与线条，提高观察力、注意力与联想能力；同时孩子在作画过程中通过不断的发散思维、奇思妙想，提高想象能力。另一方面从生理上来说，基础教育阶段是进行艺术教育的最佳阶段。人在四岁到六岁时，神经突触这一神经系统开始形成，它的主要功能是负责处理来自外界的音频视频信号，但到中学阶段这个系统就停止发育了，所以“艺术教育要从娃娃抓起”，提高创造力也要从基础教育阶段抓起。

第二，艺术教育有助于塑造完整人格。艺术能够培养孩子的审美意识和善良情感。因为艺术能在形式上传递给人们美；无论是建筑、音乐还是美术，不同形式的艺术教会了人们何为美好。同时，艺术在内容上传递给人们爱；艺术作品就其思想和价值来说是对人类的一种最终极的情感——“爱”，它能教会孩子们爱亲人、爱朋友、爱世界。孩子们是祖国的接班人，而既懂得美又懂得爱的孩子是未来建设更加充满温暖、善意、美好的祖国之关键所在。

第三，艺术教育有助于开阔视野。在基础教育过程中，孩子们对世界的了解比较有限。艺术能以其厚重的历史感与广阔的世界感，为孩子们呈现一个历史悠久且缤纷多彩的天地。孩子们通过学习艺术，可以了解文明的发展、艺术的源流与时代的变迁，这对他们眼界的开阔是大有裨益的。

第四，艺术教育有助于建立信心。艺术不仅是“道”也是“技”，孩子们可以通过艺术教育培养一定的艺术特长，全面提高他们的综合素质，从而增强他们的自信心。此外孩子在艺术学习的过程中，可以通过不断战胜困难、超越自我来逐渐培养面对困难的勇气与自信。

第五，艺术教育有助于培养友爱与团队精神。较多的艺术形式需要良好的团队协作，艺术教育能够教会孩子们如何处理个人与团队的关系。例如在合唱艺术中，美妙和声产生的关键之一在于和谐（harmony），而和谐需要不同声部、不同队员间的良好配合，所以合唱能培养孩子们的相互友爱与团队精神。

（2）艺术教育对于帮助贫困地区孩子战胜贫困有独到的作用。扶贫是我们政府一直所倡导的工作，也是我坚持做公益的目标与动力之一。我认为扶贫工作中非常重要的一点是消灭贫困代际传递，将贫困地区的孩子们培养为有能力、有条件、有自信、有志气的“一代新人”，使他们从根本上脱离贫困，改变命运。而艺术教育就是完成这个目标的重要方法之一。因为艺术能够作为一种力量，支撑他们翻过大山，越过草原，走出乡村去了解这个宏大的世界；同时，艺术作为一门技能，可以给他们脱离物质贫困提供坚实的保障；更重要的是艺术作为一种力量，可以给他们脱离精神贫困树立强大的信心。

（3）艺术教育对推动社会进步有重大作用。为什么艺术教育与社会进步有关系？因为艺术是一个创新型社会形成的必要条件。具体我从以下 3 个方面来谈谈原因：

第一，艺术创作产生的过程与社会创新的过程高度相似，它们的核心都是创造性劳动。追根溯源，艺术本身就是人类最古老的行为模式之一，它是人类情绪与思想的表达，也是人类创造性劳动的结晶。例如在远古时期，我们的祖先为了表达对丰收、胜利的喜悦，将感情以歌唱、舞蹈的形式传达出来；为了表达对未知世界的探索、农耕生活的理想，将思想以壁画的形式记录下来，这二者都是人类面对世界所进行的创造性劳动的体现。社会创新也是如此，它本质上是人类为了改善自身的生活而进行创造性劳动后所凝聚的整体成果。从工业革命到信息革命，这些技术的发展无一不是创造性劳动的成果。

第二，缺乏艺术传统的国家或民族缺乏整体性的创新能力。前面已经谈到了艺术与社会创新的核心相同。倘若一个国家或民族缺乏艺术传统，那就意味着这个国家或民族缺乏创新精神，也意味着这个国家或民族缺乏整体性的创新能力，最终无法通过创新推动社会进步。比方说有一个很有趣的情况：世界上科技的进步往往先产生于温带、寒带地区而不是热带地区，为什么？因为热带地区的自然条件更适合生存，热带地区的人们相对来说不需要通过不断创新来改善自己的生活。而生活于寒带地区的人们需要通过不断创新来提高生存能力，以应对恶劣的环境。所以热带地区不容易形成创新的传统与创新的精神，这就是导致其文明落后的原因之一。另一现象是地处的寒带欧洲艺术比非洲艺术更为丰富与发达，也说明了艺术传统的有无与创新传统的有无有相当的关系。

第三，不尊重艺术成果的国家或民族缺乏创新的动力。如果一个民族对艺术价值、艺术成果毫无尊重、不屑一顾，这意味着该民族对创造性劳动成果在价值上采取了消极和否认的态度。如果一个民族不在态度上重视、法律上保护创造性劳动成果，这将会大大扼杀人们进行创造性劳动的积极性，从而使整个民族缺乏创新的动力。

总的来说，艺术所包含的创造性劳动这一价值核心是决定人类创新行为的最核心基础。创新就是鼓励人们自由发挥创造的能力，而这种能力所形成的创新价值观将是推动社会生产力的重要基础。

今年是改革开放 40 周年，也是中国迈入新时代，发展面临新转折的关键节点。过去 40 年，我们利用强大的学习能力与丰富的市场资源、自然资源使中国经济获得大幅增长。而今天，我们将利用何种方式使中国经济产生质的飞跃？答案就是创新。显而易见，近年来，“创新”已经成为从国家领导至人民群众谈论最多的一个词语。中国人作为世界上最努力的民族之一，为何难以发明创新？“中国制造”作为世界上最亮丽的名片之一，为何鲜有“高端制造”？我的回答就是缺乏创新传统、创新精神。而一个重要且过去不被重视的解决方案就是大力弘扬提倡艺术，因为艺术可以帮助整个国家、民族建立一套包含创新思维偏好体系、法律保护体系的完整运行系统！

总之，通过艺术教育我们能够培养有着非凡的智力、完整的人格、开阔的眼界、强大的信心、团队的精神的一批祖国接班人；通过艺术教育，我们能帮助更多贫困地区的孩子战胜贫困；通过艺术教育我们能帮助国家与民族培育创新传统、创新精神。因此可以说艺术教育（启蒙）可以推动整个社会的进步，帮助实现中华民族的伟大复兴！

◎ 寄予祝福，激励后辈

作为中国人民大学 78 级的老校友，我想给人大的学弟学妹们一个提议：我建议大家除了学好本专业知识之外，可以在课余时间多接触艺术、了解艺术，因为艺术能让生活更加美好；此外还可以多关心公益，因为公益能让这个世界更加美好。

◎ 心系母校，祝福人大

2018 年是 77、78 级校友入学 40 周年，也是母校人民大学复校 40 年。作为 77、78 级校友联谊会总召集人，我对母校和 77、78 级校友的这几十年历史有着一份深厚的感情：其中一个原因是人大 77、78 级的重聚是历史上最大规模重聚，它始于 2008 年纪念我们入学 30 年，2012 纪念我们毕业 30 年，然后今年是纪念我们入学 40 年，这 3 次大型活动都是我担任总指挥。我们先后出了几本论文集，拍了 3 部片子，尤其是在今年我们出了一本老教授影集，里面有 150 位老教授的照片，这在人大历史上是第一次，也是我们对这 40 年的一个纪念。

虽然我们离开学校已经 30 多年了，但我们无论身在何处、位居何职，我们始终心系着这个我们曾经学习过的校园；同时我们也对学校、对同学们都有一份很深厚的感情，我们希望人民大学的未来能够真正“天高人大”。

李风自述，本次采访时间为 2018 年 9 月 8 日，由中国人民大学法学院 2017 级研究生何婴负责采访、录音及文字整理。

采写 / 何婴　　编辑 / 李宣谊

李泽忠

|人物简介|　湖南常德人

1954 年生，1978—1982 年就读于中国人民大学统计学院统计专业。曾任中国核工业总公司人事局副处长、处长、局长助理，中核集团人力资源部副主任，秦山核电基地中核核电运行公司党委书记兼任中国核电党委副书记，中核集团党组派出巡视组组长。曾获部级科技进步二等奖 1 项、三等奖 2 项。

◎ 从战士到学生——我与人大的机缘

我的家乡在湖南省常德市桃源县，父母是农民，家境比较贫寒，我是家中的老大。高中两年毕业以后到村办小学做民办教师。当时我们学校有7个老师，200多个学生，我是村教育革命领导小组的副组长（学校负责人），那时，我只有17岁。

1972年底，我积极争取当兵到新疆。那时年轻气盛、思想单纯，认为部队是个大学校，爱发表意见。当时正赶上“学习三论”，所在师后勤政治处主任觉得我很有思想，后来师里成立“三论”理论学习小组，推荐我作为战士代表成了理论学习小组成员。

第二年，我担任副班长。那时候邓小平同志提出军队要进行整顿，组织把我抽调到师后勤部政委任组长的整顿检查小组里做一些材料整理工作。整顿结束以后，政委认为我这个人比较实在、有思想，对我很欣赏，安排我当了班长。

后来师里面要加强新闻报道，成立一个报道小组，把我抽调到师政治部报道组做了半年多新闻报道。师政治部主任请示师政委后，把我从后勤调到了师教导队，做提干调政治部的准备。之后赶上军队精简整编，师机关发生了很大的人事变动，部队解决了我的入党问题后，我便结束了较为复杂的5年多部队生涯复员回乡了。

1978年3月回到家乡以后，仍做民办教师，心有不甘。我有个中学同学在县教委工作，他告诉我，恢复高考了，要想走出去，就得进考场一搏。5月份，各县都组织办高考复习班，我便报了名，参加了复习和高考。考试成绩一公布，发现一起考试的200多人中达到大专以上录取线的仅4人，我是分数最高的，老师们认为我可以报复旦。但我认为人大在北京，文科专业应不亚于复旦，果断地在第一志愿栏填报了人大。接到录取通知书后，我那个县教委的同学告诉我："你是我们整个桃源县第一个接到高考录取通知书的。"后来听传闻，当年高校在湖南招生，由北大、清华、人大、中国科技大学这四所大学最先挑选，然后才是其他重点大学录取。

其实我和人大有更早的机缘。1966 年，我 12 岁，刚上初中，作为学生代表参加了省、地、县统一组织的"大串联"，在西郊机场接受了毛泽东主席第八次接见红卫兵的检阅。到北京以后，我们的住处就紧靠人大南面的围墙，从那时候起，我的脑子里就对人民大学有了深刻的印象。后来高考志愿填报人大，大抵缘起于此。报考人大时我填的第一志愿是新闻专业，因为我在部队做过新闻报道。也许是当时人大新闻专业属于大热门，我的高考分数在报考者中靠后，但数学成绩相对还行，于是我就被调到了统计专业。

我就是这样由战士进入了人大变成了学生。

◎ 求学人大的经历与收获

我对人大的印象概括起来就是简朴而庄重。人大的学习气氛非常浓厚，课余时间同学们基本上是泡在图书馆里。在当时，对包括我在内的相当一部分考生来讲考上大学是命运的转折，我们班一部分同学在跨进人大校门的同时瞬间甩掉了回城知青待业的苦闷，人生前景顿现光明。1977 年和 1978 年的高考，是由于"文化大革命"的冲击而中断 10 年后恢复的高考，是跨 10 年时间段的全国性人才大选拔。1978 年全国才招 40 多万人，很多人上大学的机会失而复得，大家都非常珍惜这宝贵的学习机会。老师们像迎接自己的亲人一样对待人大复校后的第一届学生。相当一部分教职工在阔别 10 年后刚刚回到学校不久，非常珍惜回家的感觉和为国家培养栋梁之材的天赐良机。

作为人大复校的第一届学生，当时我们学生人数非常少。当时学校的教学区只有 3 个主体建筑，八百人大教室、图书馆，还有对面一个教学楼，其他就是红楼学生、教师宿舍区，总的来说条件比较简陋。在师资上，专业教师水平比较高，但配套的外语等课程就不太完备了。

上学以后，我对人大的自豪感进一步加深。当时我们专业属于计划统计系，我是统计班的首任班长。上学以后才知道，除了吴玉章、成仿吾、郭影秋这些著名的学校领导以外，一些我在进人大之前早已如雷贯耳的大师，比如《中国通史》的作者范文澜，《大众哲学》的作者艾思奇等等，也是人大的。

当时我们班40多位同学，有一半是上山下乡知青，最大的同学31岁，最小的15岁，相差了16岁，可以说是两代人。但不管年龄如何，来自哪里，大家的求学精神是一致的，学生和教员都非常努力，真是把全部心血都扑在学习上。当时学校非常简陋，但我们作为“人大人”的自豪感很强，记得当时系主任党总支书记王经老师经常提，中华人民共和国成立后第一次国庆阅兵，学生的游行队伍走在最前面的是人民大学，后面才是北大、清华，我们国家最早的六所重点大学，排在最前面的也是人民大学。

在人大的经历对我一生影响深远，人大的校训“实事求是”，一直指引着我之后的人生道路。

◎ 不甘于平庸的“人大人”

我人生中亲身经历的国家大事不多，对社会贡献甚微，常觉愧为人大78级校友。如果说做过少许有些影响的事情，大多也局限于核工业系统范围之内。也有个别情况属于幸运，如有幸参加1999年9月18日全国“两弹一星”表彰大会。1999年6月底中国核工业集团公司由中国核工业总公司改组成立，我由原人事局局长助理提任为新公司的人力资源部副主任，分管干部管理工作。9月18日，中共中央、国务院、中央军委召开全国“两弹一星”表彰大会，我当时作为核工业系统参会人员会务组织的负责人，负责完成了本系统参会人员报到集中、赴人民大会堂合影后出席大会及会后疏散等全过程组织工作。新闻联播还给了我一个特写镜头，甚感意外！

当时毕业分配的时候是7月份，我因为家在农村，回家路途遥远，路费紧张，就提前到核工业部报到了。原本分配到计划司做统计工作，干部司让我先在干部司帮忙，待新分配来的其他20多名学生都报到后集中办保密培训班，然后再分配岗位。临分配前，干部司一位副司长动员我留在干部司，我就此开始了长达27年多的干部人事工作，然后是3年大型企业党委的领导工作，4年半（接近退休和退休后加在一起）集团党组派出巡视组组长工作。

回首40年，一路平淡无奇，无所值得称道。但“人大人”的荣誉感、责任感让我不敢懈怠——那就是，“我是人大毕业的，在任何岗位上，做任何事情都要力争做出个样子来”。刚分到干部司时在调配处做干部统计等基础管理工作。1985年前后，国内有单位开始建立人事数据库，当时干部司配备了一台硬盘为10兆的电脑，部属单位的财务部门也配有电脑。为了提高干部管理工作的效率，还只是一个普通科员的我大胆向领导建议将部属几百个单位几万干部的信息编码存入计算机，得到了时任核工业部副部长（后任中组部副部长）武连元同志的支持，核工业部专门发文部署。当时干劲十足，我也不是学计算机的，但为了保证进度和效果，边学边干，硬着头皮和计算机所工程师一起编程做试验，有一次两天两夜没有睡觉。到1986年底，工作初见成效，成为当时最早初步建立干部信息管理系统的部委之一。此事引起中组部办公厅有关领导关注，后来邀请我参加了很多相关工作，比如参加中组部和劳动人事部联合编写出版的《干部统计》（展望出版社，内部使用）一书的编写，作为编委之一参加两部委组织的全国干部信息统一编码工作等等。1991年，我作为核工业总公司人事局综合处副处长具体负责组织了我国核工业系统专业技术队伍现状分析和需求预测工作，其研究报告于1992年被国家人事部综合计划司收入《九十年代的中国人才资源——现状、趋势、规划、对策》（中国人事出版社）一书。

我常觉得，具有艰苦奋斗精神，不贪图安逸也应是“人大人”责任感的一种体现。1995年下半年，在我担任处长两年以后，总公司选派总部10名处长到基层挂职锻炼，原计划去大连，后来我主动提出到条件艰苦的四〇四厂去。四〇四厂的厂区周边放眼望去百里无人烟，唯有黄土沙石和稀疏的骆驼草，但该厂是我国重要的核基地，在此挂职锻炼十分有利于对核工业全产业链的深度理解。挂职任厂长助理一年，增加了新的经验，同时别的收获也很有意义。1996 年春节刚过，时任核工业总公司党组书记、总经理（原中共中央委员、核工业部部长）蒋心雄同志专程到四〇四厂调研，晚上派人叫我到他住的房间汇报挂职半年的情况，以及对四〇四厂状况的分析和对领导班子的看法。1996 年 10 月，我还和孙勤同志一起受邀到酒泉卫星中心现场观看了我国第一颗返回式卫星的发射。

1999 年，5 个军工总公司改组成十大军工集团公司，我被提任为核工业集团公司人力资源部副主任。担任领导工作，与以前做具体管理工作相比，对人大“实事求是”校训有更新更深刻的感受。在我做人力资源部副主任 11 年半期间，始终坚持把“实事求是、客观公正”作为干部选拔任用工作的基本准则。这期间，我主要负责党组管理（司局级）干部选拔任用的具体组织工作，其工作内容是在党组领导下，协助部门主任做干部选配计划、确定用人资格条件、人选考察考核、整理材料形成配备方案、报党组决定、行文宣布等。干部工作必须贯彻组织意图，尊重领导意见，但不能只唯上。我一直坚守“实事求是、客观公正”原则，至少有五次通过积极汇报沟通改变了领导原先的意见，效果较好。大概是人大校训给了我勇气吧。

担任我国最大核电基地（秦山核电基地）的中核核电运行公司党委书记 3 年，努力把“实事求是、问题导向”作为引导企业改革发展的基本方略。2010 年 8 月，党组决定由我担任新组建的核电运行公司党委书记、副总经理，我深感这是党组对我的信任，不仅仅是提任了职务，更是肩负了重大责任。中核核电运行公司是秦山核电基地原有 3 个核电公司合并重组的载体。秦山核电站 1991 年 12 月 15 日并网发电，从此实现了中国大陆核电零的突破，标志着“中国核电从这里起步”，被誉为“国之光荣”。秦山核电基地共建有 9 台机组，装机容量 650 万千瓦，是我国最大的核电基地。运行公司的任务是将原有 3 个核电公司的人员纳入运行公司，运行管理所有核电机组，对整个核电基地进行资源整合，实现优化配置，提高效率和效益，实现年发电 500 亿度、发电收入 200 亿元、形成利润 50 亿（占整个集团的一半）以上的目标。3 个公司要合并成一个企业，干部职工顾虑重重，思想状况很复杂。最突出的问题有两个，一是管理干部的职业通道有可能因机构合并而变窄，部分干部担心被降职降级安排；二是 3 个公司的收入水平有差别，收入水平较高的员工担心因改革重组降低待遇。作为党委主要领导，我与总经理密切合作，面对重重压力，切实从实际出发，着力解决突出问题，积极争取集团党组和有关方面的大力支持，把解决实际问题与加强思想工作紧密结合，例如采取切实有效措施对所有干部妥善安排，保证员工的收入水平不因改革而降低，从而在整体上得到了干部职工的理解和配合。经过近 3 年的努力，运行公司比较平稳地实现了实体化运作。

2013 年 7 月，党组决定把我调回北京做巡视组组长工作。2014 年 5 月，我在集团公司总部办理了退休手续。退休后，根据工作需要，党组还安排我继续做巡视组组长工作，一直做到 2017 年底，共巡视了 9 个单位。巡视工作政策性极强，事关被巡视者的政治生命和职业生涯。做中核集团党组派出巡视组组长四年半，“实事求是”的校训令我不敢任性，我时时告诫自己并要求本组的成员一定要把“实事求是、不出偏差”作为铁则。我反复叮嘱组里的同志，查找问题可以不放过任何蛛丝马迹，但确定问题决不允许捕风捉影。在四川广元的一个公司巡视期间，有一次散步到所住酒店对面的黄泽寺，我对组里同志讲，做巡视工作一定要实事求是，要经得起时间的检验，“学习狄仁杰，不做来俊臣”。去年巡视京区一个公司，发现从京外调入的公司主要领导报销的住房租金超标准，如果简单从事，一要退钱，二要给处分。经过了解，集团几年前定的标准已不适应时间变化，我便及时向集团领导汇报，与有关方面沟通，集团有关方面在巡视组正式向党组汇报前修订了标准，问题得到解除。此事得到党组纪检组组长和有关方面的肯定。

回首 40 年，“实事求是”这 4 个字真是受益终身。

◎ 寄语年轻学子

我在人大校友中算不上成功人士，提不出什么真知灼见，就给年轻学子几句寄语。

其一，我觉得我们是中国人民大学的学子，虽不能说每个人都能做出惊天动地的大事，但具有爱国主义精神和立志为人民办实事的情怀，应是我们人大学子的本分。如果富有强烈的爱国、为民的责任感，就会有不懈的追求和不竭动力，无论贡献大小，人生价值总会闪光。

其二，在学校就要认认真真学，具有真才实学，才能更好地报效国家，造福社会。

其三，牢记“实事求是”校训，一切从实际出发，善于开阔视野发现问题，充分利用所学知识解决问题。学校开展的“千人百村”活动等社会调研是发现社会问题、寻求解决办法的有效途径，也是人大的良好传统，很多校友如陈锡文等就是从社会调研开始迈上成功的道路。

退休以后我经常关注母校，比如，参加了人大八十年校庆，也参加了77、78级校友重聚纪念毕业30年的活动。看着人大这几年的发展，我们作为校友非常高兴、非常自豪。借此机会衷心祝愿母校乘“双一流建设”的东风，再造人大昔日辉煌！

李泽忠自述，本次采访时间为2018年8月26日，由中国人民大学2016级国学院硕士朱碧澄负责采访、录像、录音，并整理成文字。

采写 / 朱碧澄　　编辑 / 李宣谊

李振宁

|人物简介| 南京人

1953 年生，祖籍湖南。1978—1982 年就读于中国人民大学政治经济学专业，获学士学位；1982—1985 年就读于中国人民大学西方经济学专业，获硕士学位。1985 年进入国家体改委中国经济体制改革研究所工作，1991 年下海经商，1997 年创办上海睿信投资管理有限公司。在中国股权分置改革和《基金法》修订中起到重要的推动作用，曾被评为 2006 年度杰出贡献金融专家，2010 年获得中国阳光私募行业贡献金樽奖。

◎ 结缘人大前的 9 年工作历练

1953 年 3 月，我出生在南京的一个高级知识分子家庭。由于父亲工作调动，童年的我就随家人辗转南北，在吉林小学毕业后，又迁至天津。1966 年我本应上初中，由于“文化大革命”影响，1968 年才进入中学。一年后便响应毛主席上山下乡的号召，来到地处太行山的天津涉县铁厂，成为钢铁工人。在重工业严重污染、三班倒的恶劣工作环境下，我用了 3 年时间，靠自学完成了初中、高中，甚至大学一些文科课程，并通读《毛泽东选集》《列宁选集》《马克思恩格斯选集》，因此被调入总厂宣传部理论干校，与“文化大革命”前的老大学生一起为老干部辅导马列原著、讲解马克思主义哲学政治经济学，并兼任党委中心学习组秘书。

1977 年厂里接到恢复高考的通知，我没有报名，因为当时我父亲还没平反。并且那时我参加天津市委工作组在四清运动重灾区四清新村落实政策，也希望能把工作完成。1978 年 6 月我参加高考，我以第一志愿被人大政治经济学专业录取。

上大学前 9 年的工作经历，使我了解社会，学会了在逆境中生存，通过自学，奠定了文化理论基础，这对我日后的学习和工作至关重要。

◎ 别具一格的本科学习

1977 年底恢复高考时，对考生并无学历要求。当时“文化大革命”前的老高中生、初中生、小学生和应届高中生同台竞技，所以 77、78 级学生的年龄差距极大，我们班最小的同学 16 岁，最大的

32 岁，我当时 25 岁居中。因为上人大前，我已经在理论干校讲授马克思主义哲学政治经济学，所以一般的政经和哲学课程，对我来说是非常轻松的。本科期间我的学习重点是《资本论》、经济思想史和英语。

在《资本论》学习上，我最爱听胡钧老师和吴树清老师的课。他们对马克思理论思路的讲解准确、清晰、严谨。《资本论》（1 ～ 3 卷）我读了 3 遍，还读了英文版第 1 卷。有一次，在吴树青教授的课堂上，同学们展开了关于如何理解马克思简单劳动和复杂劳动关系的讨论。在大家争论不休的时候，我指出，这个问题可以谈自己的见解，但不要将其说成马克思的意思，因为在《资本论》第 3 卷第 11 章有一个 36 小注 A，恩格斯说此处马克思的手稿有两页空白，所以这个问题可以理解为马克思没有给出答案。当时，我的发言得到吴教授的赞赏，夸奖我学习认真细致。其实，学习《资本论》最重要的价值是让我掌握了从抽象到具体的分析方法和逻辑思维的能力。

我对经济思想史的课程也非常感兴趣，因为马克思经济学和当代西方经济学都是源于亚当·斯密。我学得很认真，经常向李宗正老师和吴易风老师请教。人大老教师治学严谨，诲人不倦，以及超强的逻辑思维能力，都给我留下深刻的印象。

我们入学不久就迎来了党的十一届三中全会，那是一个思想解放的年代，各行各业都在拨乱反正。记得胡华老师的党史课，800 人教室场场爆满。各种社会名流也纷纷来校演讲。

我从小喜欢文艺，小学时还做过学校的文艺队队长。所以中央乐团著名指挥家李德伦、宁德后介绍交响乐的讲座，中央歌剧院著名指挥家郑小瑛如何欣赏歌剧的讲座，我是每场必到。我酷爱体育，做过班上的体育委员，每天清晨一定要跑步做操，还练过体操，参加过学校武术队。在李德印和蒋红生老师的带领下，我们还得过北京高校武术团体冠军。

我们这一代经历了“文化大革命”、上山下乡和政治上的大波大澜；入校伊始就赶上党的十一届三中全会召开，改革开放启动。我们班不少同学在校期间就已经参与到改革工作中，比如参加农村发展组和就业组的调研活动，参加国家体改委和书记处农研室的理论讨论会，在报刊上发文探讨改革的思路。我们不少同学一毕业就进入了改革研究部门。我们这些准备考研究生的同学，其实也都深度参与了改革的理论探讨和调研活动。我那时也发表过不少文章，参加过国家体改委、农研室和北京市的理论研讨会及改革调研活动，如国家体改委的深圳调研，巢湖会议等。

我十几岁就自学马克思恩格斯著作，在人大本科四年对马克思主义的理解进一步深化。辩证唯物主义和历史唯物主义，从抽象到具体分析的分析方法以及对未来社会的展望，都对我的人生产生了重要的影响。

◎ 研究生期间的改革理论研究和实践

按理说学习西方经济学，出国留学是不错的选择。我妹妹是“文化大革命”后第一代留学生，弟弟也曾在法国留学。我自己也有这样的机会。1981 和 1982 年，美国的卡内基梅隆大学两次给我奖学金，要我去美国学习，我都放弃了。我也很想出国学习，但我不愿错过亲历中国改革开放的历史性机会。我深知，要为改革开放服务，不能只懂马克思主义政治经济学，而要既懂马克思，又懂凯恩斯，最终我选择了在人大师从高鸿业教授学习西方经济学。

高鸿业教授在 1957 年响应祖国号召，放弃在美国优越的工作和生活条件，回国从事西方经济学的教学与研究工作。他是我国公认的西方经济学学科教育的开拓者和奠基人之一，也是著名翻译家。提到恩师，我印象最深的就是老师深厚的学术功底。他的英文极其流畅，中文功底深厚，数学非常好，所以他翻译的萨缪尔森《经济学》读起来非常轻松优雅，仿佛是读一本小说。很多青年学者西方经济学的启蒙就是从这本书开始。同时高老师对国际上各种新学派新思潮，一直紧密跟踪。在我研究生期间，他曾前往美国讲学半年。在美国，高老师能讲授数理经济学这样的前沿内容；而回到国内，他又把许多新兴学派、思想介绍给中国学界。我在研究生期间能够独自及合作翻译4本书，很大程度也是得益于恩师的提携。经他推荐我成为外国经济学会会员，并担任青年编委，参与了160万字的《经济学大百科全书》的编辑工作。我也没有给老师丢脸，老师经常带我去参加一些学术研讨会，基本上不用老师出马，我就已经把很多问题讲清楚，所以老师也很得意。

我就读的西方经济学专业属于经济思想史教研室，硕士毕业论文选题一般是从这一领域着手。不过这时我已经亲身参加了农村流通体制改革调研工作，所以很希望能把论文和改革结合起来。当我读了亚诺什·科尔内《短缺经济学》英文版后，我的论文题目油然而生。当然要做科尔内的论文，也绝不是件容易的事，当时他的7本书和几十篇论文，全部是用英文写成，他是匈牙利卡尔·马克思大学经济学博士、匈牙利科学院院士，又做过世界经济计量学会会长，还是美国哈佛大学、瑞典斯德哥尔摩大学等世界著名高校的客座教授。20世纪80年代系统学习过马克思主义经济学和当代西方经济学并具有相当英语阅读能力的人并不多，我感觉自己有责任系统地研究科尔内的思想，并把它推介给中国经济学界，所以把硕士论文题目定为“科尔内经济思想研究”。高老师对我的选题高度赞赏，并给予了更多的指导和充分的支持。

科尔内对传统社会主义经济体制的分析切中时弊，引起了中国学界和改革咨询决策部门的重视，都希望能早一点了解短缺经济学的基本脉络。1984年夏天，应吴敬琏老师的要求，我用一个暑假的时间摘译了《短缺经济学》一书的要点，《经济工作者学习资料》出了专刊（8万多字）；后来我的硕士论文《科尔的经济思想研究》也出了专刊。那时《短缺经济学》风靡经济学界，不仅经济理论工作者，改革咨询决策部门的工作人员，连中央领导都在看。因为《短缺经济学》中译本是1986年6月才出版，所以相当一部分人也是通过我摘译的小册子了解科尔内基本经济思想。《经济研究》等各种报纸杂志也纷纷约稿，到论文答辩时，我所发表的相关文章已达20万字。许多单位还请我去讲课。所以我的硕士论文从选题、研究深度和社会影响力来看，还是相当成功的。

研究生期间还有一件让我引以为傲的事，就是翻译了4本书，一本是我单独翻译的，其他3本是与几位同学合作翻译的。

1985年导师高鸿业赴美讲学带回一本介绍理性预期思想的书，他说这本书写得非常好，是第一部比较系统地概述这方面理论进展和争论的学术专著。他安排我去拜见商务印书馆副主编兼经济编辑室主任吴衡康。吴老师精通英法德3国语言，本身也是翻译大家。我对他说，在阅读原著中，总感觉有些经济学用语翻译得不够准确。就说我们的书名RATIONAL EXPECTATIONS一般译成“合理预期”，而我觉得“理性预期”较少主观色彩，更加准确。吴老师说他也有同感，要我不必顾虑，大胆去改。译稿出来后，吴老师给予高度评价，尽管我只是一个研究生，但他并没有再找其他人校稿，甚至给了我当时商务印书馆按千字计算的最高稿费。2015年商务印书馆又再版了这本书，30年前译的书，今天还有人读，让我甚感欣慰。

与同学合译的3本书，一本是环保方面的，也是高鸿业老师从国外带回来的，他让我们翻译此书，是想警示大家，在工业化的过程中要注意环保，不要造成新的问题。其他两本书都是科尔内的，当然其中篇幅最大影响最大的还是《短缺经济学》。我与张晓光、戴国庆、黄卫平、潘佐红、靳平合作翻译，高鸿业老师校对了译文。我和张晓光同为高鸿业老师的学生，他负责请科尔内写中文版前言，我代表大家写了译者的话并联系出版发行。那个年代教授出书都非常困难，何况几个研究生的译著。不过由于科尔内对短缺经济的分析已经引起广泛关注，再加上高鸿业老师的力荐，社科院经济研究所所长兼经济科学出版社总编董辅礽老师的大力支持，本书还是顺利得以出版发行。

最后一件难以忘怀的事，就是在上研究生的前后，与法律系的蔡晓鹏，社科院经济所的张学军，北京经济学院的卢迈、刁新申等同学一起，创立了农村市场与流通问题研究组。最后通过当时农业政策研究室联络室的引荐，才得以向政研室主任汇报。我们说，作为上大学前已有若干年工作经验的研究生，非常希望为农村改革调研尽力。农村联产承包责任制改革已经深入人心，但农村市场与流通问题的研究还不够深入，我们很希望在这方面做一些工作，但是苦于无人开介绍信，也没有经费。当时的政研室主任对在校研究生组成小组，参与农村改革调研表示赞赏，同意把我们的研究小组作为农研室的外围组织，安排调研并提供经费。由于包产到户的成功，农研室的威望非常高，地方各级政府对我们的调研小组一路绿灯。我们的调研报告一般是先向相关领导汇报并在农研室内部刊物刊登，然后再到公开报刊上去发表。记得当时很多一线报刊，也经常向我们约稿。

上人大之前已经有 9 年工作经历，虽然是带薪上学，但我依然总想学习与工作相结合，当初放弃出国深造的机会就是希望能够为中国改革做点事儿。值得欣慰的是，无论是参加农村改革调研，还是推荐科尔内经济思想，都使我在学习的同时，亲历了改革。边学习边工作，使我更有针对性地学习，并取得了一定的研究成果，有了一定的社会声望。

◎ 对体改所工作经历的回顾

1985 年 6 月我研究生毕业。当时高鸿业老师希望留我任教；南开大学邀请我回津，并承诺尽快提讲师，给 2 室 1 厅的房子；中央书记处农村政策研究室也对我表示欢迎。但是，我觉得自己更应该加入城市改革的攻坚战，最终我去了国家体改委中国经济体制改革研究所。

我谢绝了所里推荐我的行政职务，因为我还是希望在这里做个纯学者。因为那时研究员是不需要每天坐班的，这样我会有比较多的时间做自己喜欢的事。此外我也参加很多社会上的学术交流和活动，我在北京青年经济学会担任了 3 届理事，后来不少理事会成员成为经济界的学者名流及政府经济部门的领导。

中国经济体制改革研究所对比其他社会科学类的研究所是非常年轻化的，主要领导和研究骨干都是三四十岁的中青年，他们主要来自农村发展研究组以及农村市场与流通问题研究组，当然也还有一些是来自国家体改委和改革过程中崭露头角的独立学者，应该说是聚集了一批精英。体改涉及方方面面，遇到的问题并不一定是你的专业，政策研究又有实效性，这就要求体改研究人员有快速进入的能力。除此之外体改所给我印象最深刻的就是注重调研，开放办所，国际交流。体改所成立伊始就开展了城市经济体制改革大调研，这次大调研，动员了人大、北大、南开大学、社科院等众多院校师生参加，在搞清问题的基础上，提出了有针对性的改革建议。所里专门有一个联络室，负责联系社会各界。我们还和多所大学联合培养研究生，我就曾在人大、北大、南开等学校讲过课。我们还帮助各地体改委培训干部。国际交往也很多，金融家索罗斯多次来我所讲演，并和我们一起成立了中国改革开放基金会，每年赞助一两百万美元资助我们对外考察，学习借鉴。所里组织了不少国际考察和交流，规模比较大的是东欧和日本两次考察。

1985 年 8 月份进所不久，我受邀以青年代表的身份参加了国家体改委组织的巴山轮会议。与科尔内、锡克等东欧改革家，托宾等西方经济学家以及改革咨询决策部门的领导，大牌经济学家，青年才俊一起，共话中国改革的路径和目标模式，我也是在这次会议上第一次见到了科尔内。这次会议的另一个重要收获就是认识了李青原，这也为日后我们一起推动股权分置改革埋下了伏笔。

我在体改所的研究偏重于金融，我的主要课题是股份制的国际比较和借鉴，这里也包括证券市场，因此我参加了 1986 年所里组织的日本考察。我主要负责金融证券方面，除了参加大的考察交流活动，我还专门与日本通产省、大藏省证券局、东京证券交易所以及野村证券、日兴证券做了交流。当时日本方面对我们的考察非常重视，日中贸易振兴会会长、为中日恢复邦交做出重要贡献的木村一山先生全程陪同。我们不仅同政府部门、大学、研究院的官员学者交流，也同日本经团联等行业组织以及工会组织交流，还考察了日本电话电报、松下、旭化成、住友金属、田琪珍珠等大公司。那时的日本正处在鼎盛时期，而我们中国的改革刚刚开始，我们还在乘坐绿皮火车，而日本 1964 年已经有高铁，中日之间的差距是巨大的。那时考察日本就是希望借鉴日本的经验，通过市场化改革使我们的经济腾飞。日本的高科技和生产效率，日本企业家的事业第一主义及其在日本社会的崇高地位，日本的终身雇佣制以及员工对企业的热爱，日本的文官制度以及政治家、企业家、文官间的相互制约，都给我留下深刻的印象。

1987 年 10月份，所里安排我到香港东南经济信息中心做客座研究员。我还接受香港国际工商管理交流中心的邀请，担任他们与北京大学合办的经贸班客座教授，当时我的学生有 300 多人，大部分是企业家，也有一些外交官，他们都想了解中国的改革开放。我还协助所里安排在香港仲量行等单位的人员培训，策划在香港地区建立改革开放基金。

在香港一年的生活和研究，使我对市场经济有了更加切身的体验。香港地区是一个贫富差距极大的社会，但是又很稳定。重要的原因就是香港社会贫富之间可以流动转化，他们是极其富有的少数和满怀希望的多数共存。虽然最终结果不平等，但是人们追求的机会平等得到了满足。当然贫富差距虽大，但因为有全民公费医疗等福利制度，基本的生活还是有保障的。

在香港我平生第一次买了股票。那时我妹妹已经是美国通用汽车公司的高级研究工程师，年薪很高，她知道我到香港就寄了 5 000 美元给我，希望我练练手，实际做点投资。我到香港时正赶上著名的“黑色星期一”，全世界股市大跌。美国跌了 36%，香港的股市跌超 50%。我以极低的价格买了 5 000 美元股票，一年赚了 3 000 美元。那时香港还是有纸化交易，股票买卖过户要半个月，这段时间如果公司倒闭了，股票就拿不回来了，所以只敢买好公司，做价值投资。

1988 年底从香港回到北京。所里成立了一个编辑部，由唐欣担任总编，我任编辑部主任。任务是与《世界经济导报》合作，为中青年学者编辑出版个人论文集。唐欣长我几岁，他性格开朗，为人宽厚，我把他看作老大哥，我们相处很好。他喜欢集邮，我喜欢炒股，我们还经常做些交流。1989 年 4 月份我参加了京丰会议。那是一次中青年理论工作者回顾反思十年改革的研讨会。这次会上我们这些强调经济体制改革才刚刚起步，政治改革的时机还不够成熟，只能循序渐进的人，被说成是体制内知识分子，似乎政治改革不做大动作，经济改革就无法进行。实际上欲速则不达，反倒会延误改革。后来的改革开放和经济腾飞，证明我们当初的判断是正确的。

后来，体改所和原国家经委管理所合并后，新领导觉得我还挺能干，希望我留下来当室主任。但我清楚自己不是做官的料。多年对金融证券的研究以及香港的炒股实践，让我更想换一个活法，所以谢绝了。我 1991 年下海，1992 年开始做股票，中间经历了种种曲折和反复，到 2000 年，从结果上看，我实现了最早投入 20 万，9 年复利 100%，有了自己的投资管理公司，实现了财务自由，也算兑现了我当初的诺言。因为我在“老八股”时代就进入股市，经历了股市的沉浮和变迁，倾听了太多的股民呼声，对这个市场的种种弊病了如指掌，因而改革之心时时在萌动。

◎ 为股权分置改革建言献策

2001 年 6 月国务院五部委联名宣布，在国有股新股上市时减持 10% 老股，补充社保基金，由此引致股市暴跌。4 个月后，五部委又宣布在 A 股市场取消了这项政策。面对中国股市十几年积弊爆发和股民怨声载道，我给时任证监会主席的周小川写了一封题为“股市暴跌谁之过”的信，建议政府从国家战略的高度看待股票市场，将其作为优化资源配置的工具，而不是简单作为解决政府短期财务困难的工具，为国企解困，填补社保缺口。希望通过改革和协商，平衡流通股股东和非流通股股东的利益，平稳解决股市的结构缺陷，实现全流通。

我和李青原在解决股市全流通，让中国股市与世界接轨上达成了共识。记得我们曾在深圳南海酒店会面，我还专门请了我的同班同学田川，时任上海证券交易所信息公司董事长。我想这份报告有市场人士、国际投行和交易所的人共同参与，比较容易得到领导的重视。我们对 A 股全流通问题进行了深入的探讨，大家决定由我来起草改制方案。

方案报上去后，领导非常重视。找到李青原说再好的方案也要人来做，希望她能够亲自来做这件事。青原向上级同时推荐了我，我为青原大姐的高风亮节所感动。青原 1992 年就协助刘鸿儒、傅丰祥他们筹办证监会，那时已是证监会的正局级干部，后来又做过香港证监会顾问、高盛驻中国总代表。2002 年 7 月李青原被任命为证监会规划委办公室主任。

青原的加入为证监会带来一缕清风。她实事求是，不讲官话套话，注重调查研究，倾听专家学者和市场人士的意见。她还请我去给规划委上课。规划委委员很多是证监会的局级干部，还有一些是新招来的海归，也算是局级预备干部；顾问一般是知名专家学者，其中一些是海外人士。所讲内容是中国股市建立和发展的历史，它是如何运行的，与成熟市场的差距，存在的问题和改革的方向。我们还对最早的全流通改制意见做了进一步的完善。李青原被调进证监会后，通过规划委广泛征求股改方案，引发股权分置改革大讨论并达成了一些共识，即把国有股减持补充社保基金，上升到解决股市全流通问题的高度，强调要用民主的方法，即两类股东讨价还价，给流通股股东适当补偿，来实现平稳过渡。这实际上已为日后的改革做了准备。

2002 年底，那时证券市场的形势非常严峻，股市暴跌，整个证券行业资不抵债。新年过后不久，由李青原安排，我同尚福林主席见面。我们一见如故，谈得非常投机，一晃四小时过去了，最后我拿出一份两万字左右的报告《中国股市治市方略》。我说今天我们所谈，基本上都在这篇报告中，基本思想就是两句话：从国家战略的高度认识中国资本市场；用市场化的办法解决全流通改制（这篇报告的要点，发表在 2003 年 11 月 28 日《上海证券报》）。两天后尚主席托青原带话给我说，大作已读，深受启发。此后尚主席又听取了许多专家学者和市场人士的意见，最后认可了我的思路。

2003 年 2 月，中国证监会党委通过成立中国资本市场改革发展白皮书起草小组，我作为市场人士成为小组成员之一。在这个小组背后又成立了一个由证监会规划委李青原主任、一位委员和我组成的A股全流通改制方案起草小组。我执笔起草了股改方案，其基本思想是，统一组织，分散决策，类别表决，即由证监会统一组织领导；在上市公司的层面，通过非流通股股东与流通股股东讨价还价，决定各自的改革方案；通过设立上市公司重大事项须经流通股股东单独表决的规定，使两类股东的讨价还价得以进行。3月5日方案呈报尚福林主席，此后起草小组在内部征询了一些相关部门领导的意见。

2003年11月13日《中国证券报》头版头条贯以通栏大标题，《变统一决策为分散决策，实现全流通改制》。文章把全流通改制的思路、方法和进程基本讲清楚了。从文章的高度、视角和用语，明眼人一看便知道，这绝不是一个投资管理公司董事长的个人的意见。此后青原在回答记者提问时说：李振宁是资深市场有识之士，他的建议反映了市场的呼声，也是规划委支持的。结果我就成了证监会股改方面非正式代言人。李青原10月底讲话中重提全流通改制；这篇文章又给出了改制的方向，由此引发第二次股改大讨论，股票市场也反身向上。两个多月后“国九条”发布，把大力发展资本市场，提高到了国家战略的高度，并明确指出要积极稳妥地解决股权分置，在解决过程中要充分考虑社会公众股东的利益。最终股市这波反弹从上证综指1 307点起步，上涨到1 783点，历时5个月。

这篇文章的发表，把我推到了风口浪尖。经常要参加一些研讨会，接受采访。我写了几十篇文章阐述股改对金融改革，资本市场发展的必要性、重要性和意义，说明方案的法律依据、理论依据和可行性，回答各种质疑。重要的文章都是先请青原过目，再送尚主席审阅、修改后发表。记得有一篇文章发表在《财经》杂志，因为批评了与杂志关系密切的作者质疑股改法律依据的观点，他们做了删节。尚主席看了非常不满，立即安排中证报第二天全文重发。为了说明股改会带来多赢的结果，尚主席还特别提出全流通溢价这个概念，指出虽然送股使国有股有所减少，但国有股从非流通转为可流通，估值由协议价款转为市场价，算总账还是大赢。

方案已经披露，“国九条”也明确提出了解决股权分置的任务。市场原以为股改已经箭在弦上，A 股已经成为含权股。券商也希望通过这波行情走出财务困境，纷纷加大杠杆，利用国债回购资金进入股市。未曾想迎来的是宏观调控。当年 4 月份开始的一系列紧缩措施，引起市场恐慌。先是 H 股暴跌，一些受调控行业的股票半个月跌幅竟达 50%，市盈率跌到两倍。A 股市场，以德隆为代表的一批长庄股因资金链断裂崩盘。长期国债半个月的跌幅竟达 20%，券商为填补国债回购的窟窿疯狂抛售大盘蓝筹股。致使上证综指 3 个月跌幅达 23%，第四次迫近 1300 点关口。我给尚主席提交了报告，《股市走出低迷的关键：落实国九条，积极果断解决股权分置》。6 月 30 号中证报头版刊登时加了编者按。其中一段话非常醒目：“目前是解决股权分置问题的最好时机，跨部委的专题小组正在进行这方面的工作，大家在许多方面已达成了共识。”其实我并不是那个小组的成员，显然证监会还是借助我的文章，把一些正面信息传递给市场。此后展开了第三次股权分置改革大讨论。

此后为什么又拖了近一年才推出股改？我猜测，一是为宏观调控让路；二是证监会内部还有分歧。记得有一次尚主席找到我，说大家对方案的基本思路和方法还是赞同的，只是具体实施部门觉得十几年形成的历史遗留问题，怎么可能一年半载就解决？他们觉得方案有些冒进，建议用 15 年时间分期分批加以解决。我说尚主席，我们画了一条蛇，他们加上 4 条腿，那还是蛇吗？推出国有股减持方案的时候，许多领导同志认为，对证券市场影响不大。因为存量上市公司的国有股不动，只是在新股发行中减持 10% 的国有股，数量有限。但市场不这么看，投资者将此视为国有股全面减持的信号，所以股市暴跌。投资者是根据预期来判断股票的价值，最害怕不确定性。股改拖上 15 年，让人家怎么做股票？后来他们妥协，说可以降到七八年。我不同意，还是坚持快刀斩乱麻，用尽可能短的时间完成股改。最终尚主席还是坚持了原有的股改方案。

经过两年多的反复论证和准备，2005 年 4 月 29 日中国证监会宣布股权分置改革试点正式启动。当晚尚主席来电，要我第二天就到证监会报到，参与相关工作。我的主要任务就是写一篇有分量的文章，配合改革。这篇文章的题目是《历史的转折可贵的实践——论启动股权分置改革试点》，由我起草，尚福林主席做了修改。以中国证券报特约评论员的名义发表在2005年5月9日股改启动后股市开盘第一天中证报头版。文章指出了股权分置改革对中国证券市场的重大意义；强调试点要成功，必须得到社会公众投资者的拥护并实现多赢；提出了若干稳定股市，为改革创造宽松环境的措施。

股权分置的改革解决了A股市场同股同权、同股同价以及与国际市场接轨的历史性难题，实现了国有资产、上市公司和社会公众投资者的多赢，使股市的规模从几万亿，上升到几十万亿，直接融资的能力大大加强，在中国股市发展史上具有划时代的意义。伟大的制度变革带来了股票市场的牛熊转化，引发了中国历史上最大的牛市。李青原在书中论及这次改革的时候，只提了三个人的名字，周小川、尚福林和我。我看了书稿，说把我与两位主席并列，恐有不妥。最后她只是在我的名字前面加了一个定语：市场智慧的代表李振宁，献言献策，以改革为己任。我为此感到荣幸。但也深知青原的贡献远比我大，没有她的大公无私、不懈追求和承上启下，我也不可能有用武之地。

作出可行的方案不容易，但更难的是做出决定并把它变成现实。能在股改启动一年多时间成功的解决股市十几年的遗留问题，对领导者的智慧、判断和效率是一种考验。尚福林主席待人谦和，尊重市场，善于学习、沟通和协调，一旦做出判断，敢于承担责任和风险，具有超强的执行力。我们见面后两天，他就读了我的长篇报告，一个月后就组建了中国资本市场改革发展白皮书起草小组，股改方案起草小组。他上任一年多就建议说服国务院领导推出了“国九条”，把大力发展改革资本市场上升到国家战略的高度，为股改奠定了政治基础。在宏观调控，股市极度低迷的背景下，敢于启动股改试点，特别是第二批试点推出了逾40家企业，体现出开弓没有回头箭，从而改变了市场预期。进而在两批试点的基础上全面推进股改，实行新老划断，恢复新股发行，最终实现了新旧体制的平稳过渡。当然这一切都是在党中央国务院高瞻远瞩，各部门相互配合的基础上取得的。鉴于他对股改的贡献，中央电视台授予他“2006 年 CCTV 中国经济年度人物”称号。

同年在中央电视台和中国金融网主办的第三届中国金融专家年会上，他们也颁给我一个“2006 中国金融业杰出贡献专家”的奖项。颁奖词这样写道：“他是股权分置改革决策者的智囊，一篇《历史的转折、可贵的实践》，最终导致中国股市发生了历史性的变化。他冷眼看市、不卑不亢、剑胆琴心。”

◎ 推动私募基金合法化

2009 年应全国人大财经委副主任吴晓灵的邀请，我参加了《中华人民共和国证券投资基金法》修法调研组的工作。这个调研组的层次还是很高的，吴晓灵任组长，证监会、银监会的副主席任副组长，成员包括央行、财政部、发改委、证监会、银监会的司局长以及券商老总、公募基金总经理。吴晓灵 20 世纪 80 年代就参与了中国金融体制改革，也是北京青年经济学会理事会成员，我们那时也会共同出席一些会议，彼此也认识。我下海后已经多年未见。她担任人民银行副行长的时候，就一直主张给私募基金合法地位，她这次修法的主要目标也在于此。但是由于证监会不赞成，其他部门的人很难表态，所以调研组第一次会议未能达成共识。她请我作为阳光私募的代表加入进来，很大程度就是希望我来提出这个问题。我记得第二次调研组会议一开始证监会的代表就做了发言，大意是这次修法的主要目标是完善公募基金。私募基金的问题，暂时不予考虑，因为许多国家的基金法也没有涉及私募基金。我第二个发言，我说我不同意你的说法。涉及公募基金的法律条款需要完善，但更重要的是给私募基金合法地位。有些国家基金法没有涉及私募基金，因为他们是法无禁止皆可做，而我们就不同，没有法律依据，很可能会被定为非法集资。私募基金的存在是客观现实，这几年借助信托平台，发展出了比较规范的阳光私募，但由于缺乏法律依据，其发展还是受到种种制约。我们这次修法的主要任务，应当是给私募基金以合法地位，令其合法规范的发展。晓灵立即表态说，振宁讲得好，我看这个问题就不必讨论了。我们可以分成两个小组，一个调研私募，一个调研公募。其实当时证监会的态度也是可以理解的，因为有了阳光私募，很多优秀的公募基金经理，甚至是投资总监、公司总经理纷纷辞职做私募。所以证监会的主管领导担心私募基金合法化，会严重冲击公募基金。

我分到了调研私募的小组。当时阳光私募分布比较多的就是上海、深圳、北京3个城市，也是我们的调研重点。我们召开座谈会，听取私募基金、信托公司、托管银行以及相关专家学者对修法的意见，并实地考察若干私募管理公司，让修法组成员对私募的发展状况有实地的感受。晓灵主任和人大财经委起草小组组长朱少文来上海调研，就是我为他们安排日程。因为我在上海多年，和许多私募基金公司老总熟悉。上海私募界对吴晓灵主任非常尊重，当人民银行副行长时，她就不断呼吁私募基金合法化，现在又以人大财经委副主任身份主持修改《记者证券投资基金法》工作。大家都觉得参加座谈会，提点意见，写点报告责无旁贷。当时调研组主要关心的是3个问题，一是证券的定义；二是国内私募基金的现状及发展中遇到的法律问题；三是发达市场私募基金发展状况及监管。我给大家做了分工，睿信、重阳、从容、尚雅、朱雀、证大等私募管理公司以及第一财经，都给调研组提供了研究报告。

当时证监会不愿意管私募，晓灵问我怎么办？我说不用担心，可以依靠地方政府支持，在上海、深圳、北京组织民间的行业自律组织。在晓灵主任的支持下，我们起草了成立上海私募基金协会的全套文件，包括章程、会籍管理办法、处罚条例等等。我向当时主管上海金融的常务副市长屠光绍做了汇报，他说很好，有利于上海金融中心的建设，可以挂在上海市金融办下。此后我与金融办主任方星海、银监局长阎庆民做了交流，并给他们递交了报告，也获得了他们的支持。张江高科董事长刘小龙答应提供办公场地，通过会费解决协会运营资金。我也将此事向尚福林主席做了汇报并报送了相关资料。我说我们的协会章程参考了英国对冲基金协会相关文件，监管很严格，也很国际化，不要国家编制，不要政府一分钱，又是内行来管，何乐而不为？私募基金一直都存在，放上台面总比在下面好。这几年通过信托公司发行的阳光私募，已经非常规范，证监会负责监管私募基金风险不大。虽然由于证监会态度转变，自筹基金业协会，我们的上海协会没有办成。但对筹备期间各级领导和业内同僚的支持，一直心存感激。深感业内确实藏龙卧虎，人才济济。他们不仅是投资专家，而且具有超强的研究能力，富有社会责任感。

后来在《证券投资基金法》二审时，受证监会推荐，以人大法工委顾问的身份征求了各界的意见，其中关于对公募基金和私募基金实行差别化监管的意见获得采纳。鉴于我在推动私募基金合法化方面所做的工作，第一财经等单位组织的私募基金年会，授予我“2010中国阳光私募行业贡献金樽奖”。

◎回首人生　寄语学子

2018年是中国改革开放40周年，也是77、78级大学生入学40周年。人大校友会以《与改革开放同行》为题征文，引起我对自己的前半生、特别是后40年生涯的回顾。

我们这一代人是幸运的。在思想解放的年代入学，伴随改革开放和中国经济的腾飞成长。能够取得一点成绩，有自身的努力，但更多是时代的机遇。回顾我的前半生，有成功也有失败，但我活的真实自我。要做到这一点，就要淡泊名利。金钱、地位和声望是做事的结果，而不是初衷。我早就读过雅克·卢梭的《忏悔录》。200多年前的法国，世风奢靡，男盗女娼，可贵妇名流在自传中个个把自己描绘的冰心玉洁，以社会楷模示人。卢梭的自传无惧世人非议，呈现了真实的自己和法国社会。那些楷模早已为人遗忘，而《忏悔录》流传至今。我常说自己是马克思思想的践行者，劳动是我生活的第一需要，而不是谋生手段。无论生活、学习和工作都是按照自己的意志去选择，凭兴趣爱好去做，并且兴趣爱好广泛。比如打乒乒球、唱美声和摄影，都是以专业的标准要求自己。做股票对我来说完全是爱好，我既做A股也做国外的股票，既要关心中国的经济，也要关心世界的经济和国际交往。宏观经济、行业和个股的情况也是千变万化，常做常新，我觉得很刺激，愿意面对各种挑战。从31年前“黑色星期一”世界市场暴跌时开始买港股，26年前“老八股”时代进入A股市场，早已久经沙场，无论股市涨跌，都会心静如水。我对金钱看得很淡，要多回馈社会，所以做点公益是很正常的。我做了十几年上海校友会会长，每年出资100万资助校友会的活动。十几年前就在贵州最穷的从江县办了1所希望小学和5家卫生所，好多年前就在人大办了老教师关爱基金等等。当然这点儿捐献，与百富榜的校友比微不足道，但就我自己的情况而言，也还算尽了力。别以为赚了钱都是自己的本事，很多是时代赋予的。巴菲特能有今天这样的成就，是美国股市几十年长盛不衰的产物。许多A股投资者也想效仿巴菲特，为什么做不成？股市大环境使然。赚再多的钱，也是身外之物，最后还是要交回社会。

总之，我觉得自己的人生还是丰富多彩的。现在虽满65岁，但思想、精力和体力，宛如20年前。与80后90后对话，也没有多大隔阂。我这个人活得很真实，活得很轻松。我天生就是一个改革者，看到不合理的，就有一种改革的欲望，不怕面对任何挑战。人生只是一个过程，不要墨守成规，要过自己喜欢的生活，使自己的潜能得到发挥。要致力于获取真正的知识，敢想、敢说、敢做。

李振宁自述，本次采访时间为2018年11月13日，由中国人民大学校友工作办公室负责采访及文字整理。

采访 / 孟繁颖　　编辑 / 李宣谊

李黎

|人物简介| 吉林长春人

1955年生，美中基金会创会主席、世界华语诗歌联盟创始人和联席主席、北京美在其中文化发展公司法定代表人、总裁。1978—1982年就读于中国人民大学中文系本科；1982—1985年就读中国人民大学中文系文艺理论专业研究生。1985年秋被特聘在北京大学中文系任教，主授诗歌美学。1986年秋赴美国杜克大学文学系深造。1992年与12位美中两国知名人士共同发起创立美中基金会（The United States and China Foundation）。

◎ 1975—1985 年：从草原骑手到校园诗人

1975 年夏天，我从沈阳中学毕业，与 20 多位志同道合的伙伴一起，自愿报名赴内蒙古科尔沁草原插队，当过生产队长和创业队指导员，春耕、夏锄、秋收、打草、骑马放牧、科学种田，这些我全都干过，而且也是干得很有声色。我从初中的时候就开始喜欢写诗，高中毕业去草原之前在当地报纸发表了整版的长诗《朝阳初升》。当时我们知识青年创业队 20 多人应邀一起到辽宁电视台表演诗朗诵，由我领诵。1975 年当时还是黑白电视，我第一次进直播间朗诵的就是我自己创作的诗歌。之后，诗歌伴随我 3 年草原知识青年生活，给了我无限激情和动力，也许正是因为有诗歌的陪伴，我到今天也一直保有生命的朝气与锐气。

后来国家恢复高考，号召大家上大学，为实现“四化”而读书，1978 年，我以第一志愿、当地文科第一名的成绩考入中国人民大学，人大中文系是我的第一志愿，因为我从小就喜欢文学。我父亲原来是东北师范大学中文系文艺理论教研室主任，新中国第一本《文学概论》的作者，他告诉我：学文科就上人民大学，因为人大的理论是全国最突出的，事实证明也确实如此，人大特别重视基础理论教育。

我刚上大学时，由于历史原因，人大的图书馆和教学楼等等仍被二炮部队占有。学校当时没有教学楼，都在后面的平房上课，取暖烧的也是蜂窝煤，包括阅览室都是生的炉子。但是这些一点也没有影响到我们求学的热情，因为同学们大部分是从基层来的，所以也不觉得苦，反而非常珍惜在学校的日子，很多同学都感觉是苦尽甜来，现在终于有书读了，很幸福！大学时我在校刊上发表的第一首诗就叫作《给大阅览室的歌》，用以纪念这来之不易的大学生活。

我印象很深的是，当时我们在校园里见到过很多著名的领导与教授，像我们的老校长成仿吾、后来的校长黄达、著名的经济学家徐禾、中文系系主任河洛等等，人大复校之后，他们都从全国各地重回人大，因为“文化大革命”时期人大被分得四分五裂，一些老师散落在全国各地。大家都是一腔热血、一股激情，从学校领导到老师、同学们，大家都铆足了一股劲儿要把人大办得更好，真正为国家的重新振兴、为实现四个现代化做出扎扎实实的贡献，当时从上到下都是这么一种普遍的心理。

人大中文系设置了许多特色课程，像诗歌评论写作、电影评论写作、小说评论写作和戏剧评论写作等等，由专门的老师负责教授，而一般的学校都没有设置这些具体门类的评论写作课。我有幸成为诗歌评论课周宏兴老师的课代表。在我们中文系78级班里，我在诗歌方面的表现还是很突出的，尤其大三那年，我参加了当时著名的朦胧诗论战，在《文汇报》上发表了《“朦胧诗”与“一代人”——兼与艾青商榷》的长篇论文。这篇文章后来被《人民日报》《诗刊》《新华文摘》纷纷转载，引起了全国热烈的讨论，最后这篇文章也随着论战一起载入了中国当代文学史的历史，让我引以为荣，因为毕竟是为我们这代人发出了应该发出的声音。

当时，除了读世界名著外，我还读了很多哲学、美学、伦理学和心理学方面的书，尤其是像西方哲学史、西方美学史、中国美学史这些我都读得相当多。因为当时思想界、文化界非常活跃，古今中外的很多理论都为大家所讨论和思考。我又比较有幸地在本科期间就结识了中国最重要的哲学家、美学家和思想家李泽厚先生，他后来被称为青年一代的哲学领袖、美学灵魂和青年导师。我和我的同窗舍友袁济喜、管士光经常去他家里拜访，聊得很愉快。李泽厚先生让我们多读一些哲学的东西，以培养我们的思辨能力，这对我们搞文学艺术评论非常有帮助，因为它能帮助我们建立非常宏观的理论框架，又训练了我们的思维方式，使我们在思考时能够有思辨的广度与深度。我在人大课上课下所得到的理论方面的素质培养是非常突出的，引发了我极为强烈的理论兴趣，所以本科毕业后，我又继续在人大中文系攻读文艺理论方向的研究生，师从郑国铨教授，尽管那时候愿意继续读研究生的学生并不多。研究生阶段，我非常系统地研究了从古至今的诗学、诗论、诗品、画品等等。人大中文系在这方面确实特别突出，在全国也应该是独树一帜的，有一些非常优秀的老师撑起了这片天地，像郑国铨老师、陆贵山老师、蔡忠祥老师、黄葆真老师、陈复望老师等。虽然后来我在美国的杜克大学就读过西方现当代文学理论，但是我仍然觉得我在中国古典文论和古典美学里受益匪浅，因为中国的诗学是相当完善与先进的，毕竟我们有诗经、楚辞、唐诗、宋词、元曲，这些几千年丰厚的诗歌发展成果作为基础，因此孕育了深邃、精彩、极有价值的诗学理论。

◎ 1985—1986 年：加盟北大、出国深造，就读于当代大师门下

人大研究生毕业时学校已内定我留校了，但北大中文系也非常希望我去他们那里，尤其是系主任严家炎教授与著名诗歌评论家谢冕教授等。因为我在当时的中国文坛已经有了一定的影响力与知名度，当时人大和北大两校为了争取我还进行了一场拉锯，各方都做了不少工作和努力，最后我以避免近亲繁殖为由得到了人大校领导的同意和支持，最后如愿去了北大。在北大中文系，我开设了“诗歌美学”这门课，成为北大校史上第一位开设这门课的学者。巧的是，我到北大才半年，就结识了我后来在美国杜克大学的博士生导师 F. 杰姆逊教授，他是一位世界级著名的文化理论学者：美国后现代主义理论的旗手和西方马克思主义文艺理论的领军人物。当时北大比较文学系和国政系请他来北大作访问教授，讲授“后现代主义与文化理论”这门课。我们因缘相识，他对我非常赏识，我们就很快成了好朋友，他对当代中国文化特别感兴趣，包括对朦胧诗、对北岛、杨炼、舒婷等，经常与我聊这些议题。他主动邀请我去美国杜克大学深造，杜克大学的文学系是全美国最好的，而杰姆逊教授是文学系的系主任与掌门人。客观地说，我当时在北大还没待够

呢！但是杜克给我的录取条件太优越了，让人很难拒绝：免托福、免 GRE，四年全额奖学金，奖学金是一年 12 月全额，非常优厚。这样我在北大才一年就去美国杜克大学深造了。

我在杜克大学的专业是文化批评理论，它开阔了我的国际视野，使我能站在一个更高的文化层面上来看中国的文化与文学艺术，看清它在整个世界或者说在整个人类文化中所处的位置。这种差异化使我们能更加清楚和更加理性地看待中国文化，既不是盲目自夸，也不是妄自菲薄。我现在能够创立世界华语诗歌联盟，推进华语诗歌在 21 世纪的全球振兴，也是因为我在美国深耕几十年，具备比较开阔的国际文化视野，这要非常感谢杜克大学和我的导师。另外，在杜克大学期间，大家推选我出任中国学生与学者联谊会主席，有机会结识了不少中美各界精英以及政要，这又为后来我参与创建美中基金会打下了基础。在美国留学的前 3 年，我每年暑期都开车去各名校访问研修，包括哈佛、耶鲁、普林斯顿、哥伦比亚、芝加哥、波士顿大学，以及多所加州大学等等。

◎ 1992—2018 年：创办美中基金会，致力中美文化交流

我在美求学深造的后期，就已经开始酝酿创建美中基金会的事了。因为杜克大学既是尼克松总统的母校，也是宋庆龄、宋美龄的父亲查理·宋（宋耀如）的母校。查理·宋是我们学校校史上的第一个中国学生，这使杜克大学与中国有着非常深厚的历史渊源。美中两国很多的名人都与杜克大学有关系。当时美中建交刚刚几年，双边关系相对薄弱，所以我们觉得应该建立一个真正的民间机构来做两国文化教育及慈善事业方面的工作。当时一帮美国人，包括我导师、杜克大学的教务长、校长等等，都特别支持这个想法，觉得这个机构如果能建在杜克大学，那将是杜克大学的一种荣幸，而且杜克大学确实有这种担当精神，这是杜克大学的传统。

1992 年美中基金会正式注册成立，我也从北卡州搬到了纽约地区。于是，美中基金会的总部也就设在了纽约。此后的这么多年来，

我一直在美中基金会工作，现在仍然是美中基金会主席，我相信这也是我要终身为之服务的机构。美中基金会的主要工作就是促进中美两国的民间交流，因为政府间的行为有的时候不可避免地会有一些短期的利益和利害冲突，这个时候需要非政府机构发挥作用，使两国人民的长期友情不受政治和意识形态之间短期行为的影响，这就是我们所要担当的一个重要的工作。为此，我们定期召开美中论坛，使中美两国人民基于长期友好的基础之上来探讨两国文化、教育、科技、环保方方面面的问题。我们也经常邀请美国的一些学者到中国访问，比如请美国公共电视网 PBS 在北京奥运会举办期间来中国进行长达十多天的专访，他们当时说要采访一个中国的大学，于是我就毫不犹豫地推荐了中国人民大学，并专访了程天权书记。另外我们做了很多文化教育交流方面的工作，像举办非常高端的美中教育论坛，由美国前总统布什做主讲嘉宾，以及中美友谊交响音乐会和各种各样的演出，我们也请过中国的小艺术家到美国著名的林肯中心与美国的青少年做跨越世纪的交流演出等等。仅在我们人民大学就有若十次重要的文化交流活动，当然也有在国家大剧院、保利剧院、中山音乐堂、北京音乐厅、世纪剧院、广州大剧院、上海音乐厅、辽宁大剧院、北大百年讲堂，以及华盛顿、哈佛大学音乐厅、拉斯维加斯剧院、休斯敦大学等地方举办。

2015 年秋，我发起创办了世界华语诗歌联盟，通过互联网把全球华语诗歌的从业者与爱好者整合在一起，并独立出品了中外历史上第一个大型诗歌音乐舞蹈诗史“诗韵中华”，我是其总创意、总策划以及总编导。在江苏镇江举办的首届世界华语诗歌大会上，44 个国家来了 300 多位嘉宾，开幕式多达 1200 多人，国家领导人也都有出席，开幕式晚会就是“诗韵中华”的首演。从诗经、楚辞、汉乐府到唐诗、宋词、元曲，再到五四新诗、毛泽东的诗词、当代诗人舒婷的诗歌，以及我创作的作品《跨越太平洋》等等，20 多个节目一气呵成，中间不用主持人，通过朗诵、吟诵、器乐、声乐、舞蹈、书法、绘画以及声光电的意境舞台，有效还原了中国诗歌中的审美意境，把诗歌传统的语言艺术变成了舞台艺术。讲到这里，我必须要感谢母校对我的支持，因为有校领导程天权书记、靳诺书记的大力支持，2016年4月10号，继2015年11月江苏首演后，“诗韵中华”率先在人民大学明德堂正式上演，非常成功！

人大也是“诗韵中华”全国巡演的第一所高校，后来又在中央民族大学、内蒙古大学、内蒙古财经大学等等高校，以及人大附中、中关村三小等大中小学先后上演。后又走进北美，在洛杉矶、旧金山公演，现在已经演了几十场了，包括上海、深圳、海南、长春、安徽、内蒙古等等，成为中国独树一帜的一个原创的诗歌文化品牌。作为总创意、总撰稿和总编导，我觉得很有成就感，因为这是一个非常有价值与影响力的文创项目，尤其是最近读到习主席在全国宣传思想工作会议上的讲话，突出强调“中国优秀传统文化的创造性转化和创新性发展”，我觉得“诗韵中华”所彰显的是与其完全一致的文化理念。因此，我相信“诗韵中华”今后会越做越好、越做越精彩、越做越有影响力。

◎ 人生信条：追求卓越，理论和实践相结合

我是一个追求创新、追求卓越、追求完美的人，也一直是一个思想上趋新的人，尤其是经历过上山下乡、文化论争、海外留学、国际NGO创建等实践，与中美两国政界、商界、学界领袖人物的广泛接触，包括与美国前总统布什、卡特，美国前国务卿基辛格、希拉里直接对话交流等等，这些都丰富了我的人生体验。同时，我已经习惯去做别人没有做过的事情，一些有独创性的事情，这个跟我一直追求诗歌和艺术创新颇有关系，因为诗歌也好，艺术也好，最讲究独创性，没有独创性，艺术就没有灵魂；一个文学艺术作品如果没有独创性，没有个性，那它的诞生就是死亡。因此，我崇尚独创，并追求卓越与完美。当然，这很具有挑战性：如何能把一件事情做得完美和卓越，这不仅要有智慧，要有创新和创意能力，而且还要有实战经验，有毅力、有韧性，并有足够的长期积淀。我杜克的同学告诉我，有一次杰姆逊教授当着很多人的面赞誉我说：“李

黎能做成他想做的任何一件事”。我觉得我们这代人有一个特点，这令我在美国的导师杰姆逊教授也时常感叹，他说我们这批中国知识分子，除了具备很强的理论锋芒、思辨精神之外，就是在现实中有行动的能力，善于手脑并用，在现实中能够运斤成风，把事情做成，而不像一般学者，只会纸上谈兵。

其实，当你能够树起一面事业的旗帜，并坚定不移地走下去的时候，大家都会支持你。比如我的人大校友：新闻系的鲁晓晨、谢一宁、许群；法律系的徐健、邱贵生；农经系的孙明、焦然；财经各系的李山泉、李振宁、卢映川、廖子彬；哲学系的庞元正、彭和平、周文彰、郑文川；以及我们中文系袁济喜、管士光、周炳成、石伟波、林晨、甘学军、马军骧、郭锦玲等等，都给过我宝贵的支持。

我乐于将理论和实践相结合，在现实中去实现理论的价值、真理的价值。这个对我来说非常有吸引力，我乐于做有吸引力、有挑战性的工作。不管是美中基金会、世界华语诗歌联盟，还是北京美在其中文化发展公司，都是我本人的创意，即：运用自己的才智去开拓、创作、创新，做自己喜欢，同时对社会有意义、有价值的事情。说到美在其中文化发展公司，当时我们在北京东城区注册公司的时候，工商局的专业人士看到这个名字就笑了，他说你这个名太好了，又有美国又有中国，又有审美与文化，一语多关，好！这名字本身就是一个创意！我当时想的就是我们这个机构一定要旗帜鲜明地在中美之间传播审美的文化，我们的宗旨是“引领21世纪的审美文化”，用诗词歌赋、琴棋书画去跟那些三俗的商业文化对峙，这个工作非常有意义。几十年过去了，我从这几十年中感悟到，人生也好，事业也好，一定要把理论和实践融合在一起，我进行过多年的理论研究，同时我的执行能力也很强，所以我们自己独创的诗歌文化产业现在做得很有起色，尤其是前景非常看好。此外，审美文化产业也是在践行我们的哲学理念、美学精神与诗学追求，即：把我们自己的或我们认同的哲学、美学、诗学的理论付诸实践，使它们在现实中产生价值、发挥作用，这对于学术研究无疑也是非常有益的，因为有效的实践才是理论的价值所在。

◎ 对母校的寄语

人大复校的40年，恰好也是中国改革开放的40年，真是太有意义了！中国这40年的变化是历史性的、跨越性的。我举一个小例子，我出国之前听过人民大学著名教授冯其庸的一个演讲，那是1985年，他讲他作为访问学者到美国讲学的经历，当时他主要讲到就是美国现代化的生活，像美国大学教授是怎样的生活条件，美国的学者与博士生又是开的什么车、住什么样的房子，他们的日常生活方式等等，如同在叙述《红楼梦》里的故事一样，对此我印象非常深刻。像冯教授这么一个大学者，他讲的却全部都是美国日常的物质生活，如何发达，如何先进，如何现代化，全然没有一点学术的内容。当然，他讲得很真实，显现出冯教授的首次美国之行对他震撼之强烈。当时中国和美国在经济发展和物质生活上差距确实非常大，但是现在就物质生活水平来说，美中之间的差异可以说非常小了，有的方面中国甚至超过了美国，比如高铁、移动通信、互联网商业等等，中国改革开放40周年的发展是巨大的，这也是全世界有目共睹的。但我们在一些软实力方面，在国民素质方面，我们跟欧美等国尚有差距，比如像垃圾分类处理的意识、社会公德以及国民素质等方面。这些需要从政府到民间、全社会和全方位的关注，因为说到底，人的现代化是物质生活现代化的终极目的，是社会文明与进步的具体体现。

随着改革开放的不断深入，我国社会主义核心价值观正日益凸现，而我们人大学子，身为“国民表率、社会栋梁”，更当勇做表率，有所作为。我希望人大人能够站在21世纪的高度，高瞻远瞩，既要做我们中华民族文化的传承人，也要勇做21世纪中国新文化的开拓者，即在先人们的文化遗产中有所创新，融入21世纪中国人独特的思想、情感和智慧，并传给下一代。我觉得这才是一种负责任的态度，不是说我们简单地把老祖宗交予我们的遗产传下去就行了，而是要加入“传统”中去，并也要成为经典。我们这一代人最后能交给历史、交给后人的，不应仅仅是互联网与高科技，在思想文化上我们也应该有独创的东西传承下去，要成为有思想、有理想、有信念、有情怀并且有创造精神的一代人，能站在21世纪人类社会的制高点上，为中华民族乃至人类社会的发展做出自己的一份独特贡献。也就是说，要于传承中创造出属于我们这一代中国人新的、有价值的东西，要避免像当下的某些人那样动辄怨天尤人，只会抱怨发牢骚。

要勇于和善于融入我们民族文化传统乃至人类智慧中去，成为世界新文化的开拓者与创造者，这是我对学弟学妹由衷的期待。一定要有这种高屋建瓴的情怀和这样的担当精神，这样，人活着才有意义、才有价值。我在给人大学子演讲的时候，好多学师弟师妹们问我，李黎老师，我们下一步要面临很现实的问题，那就是找工作，找什么样工作？是继续从事我们自己的专业，还是改行去做金融、房地产或法律？我总是跟他们说，第一，要看你的专长兴趣，第二，要看社会的需求。我们在读大学的时候，谈自我设计经常说的四句话是：第一，要看社会需要，社会需不需要就表征有没有市场；第二，就是现实可能，现实是不是可行，有些东西现实是不可行的；第三，是少有人做，避免一拥而上，就是说要有你自己的优势，有独创与原创性；第四，就是我就能做。我觉得这四句话今天仍然很有价值——社会需要、现实可能、少有人做、我就能做，只要能够活学活用地掌握这四个原则，而不是机械、僵硬地套用，那么不论是你未来的择业、未来的发展，还是你自己的生活，肯定都会是有前途的、有幸福感的，因为你能在这个社会中找寻到自己的位置，并实现自己的价值。

在当下这个无限机遇的21世纪，一个年轻人，如果能给自己定位好，就能生活、成长与发展得很好。这就是我要对学弟学妹们说的从做人立志、到做学问、到发展事业的一个期望。

路就在脚下，选择即人生。应该记住：这个世界上能阻止你成功的人只有一个，那就是你自己。所以，一定要把自己的命运掌握在自己手里，立志高远，开拓重新，不负母校，不负今生！

李黎自述，本次采访时间为2018年9月20日，由中国人民大学校友工作办公室负责采访录音，由文学院2015级本科生李思凝进行文字整理。

采访 / 孟繁颖　　文字 / 李思凝

何砚平

|人物简介| 北京人

1948 年生，1978—1982 年就读于中国人民大学中文系，新华社高级记者。

◎ 一波三折后我才考上了人大

我1948年出生在北京，是典型的京二代。我生在旧社会，年龄比“母亲”新中国大一岁，长在新中国，上小学、中学期间都比较顺利。只是高中毕业的时候遇到了史无前例的“文化大革命”，我被分配到北京一机床工作，接受改造，这里也是毛岸青、叶选平工作过的地方。说起来我还是比许多同龄人幸运的，没有插队，而是留在了北京。工厂给我们这批新来的人（其中大部分是高中生）分的都是又脏又累的活，锻工、铸工、油工……而我分的又是其中最差的工种——油工，每天要在乌烟瘴气的环境里被腻子粉涂抹得满脸花，被各种油漆味熏得恶心，但是我由于从内心里特别真诚地接受党的教育，所以从来不会埋怨，反而特别卖力气，用一腔热血与真诚，全身心地投入自觉的改造中，即使受苦受累受了工伤，也依然无悔，继续努力。有一次，我的左手中指被铁板压得粉碎性骨折，十指连心啊，那几日疼得我无法入眠。“学习江姐”，我鼓励着自己，不哼不喊一声，疼得实在受不了便小声唱歌。单纯幼稚理想浪漫的青春、英雄主义的情结把悲剧演化成另外的模样。

我秉着虔诚地接受工人阶级改造的决心与热情参加工作，表现较好，于是被提干，入党，并调到车间做统计与宣传工作。工作中愈加感到自己知识的欠缺，想进大学深造的念头愈来愈强烈。于是我开始报名申请，希望组织推荐我为“工农兵学员”，然而不论怎么努力，一次又一次的申请，都没有得到批准。比我小几岁，表现不如我的一个个被推荐上学去了，我却只能望大学兴叹！那时突然理解了高玉宝说的：上个大学怎么那么难啊！

当不了工农兵学员，1976 年 28 岁时我结婚了。新家位于北京电影制片厂附近，工厂则在大北窑，一个西北，一个东南，距离很远。每天上下班路程 14.5 公里，骑自行车需一个多小时，回到家后精疲力竭，所以就特别希望调一个离家近的工作。

由于我的爱人在电影行业工作，认识北影制片厂的编导，他把我写的文章（彼时我已在《北京日报》《诗刊》等发表过若干小文）给创作组的颜大姐过目，她很欣赏，同意把我调到北影加以培养。我兴冲冲地跑去向车间领导申请调动，结果却遭到一通申斥。什么没良心啊，看不起工人阶级啊，不能吃苦啊……对我选择离去，他们认为是攀高枝，而辜负了他们的一片苦心。凭良心说当时的车间主任和书记，两个老张对我确实很是关照，包括我们的李厂长对我也是青睐有加。这样，北影自然就去不成了，我虽然不情愿，但也无可奈何。只是，原本和谐的上下级关系一下子变僵变硬了，我觉得领导不通人情，领导觉得我孺子不可教。

当不了工农兵学员，调不了工作，开始苦闷。1977 年恢复高考，我毫不犹豫地参加了考试，分数挺高的，324 分，平均每门 81 分，但我当时认为特别低，觉得 90 分以上才是高。有天去《诗刊》开会，老编辑吴家瑾老师关切地问我报考大学了吗？我竟然鬼使神差地回答没有报考，想必内心深处羞于说出自己“不高”的分数吧：平均每门才 81 分太丢人了。后来想想高考平均每门 81 分绝对高分呀，怎么那么无知呢。有时过分地好强与自尊其实暴露的是缺少自信与坦荡。

分数虽已知道，可录取结果多天来迟迟没有消息，于是我就自己跑去招考办询问，此时我已通过协调终于从一机床调到了化工研究所。一个戴眼镜的中年男人告诉我，你的分数够高，但工厂给的评语太差，说你有严重的妇科病，看不起工人阶级。我脑子“轰”的一下子蒙了！我确实由于在北京一机床工作时太忙太拼命了，最后伤害了身体，有一次大出血。

我就回头去找吴家瑾老师，她说太可惜了，那天你为什么不告诉我呢？那天谢冕就在《诗刊》开会，你的分数肯定能去北大中文系，现在北大招生结束了，来不及了。又一次懵圈！一念之差，悔之晚矣。

由于在洪广思小组结识了师院漆绪邦教授，他说我的成绩去师范学院就读绰绰有余，但不愿意当老师的我谢绝了他的好意。上不了北大，又不愿意去师院，朋友介绍我认识了《中国青年》杂志社的总编辑张道诚，他很欣赏我的才华，愿意调我去那里当编辑。我向化工研究院宣传科递交了调动申请书，谁知又一次被拒。因为我写的几期简报，被政治部主任看好，他们想留我继续工作。可我还是想做专业的文字工作，这是我的理想呀。于是我问领导，如果我考上大学你们放我吗？他们说那只好放行。

于是半年后我再次披挂上阵，重上考场，一举考上中国人民大学中文系。

跟北影擦肩而过，跟北大擦肩而过，跟《中国青年》杂志社擦肩而过，最后跟人大结缘，我上大学前就是这样的经历。

◎ 在人大美好的四年

我入学的时候，人大特别破旧，一是长期被二炮占用，二是又经过“文化大革命”的破坏，房子基本上都是平房，窗子、门都是窑洞式的装扮。更糟糕的是，即使复校了，二炮还是占着学校很多地方，导致我们宿舍资源不足，甚至也没地方吃饭。只能一人拿一个马扎，端着碗就着风在院子里吃。后来的请愿也正是这个原因：我们单纯地想要一个吃饭的地方。

虽然说学校的校园建设、硬件设施比较差，但是我们的老师、同学们都非常好，有很多有趣的事情。在人大读书的四年，是一段非常美好的时光，既长学问，又结识良师益友，还喜得一女。

说到老师，真的很多老师都给我留下了深刻的印象，比如教我们古代汉语的赵遐秋老师。赵老师对我们来说不仅是老师，更像是姐姐、妈妈。她说和我们在一起有蓬勃向上的青春的感觉，愿意多和我们待在一起；夸奖我们用功，从我们身上受到了很多启发。总之，老师和我们特别亲。

很多老师也都是这样的，比如丁蒲老师，十分热心亲切，对我们有求必应。于飘老师，讲课讲得好，也特别有意思，我印象最深刻的是老师讲巴赫的“惊愕交响曲”——一开始快让人睡着了，突然间就“咚”一声，一下子把你惊愕起来了——做文学就应该像这个交响曲一样，有起伏、有故事情节。而丁老师自己上课就是这样：一下子把你惊醒。周宏兴老师，我当时在《诗刊》上发了一篇小诗，老师是讲诗歌的，就说这节课让我们来讲讲你的诗。还有一个英文老师叫周文平，年龄比我还小，跟我们都可以玩到一块，大家特别喜欢她，最后还跟我们班一位同学结婚了，这其中真的有好多故事。

同学之间的故事也多。那个年代，我们都特别有社会责任感，“位卑未敢忘忧国”的情怀浓厚，特别关心社会上的大事。我们班自创了一本杂志叫《锤与砧》，大家都在这上面写了很多东西，培养了写作技巧，总的来说做得挺不错的，重要的是走出了一批比较有才华的同学。

说到我们班的同学，就不得不提两个名字，一个是田文，一个是吴方。田文是一个美丽真诚、浪漫勇敢的女孩子，而且非常善良，对于同学朋友，都是能帮助则尽力帮之。

田文心地干净而纯粹，具有浓厚的浪漫主义情怀，随时都会有让同学大吃一惊的举动：想买书没钱了，田文就会去献血，换回二三十元钱去买书。最让大家跌眼球的是有关田文裸泳的故事。有一次几个同学一起在海淀的苏州河里游泳，新闻系的男同学张伟光和田文打赌，“如果你敢裸泳，我就敢裸骑（自行车）。”几个人还在嘻嘻讪笑时，田文已经利落地脱衣入水了。在大家震惊的目光下，张伟光无奈了，大丈夫岂能食言？于是乎只好用河泥“画”了一条“黑裤衩”，飞快地裸身骑车回到人大校园。这大概是中国人体艺术最早的实践者吧。田文的这些行为，即使在今天看来也很超前，当时同学们或欣赏或不解。但是大家普遍认为，田文的理想主义浪漫情怀，是融化在骨子里的，绝不是随波逐流的平庸之辈。

为了爱情，田文毕业后放弃了在大城市北京的工作机会，追随爱人去了西藏，被分配在《西藏文学》编辑部工作。很快，凭借突出的才情，她和龚巧明、马丽华被誉为西藏三大才女，为西藏文艺界带去一股清风。

但是天妒红颜，田文走得特别早，只有28岁。一天，田文去一个地方搞社会调查，恰好赶上下雨，遇到塌方，整座山好像都要塌下来，只有从山上的塌方区闯过50米路才能脱险。而为了救助一个刚刚被砸断了腿的老人，本已脱险的田文，又毅然返回到位于塌方区的汽车里为老人取药，结果耽搁了几分钟。在救助老人后，大山又一次塌方了。一块罪恶的石头不偏不倚反弹在田文的后脑，夺去了田文的生命。据说，当时田文的身体被冲下路基、倒在灌木丛中，救出来时已经停止了呼吸。一个美丽生命就这样香消玉殒，戛然而止。但是新奇的是，她的尸体却一直软软的；等到几天后老父亲赶来抱着她，身体才逐渐变硬。

不是人选择命运，而是命运选择人，这是希腊悲剧的主题。人不是因其缺点而是因其优点被掩入更大的悲剧中，或许这就是田文的宿命吧。我曾写过一篇文章叫《一个为爱而生的女人》来纪念她。她的故事会被人们一直讲下去吧，直到成为传奇……

另一个不得不提的是我们当时的班长——吴方。吴方的文笔特别好，写文章很有味道，而且很深刻，但也是特别的可惜，走得很早。有一段时间，我就一直想写一篇怀念吴方的文章，几次提笔都搁下了，因为我觉得我写不出他留在我心中的音容笑貌，写不出像他那么好文笔的东西。我其实跟他接触的不多，但接触的一点一滴的事情给我留下很深的印象。比如说我怀孕的时候，他特地来跟我说：何砚平，办公室彭老师说你可以不用天天来上课，特别真诚。他年龄跟我差不多大，但是从来不会大声笑，都是小心翼翼的。我和他开玩笑说：吴方，你能不能别那么深沉啊，你老那么深沉显得我多浅薄。他只是笑笑，嚅嚅的小声自言自语两句，以至于听不懂他在说什么。后来，我才知道他出身不好，特别有压力，更何况本身又是一个十分敏感的人。

吴方细腻、周到，会照顾人。我们班的周厚晴毕业回家时，由于走得比较匆忙，没有通知班里其他人，所以没人前来相送，一人孤零零在站台上，颇有几分凄凉、伤感。这时远远看见吴方，背着那个洗得发白的军挎包，在站台上走来走去，四处张望。他一下子被吴方深藏的友情感动了。他说吴方或许不知道外地同学具体离京时间，所以就在车站等，等到谁就送谁，毕竟同窗四年，一别后各奔东西不知何日相逢了。吴方对别人的感情是多么细致啊！很多事情，他都做得特别周到，包括组织大家去跳舞、去学习、办板报，《锤与砧》杂志他就是创建者之一，在上面写了很多好的文章，当时我们女生都把他的话抄在卡片上当成经典语言。

我觉得最惨的事是吴方走。他病了，先是结肠癌，后转移到肝癌，他在邮电医院住院，我最后一次去见他，那时候他已经瘦得不成样子了。见到我后有点激动，开始嗫嗫地和我叨唠起来：唉！如果我当时不上大学或许更好，当个司机开着车满世界跑，见识各种人，和他们一样吃饱了睡觉，不想别的。在煤矿当工人也一样，流汗出力，特别累，但吃饭睡觉都不错……看着他瘦削的脸庞，听着他无奈的絮叨，我特别悲伤，但我不知道如何安慰，只好说安心治疗吧，不要再想这些事了。我知道他真的特别不容易，毕业后被分配到《文艺研究》杂志，生活很贫苦，只有大杂院里的一间房。作为一名学者，想要一个书柜都没有地方摆，十分可悲。

本来就是属于抑郁型的敏感才子，多愁善感，加上物质、精神双重压力，患了癌症。可是，为了不连累妻儿，他竟选择了自行了断的方式，与这个世界诀别。据说吴方出院后，自觉生命已无多日，儿子又恰逢高考，家中经济窘迫。那天他给编辑部打电话说，书名定为《斜阳系缆》，那是他生前出版的最后一本书。随后打发妻儿去上街买菜，他便毅然决然把自己吊在一根绳子上了……

每一次想到吴方——一位有才华的学者、忠厚的长者，就这么走了，心里就觉得特别可惜。我们班很多同学都写过文章，纪念他。

◎ 丰富多彩的新华社工作经历

1982 年大学毕业后，我开始到新华社的《瞭望》周刊工作，从事政治、经济方面的报道。记得，我刚到《瞭望》时，一个负责国情与战略专栏的老记者对我们说，你们要以国务院总理的眼光去分析判断问题，当时就把我吓蒙了，我自知没有这样的高度和水平，但只好以后努力去做。

20 世纪 80 年代初，正值改革开放，有很多大事我都记录采访过。比如，改革开放后中国第一个个体户步鑫生，我们《瞭望》就曾宣传过他的先进事迹，我作为编辑参加了工作。再比如山西原平县县委书记吕日周，他和别人不一样，提拔干部时，只看工作能力，不管其他像出身一类的东西，结果选拔了一批有能力的人，把原平那么贫穷的地方搞得很红火。我为吕日周写的这篇文章，在当地很有影响。我也曾为山东昌邑县委书记刘洪仁专做一篇采访，万里副总理亲自批示写内参，他后来成为山东省副省长。

由于新华社所占的制高点，很多文章很受重视，《北大荒的第二次开发》《永恒的财富》等文章在《瞭望》发表后在社会上引起关注；《政协——中国政坛的一支生力军》等文，也曾获奖。一些文章被地方报纸杂志转载，也有一些作为《人民日报》头版刊载。总的来说，我印象最深刻的有三篇报道。

第一篇是关于杨振怀部长治理洪水的报道。1991 年全国发生大洪水，《瞭望》编辑部并没有安排我去采访，但我认为这么大事应该有报道。于是便跑到水利部抗旱指挥部前去采访杨振怀部长。小小办公室挤满各路专家，电话铃声此起彼伏，部长办公室出出进进，人来人往随时汇报各处险情，杨部长根本就抽不出时间单独接受我的采访。我就缠着他的秘书东问西问，在各个办公室串来串去，搜集“情报”，终于写出了一篇《几个重大决策诞生》的文章，记述了诸如什么时间在哪里分洪，如何疏散群众，如何减少损失等等。洪水无情，每做出一个决策就将牵动千百万人的生命和财产，所以必须判断准确，责任重大。可是，写好后《瞭望》周刊不发，因为不在报道计划内。于是我只好找新华社国内部领导去申请，副主任认为很有新闻价值，于是发了通稿，结果《人民日报》第二天在头版刊登。也就是因为这篇稿件，我同杨振怀的秘书成了好朋友，一交十几年。他告诉我杨部长曾三次在水利部有关会议上表扬我，这也是后来才知道的。

第二篇是一组关于改革中的中国妇女专题报道。我采访妇联王庆淑书记后，动笔在《瞭望》周刊写了一组改革中的中国妇女专题。她看后诚恳地说，小何你写得很好，我没有说清楚的你写清楚了，并且希望我去做她的秘书。我非常感激但谢绝了，我唯一真心想的就是去全世界做报道。

第三篇是关于西安事变的报道。1986 年西安事变 50 周年之际，为了澄清历史上的许多疑团以及众说纷纭的不实说法，西安事变领导小组决定出版一系列有关西安事变的史料、书籍，高扬作为《西安事变简史》的主编接受了我的采访。我把写好的稿件交给他审阅，本以为他也会像许多领导人一样交给秘书，随后就打发了。他可不一样，不仅亲自审稿，还亲自改稿，把一些不准确的提法一一矫正，甚至还帮我修改了不准确的标点符号。当那篇《把〈西安事变简史〉编成信史》一稿在《瞭望》周刊海外版发表后，台湾媒体第一次转载了《瞭望》的稿件。由于我家和高老家只有一墙之隔，所以从那以后我就时不时到他家聊天，越聊感情越深，最后也竟慢慢成了忘年交。

1990 年左右，我离开了《瞭望》周刊，调到了新华社办公厅。在那里短暂工作了一段时间后，我又凭借着一腔热血，加入了新华社音像部。最得意之作就是开创了“60 分钟杂志”栏目。这个节目模仿美国的“60 分钟杂志”，一次节目 60 分钟，分上下集，各 30 分。这个节目一做出来，半年内就在 200 多家电视台发行，都是黄金档播出，属于当地电视台的新闻支柱节目，成为央视的有力竞争者。

后来，2000 年初的时候，我还做过一个节目，叫作“在大使家做客”，专题片有 50 集，采访各个国家的大使，观众反映也很好。

那时候还是没有像现在这么开放，对世界没有那么了解，所以我们这个节目也算领先潮流的。

有一则寓言说，两个旅行者同行，一个坚信前方一定是通向天国之路，另一个则认为前方什么也没有，不过是一次无法逃避没有目标的漫步。我自己似乎介于二者之间，但有一点没变，我始终在听从内心的呼唤，做真实的自己，违心是我最不能接受的。所以一路走来总是遇到贵人相助，他们是我人生路上最宝贵的财富，最美丽的风景。

◎ 对人大师弟师妹的寄语

对母校年轻的师弟师妹们，我主要有四点想要分享：

第一，真善美不只是艺术的标准，也应该是做人的标准。我特别在意真诚。对人也好，对己也好，我这一生最大的特点就是真诚，没有真诚就没有善也没有美。金庸说过一句话："舞刀者刀下死，舞剑者剑下亡"，所以我觉得一定要做一个好人，实实在在、善心善意，以真诚应万变。

第二，敬业乐群，与群体搞好关系。敬业乐群是我们中学的校训。我们不能只张扬个人的个性，为了自己的事业就不管不顾别人，而是要兼顾其他人，"乐群"，跟周围的人搞好关系，这特别重要。而像人大这样比较好的学校的学生往往就是个性太强，缺少敬业乐群的精神，会造成一些麻烦。

第三，业精于勤也精于精，不要贪的太多。人的精力真的是有限的，如果贪太多，就变成"二把刀"了。尤其是将来有志于学问研究的同学，真的不要太贪心，就在自己的园地里耕种那一片属于自己的土地，不要把这个土地弄得无边无际。

第四，在信息量爆炸的当今，特别注意要独立思考，不可人云亦云。现在大家对一些事基本都是道听途说，一知半解，最后还争论得不可开交。相反，我们应该沉下心来，挖掘事情的真相，明白事情的原委，再独立思考，最后拿出自己的独立见解。实事求是，坚持真理，坚持底线，这是做学问也是做人的标准。我扪心自问，虽然没有做得特别好，但起码是按照这信条去做的。

何砚平自述，本次采访时间为2018年9月29日，由中国人民大学校友工作办公室负责采访、录音，由2017级文学院本科生李俊昆整理，并根据何砚平校友本人提供的《何砚平：始终听从内心的呼唤》《一波三折我才考上了人大》等文章中有关内容编辑整理。

采访 / 孟繁颖　刘芳　　文字 / 李俊昆

汪大昭

|人物简介| 北京人

1951 年生，1977—1982 年就读于中国人民大学新闻系，获学士学位。曾任人民日报体育部主任记者，中国体育记者协会理事，中国足球协会新闻委员会常委。

◎ 少年“新闻梦”的萌芽

小时候，我家离小学大概有两站路那么远，这两站路中间是常说的“铁一号”，就是中国人民大学在市区内的一处校址。我上小学的时候，每天都要路过这个地方，知道里面有个新闻系，是培养记者的地方，所以有一点神秘感。自己当时也有想法，不知道将来能不能迈入这个大门学习，去当记者。小孩子不懂这些，只是好奇而已。后来，上了中学不久，就赶上“文化大革命”那么一个特殊的历史时期，学习中断了，去了北京西郊，在京西煤矿做井下工人，干了 10 年，人生最好的学习时光就这样流逝了。

1977 年恢复高考，我很幸运地成为 77 级的学生，进入高校学习自己梦想的专业——新闻。那时候恢复招生的院校和专业不多，人大也还没有复校，新闻专业是依托在北大的中文系里边，由人大的一些老师过来讲课。很幸运，后来我终于正式成为新闻专业的学生，改变了自己的命运。如果没有恢复高考这件事，那可能就跟同时代的很多人一样，不是种地，就是做工。

◎ 难忘的校园生活：求知与实习

新闻专业是以文科为基础的社会科学，实践性非常强。如果一个人进了新闻专业学习，本科、硕士、博士等等，始终都在读新闻专业，那他毕业的时候做研究工作没问题，但做记者反倒不一定合适了。因为记者是一种实践性的职业，如果十年时间都在读书，与以记者的身份去观察、去了解这个社会，出入还是很大的。

当时学校的老师们有很多新闻教育的经验，只要是有用、有效并且有能力做到的，他们都坚持着。比如说，他们把一些新闻的经典作品，在课堂上带着我们一点一点分析，跟我们讲采访和写作为什么有这么强的感染力。我记得当时就有：亲自奔赴朝鲜前线的魏巍写的战地通讯《谁是最可爱的人》，人大新闻系校友郭超人写的《攀登世界最高峰》、报告文学《哥德巴赫猜想》，还有一些是刚刚发表的非常新鲜的作品，老师也帮我们解读，研究他们写作上的特点。那个时代，这样的作品每天只能在当时有限的一些报刊上推出，而学生们的思想很活跃，老师就在课内和课外帮我们辅导。

我们这届同学很特殊，年龄差距很大。大家的阅历不一样，学习上的短板也不同，怎么办呢？老师坚持了一个做法，就是我们在四年的新闻专业学习当中，要拿出一个学期实习，时间为 3 个月，分成两次，大二的时候去一次，大四的时候再去一次。每次都是学期读到一半的时候把大家送去，实习单位都是条件很好的报社和广播电台，比如《人民日报》《中国青年报》等等。当时的报社也很重视这件事，他们长期跟学校有联系，接收学生实习。实习的过程是一个大家相互了解的过程，其中有些在实习时被看中的学生在毕业的时候，报社就会点着名要学生到他们那儿去。

我们都对这个短期实习很期待。对老师来讲，是今后新闻教学改革的一个重要根据，因为学生在实习当中遇到的问题以及之后又是怎么解决的，这对修订教学内容及课程设置，都是第一手的材料。要想全面地评判一个学生的能力，更需要到实践中去判断，有的学生也许不适合做记者，但他可能是个很仔细的编辑，所以实习是社会科学这些专业必须要做的事情。新闻系对于实习这个传统一直坚持下来，没有动摇过，如今，在跟比我小很多届的校友交流的时候，实习始终是回忆当时校园生活的一个重要内容。

◎ 师长回忆：那些年教过我们的好老师

毕业这么多年，教过我们的老师都还历历在目。我们的哲学课，老师一进门，在讲台前坐着讲，坐下来的第一件事是从兜里摸出一支烟来，先点着了，一边吞云吐雾，一边就跟学生聊起来了。哲学课，要是照本宣科，那得枯燥死了，学生也不爱听，但是他跟同学们关系处得很好，讲得很透。很多情况下，我们都是在追求一个结果，而不太重视过程，其实，过程当中的哲学成分更高，因为它是看待问题的方法。那时候，老师讲得真清楚，本来自己很担忧的哲学，考试成绩却很好。现在回想起这样的老师，他的形象早就模糊了，可是对于他教过的学生来说受益是终身的。

我们的历史老师，无论是中国通史、世界通史，还是新闻报刊史，老师就像个档案馆一样，讲起来清晰明确，哪年哪月哪日在哪个地方发生了什么事情，这件事情是什么样的起因、什么样的过程、什么样的结局，这个结局对历史的推动又是怎样的，讲得特别清楚！我特别佩服这些讲历史的老师。现在我到一些地方给别人讲课，也对他们说，不管将来从事什么工作，必须要做的一件事是把自己从事的领域的历史搞清楚。比如2008年，我们做北京奥运会的报道，报社当时没有足够的体育记者，一时间就从各个部门抽调了100多个记者集中做奥运会的报道，这一百多个人中的绝大多数不了解奥运会是怎么回事。我说，很简单，恶补！补什么呢？补奥林匹克史。为什么会发源于古希腊而不是古代的东方？为什么到1896年的时候，在法国人的倡议之下恢复了？一直发展到今天，奥林匹克到底是个什么事？补了很多系统的知识之后，就会发现来龙去脉是怎么回事，在采访中再把握具体的每个比赛每个事件的时候就很容易了。

上学的时候，老师告诉我们要尊重历史，搞不清楚一件事情的时候，首先要研究它的历史脉络，而不是把它截断了来看，从哲学到历史，这种观察和思考问题的方法是从那时候深深扎根心底的。在大学那几年，老师一点一点引导，这一章一节讲下来，对他们来说可能很熟，因为对下一届学生他们会把这些东西又讲一遍，可是对每一个学生来说，真是受益匪浅。

关于专业课，我们当时有新闻理论、新闻业务、新闻史这三个大的板块。新闻史相对简单一点，新闻业务主要是要实践，新闻理论会有很多争议。人大新闻系有很多讲新闻评论的老师，这些老师们都很有经验。当时讲新闻评论的老师，叫胡文龙。胡老师个子不高，戴个眼镜，给我们讲课的时候眉飞色舞，讲得很风趣，同学们常常会哄堂大笑。在很小的时候，我就对议论文很感兴趣，但又觉得很高深写不来。在大学新闻的专业课上，老师告诉我们新闻的形式，消息、通讯，这些都算报道，另外一块很难的就是新闻评论。报道是告诉人们发生了一件什么事情，评论是要告诉人家这件事情应该怎么看，它有什么意义。当时我们觉得太难了，老师在课堂上讲得很好，我们听着也很有兴趣，可是一留作业回去写评论，又觉得很麻烦。这个时候，胡老师就推荐一些新闻评论方面的著作，希望大家课下去看一看，其中提到了邹韬奋的《韬奋文集》，邹韬奋的新闻评论很厉害。那好，我就去借，一集一集地看，但因为正上这门课的缘故，同学们都去借，所以不容易借到。后来在出版业也恢复了以后，《韬奋文集》是比较早就再次印刷的。知道重新出了这部著作，我就赶紧跑新华书店，买回一套，放在家里随便看。因为他的作品很短，一小段一小段的，可以看完了就搁这儿，等什么时候有空了再看下一段，彼此之间是独立的，老师在课堂上也专门讲一些韬奋的作品分析。

这么说，好像从此就会写评论了，但其实还不怎么会，每次写的时候都觉得很紧张。到报社这么多年，没少写过评论，慢慢地，觉得好像还可以了。老师在课堂上跟我们讲，早些年的时候，20世纪三四十年代，有些老报人，他们白天去茶馆之类的地方，就是为了找社会上各种各样的人聊天，去判断有什么新的话题，晚上回来，看大家把报纸都做好了，但写社论的地方还空着。于是，主笔先生就拿起毛笔来，将白天“采访”时已经消化好了的东西竖着一行一行地写，旁边站个服务的人，写完一页，拿走，去排字、排版，这样一页一页地写，等最后一页写完的时候，整个东西合成了，这就是读者每天看到的社论，那真是了不得，所谓倚马可待。

我在报社工作好多年，也积累了不少东西的时候，也尝试着用十几分钟的时间写一些五百七百字的短小评论，好像也可以把它们写清楚了。回想起来，自然是当年老师把这个路给引出来了，老师上课讲的这些东西我们都认真听了、消化了、吸收了，到受用的时候，那些具体的方法好像并不少，可以选择是这样写，还是绕一下那样写，方法多得很。我到这个时候，真是感觉得感谢当初的这些老师们，因为他们能把这样的东西提炼出来，在课堂上对着所有的学生，不管是对新闻评论感兴趣的，还是毫无兴趣的，反正都给大家讲，学生听了都会受益。

◎ 毕业之后：历久弥新的足球报道工作

我学习了 4 年的新闻专业，毕业以后是统一分配工作。当时，统一分配很有必要，因为全国就招了那么一点儿大学生，哪里都需要他们，没有像今天这样的国力来办这么多的大学。我被分配到了《人民日报》，很快就从事体育报道，一直做到退休。

说到写足球，在我进《人民日报》之前，《人民日报》的体育报道，人员、版面都不是很稳定，也不是很受重视。后来，中国的体育在社会改革发展当中走得比较快，《人民日报》决定加强体育的报道，建立一个体育报道的机构，辟出体育报道的版面。这时，报社希望人民大学新闻系能够为他们推荐擅长或者是喜欢做体育报道的毕业生。我实习的时候，第一次实习在《人民日报》，第二次实习在《辽宁日报》。辽宁当时是足球特别发达、成绩也特别好的足球重点地区，我在《辽宁日报》实习的时候，写过不少足球方面的报道。毕业的时候，班主任就问我“怎么样，有没有兴趣？”于是，我就这样来到了《人民日报》。

体育报道的固定队伍组建起来了。这么多事，谁干什么，得分个工吧！当时就 3 个大项，足球、篮球、排球，我们一个人管一个。我对足球很喜欢，就负责足球类报道。结果，这一干就是 30 多年，再没有换过。足球改革以后，与社会的、经济的、法律的、文化的、教育的等，各个方面联系得非常紧密。比如，足球改革搞了 30 年，才发现校园足球不行，既然它对孩子们的全面成长有这么多的好处，对足球人才的培养也有好处，学校教育里边为什么不能把这个放进去呢。以前这块的工作做得不好，那就搞吧。一搞发现问题不像之前想得那样简单。当我已经50多岁，快退休的时候，遇到这样一个问题，那我就必须好好去关注，去了解中国教育的情况，思考在改革发展过程中，中国教育的理念跟西方教育有什么不同，然后再把足球摆进去看，校园足球不是想做就能很快做起来，还做得好的。

这件事情到今天，10年过去了，中国的校园足球怎么样了？有人说，那些数字里还得挤一挤水分，我倒是觉得，水分从来就挤不干净，最重要的问题是质量。改革开放已经40年，很多人依然没有摆脱初期对改革成果喜欢用数字来表达，喜欢看规模的习惯，没有把注意力放在那些难以用数字来表示，但是它又决定了这个事情未来是成是败的东西上，那就是质量。质量不是有了就行，做了就好，只有先做好，质量没有问题，才能说有比没有好，多比少好，失去了这个质量，老百姓是不答应的。

做足球报道这么多年，我也遇到很多问题，在比赛当中输了，球迷愤怒，捶胸顿足、抒发闷气。但我们做记者的不行，要在第二天的报纸上告诉读者，昨天那场球输了，为什么输的，有哪一部分细节没有处理好。这些东西要一点一点给读者讲清楚，并且让他们读完之后能接受，也许并不同意记者的观点，但是一定能把这篇文章看完，而不会说“这说的是什么呀”。这需要和读者之间建立一种信任关系，谁也不认识谁，谁也没见过谁，但是借助载体，一张报纸，把大家对中国足球共同的愿望连在一起。

有人说，一辈子就写一个足球，这个记者没出息；也有人说，一辈子就写一个东西，他一定比别人写得深。报道的深度和宽度，如何处理好这对关系，那还得看需要，有些事情宜深，有些事情宜宽。比如说足球一场比赛下来，社会上人人都可以评论，这种情况下，就一定要写得深。还有一些事情，大家并不知道里面是怎么回事，没跟其他事联系起来看，这个时候，就得从更多读者喜欢的和不喜欢的、关注的和不关注的这些事情上做文章，以最简单的方式给大家讲一讲。读者一看，原来是这样。这对于一个记者来讲，是应该有的一种自律和自我的要求。记者自己也是读者，也看别人写的东西，如果看完了还没懂，也会骂这个记者“写的都是什么呀”，那自己就不能犯同样的错误。还好，比较幸运的是现在虽然有那么多人在骂中国足球，但喜欢足球这项运动的人还是非常多的。很多人说足球记者，“足球都这么臭了，你还写足球呢，何不换个东西写？”一个记者，他写的东西本身无所谓臭还是不臭，至于怎么面对受众，那是另外一回事。我是觉得，足球写了30年，还是没写够。

◎ 工作心得：记者路上的得与失

有一次我去给学生讲课，记得是在一所大学里边，当我走进教室的时候，黑板上写的一行字是他们给我安排的题目，“怎样成为一名优秀的体育记者”。我说，这是一个没有答案的问题，要成为一名优秀记者，不会有现成的答案和方法。我倒是非常愿意跟大家交流一下自己的教训，干了这么多年，一定摔过不少跟头，有不少教训，对后人来说，了解前人的教训比看前人的业绩更有用。知道前人在什么地方因为什么摔过怎样的跟头，不但可以避免今后自己摔跟头，在避免的过程当中还会有提高，这非常有益。

新闻的评价标准，什么是好新闻，什么是好记者，这不仅是新闻界业内的事情，更应该是社会的事情。让受众说话，他们爱看什么，不爱看什么，看久了就会对什么样的记者感兴趣，见着这个名字，就想看看今天他又说什么了。见到另外一些陌生名字的时候，可能就会忽略，这是读者常有的一种阅读心理，本身并没有什么，问题是我们做记者的如果自己仅限于本单位内给出的评价，那些东西也许跟利益有很直接的关系，但是对于个人的提高，对于周围的影响并没有太大帮助。2008年北京奥运会之后，我被评为全国优秀新闻记者，这在新闻界是分量很重的荣誉，我很幸运，但又怎么样呢？不管有没有这个证书，做记者都只能更严格，不能沾沾自喜。上学的时候，老师告诉我们要做一个好记者，先要做一名好党员。那时候，学生对这个说法很难接受，他们会保留着自己的想法，但是老师的话也引起许多思考。后来，几十年的路走过来，留下了自己的足迹，有业内认可的这种所谓的业绩，也有只是自己心里最清楚栽过的那些跟头。

说到困难、挫折，人人都会有不同的情况。我还真比较幸运，在事业上算是比较顺利。例如，在评职称的事情上，有些人把这个看得太重，我以为没必要因为这个影响工作或者影响家庭。我连续应领导要求，让了好几年评职称的机会，我完全没感觉让一年会耽误一辈子，今天来看还真是这么回事。很多人的情况要比我麻烦得多，我不觉得这个有什么关系，也不觉得对我个人来讲多么不公平，因为我还得到了一些很多人都没得到的东西，最终要自己保持一种平衡的心态，不要埋头在什么东西里解脱不出来。

◎“实报”：诚实做记者，诚实办报纸

上学的时候，班上同学们一致同意办一张报纸，虽然只办了几期，但也很不容易了。第一张报纸现在我还珍藏着，是一张四开的白纸，用手写的方式把一篇篇稿子做成了版面，拿起来就像一张报纸一样。这是我们当时读新闻的同学一个新闻梦，看以后做记者、做编辑，亲自做一张报纸，那是一种什么感觉？我们想自己试一试。因为没法放照片，有绘画特长的同学在上面画一点花边，也有的同学做评论，连短的简讯都有，做得真跟一张报纸似的。我们最后给报纸起的名字叫作“实报”，“实”就是“诚实”的“实”，要诚实做记者，诚实办报纸。

有个很有心的同学把这些报纸收藏起来。这个同学摄影技术很好，毕业以后当了摄影记者。他把这些报纸转成数码的保存起来，现在拿出来给大家看。回想那个时候那张报，上面还写了短短一段发刊词，说为什么要取名为“实”。我们毕业的时候，大家互留赠言。我记得我写的赠言非常短，可能是同学当中最短的，就两个字，就是这个报纸的名字——“实报”。

我们上学的时候，曾经就这个问题有过不少的争论，包括同学

之间的争论和跟老师之间的争论，什么是真实，绝对的真实和相对的真实，局部的真实和整体的真实……有很多对真实的理解，比如，报喜不报忧，这真实吗？没有把事情的真相和全部告诉读者，有所保留、断章取义，是很大的忌讳，是一种不老实的新闻风格，久而久之，是要坏事的。微信为什么这么火？就是因为有了自媒体，大家可以通过互相之间的交流来对官方发布的消息进行补充。一件事情受关注，官方又没有做出解释，不妨看看民间怎么个说法，可能会把原来一些被掩盖的东西揭开了，这也有积极的一面。

对我来说，上大学这四年印象特别深，愿意把它当座右铭日后要求自己的，就是这两个字——“实报”。我要求自己，想写但不让写的绝对不要写，不想写别人又一定要你写的，也别写。

◎ 对母校的寄语

现在学校大了，专业也比我们上学时候的专业设置得多了，要坚持全面育人。要创业，要开拓，要发展，做出点业绩，就必须全面发展。所谓全面发展，简单地说，就是在课程设置、教育方法上，都要考虑到学生的素质教育。

20 世纪 70 年代末，人民大学的东门是正门。进门以后，楼前面这块地方是足球场，从校门外都能看到学生们在踢球。那时候人大的足球水平在全国高校里边是数得着的，很不错。水平高是一方面，另一方面是很重视，就是很多学生喜欢，都愿意踢，学校也积极创造条件，组织系与系之间的比赛，老师也很热衷。现在大学的硬件都是相当不错的，应该利用好这些硬件，弥补在中学，甚至小学硬件受限制的情况下缺少的学习内容。体育场、体育馆这些地方都应该利用起来，举办些比赛。健康就要运动，运动以后的学习会更好。运动的时候千万不要嘴里还念念叨叨的，默念着单词去运动，那样两耽误，既不能记住那个单词，也影响运动的质量。锻炼的时候最好一门心思，脑子里就想着跑步，哪怕走，大步流星地走，自己调整呼吸。如果很专注地锻炼，之后继续看书，这样的人既有健康的身体，也有健康的心态，去做一些于学业、于事业、于社会都健康有益的事情，这是今后一代一代、一届一届的人大学生应该坚持的，能让人大学子们实实在在地得到他们终身受益的东西。

汪大昭自述，采访时间为 2018 年 8 月 1 日，由中国人民大学文学院 2015 级本科生李思凝负责采访、录音整理。

采写 / 李思凝　　编辑 / 李宣谊

汪建熙

人物简介 江苏苏州人

1951 年生，1978—1982 年就读于中国人民大学财政系财务会计专业，获得学士学位。曾任财政部财政科学研究所干部，中华会计师事务所会计审计部副经理、经理，中国证券监督管理委员会首席会计师、国际业务部主任，中银国际（英国）公司副董事长、总经理，中银国际控股公司副执行董事，中国证券监督管理委员会副秘书长，中国证券监督管理委员会主席助理，中央汇金投资有限责任公司副董事长，中国投资有限责任公司副总经理。

◎ 青春：燃烧在北大荒

家乡这个概念很有意思，过去叫籍贯，后来改为出生地。我籍贯苏州，在上海出生，3 岁时跟随父母迁到北京，在北京度过了少年时光。1967 年 11 月，16 岁时到了北大荒下乡，在黑龙江生产建设兵团。1969 年中苏边境发生了珍宝岛战争，在乌苏里江上的一个小岛，而我们下乡的地方就是珍宝岛地区。珍宝岛冲突爆发时，我们已经在那里待了将近一年半的时间。我在黑龙江一待就是 11 年，一直到恢复高考，才从黑龙江考回北京。我去的是兵团的工业单位——黑龙江生产建设兵团第一机械厂，是为兵团生产农机配件的。北大荒地广人稀，不能光靠人力耕种，所以兵团的农业机械化程度很高，但耕作的水平也比较粗放，基本上是靠天吃饭，旱涝的时候，收成就很差。我们最好的青春年华是在北大荒度过的，从某种意义上说，每个人的青春都值得被怀念，不管在什么样的条件下，它都是燃烧的。

当时是一个特殊时期，在政治上大家是压抑的，各种限制也非常多。举一个例子，你没有可以阅读的书籍，除了马列原著和少数被允许的书籍，能看的只有样板戏，个人可发挥的空间非常小。今天的年轻人会因选择太多而无所适从，那个时代，所有事情是组织安排好的，没有个人的选择。给你分配到哪去，做什么工作，师傅是谁，都是指令，是组织安排。经过这么多年发展，中国真是发生了翻天覆地的变化。

◎ 1978 年：初识人大

我考到人大，上大学的时候是 27 岁。1978 年时我们参加的高考与今天的高考相比，区别是很大的。一是竞争非常激烈：大学停招了十多年，从 1966 到 1976 年，十多年积累的一届一届的中学毕业生，就像开了闸的洪水一样涌进考场。那个时候，黑龙江建设兵团有几百万知青，黑龙江本地青年也同样有很多参加高考的。第二个不一样的情况，就是当时所称的"老三届"，指 1966 年"文化大革命"开始时的老初中三届和老高中三届学生，我是属于老初中，初二的时候"文化大革命"开始的。所以实际上我是初中都没有毕业，再加上十多年都是在边疆劳动，很多教科书上的知识都已经生疏了。印象中，我们考了 6 门，其中外语考试自愿参加，不计入考试总成绩，仅作为参考。我考的是文科，考试科目为语文、政治、地理、历史和数学，这 5 科是正式计入分数的，再加一门外语。外语考英语、俄语、日语都可以。在黑龙江，百分制的卷子，英语考到 10 分就可以参加面试，可以想象外语的水平低到什么程度。我的英语是 56 分，口试的成绩是 5 分（满分）。高考这个大事件，给了大量青年一个改变命运的机会。很多知青想回故乡，想回城，基本上是非常困难的。当时在黑龙江兵团，如果是农业连队的知青，可以通过病退返城，但是这个也只有很少数的人可以做到。我当时是在兵团直属的工业单位，我们的管理比农业团队要更严格一些，病退的可能性更小。1979 年之后大量知青返城，但是在这之前，根本没法判断知青政策是否会变化。

我 1977 年没参加高考，当时我觉得自己没有实力报考理工科。因为我只有初中二年级的文化水平，化学、几何、三角等科目都没有学过，物理也只是刚刚开始，高考就只能考文科。但是由于"文化大革命"期间，在政治思想理论、哲学、经济学、历史、文化、艺术等领域被"四人帮"搞得非常混乱，存在大量颠倒黑白，任意歪曲历史等很极端的情况。因而在我心目中，社会科学的一些学科完全是信口雌黄的伪科学。既不愿考文科，又考不了理科，所以当时还是想通过调动离开边疆。但经过很大的努力，本来是要调到安徽的中国科学院分院研究所里做工人，最后因为父母的问题尚未解决而没有成功。于是再回过头来参加 1978 年的高考，我报了文科。

其实在兵团的后几年里我已开始自学，读了一些马克思主义的原著，因为“四人帮”信口雌黄，我对此非常反感，想知道原著到底是怎么说的。当时读过《雇佣劳动与资本》《共产党宣言》《法兰西内战》等，之后又比较系统地学习了政治经济学、哲学、历史，并开始自学英语。报考人大的时候，对人大基本没有任何了解，而且一个初二学生也不会去了解大学的情况，何况人大停办了10年，刚刚复校，而且那个时候大学也没有什么宣传，连商业广告还没有。

我报考了人大的两个专业，一个是世界经济，一个是哲学。考试的分数还行，393分，5科，数学拉分比较多，历史、地理在“文化大革命”期间有时会用到，这些科目看考试辅导材料就可以了。人民大学凡在黑龙江招生的专业，每一个专业只录取两名。我的分数比世界经济专业在黑龙江录取的另一名考生分数还要高，但是他的外语分数比我高，就录取他了。报考时我填写了服从分配，结果就分配到财政系财务会计专业。当时比较发蒙，对会计是什么一无所知，以为会计就是《白毛女》里面跟在地主后面的账房先生。当时认为会计专业也许是人大最差的专业了，但是都被录取了肯定也得去。所以，一方面是很高兴，被大学录取了，另一方面觉得专业差。我记得是1978年10月20日去学校报到的，报到前想着能不能托关系换专业。当时托熟人找到了政治经济学系的徐禾副主任，问能不能去政治经济学系读书，回复是“可以，只要财政系愿意放人”，但财政系不愿意放。印象中当时我们班42个人，大概只有一个还是两个报了这个专业，剩下的都是报了其他专业没被录取分到这里的。

我就是这样稀里糊涂地来到这个班。那个时候的年轻人没有那么多个性，原来提倡的观念也是“干一行爱一行”“党把你放到哪里你就在哪里发光发热”“做一颗永不生锈的螺丝钉”。毕竟不是所有事都可以随心所欲地去选择，生活中有很多无奈和不得已。所以我想，这四年大学时光，虽然读的不是我喜欢的专业，但与其浑浑噩噩地度过，浪费自己的时间，不如认认真真地去学好一门专业，最起码能对得起自己宝贵的光阴。我现在的看法是，你可以不选择这个，不选择那个，一旦选择了就应该认真地去生活，对自己负责，对社会负责。通过四年的学习，我对财务会计专业有了较深的了解，掌握了基础知识，为后来的专业提升和发展，对职场进步都有很大的作用，我也深深喜爱上了这一行业。

◎ 四年：在人大的点滴

当时我们在校的状况和后来同学们的情况肯定不一样。首先，学校停办了十多年，刚刚恢复，各方面的条件还是比较差的。其次，从班里同学的角度来说，年纪相差还是比较大的，年轻的同学可能16、17岁，年龄大的31、32岁。“文化大革命”前的老高三差不多是在1946、1947年前后出生的，小同学可能是1960、1961年左右出生的。虽然年龄差距大，但气氛是很好的。班里同学年龄相仿的好处在于大家经历比较类似，想法会更接近，但都年轻也可能会在发生争执时互不相让。一个班级里既有年长的同学，也有年轻的同学，会有互助的精神，也会更有多样性。

那个时候物质条件是比较差的。我依稀记得，在红二、红三楼西面是一片平房，我们在平房里上课。当时校园里很大面积还被二炮（解放军第二炮兵部队）占据着，当时它的指挥部是在八百人教室的南侧办公楼里，门口有警卫。“文化大革命”后中央批准人民大学复校，要求二炮撤出校园。但二炮不积极，虽然和学校组成了谈判小组定期开会，但后来就不再出席会议。79级新生入校时都没有餐厅，打了饭只能露天吃，天凉的时候，一刮风，树叶都掉到碗里。为了解决79级同学的就餐问题，学校不得不把唯一的阅览室改为餐厅。

另一方面，人民大学的老师对复校都感到非常兴奋。当时给我们授课的老师，大多是年资高的、水平最好的老师。我对这些老师至今都有很深的印象，当时40多岁的老师算是中青年，有很多已经不再授课的老教授、甚至是大师都给我们上过课。其实本科生学的都是很基础的东西，但他们对我们专业上的发展、敬业精神的培养都有很大影响。

◎ 毕业：留在北京

在全面计划经济体制时期，当时的毕业生分配制度有一条是“哪来哪去”，即上大学之前如果是已经参加工作了，那毕业之后要回原单位。但有几个途径可以不回原单位，一是留校，二是考研究生，三是到中央机关工作。当时系里希望我留校，但我不大愿意从事教学工作。对我来说，基本出路还是再考研，否则就得回迎春（当年我下乡的地方）。我还记得当时从北京坐火车到黑龙江省虎林县迎春镇需要 44 个小时，火车经过我们工厂，临时停靠一分钟。那里有半年的时间是冰天雪地，冷的时候能达到零下 40 多度。

后来我就考到了财政部财政科研所。财政科研所在 1979 年兴办了研究生项目，改革开放之后财经领域有两所比较有名的研究生院，一所是隶属于人民银行的五道口金融学院，另一所是财政部财政科研所的研究生部。去澳大利亚学习是我硕士教育的一个组成部分，也是国家改革开放带来的机遇。随着对外开放政策的逐步实行，吸引了越来越多的外资进入中国，为此亟须尽快恢复社会审计职能。中国的审计事业已经停了将近 30 年，老一辈审计人已经所剩无几，而且现代审计的方法与内容也发生了很大改变。外资进入中国，当时的八大会计公司（后来逐渐演变成四大）随着外资的进入也来到了中国。1979 年，八大里的第一家会计公司就在中国开设了代表处，财政部希望八大会计公司为我们培养审计专业人才，并作为研究生学习的一个部分。我就是通过这个项目去的澳大利亚。

◎ 成功：机遇留给有准备的人

我认为我们这一代是很幸运的。因为在改革开放的早期，我们就有很多机会，与国家一起经历了改革开放过程的方方面面。由于 10 年的断层，77、78 级大学生毕业后，正好是国家急需人才的时候，有相当一些思想成熟、学业优秀的学子有机会进入国家不同机构，在改革的大潮中锻炼，也做出了重大贡献。今天一些耳熟能详的领导、名家，是我们同时代的人，很多都是同学、同事，或者有过共事的经历。我觉得我这一生在职场发展方面，是很幸运的，亲历了改革的过程。

我刚毕业的时候就赶上注册会计师的重建，并亲身经历了这个过程，也对注册会计师的发展做出了自己的贡献。从我个人发展来看，当时是稀里糊涂地进了会计专业，但是进了这个专业，就要学得扎实，把它作为一门专业技能掌握。每个人一生中都或多或少会遇到一些机遇，但机遇都是留给有准备的人。当机遇出现时你毫无准备，只能眼睁睁地看着它失去。在研究生班里，我是入学之后最早派出国的，入学半年之后就派出了，很重要的原因是英语比较好。我在高考时英语口试就是 5 分，大学时在口语方面也花了很大的力气，到了要挑选能更早出国培训的人的时候，优势就显示出来了。

后来我进入金融领域。进入这个领域有个契机，1988、1989 年的时候，中国开始出现了证券市场的萌芽，就有一些海归回来创建中国的证券市场。以美国证券市场为代表的证券市场，是一种建立在信息披露制度基础上的市场。它不是由政府做出行政判断的市场，而是要求所有相关方，特别是上市公司，能够如实地披露相关信息，由投资者自己做出投资决策的模式。政府作为监管机构，只是监督上市公司是否按照规则如实披露。在信息披露里很重要的一个组成部分就是财务会计信息，因为企业的盈亏、股票的价值主要是由财务会计信息反映的。这些精英回国后，设立了“北京股票交易所联合研究设计办公室”（简称“联办”），目标是在北京建立股票交易所。那时候联办想要找一个会计专家，通过个人的关系找到了中国财务会计咨询公司的副总，也是我的领导和朋友，财科所 79 级研究生。他自己推辞了，而是推荐我去（当时我是中国财务会计咨询公司审计部的副经理）。每个人或多或少会碰到一些机缘，但如果我在专业上糊里糊涂，即便去了，也无法承担这样的职责。通过这个途径，也使我成为证监会成立后的首任首席会计师。我想说，你只有做好准备，才能抓住机遇，不管做什么事情，只有勤勉、努力、有责任心地做，才有可能做好。后来在联办期间有机会参与了上海和深圳证券交易所的创立，这是我参与另一个领域里新创建的机构，推动资本市场的发展。

1992 年下半年，我在美国的全美证券商协会参加了半年的有关美国资本市场、美国的证券法规及证券公司监管方面的培训。我在美国的培训还没结束，就接到了国内的电话和电传（那时候还没有传真，也没有互联网），通知我赶快回去，中国证监会要成立了，邀请我担任首席会计师，从此开始我近 40 年的证券监管经历。

当时很多事情都是一张白纸，从头开始创建。例如证监会的信息披露规则开始都是我起草的，我主持工作时是借鉴会计准则模式，即按照编号文件构成准则体系，比如，第一号是什么，第二号是什么。我们在起草证监会统一的信息披露规定的时候，借鉴了国内已经出现的实践和美国以及中国香港、台湾等国家和地区的法规，形成了早期上市公司信息披露规则的框架。从形式上来看，有很多规则和美国很接近，达到了较高的水平。如果能严格执行这些规则，是可以实现较好效果的。

我曾有一段在投行的工作经历。背景是这样：20 世纪 80 年代中期，国内出现了小规模的证券公司，后来随着上海和深圳证券交易所的设立和证券市场的发展而越做越大，到 20 世纪 90 年代中期国内出现了投资银行的概念。第一家比较典型的投资银行是建设银行与美国摩根史丹利合资成立的中金公司；其后，中国银行也在伦敦设立了独资投资银行——中银国际。当时我离开证监会，参与了中银国际的创建，并主管了一段时间中银国际（伦敦）的工作。到 2000 年的时候重新回到证监会，进一步推动证监会和国际监管机构的合作，加强公司治理方面的系统化工作，同时也分管期货市场，推动期货市场进入新的阶段。

只要有所准备，机遇会光顾你。我在伦敦工作期间，得到一个联合国赔偿委员（UNCC）的工作机会（兼职）。起因是第一次海湾战争后，联合国通过决议，允许伊拉克继续出口部分石油，但有一部分要用作战争损害的赔偿（称为“石油换食品”项目）。在赔偿工作中，UNCC 设立了若干专家委员会，每个委员会由三人组成，组长都是律师，另一个是保险理赔定损方面的专家，还有一个会计专家。联合国的机构都是十分国际化的，由各国人员组成。当时组建 E4-A 专家委员会，要找一位中国的会计专家。会计工作是由财政部主管的，当时 UNCC 与财政部联系，财政部就推荐了一些部里的年轻干部。但是这些人要么英语不行，要么会计不行，都没通过考试。后来 UNCC 就去请在中国的国际六大（会计师事务所）推荐中国的会计专家，据说有两三家推荐了我。当时我还在英国的中银国际工作，UNCC 直接给我打电话进行电话面试，不到一天就通知我被聘请了。你可以看到，如果你没有能力，没有实力，你就不可能拿到这个机会，这个机会就相当于天上掉下来的，是你永远无法提前预测的。

2003 年的时候，又启动了一项重大改革：国有商业银行股份制改革。如果银行系统出现问题，对整个国民经济的影响非常严重。1997、1998 年亚洲金融危机期间，市场上有一种说法：中国的国有银行在技术上已经破产了，因为不良资产造成的坏账损失远远高于资本金。从这个意思上来说，国有银行已经出现资不抵债的情况。但为什么说是技术上破产，而实际上并未破产呢？因为在国有体制下四大国有银行信誉度是最高的，老百姓的钱首先会存到四大国有银行。从金融角度上来说，它的流动性非常充分，不会出现流动性枯竭，所以不会出现实际上的破产。再由于国家的信用担保，法律也不会因为资不抵债就判决银行破产。在 1998 年到 1999 年的时候，国家对四大国有银行做过一次注资，由财政部发行 2 700 亿元特别国债，同时剥离不良资产。但当时没有从制度层面做更深刻的改革，因此很快在 2001、2002 年坏账又回来了。在这种情况下，国家做出了银行改革的重要决策。2003 年底开启了改革，成立了中央汇金公司，通过外汇储备向试点的建行和中行注资，进行股份制改制，财务重组，剥离不良资产，建立股份公司制度，引进战略投资者，然后公开发行股票并上市。在这样的背景下，我就被调到了中央汇金任副董事长。中央汇金本来意义上是主导国有股份商业银行的改制，后来做成了全面的金融控股公司，作出了很多重要的改革尝试，在建立国有控股商业银行的市场化机制方面，迈出了重要的步伐。由于国有银行改革的成功，在全球金融危机中，中国的金融系统还是很稳定的。我也很荣幸，又参与了这项重大改革的主要过程。

随着中国加入世贸，中国的出口出现了非常大的增长，外汇储备也快速增加。外汇的增长就带来了一个问题：如何更有效地利用外汇储备。后来就成立了中投公司，作为主权财富基金。美国对此很不友好，认为中国要搞一个体量非常大的主权财富基金（SWF）是非常危险的事情，美国鼓动国际货币基金组织（IMF）牵头建立全球 SWF 的规则。SWF 最早可以追溯到 1953 年成立的科威特投资局，其他 20 多个国家也有类似的主权财富基金。SWF 首先出现在自然资源富集的国家（例如石油储藏丰富的国家），这些国家在出口石油的过程中积累了大量的财富，但资源不是无穷的，资源开采完后人民依靠什么生活呢？有识之士就将现在的财富通过主权财富基金这样的机构进行长期价值投资，实现财富的代际转移。这种机构已经存在了半个多世纪，但没有引起太大关注，他们非常低调地去做分散化的长期投资，以期取得较好的财务收益，而不是实现国家的政治目标。但当中国提出要组建中投的时候，美国开始挑刺。我们也经历过在 IMF 的国际平台上与美国等进行针锋相对的斗争。在中投成立初期，我参与了外汇使用改革和 SWF 的创立及管理工作，自己在专业和知识方面实现了新的提升。

到了 2012 年，我有幸参与了另一件具有挑战性的工作。IMF 有一个机构叫外部审计委员会（EAC），由三人组成，每位委员任期三年，每年有一位委员到期，同时有一位新委员入职。EAC 的三位委员的其中一位必须来自六大股东之一，其余两位在所有成员方中挑选。由于 IMF 的份额改革，已经成为全球第二大经济体的中国头一次成为 IMF 前六大股东之一，第一次需要派出一个人担任 IMF 外部审计委员会的委员。IMF 对 EAC 委员的专业水平、知识、工作经历和语言的要求很高。我经过了几轮的竞聘，成为委员之一。这件事情使我对国际金融体系，对 IMF 系统有了更深的了解。

我是 2013 年从中投退休的，我非常期待退休后能从事公益事业，于是在 2014 年创立了北京达理公益基金会，到现在为止也是秉持当年在金融领域发展形成的概念，进行长期价值投资。我们不像一些机构到处散财，而是以比较大的资金量长期捐赠给在弱势儿童救助领域的几家优秀的公益机构。现在的公益理念有了很大改进，强调专业化，强调社会影响力，以专业的方式对困难群体进行长期支持，让资金得到最有效的利用。我们在这方面进行了很有意义的尝试，也作出了一些令我满意的成就。

简单回顾我一生的从业经历，使我深感幸运的是，从我毕业之后参加的第一份工作起，一直到退休，始终与国家改革开放的伟大事业紧密结合在一起，亲身投入到若干重大的改革创新之中，既是亲历者，也是受益者，同时也做出了自己的贡献。

◎ 磨炼：苦难教育是有意义的

每个人都会经历各种各样的困难，有不顺的时期，这些都是正常生活的一部分。早期我在边疆的生活对性格磨炼有很大的帮助。假定一个人不是那么自我，不是那么浮躁和脆弱，你会经历艰难困苦，但相对来说，生活不会有太大波动。举个例子来说，富士康在深圳园区的“十三跳”，那些都是年轻人，可能觉得社会太单调枯燥，或者受了委屈，就选择跳楼。我们那么多年在边远地区、中苏边境，没有文化生活，没有现代交流工具，从某种意义上来说，只是在活着。作为一个普通工人，去边疆的时候又赶上当地“文化大革命”斗争很激烈，在那里栽了不少跟头，吃了不少苦。后来就注重自我学习，这些磨炼使我在遇到困难的时候并不觉得特别沮丧、消沉，还是比较坚韧的。在单位里，有些入职不久的同事就会说，自己工作两年了还没有得到提升，还没有做到什么职级。我们年轻的时候没有升职的想法，因为觉得不可能。我是 1967 年去黑龙江的，去的时候厂里有很多山东知青，1958 年支援边疆到的黑龙江。

到了 20 世纪 70 年代还是二级工。那时候，进厂先是学徒三年，学徒满了之后自然就是一级工，一级工一年后就是二级工，二级工就待着不动。还有，当时我们上人民大学，给我们上政治经济学课的老师好几位是 1951、1952 年由苏联专家直接授课的尖子学生，到了 1978、1979 年依旧是副教授。我想说的是，我只是希望把事做好。如果纯粹从仕途来说，也常会有挫折的时候，但并没有觉得太无法承受。一个人如果比较小的时候就能有一些磨炼、苦难教育，经历一些艰苦是有意义的。

◎ 建议：为己也要为公

我没有现成的建议向大家提供。这个时代变化非常快，我们与现在在校同学的经历和思想有较大差距。有时候我说出来的话不太中听，都是老生常谈的事情。你们这一代人到中年的时候，成为社会的骨干，那个时候的社会是什么样现在还说不清楚。奇点理论说，科技达到了奇点的时候，整个社会就不一样了，都无法去设想。我觉得，生活在这个社会里，不管有什么样的经历，保持积极的心态、向上的精神、开放的思想，能接受新的理念和观念，不固守自己的思想，在实现自己事业或生活有更好发展的情况下，同时也能够造福社会和大众，而不是只为了自己的利益对社会、对他人造成伤害，这是很重要的。说起来很容易，细细去想，每一个人都能做到并不容易。如果大局面是比较混乱、迷失的，比较自我，奉行聪明原则，为了自己的利益不择手段地去做事情，虽然可能是环境所迫大家都如此，这个社会会越来越没有希望。作为未来社会的中坚力量、优秀大学的毕业生，其实自己在追求个人利益的同时，去惠及社会、公众，是本意之内的。这样对社会才有意义，才能发展得更好。

◎ 答疑：年轻人的选择、焦虑与国家发展

我的观点不一定对，但姑且听之。国家的路线、政策、政治、

经济状况对每个人都会有影响。有很长时间很多人认为大氛围是好的，就和我没关系，我只要竭尽全力奔着自己的目标去努力就行。他不知道那个时候是宽松的时候，是好的社会应该有的状况，但这不是自然而然总会有的。有人会问，国家大事和我有关系吗？就说“文化大革命”，数千万知青上山下乡你就是其中一个，怎么能说国家的兴衰或者道路和你没关系呢？我不是说每个人都要关心政治，那是个人的选择。我只是说，不要很天真地认为国家的事情与自己无关。你处在什么大环境中可能无法选择，你恰好处在这个时期，就像你出生在哪个家庭不可选择一样。但有很多事情你是可以选择的，比如我怎么行为、信仰什么等。

关于选择和焦虑问题，我和很多朋友交流也体会到这种状况。我觉得，这是一种客观状况，现在没有一个现成的方案可以把社会焦虑解决。但对于个人，有没有办法降低自己的焦虑？比如说，在自己思想上的修炼，向有经验有阅历的人请教。自己的修炼是说更多地去思考，自己的主要目的是什么。现实中的问题是你有太多的选择，而你又说不清楚你期望的道路在什么地方。这种时候其实是要靠两方面准备，一是对自己未来有更清晰和方向性的想法，二是要去试错。我觉得年轻人非常大的优势在于输得起。有人会认为大家都在同一起跑线上，我输了别人没输，我就变成失败者了。其实我认为，人生是长距离的长跑，比马拉松还长的长跑，大家别太相信我这一步成功了，这一生就是光明大道；这一步没走好，就没有翻身之日了。从过来人的角度看，我们的同事、同学、同辈的发展轨迹是各种各样的，没见得说一个人的早期起步多好他后来的发展就多好。在人生过程中关键步骤不走错，总体就不会太差。有时候看起来总的来说挺不错，但一些关键步骤走错了，可能整个人生轨迹就不一样了。

关于试错我还想再说一点，一个人可以犯错误，如果发现是错误的，一定不要将错就错，一路错下去，这样真的会毁了人的一生。举一个例子，我有一些朋友 20 世纪 80 年代出国了，因为一些原因，比如语言问题，在国外就没有上成学，这些人的家庭背景可能都不错，在我们同一批同学中都是比较优秀的。他们感觉自己在国外没读个学位，没做出什么成就，就不愿意回国，在国外硬扛着；说是硬抗但还不愿意改变自己的状态。就像跑步摔倒，趴着不愿起来一样，结果耽误了自己的一生。试错是难免的，没有人会事先知道哪条路是对的或错的，再加上周边环境还在不断变化。但错了不要紧，发现错误就要回头，要敢于认错和调整，这也是非常重要的。

汪建熙自述，本次采访时间为 2018 年 8 月 3 日，由中国人民大学劳动人事学院 2017 级硕士谢文曦、郭艳峰负责采访、录音及文字整理。

采写 / 谢文曦　郭艳峰　　编辑 / 尹晶涵　李宣谊

汪朗

| 人物简介 | 北京人

1951 年生，汪曾祺长子。1978—1982 年就读于中国人民大学新闻系新闻专业，获学士学位。散文作家、美食家、资深媒体人。作品有《刁嘴》《衣食大义》《食之白话》《四方食事·胡嚼文人》《老头儿汪曾祺：我们眼中的父亲》等。

◎ 山西的知青岁月和炼钢工生涯

我是一个土生土长的北京人。1968 年 11 月，当时北京“老三届”大规模地上山下乡，我们班里不少人去了山西插队，当时也就 17 岁多一点，我在那里待了三年半的时间。

插队，其实就是当真正的农民，那个村当时在山西的知名度仅次于大寨，是一个先进典型，叫山西忻县奇村大队。忻县的上面当时是地级专区，也叫忻县地区，现在改叫忻州市了，市里的忻府区就是原来的忻县，但是奇村没有改。奇村是个有 4 000 人的大村，村子的主要领导是一个年轻的女民兵，1964 年大比武时全国有名的神枪手姑娘。村子里管理我们挺严格的，因为当时和我在一起插队的一些同学属于“黑帮子弟”，所以我们被一起放到了这个政治力量强的村子，加强“管束”。我们中学的干部子弟很多，“文化大革命”前中央的七大常委，有四个的儿孙都在我们学校，有的还是同年级甚至同班的同学。

插队时我们什么活都干，像扛麻袋、搬水泥之类的。一个麻袋装高粱能装 180 斤，平地走上几十米没问题，装绿豆能装 240 斤，就扛不动了。当年也就十七八岁，可能是年龄小的缘故吧，也没想太多，没觉得太辛苦，就觉得人家都能干，那咱们也能干，咬咬牙就过去了。记得 1969 年春天，为了喜迎“九大”召开，全村总动员，抗旱保丰收，所有浇不上水的玉米地，都要人工担水点种。于是大队从老乡家给我们每人借了一根扁担挑水浇地，挑一趟的路程最远有上千米，田里土耕过之后特别松，走一步就是一个深脚印，特别费劲。刚开始挑水，肩膀是火烧火燎的，收工后掀开衣服一看，肩膀上全是血泡，但咬牙坚持几天，也就挺过来了。

还有个苦活是间苗。地里种的玉米什么的，为了保证出苗率，要在一个坑里撒三四粒种子，等到小苗长出来，再把多余的用锄头锄掉，留下最壮的一株。这个活有点技术含量，要用锄头在几棵苗之间连刨带挑，把弱苗全部连根除掉，还不能伤了留下来的苗的根，锄完了，还要把刨开的土堆到留下的苗的根部，不能让风吹干了根系。干这个活真有点医生动手术的意思，一点不能马虎，除了手眼要配合好，腰腿都要使上劲，一趟苗锄下来，腰就疼得直不起来了，但还得接着干。后来我的腰一直不怎么好，经常一阵一阵地刺痛，当然这也和以后在工厂当炼钢工有关。

农村的活虽然苦，但印象更深的是饿，也不是说吃不饱，关键是没油水。我们那时一年只能吃两三顿肉，也就八月十五和过年杀个猪，剩下的时间基本见不着荤腥。偶尔大家也会凑钱改善下伙食，但次数很有限。到现在大家都记得，有一次凑了 10 块钱买了一只羊，于是决定吃一顿饺子。我们村一个人一年只分 25 斤麦子，能磨大约 20 斤白面，一年的细粮就是这些了。所以能吃顿饺子，特别不容易。我们插队同学中有人至今记得，那一次 28 个知青吃了 42 斤白面包的饺子，平均下来一个人吃了一斤半的面，还不算馅儿。那时候大家一起住在知青点，早上基本都没上工，把面和馅领回各家包饺子，包完了以后在集体厨房煮熟，各家再端回屋里吃。吃了包，包了吃，吃完再包，包完再吃，一直吃到最后所有人都吃不动了才结束。

当时我们村里一个人一年才分二两油，做饭的时候，一个大锅，上面笼屉蒸窝头，下边锅里熬小米粥，这就是早饭或晚饭，然后就着咸菜吃。中饭是上面蒸窝头，下边锅里清水煮萝卜白菜。刚到村里时大队对我们挺照顾，请了一个大师傅给做饭，菜熟了他就拿盛粥的大铁勺子倒一点油，再放几个花椒，伸到灶眼儿里烧得勺底直冒青烟，然后把勺子杵进锅里，顿时满屋子飘香。可就浇在白菜萝卜上面也就是几个油星，所以吃完饭从食堂出来肚子里还是空空的，特别是冬天，感觉跟没吃似的。

我有一个同学，离开北京时家里人挺心疼他，让他带了一个铝饭盒，里面装满了炼好的猪油。我们在火车上见到时还嘲笑他说都带了些什么玩意儿，谁知到了村里没几天那盒猪油就成了宝贝。我们待的村子是公社所在地，有一个供销社，卖农具、化肥之类的生产资料，还卖小人书、文具、饼干、糖果、鞋帽等生活用品。供销社还开着一个小饭铺，每天主要卖两样东西：一个是荞麦面的饸烙，两毛多一碗，有点肉丁；还有就是粗面的红糖饼，要二两粮票，一毛钱。我们吃完晚饭从食堂出来走上几十米来到供销社，小饭铺的红糖饼刚烤好，还热乎着。大家就凑钱买红糖饼，至少一人一个。拿猪油的那个同学正好跟我们住在一个老乡家，我们就直接拿他的猪油在红糖饼上厚厚抹上一层，慢慢地吃，头两口猪油还是凝固的，还能找到吃黄油的感觉，接着饼子的热气把猪油融化了，吃起来又是一种感觉，又香又甜。那味道，至今让人难忘。

插队一年后，我们知青的集体宿舍房子盖好了，大伙儿就从老乡家搬到了一起。大队说得庆祝一下，给我们每个人拨了二两油，等于说供应量一下增加了一倍，算是乔迁之礼了。怎么处理这个油呢？有人说咱们吃个炸油饼吧，大家当然不反对。我们的山西大师傅不会做北京这种炸油饼，炸出来的油饼又厚又硬，不过好歹有点那个意思，大家吃得也挺高兴。没想到到了晚上，所有人都跑肚拉稀，有的进进出出茅房好多次，大伙都不清楚发生了什么。后来才知道，原来大队给我们吃的是蓖麻油，而蓖麻油是不能吃的，属于泻药，吃多了全中毒。

关于收入，我们的村子情况还算不错，不至于干一年活还要倒贴粮钱。那个时候我们学大寨，挣工分搞自报公议，就是每天出工不计工分，到了年底开会，每个人根据自己的体力、劳动态度、毛泽东思想的学习状况，报一个基本分，最高是10分。然后大家讨论每个人报的基本分是否合适，合适的就通过，如果认为出工不出力，就把分压低一点，这就是自报会议。但实际上，每个人都差不多，男劳力基本上是9分、9、5分。要挣到10分，那是体力特别好、能干重体力活的。

大队干部也都是如此。大队干部一般也不能报10分，报个9.5分，然后再乘一年出勤天数，不过他们开会什么的都算出勤，不用天天下地劳动，老乡叫“受苦”。我们知青刚开始报工分时最高只敢报到8.5，后来能报到9分、9.5。我大概一直就是8.5，往上报点觉得不好意思，而且觉得确实没人那么能干，干活态度虽然还行，但是体力还是比较差。当时差不多 10 分是一块钱，8.5 分就是八毛五一天，一年 365 天，我们有差不多一个月要帮灶，就是给大家做饭，回家探亲得一个月，剩下的差不多也就 300 天了。再除去刮风下雨出不了工的日子，所以算下来能一年有个 280 天出勤就算不错了，这样一年能挣 200 元出点头，放到现在连一顿饭钱都不够，那会儿也算是有钱了。

到了 1972 年初，我被招到了太原钢铁公司，成了炼钢工，前前后后干了 6 年多。工厂的生活环境不能说一步登天，起码大为改善。因为炼钢工是重体力工种，没有学徒期，所以我一去就成了一级工，工资一个月大概是 30 多块钱。当时我们一个月粮食定量是 48 斤，这还是削减之后的，以前是 60 斤。第二年转成二级工，工资是四十块零七毛四，我记得特别清楚，算下来一年就小五百块钱了，比在农村时起码增加一倍。虽然炼钢工属于重体力工种，我倒觉得没农村干活那么累，但是当时同学或者家人到工厂看到我的模样，都觉得不成样子，挺危险的。因为我的工作服上全是窟窿，让钢水烧的。我们当时炼一炉钢有 50 吨，温度有 1 600 多度，出钢的时候钢花四溅，烟雾缭绕，确实挺吓人的，但习惯也就无所谓了。

到了冬天车间又特别冷，因为厂房四处透风。当时按照规定，我们这样的高温工种在冬天不能配防寒服，工人只能将家里的破旧棉服穿上御寒，五花八门，乱七八糟。后来上面好不容易批了一个再生布棉坎肩给工人挡风，可是再生布不抗烧，一个小钢花落到上面就能烫出个大窟窿，有时还能把里面的棉花点着了，所以我穿着的那个棉坎肩上面全是洞，再扎上根挡风的草绳，特别寒酸。

◎ 刻苦学习，与新闻结下不解之缘

1968 年插队的时候，我们村男生里没有高年级的学生，都是初中二年级的，基本都是我们学校的再加上少量外校的。严格说那会儿没学到多少东西，但是我们学校教学水平还是比较好的，大家学得比较扎实。当年我们学校有很多高干子弟，比如刘少奇的女儿、邓小平的儿子、朱德的孙子、陈云的儿子、陈伯达的两个女儿、胡乔木的儿子和罗荣桓元帅的女儿。老师文化课教得好，再加上政治上管得比较严，所以学习风气挺浓的。在插队的时候，好多同学都带去了家里的存书，包括世界历史、数理化、军事学等内容的书。有的把家里的台钳、铁砧都带去了，有好几十斤。我看现在出的《习近平的七年知青岁月》，书里提到的他看的好多书，像第二次世界大战时美日争夺太平洋岛屿的战例，我们那会儿也都有。当时劳动虽然挺累，但许多同学一直坚持学习，有的人上工拿着一本书，休息时就靠在地头看。这种风气对我当然也有影响，跟着同学看了不少书。

1972 年到了工厂后，学习条件也还行。太钢有一个给职工开设的业余学校，只要员工有学习的心，都能报名参加。我报名学了一些化学和数学的课程，空余时间就自己看书。当时书店的书很少，除了鲁迅的著作，还有一本《自然辩证法》杂志，里面介绍什么宇宙大爆炸、黑洞、红移等知识，基本看不懂，但相关概念总算了解了一些。我还订了一份《人民日报》。

再后来中美关系好了一点，乔冠华他们去联合国开会后觉得中国的英语教材太老旧，就在美国挑了一本《英语 900 句》带回国内，在内部书店卖。我母亲在新华社搞英文报道，给我的几个上大学的同学都买了这本《英语 900 句》，但是就没想到我。后来我抱怨了几句，她才想起儿子也可以学习，于是也给我买了一本。于是我把家里一个大收音机弄到工厂，听“美国之音”教 900 句，每周两次，周四一次，周日一次，一直听了 3 遍。

到了 1978 年，国家恢复高考。我英语考了将近 80 分，当年英语成绩只是参考，不计入总分。试卷上有很多单词其实我也不认识，比如“金子”，但是我会蒙。高考时我报的文科，实际上当时文科包括哪些门类我都不清楚，知道有中文、历史什么的，于是就瞎报，记得当时报过北大的中文系、历史系，南开的世界史，还有图书馆系。山西那年是报两次志愿，考前报了一次，出分后又报了一次，两次我报的专业都差不多。但是当时招生名录上没有人大，结果我被北大中文系录取了，分到了新闻专业。“文化大革命”的时候人民大学被解散了，人大新闻系整个并到了北大的中文系里。后来人大复校的时候，新闻系又回到人大，于是我就这样被人大的新闻系录取了。我们入校时，新闻系有两个班，据说其中一个班是从北大那边调过去的，另一个班级是后来扩招的。

就我个人而言，当初并不想学新闻，我们家也反对。我记得入学的时候曾经写过作文，题目就是我为什么要当新闻记者。其他同学都写得特别好，说记者是无冕之王、是社会的良心，记者关心群众的疾苦，推动历史车轮的前进等等。我当时就写了我就没想当记者。为什么没想当记者呢？原因与我母亲有关。她在新闻行业工作多年，觉得新闻其实没有什么可学的。特别是“文化大革命”期间，当时的新闻报道经常“说假话”，胡编乱造。我从小学开始就自己订报，看了很多年报纸，越来越觉得报纸上常常有不真实的报道，自然不想学新闻。

所以说我上人大有点是误打误撞，当时也没敢想能上人大。记得我拿到人大的录取通知书时，工厂的党委副书记跟我说，这个世道确实变了，要不然像我这种出身的，根本不可能上人大。我就这么稀里糊涂地来了，但也有点忐忑。

我算外地生源，学校还给我分了一个床位。但是我基本没住校，当时一间宿舍 8 个人，挤得满满当当的，只有中间的一块小桌子，两边是两排上床下铺。那时候我们家离学校很近，就在甘家口海军医院旁边，骑车 20 来分钟就到学校，所以我就变成了走读，天天上完课后就回家。

4 年下来我基本没太住学校，那时候的条件确实比较简陋，但是我的体会不是很深。对于学习，多数人还是挺认真的。我们一个班最大的 32 岁，最小才 15 岁，差距特别大，有些人甚至都有 3 个孩子了，所以“老三届”都挺珍惜这个学习机会的，学习特别刻苦的。我是一般，该听的课都听了，但也没下过什么苦功夫。当时也基本没有太成型的教材，都是老师在那自己编着讲，应该是我们毕业后，他们才把采访和写作教材编出来，一个老师讲一个样，都用自己编的教材，不过同样的课程内容应该也不会差很大。

1982 年毕业分配工作的时候，我被直接分到了《中国财贸报》。这份报纸的前身就是《大公报》，不过一般人都不太知道。《大公报》原来总部在天津，解放后依据中央的决定迁到北京，上海和其他地方的分社都收缩业务，从之前的各自出报变成一份报纸了，只有香港的《大公报》留了下来。

《大公报》到了北京以后，变成了一个以财贸为主的综合性报纸，影响力应该是不如过去了。“文化大革命”时被封了。后来报社的老人们又重新办了一个内部报纸，变成周报，一步一步发展成《中国财贸报》。我们去的时候国务院搞机构改革，《中国财贸报》的主管单位被撤掉了，于是把《中国财贸报》改成了《经济日报》，主管单位成了国家经委。

当时一些《大公报》的老人还曾想恢复《大公报》这个名字，但是上面领导不同意，说已经成为历史了，还是要叫《经济日报》。我去的时候报纸还没改名，领导就把我分到财贸部搞商业报道，后来给我发到夜班去了。因为我上夜班干事比较认真，被调到了总编室，又干了一年半。当时报社国际部要改革，加强新闻报道，需要有人值夜班，因为他们都没有经验，我又被从总编室调到国际部干了 8 年。

后来财贸部的主任升职，领导又把我从国际部调回财贸部当主任。过了一段时间报社换了领导，将财贸部和工交部这两个重要编辑部合并成工商部，又把我调到另外一个部门当主任，然后又回到国际部。在报社我在国际部待的时间最长，前后将近 20 年，但其实这并不是我的专长，因为我的外语早就忘得差不多了，一塌糊涂。不过报社国际部的编辑工作也不太用外语，主要是给驻外记者编中文稿子，出一些报道题目，因此还能应付。我的中文编辑能力还是可以的，记者比较服气。

我在这个单位就这么一直干了下去，一干就是 40 年，没动过地方，直到 2011 年退休。我的人生轨迹其实挺简单，稀里糊涂上山下乡，稀里糊涂上了人民大学，稀里糊涂学了新闻专业，稀里糊涂干了新闻工作，又稀里糊涂干到了退休。

我的同学有不少毕业后工作很出色的人，比如刚退下来的大众报业集团的董事长傅绍万，事业做得有声有色的，一年利润十几个亿，确实不容易；还有上海东方网的徐世平，当记者就很出色，如今担任总裁也经常有精辟见解；云南日报报业集团的罗杰，他是我们班里最小的，前一段时间当了丽江的市委书记，现在回去省里当宣传部常务副部长。还有我们一个报社的姜波，写的稿子中央最高领导都推荐过。还有胡舒立，影响力都走出国门了。

最近几年，业余时间我写了点吃吃喝喝的东西，也不知道怎么回事就被网上一些人说成美食家了。

◎ 家庭对自己美食写作的影响

我们家有 3 个孩子，我有两个妹妹，大妹妹在人大外语教研部搞教学（不是老师），小妹妹在中国图片社当编辑（原来是纺织工人），都退休了。小时候父母对我们的教育属于“散养”。但是我母亲有一个观点，可能别的家都未必有，起码没有那么明确，就是说孩子不能亏了嘴，营养一定要保证，要不然后患无穷。所以我们家是真的吃到盆干碗净，家无余财的。

1963 年的时候我们家住在宣武门城楼对面，现在的地铁站附近，父亲也从张家口回到了北京。那时候“三年自然灾害”过去了，北京饭馆的供应好了点，能有些荤腥卖。我们家经常到了晚上没什么可做的，就到外面饭馆吃饭。从宣武门一路向北吃过去，吃到西单商场附近。当时馆子也不是很多，离家最近的就是烤肉宛，在宣武门教堂旁边一点，这家我们去得比较多，除了去馆子吃，逢到家里来了熟人朋友，父亲也常差遣我去那里叫上两盘烤肉，十来个烧饼，装在饭盒里带回家，就能对付一顿饭。当时一盘烤肉好像才七毛多，不算贵。

再往前就是绒线胡同，里边有个四川饭店，是当时北京最好的川菜馆，原料都是从四川运来的，但是人很多。我们一般只是吃点小吃，抄手、糍粑、冬菜包子之类，味道极好。再往北就到了西单路口，马路西南边有两个馆子，一个是清真馆子又一顺，一个是江苏馆子同春园，后者去的多些。马路东边长安街上当时还有一个大戏院，旁边有一个吃西餐的，叫大地餐厅，俄式风味。北京当时西餐厅没有几家，最有名的是展览馆的老莫，还有新侨饭店、和平宾馆的西餐厅，好像都是俄式风味。现在大地餐厅搬到缸瓦市了，挨着砂锅居。过了西单十字路口，路西有一个馆子，曾经卖广东菜，叫恩成居，后来改成了淮扬菜，叫玉华台；现在玉华台还有，恩成居好像没有了。再往北就是西单商场里面的峨眉酒家，二楼还有一家西餐厅，商场对面有一个曲园酒楼，湖南菜。再往北有一个东北菜馆，叫辽阳春，这儿都到老组织部对面了，没怎么吃过。父亲说那曾经卖的火锅是要放海蛎子，而且白肉是拿刨子给推出来的，所以特别薄——但我没吃过。我们就一路这么吃啊吃，直到把钱吃光。

我们家那时候收入还可以。我母亲是十五级干部，还有点外文津贴，20 世纪 50 年代时外文干部少，周总理特批给外文干部每个月发二三十元津贴，加上工资她一个月有将近 150 块钱。我父亲月工资好像是 104.5 块。他们发工资是每个月的四五号，但我们经常到月底家里就没钱了。我们住的是新华社的一个宿舍院，我妈于是经常让我妹妹和我去院里的一个同事家借钱，她自己不借，觉得丢面子，让我们去。我也觉得丢面子，但不去不行，老娘连骂带推的，不达目的决不罢休。于是只好挪蹭到人家，小声嘀咕说："阿姨，我妈说想跟你借 10 块钱，发工资再还。"借到钱就一溜烟地窜回家里，生怕被别人看见，现在倒觉得很有意思。

即便是这样，我们家照旧把钱都花在吃的上面，吃得一干二净，家里唯一的存款是当时父亲的一笔稿费。20 世纪 60 年代他在少年儿童出版社出了一本小书，叫《羊舍的夜晚》。出版社给了他八九百块钱，那钱倒是没吃掉，算家里应急款。这段经历让我们较早对中国美食有了一些了解，另外，父亲熏陶也有作用。

父亲对美食的了解，主要是靠兴趣，也没怎么吃过很上档次的食物。那时候吃不起，但接触还是有一些的。等到"文化大革命"结束以后，父亲比较闲了，自己做的就比较多了，我们也跟着学了一点。他的拿手菜也挺多的，比如家乡的淮扬菜，有大煮干丝、狮子头，上海菜的红烧肘子。还有就是云南的一些菜，比如昆明的汽锅鸡和菌子，还有包谷炒青椒，加点肉末同炒，极香。

因为他在西南联大读过7年书，所以对云南那些食物都很熟悉，比如老玉米炒辣椒，一般的人都不会做。做这个菜关键要选好玉米，一定要籽粒中间有浆的嫩玉米，不能太老了。四川菜他也做一些，有什么鱼香肉丝、麻婆豆腐、盐煎肉、回锅肉，有时还弄点泡菜。四川菜相对好做一点，都是家常的，总的来说我们家吃的比较杂。

不过，父亲的做菜水平不如写文章的水平，他做饭虽然也还行，但绝对比不上专业厨师。所以我对美食有点兴趣，一是家庭影响，另外也和上山下乡有关，因为人只有挨过饿对吃饭才有兴趣。我原来在报社的时候还做过一段时间饮食栏目，比如1983年全国第一届烹饪大赛，我去采访过，看到了一些名厨，见识了一些没见过的菜。我记得有个厨师做了一盘梁溪脆鳝，那时候北京人知道鳝鱼就不错了，哪里知道鳝鱼还能炸成脆的，又酸又甜，吃着跟江米条似的。要不是采访这种活动，这些菜肴还真接触不到。

我在报社时对中国餐饮业应该如何发展，做过一些探讨性的报道，主张中国烹饪应该告别模糊走向精细，不能总是少许、适量等模糊说法，要通过标准化实现规模化，最终实现餐饮的现代化。后来有专家跟我探讨说，这些概念所代表的内涵恰恰是中国烹饪的精华所在，中国烹饪是艺术品，不是工业品，要实现现代化，也不能照搬西方快餐之路。这对我有很大启发，可惜后来没有能再继续去深入研究。

严格说，后来我写的饮食文章主要是想借美食说点题外话，不算是纯粹的美食文章。最早是《财经》杂志我的一个同学让我参考《南方周末》的专栏，写点有关吃的文章，有点类似命题作文。因为他们的一个专栏作者不写了，让我写3个月的稿救救急。我细想《南方周末》挺生活化的，但《财经》杂志完全是经济时政类的内容，风格完全不一样，于是就加了一点明里暗里批评现实弊端的内容，结果反映还不错。后来这个专栏又从专门写吃拓展到衣食住行。

我为了写这个专栏，到处划拉材料，翻看了很多明清笔记体小说，从中找一些和吃喝相关的有意思的东西，然后再将素材组合整理，最后再写几句点题的话。写这类文章虽然比较费劲，但是收获挺大，因为要看不少书，能长不少学问。我们报社有同事说，只有在《经济日报》这类大报待过的人，才能写出这类文章，因为观察问题有宏观意识。细想想，还真有些道理。尽管我在人大算不上好学生，在报社的表现也一般，但是毕竟经过一流学校和曾经的一流报纸的熏陶，因此再干别的什么事情能有较高的起点。后来我把在专栏写的文章汇集在一起出了几本书，反映还可以。

◎ 对人大学子的寄语

中国真正快速发展还是这 40 年，我们这代人完全是改革开放的直接受益者。尽管现在社会可能还有一些问题，但是比起过去大范围的贫穷和全民饥饿的时代要好很多。我们这一代人，绝大多数都不会想回到过去的那个时代，现在有人老说过去好，那是他没有在那个时代生活过，只是凭想象，所以人要懂得知足。另外，人要正确了解历史，今后的路才会走得稳妥。因为现在的学生不像我们那个时候，我们是被抛到了社会的最底层，对于中国社会的真实情况有着切身的了解，因此办事情想得也会比较全面。现在的大学生要了解中国真正的国情，要深入去一些地方，然后再决定做什么，怎么做。任何事情都不要想当然，也不要只是听信一面之词或空谈理论，必须要经过自己的亲身了解和消化后再做处理和判断，得出结论，最后选择自己的道路。

汪朗自述，本次采访时间为 2018 年 11 月 5 日，由中国人民大学校友工作办公室负责采访、整理，文学院 2017 级本科生邱可蓉整理成文。

采访 / 孟繁颖　　文 / 邱可蓉

张松涛

|人物简介| 安徽芜湖人

1957年生，1978—1982年就读于中国人民大学国民经济计划专业。曾任对外经济贸易部综合计划局主任科员，对外经济贸易部政策研究室体制改革综合处副处长；中央香港工委经济部调研处副处长、处长；中央财经领导小组办公室财贸组正处级、副局级、正局级，中央财经领导小组办公室经贸组组长，中央财经领导小组办公室经济二组组长；中国出口信用保险公司党委委员、副总经理；中国进出口银行党委委员、纪委书记（其间：2015年6—9月，任中央第8巡视组副组长）。中国国际贸易学会常务理事，中国WTO研究会常务理事，研究员、教授、博士生导师。

◎“上山下乡”，知青生活

我是地地道道的安徽人。我们这一代人和现在这一代年轻人不一样，那时候年轻人都要“上山下乡”当农民，或是进工厂做工人，比较好的选择是当兵。1974 年底，原本我也是想去当兵的，报名并参加了体检，各项体检指标都合格。但是当兵要满 18 岁，我那年才 17 岁，所以就没当成。但是，下乡当知青没有年龄限制。第二年春节刚过，我就到了安徽巢湖银屏区钓鱼公社，下乡当了农民。高中毕业来到钓鱼公社，从青年学生变成下乡知青，这个角色变化还是很大的。从 1975 年初到 1978 年秋，我在农村当知青，相当于提前上了一个社会大学。

我下乡的时候，已是知识青年下乡的后期，知青已经集中安置，公社在林场设立了知青点。我们知青的宿舍，是新建的一排砖瓦结构的房子，这比早期上山下乡知青的条件好多了。我们一批有 20 多个知青集中安置在公社林场。林场相当于生产大队一级的，独立核算，并成立了党、团支部，我还担任了团支部书记。在林场劳动相对于种稻田而言，劳动强度要小得多。林场从公社各个生产大队抽来一批社员，同我们这些知青搭配在一起劳动，共有四五十人，大家集体做饭，算是有个食堂。半年后，我在林场做了不脱产的主办会计，平常仍参加劳动。在这几年里，我还被公社选作知青代表参加过县里召开的“三干会”。所谓“三干会”，就是县、区、公社三级干部会议。每次县里开会，各公社都要有个知青代表，那也是当年的特色了。在那之后，我被抽到了公社中学（钓鱼中学）当了中学民办教师，主要教初中英语和语文。

1977年，恢复高考，对于我们这些知青来说，那是改变命运的转折点。1978年12月召开的党的十一届三中全会，开启了中国改革开放进程。这一切，改变了中国的命运，也改变了我们个人的命运。我们是改革开放的受益者、参与者、见证者，赶上了这个变化的时代。

◎ 恢复高考，考进人大

那个时候不像现在，高考后有各种分数排行榜。后来有人告诉我，我的成绩是1978年巢湖地区的文科第一名，在安徽省也排在前列。文科考5门，语文、政治、数学、历史、地理，满分500分，加试英文作为参考分，满分30分，不计入总分。1978年是恢复高考后的第一年全国统考，全国各省区市文、理科分开，共用这两张考卷。

中国人民大学当时来安徽招生有我这个专业——国民经济计划，它只招两个人。这个专业，应该说是我父亲给我选的。当时年轻，喜欢学新闻，也想过学历史、考古，因为喜欢读书，甚至想过学图书馆专业。我父亲是位水利专家，搞了一辈子工程技术，他说现在国家建设“四个现代化”，你就不要学什么纯文科了，还是学经济吧，当下对经济建设、实现“四化”的作用应该更直接一点。我学的专业是国民经济计划，那个时候被称作经济学科“皇冠上的明珠”。我后来听说，它是人大当时录取分数最高的几个专业之一。刚进校的时候，系里的领导第一次见面就说，读计划专业会有一种神圣感。在计划经济体制下，人大的国民经济计划专业可能算是比较正宗的吧，因为它是从延安来的。

报考人民大学，还有另一个原因，是受我姨父的影响。他20世纪50年代初作为调干生在人民大学学习，后留校在财政系工作，1957年支边到了青海大学。他在人民大学工作了七八年，对我也有不小的影响，这使我对人民大学产生了最初的莫名的亲近感。于是，我就这样读了人民大学的国民经济计划专业。

◎ 人大学习生活片段 1：朝气蓬勃，遨游知识海洋

人民大学复校之初，办学条件相对较差。1978 年，我们是在一栋平房教室里过的冬。这些房子都是 20 世纪 50 年代初建的，教室里面没有暖气，烧煤取暖。教室中间放一个大煤球炉子，直径大概有 40 ～ 50 厘米，高一米多，在炉膛下面添烧煤块，炉子上面有一个通气管，把煤气接出去。当时还有木板搭的许多临时教室。有一段时间，因为食堂面积不够大，大家只能打了饭在露天吃。后来用的校办工厂青峰机械厂的厂房作食堂，同学们吃饭时围着一张张方桌站着吃。人民大学停办期间，校舍空在那儿，新建立的解放军第二炮兵就挪进去了，人大刚复校，二炮也没有搬走。我们第一年住的宿舍是红一楼，这是一幢 50 年代的建筑，就在学校东门进去右手边，12 平方米一间，摆了 4 张上下铺，住 8 位同学。北京的同学几乎全部是走读，因为没有那么多的学生宿舍，没有条件住宿，所以他们更辛苦了，不管冬天还是夏天，下了课就回家，大多数骑自行车。后来少量地解决了一些住家太远的北京同学的住宿问题。人民大学刚恢复上课期间，条件相对艰苦，但人民大学学生读书确实很用功、很努力。在“十年动乱”刚刚结束后的那个时间节点上，有了来之不易的读书机会，大家都非常珍惜。

国民经济计划专业，确实是非常好的专业，在计划经济体制下更是被各方关注。改革开放的过程首先是逐步改革计划经济体制，所以，我们在学的过程中也萌生了怎么改的想法。从后来的发展过程看改革开放，这也确实是首当其冲的。1992 年党的十四大和 1993 年党的十四届三中全会确立了社会主义市场经济体制的改革目标（我曾被抽调到起草组，参加起草制定党的十四届三中全会《中共中央关于建立社会主义市场经济体制若干问题的决定》）。实际上，怎么改这个计划经济体制，我在人大读书的时候，很多老师在讲课时已经有意识地谈及市场取向的改革，那个时候至少有了萌芽。著名的经济学家，像其时已故的顾准，以及当时比较活跃的孙冶方、薛暮桥、许涤新、厉以宁、吴敬琏、刘国光、蒋一苇等，对价值规

律、对计划与市场的关系等，都开始了最初的研究。1978 年 10月，十一届三中全会召开前，孙治方同志就在《光明日报》发表了《千规律，万规律，价值规律第一条》的著名文章。那个时候对这些问题的初步认识和讨论，老师们在讲课的时候已经开始有所涉及了。

国民经济计划这个专业，设置的课程非常多，很齐全。专业基础课有政治经济学、资本论、金融、货币、财政、会计、固定资产投资、基本建设、国民收入分配、工业经济、农业经济、生产力布局、现代科技知识、价格学、人口学、统计学、数理统计、劳动就业、经济地理，几乎无所不包；公共课有语文、外语、中国历史、世界历史、中共党史、逻辑学，数学还学了微积分。专业课国民经济计划，当时没有教材，老师就油印讲义授课，即所谓现在的宏观经济管理，当时国内还没有宏观经济的概念。有一门课，叫“当代西方资产阶级经济学”，有的读本叫“西方资产阶级庸俗经济学”。1980 到 1981 年以后，我们读过人大老师高鸿业等人翻译的萨缪尔森《经济学》，那本书也是风靡一时的；还读过人民大学很有名的搞西方经济学研究的吴易风教授的书；但读得更多的是徐禾等老师一起编著的《政治经济学》教科书。徐禾教授这本书的影响非常大，它是按照马克思《资本论》的写法来写的，是微缩型马克思《资本论》的解读版，或者也可称之为马克思《资本论》的学习入门读本。相对来说，这本书比较好读懂，即便你没有经济学基础，认真读两遍也能读懂一些；它深入浅出，丝丝入扣，逻辑性强。当时，人大各经济学科是首屈一指的，中华人民共和国成立后，一些大学的经济系，一部分是人大老师分派过去组建的；尤其 1952 年院系调整以后，很多学校经济系的建立都和人大有直接关系。所以，50 年代的人大像个种子田、播种机，派一部分老师到一个地方组建一个系，这个系成长起来就变成了一个学校。

我读的系叫作计划统计系，除了国民经济计划，还有两个专业，叫作统计学和生产力布局。人大经济各系，是按理论经济学、部门经济学设置的，有政治经济学、世界经济、国际金融、财政金融、会计、工业经济、基本建设经济、农业经济、商业经济、贸易经济，经济各系都是很全的；还有语文系、新闻系、哲学系、法律系、历史系、党史系、国际共运、科学社会主义；还有信息科技系、档案系、商品学系（理科）等等几十个系，设得很全。当时，在全国各高校经济学科的教学与研究上，人民大学是最强的，尤其在计划经济体制下，人大讲授的经济学是马克思主义政治经济学。对于我们这些刚从“十年动乱”中过来的学生来说，学校的学科设置和课程设置都很管用，尤其改革开放初期，我们一毕业马上进入各个部委，直接参加工作，的确很有帮助，这要归功于在学校学习的知识打下了坚实的基础。

我们在学校里也有很多社会实践，包括三年级、四年级到很多地方去实习。系里联系的是人民大学 20 世纪 50 年代初毕业的老校友何竹康。改革开放之初，何竹康属于年轻化、知识化、专业化干部，又在苏联留过学，得过经济学副博士，很快被提拔为河南省副省长兼省计划委员会主任。他是我们这个专业的毕业生，院系的领导同志和他比较熟悉，联系过后，就把我们这些复校第一届学生安排到河南去实习。我三年级在河南待了四个月，四年级又在河南待了三四个月，这两次实习，一个叫“学年实习”，一个叫“毕业实习”，还是很有意义的，给我留下很深的印象。第一次在豫西灵宝，搞了很多社会实践调查，也写了一些调查报告。第二次在豫北安阳，至少住了三四个月，系总支副书记郑健老师，带着我们一二十个学生实习，最后还写了一本书。这两次实习，我们也算是把地方经济的方方面面都了解了一点。

◎ 人大学习生活片段 2：青春岁月，丰富多彩

那个时候，改革开放刚刚开始，人们的思想还是很受禁锢的。但是学生毕竟是学生，除了学习，还是有一些课余生活。比如说入学不久，学校就组织教大家跳交谊舞。在那个思想刚刚解放的年代，尤其像我刚从山沟沟里出来的知青，哪儿见过什么交谊舞啊，都是北京的同学教大家。记得我们的团支部书记沈大风，还有一位后来

在石油部当过团委书记的李晓明，这一男一女两位同学，教大家跳交谊舞。一开始大家有点扭扭捏捏。一位跳过交谊舞的同学王北鹰告诉大家，你们跳舞的时候可不要把女同学搂得太紧了，手放在女生腰上，那是象征性的，左手侧边、手背碰一下就行了！哈哈，诸如此类，很有意思。在国门刚刚打开的岁月里，校园里面还是有一些新鲜的东西。20 世纪 80 年代有一首歌很有名，《八十年代新一辈》，这首歌在校园里也非常流行。我们骑车去过西山八大处、碧云寺、樱桃沟远足，也乘火车去过八达岭长城。我还在班上编过壁报，把同学们写的诗歌、散文、小说、游记，拍的摄影作品，或是哲学感悟，还有经济学的文章等等，钉在墙上，像是一个园地，我还给它取了个名字，叫作“萌芽”。记得我们班的第一任党支部书记郄建伟，这是位从北大荒兵团回来的老知青、连队指导员，上学时对中国人口问题产生了兴趣，他写的有关人口方面的文章，最初就刊发在《萌芽》壁报上；他还写过一篇我至今仍记忆犹新的文章《我是祖国同龄人》。生活班长吴小军喜欢舞文弄墨，是《萌芽》上的常客；高烽、张学军、程卫平、刘瑞、胡莹莹、张荣刚、许庆龙、蒋跃、蒋志刚、段志勇等许多同学也都投过稿子。我是主编，至少编了两个学年，十多期是有的。我们没有固定的教室，这个壁报办了以后，经常使用这个教室的其他班的同学也都能看到。

在人大期间，除了读专业课外，我还研读过《诗经》，也写过一些散文、小说、评论、诗词，因为从小喜欢文史哲。记得暑假上泰山的时候，写过一篇《东上泰山》游记，参加学生会组织的征文比赛获得二等奖，还登了校报。那几年里，爬了三次泰山。我回老家合肥，坐直快火车要 21 个小时，它经过泰安是清晨三四点钟，我就下火车，迎着朝阳上山，经过十八盘，大概 3 个小时就到了山顶，兜一圈下来，下午再顺便找趟车经蚌埠转车回合肥。那时候经过劳动锻炼，身体素质好。三年级的时候在河南灵宝实习，临近放暑假的时候，李冀东、李山泉、杨春立和我 4 个同学凌晨出发，从灵宝坐三四个小时的慢车，早晨四五点钟到华山脚下，哥几个就上山啦！ 4 个人当晚就从华山下来了，当时的体力还真好，有一位同学稍长两岁状态差一点儿，其他3个人状态极好。晚上六七点钟下了山，又接着坐火车往西，到了西安，看了碑林、大雁塔、小雁塔等。这才真正是读万卷书，行万里路。

◎ 人大学习生活片段3：正直博学的老师，勤奋努力的学生

第一个应该讲吴微老师，他是我们的班主任。我好像记得在人大停办中断那段期间，他去了国家建委，所以他给我们上的是“基本建设”这门专业课。他是我们的班主任，江浙人，很细致，总是面带微笑，循循善诱，关怀备至，十分周到，日常与同学们接触最多。系主任是李震中，在我们读书期间被提升为副校长兼系主任。李震中副校长仍健在，90多岁了，是个老革命。我印象里是他说的“国民经济计划专业是皇冠上的明珠，你们学到根本上了”。那些年，这些行政领导都是一直坚持搞教学、研究的。系总支书记王经，也是中华人民共和国成立前参加革命的离休干部。给我们教课的老师，大都很知名。教价格学的胡昌暖老师，是我们国家研究价格学的元老。我后来知道，教国民收入的余广华老师，抗战期间十几岁随家人在皖南山区躲避战火，是我姑姑的初中同学。这是位学问很深的教授，我很喜欢听他的课，他讲过的一句话我现在还记得，“要想成为某一领域的专家，就要把这个领域的主要文献都精读一遍，才能厚积薄发、融会贯通，提出自己的看法”。在这几十年的工作中，我对这句话体会良多，也常这样指导我的学生。教投入产出学的，是我们国家搞投入产出理论最早的经济学家钟契夫教授。他有一位助手邵汉青讲师，是位女同志，也给我们上过课。邵老师后来去了深圳，我20世纪90年代到深圳出差见过几次，现在也该有80岁了，那个时候她算年轻老师，刚刚40岁，其他老师都该有50多岁了。

我们一些公共课都是大课，像政治经济学课都是在八百人大教室上的，有很多知名教授给我们上课，参加编写徐禾教授那本书的许多老师都给我们上过课，于学儒、余学本、黄达、吴易风教授也都给我们上过课，教人口学的刘诤教授也是很有名的。那时候这些

教授都是在第一线给本科生上课的。计划教研室还有郭子诚、沈筱蓉这对老夫妻老师，沈老师是我三年级做学年论文的指导老师，那篇学年论文内容我至今还记得。当时年轻，不知道难易，选的题目很大。我们传统上讲的是以“农、轻、重”为序发展国民经济、安排发展计划，我那篇学年论文在 1980 年提出，要以“轻、农、重”为序来调整和安排国民经济计划。哈哈，这也算是有点创意吧。我可能考虑的是，在改革开放初期，轻工业对于增加积累、扩大就业、发展经济，应当见效比较快吧。当然，现在看这个说法，也不一定正确，但文章里面的思考，是一个刚读三年级的本科生自己动脑筋琢磨出来的。沈老师倒是思想解放，鼓励我按照自己的想法，言之有理地写成学年论文，并给了高分“优秀”。总之，当时人民大学的课程设置非常完整、齐备，老师非常认真敬业、正直博学、循循善诱，人大校风的确很好，坚持团结、紧张、严肃、活泼。通过在人大的学习，我们学经济的学生，基础打得都比较扎实，始终强调学政治经济学，强调学《资本论》，强调学马列原著。

人民大学的考试也很有特点。一些重要课程的考试不是笔试，而是口试。抽签抽出考题，教师与学生面对面，一对一回答。我记得政治经济学的考试，抽签之后，先在另一间教室做准备，可以列回答提纲，然后针对题目谈你的理解和认识，答了几道题之后，老师再给你提几个问题，再现场作答，最后老师给你现场判分。这是需要真正学懂弄通，要有点水平的。所以，理解力强、逻辑性强、口才好的同学，得分就会比较高，这种考试我觉得比较合口味。印象里，我们好几门功课的考试都是面对面口试、一对一地来评判成绩，不是简单的死记硬背，不是简单的闭卷笔试。

计划班里大家的年龄差距还是很大的。有 1949 年、1950 年生人的，1966 年“文化大革命”开始时他们才十六七岁，国家动乱、教育停滞，没有读书的机会。所以恢复高考的时候，我们班上同学年龄差距达 12 岁，我在同学中的年龄算是中等偏下。全班 43 个同学，排了 10 个年纪大的，称“十老”，从后面倒数算起，又排了 10 个年纪小的，称“十少”，我都不在其中。若把这 10 个年少的人再除去，再有七八个也该把我排进去了。家在北京的同学，部分是干部子弟；外地考来的同学，不同家庭背景、社会阶层的都有。也有直接从农村考来的，比较少；也有在部队当兵，复员后考上了。

当年，人大仅 9 个专业在安徽共招收了 18 名同学，我们把自己戏称为样板戏《沙家浜》里的一句台词“十八棵青松”。

几十年过去，大家选择了不同的个人成长发展道路。有在国家粮食局副局长任上退休的，有的成为人大教授还在岗位上，有的在各类企事业单位工作，也有的下海经商成了大款；还有六七位同学，许多年前就已移居国外，有的现在美国、加拿大的中央政府当了公务员。除了当年高考时的应届高中生外，其他大部分同学恐怕都已退休了，大家有时候见面还是很亲切的。可以说，我们是时代的幸运儿，伴随着改革开放成长，与改革开放同呼吸、共命运，也为这 40 年做出了自己应有的贡献。

张松涛自述，本次采访时间为 2018 年 7 月 24 日，由中国人民大学经济学院 2017 级本科生程静负责采访、录音及文字整理。

采写 / 程静　　编辑 / 李宣谊

张宝瑞

|人物简介| 北京人

1952年生，1978—1982年就读于中国人民大学新闻系，获学士学位。著名文学家、书画家。新华社高级记者、中国作家协会会员、中华海峡两岸书画艺术家协会副主席、香港高等教育学院研究生院书法教授、金蔷薇名人书画院院长、金蔷薇文化沙龙主席。

◎ 大杂院几多光怪陆离，都化作笔下悬疑风云

写作这件事，还得从我小时候说起。我是1952年在北京出生的，我父亲是一名会计师，我母亲是一位厂长，按说都与文学没什么关系。然而我从小就酷爱文学，那时想着长大要做什么，有三个理想：第一是政治家，第二是文学家，第三是书画家。

很多事情对人的影响是潜移默化的，小的时候不经意间丢下的一颗种子，在以后的人生中就会发芽成长。我想，我能走上文学创作的道路，追根溯源应该和连环画有关。小的时候，家庭并不宽裕，但母亲还是省下钱为我们几个孩子购买了许多连环画，我印象最深的是巴尔扎克的《欧也尼·葛朗台》和奥斯特洛夫斯基的《保尔·柯察金》。翻着画看着故事，年幼的心灵也难免心向往之了。

后来就是上学的日子。我算是真正的“文化大革命”时期的“老三届”，是68届，最小的一届。“文化大革命”开始时，我十三四岁，正在上初一，那个时候我通过三个渠道读了大量的书。第一就是图书馆，当时没办法，只能偷着看。我们把图书馆的门撬开，偷出书来看，看完再还回去。第二个就是通过我的一个同班同学，他们家里的藏书很多，我借了不少。第三个渠道是我表哥的同学阿英——很有名的一个文学家的孙子，家里自然藏书丰厚。我表哥每次借出10本，给我5本，我们换着看。

对于文学创作，笔力是一方面，灵光乍现的那一点灵感更是至关重要。我13岁开始写作，处女作是一首情诗。后来比较知名的是一系列悬疑类的小说，比如《一只绣花鞋》和《绿色尸体》。这些作品的灵感源泉说起来平常，就是我小时候生活的院子，然而其中的故事，真是不少。

我从小所在的居住地也是灵感来源之一。1956年我们一家人移住东城喜鹊胡同10号大院，1975年搬走，在10号大院共居住19年。10号大院是一个典型的北京四合院，一共是三进院落，住着十几户人家。据说在抗战时期，有一个日本的年轻外交官和一个女人就住在我们这院。可是有一天上午，人们发现二人赤身裸体地躺在浴缸里，已经被人杀死了，血染浴缸，场面十分震撼。因此这座住宅就成为凶宅，没人敢住了。抗战胜利后很多人没房子住，许多人都住进这座房子来，于是这座凶宅被各式各样的中国普通老百姓填满了，有知识分子，有工人，也有无业游民……十几户人家，构成一座杂院。

我家住的是二进院的东厢房，就是凶杀案发生地，一大一小两间屋子。由于小的时候我对所有事物都充满了好奇，因此对院子里居住的形形色色的人都观察得很仔细。

院子虽然只有十几户人家，却有3个人精神上有毛病。一个是狂躁的工厂女工，为人老实，但是有人诬告她偷了工厂的布，实际上她根本没有偷，一下子就给刺激疯了。疯了以后经常从屋里跑出来，你要是没看住，她就拿着菜刀朝你挥舞。她梳着短发，两眼发直，冒着绿色的凶光，脸上长满了粉刺，像绿色尸体似的。另一个是政治型人物，姓涂，他经常疯骂共产党，后来自己把自己绑在椅子上，算是疯死了。还有一个是正值青春期的花痴，也就十五六岁，看见男人就挤眉弄眼的。这3个精神病人伴随着我的童年和少年，造成了一种特殊的环境气氛，给我留下的印象非常深刻。

院内也发生过很多奇怪的现象。我妈养鸭子，还在院内弄了一个小水坑，旁边种了一株丁香。然后有天晚上突然传来鸭子惨烈的叫声，我们披上衣服出来以后发现那俩鸭子都死了，就在水坑里。因为老房子都有黄大仙，就是黄鼠狼，所以极有可能是它们咬死鸭子的。当时我的母亲把鸭子给处理了。后来我觉得这个院很神秘，就经常拿着铁锹去挖洞，我觉得这里头有地穴。有一次在我家的床底下真挖出一个地穴，特别深，扔小碎石下去，半天才听到扑通的水声，现在我都不知道怎么回事，我妈听说以后拿石头给压住了。

院子里蹊跷，院外也透着恐怖的气息。我们这个院子的厕所在三进院后面，每次上厕所都要穿过悠长的回廊，从很多家的窗户前经过才能到那里。厕所的灯也不知是被哪个坏小子打坏了，门也破了，一到晚上，漆黑一片。又有很多野猫野狗出没，每次晚上上厕所都特别害怕。

有一个很有名的恐怖故事情节流传在社会上，出处就是这个厕所。在一个冬天的晚上，我那时候好像三四年级，想上厕所。我妹妹不敢去，后来我就自己去了。我拿着一个手电筒，手电筒快没电了，还要借助户外的灯光，在经过了那个精神病人的房间之后，就到了厕所。这个厕所是老式的，墙角全是蜘蛛网，一个蹲坑里头墙皮脱落，裸露出灰色的砖头。我正在上厕所的时候，就听到对面的女厕所传出一种特别奇怪的声音，吭哧吭哧的像人的声音，又像野兽的声音，当时挺害怕的，手电筒也快没电了，光线非常弱。一会儿我就出现了幻觉，感觉厕所的墙皮开始剥落，砖头掉下来，从女厕所里边伸进一只黑色的手，这黑色手指张开以后，露出一朵金黄色的梅花……

这些事情对于恐怖悬疑小说的创作，是难得的好素材。从小，有几句话就是我的座右铭，比如“富贵不能淫，贫贱不能移，威武不能屈”“中国人连死不怕，还怕什么困难”“天不要怕地不怕，鬼不要怕神不怕”。

◎ 好故事开出一梦落花

1969 年 3 月 1 日，为了响应毛主席知识分子要接受工人阶级再教育的号召，要到最艰苦的地方去，我被分配到了北京西南角的一座铁合金冶炼厂，成为一名炉前工，从此在这里开始了十年的工厂岁月。

进入工厂大概半年后，我被调到 301 号炉甲班，成为生产班长。工厂的生活是非常辛苦的，因为要三班倒。为了调动大家干活的积极性，特别是解决上夜班时大伙儿容易犯困的毛病，我决定给大家讲故事。我的故事全都是现编现讲的，每次当我要开始讲故事的时候，大伙儿全都麻溜儿地凑了过来，有倒茶的，也有搬凳子的，甚至有一个老工友给大家分享他从家里带来的窝窝头。我讲故事的时候就像一个说书先生，每次讲到该干活的时候，我就端着腔调说："预知后事如何，且听下回分解，大家抄家伙干活！"于是，大伙儿吆喝一声拿起工具就开始工作了，为了继续听故事，大家都充满干劲努力地工作着。到了休息时间，又坐在一起听我讲着故事后续。我的故事让同伴们恢复精神和力气，并认真工作，就这样，我所在的班组在生产上的业绩非常好，几乎年年都是厂内的班组生产冠军。

"文化大革命"期间，人们的文化生活极度贫乏。当时我讲故事最初也是为了鼓舞大家，谁知一讲就是 10 年。之后我又成了车间团总支副书记，也是每年的先进生产者。

那段时间，还有一件事令我印象深刻。有一次，一位邻居带我去了住在《北京日报》社旁边的著名文学评论家何其芳的家里。我看到何老木雕一般怔怔地杵在破旧的沙发上，双眼空洞无神。他家里有很多的书，这位文化老人将书分类，文学、历史、经济都分开放着，但一摞一摞的，都被打了封条。我从他家中出来，直拍大腿，连说可惜。

或许就是因为目睹了种种类似的事情，1971 年，当时我 19 岁，开始了创作《落花梦》。《落花梦》这部长篇小说寄托了我全部的政治理解，有 38 万字，从 19 岁一直写到 21 岁，每天写 4 个小时。那个时代，可以说是一个中国文坛集体"失语"的时代。自由的话语权被剥夺，主流话语又只会用干涩的声调不断地向人们说教。那时，我只有求助于荒诞。

书里的背景我并没有交代，写的是一个才子陈洪波，听说山东有一个蓬莱仙岛便去寻。有一天他带足了干粮划船来到了岛上，但是这个岛杂草丛生，没有仙山琼阁，也没有瑶花琪草，只有一个破旧的楼。这个楼叫落花楼，是秦朝带着五百童男童女去瀛洲寻找长生不老药的徐福，在这里歇脚所用。满脸失望的陈洪波倚着落花楼睡着了，进入梦境后遇到一个才貌双全的女子骆小枝，之后两人偕伴同游天国。这个天国有很多国家，我写了40多个，比如有姜太公、范蠡的隐士国，有秦始皇的暴君国，以及有燕昭王的招贤国等等。

后来北京大学一些学者，认为我写的这本《落花梦》是中国第一部后现代主义的著作。但就我个人而言，我当时在写作时其实并没有这个意识。我只是把各个朝代的顺序都打破，将这些传统的东西组合成全新的故事，后来才明白这就是后现代主义的一个典型特色。当然这本书写的也算是一个穿越故事，但它并不是那种胡编乱造的穿越。因为我从小读了很多文史哲的书目，古典文化积淀还算扎实。

写这本书的时候我基本不构思，就随着人物的命运这么编。无论作家还是画家，都得有创造性。有人画画一辈子不能成功，就是因为他一直临摹。创作的灵感非常重要，身为画家，必须眼里有画，心里有画。作家同理，不见得每个地方都去过，但是他必须能想象出来，要有形象思维。如果亲身经历过当然就更好，比如高玉宝的《半夜鸡叫》和莫言的《红高粱》，这些书里就有他们的个人经历。

我在新华社工作过，对于记者写作和作家写作的区别感触很深。新华社的员工有上万人，其中记者有3 000多人，但这里面是中国作家协会成员的只有15个，我是其中之一。对于很多记者而言，写报告文学非常容易，因为他们都写过长篇通讯稿，报告文学只要在这个基础上再加一点想象就行，但是他们写不了小说，创作小说得有想象力，这是一种天赋。

我认为，艺术的生命在于创新，无论是哪一种艺术形式都要有个性和创新。这之中有6个要素，一是人品、二是天赋、三是学问、四是奋斗、五是机遇、六是营销，否则只能是“匠”而不是“家”。

我很相信天赋的重要性。我自己的家庭也算有一些背景故事，我父亲是普通知识分子，但是我母亲的家族很显赫，我舅舅在台湾的高雄，现在还健在，有87岁了。他后来爱搞家谱，就梳理了整个家族的传承。我姥爷曾是大连一个商会的会长，他的祖先在明朝和清朝当过进士、大学士，是真正的书香门第，也是官宦之家。也许我的“天赋”就有这种承袭的因素吧。

◎ 复高考幸得人大情缘

1978年恢复高考，我决定报名。当时同工厂的工人都很震惊，觉得我是初一的文化程度，怎么可能考得上大学呢？可是我就认准了要考。其实最开始的目标是北京大学古典文学专业的研究生，但是因为我外语不行，也没法自学，所以知道自己肯定考不上，但也把这次机会当作是高考前锻炼自己的一个尝试。卷子不会写，我也都能答满，办法是在每一张卷子后面写一首七律诗。我从小研究格律，也喜欢写旧体诗。后来，到了高考的考场，我也如法炮制，也是每张卷子答满并且后面都写了首诗。写得痛快，走出考场时也兴致盎然。

我当时数学的分数有点拖后腿，请我姐夫帮我补数学，补了一个多月，终于在高考的时候达到了文科数学要求的最低分数线。毕竟我没有学过初三和高中的知识，当时能恶补到这个水平，也很不容易。过了高考这道关，我如愿进入了中国人民大学新闻系。

为什么我选的是新闻系？因为我觉得新闻系毕业后去当记者能认识更多的人。进入人大以后，我实际的表现也不错。新闻系的课程对我来说都不算难，新闻理论、新闻写作、新闻史之类，都能比较轻松地掌握。而另外有一些课程，比如中国文学史或者外国文学史之类，是跟中文系的同学一起上。这些文学类的课程对我来讲都是轻车熟路，特别是文学史，因为我一直对文学史很感兴趣，家里藏书有几万册，这几万册书里，文学史一类的书就有十几种。

当时的人大有本校和分校两个区。本校是外地学生，都住宿，分校是本地的学生，每天骑自行车走读。分校学生有时候也到本校去找资料。整体上说，分校主要是照顾那些岁数比较大的“老三届”的学生。它的招生分数线稍微低一些，但是专业分高一些，比如语文、政治等。但是入学之后，授课的老师全都是人大的老师，本校、分校没有区别。

同学之间岁数差距很大，最大的“老高三”和最小应届生差了十几岁，而且大部分男同学都已经结婚了，不过我当时还没有。新闻系的女同学偏多，我记得当时班上女生有19个人。班内同学岁数大的比较成熟，岁数小的比较天真，但是班内的氛围非常好，我们相处都挺和谐，经常组织活动和联谊，建立了深厚的友谊。大家也都挺出色，学习上你追我赶。

老师们跟我们也都挺亲的。第一我们都是北京的，有种天然的亲近。第二有些同学岁数比较大，社会经验比较多、比较成熟，因此和老师的共同语言更多，而且住在北京的经常相互走动，家庭来往比较多。我当时也经常会到老师们家里去，关系特别好。

到了大学时光的后半段，我基本不怎么上课了。那些课程对我来讲都挺容易，考完试后成绩出来也都挺不错的。而我觉得，新闻系最看重实践，实践过程很重要，所以在这方面投入得更多。新闻写作的实践，第一主要是自己得会抓新闻，然后是能写新闻，写好、写多都不容易。

那时候我们实习，都是自己找实习单位，我当时去了《北京晚报》社。我写稿的效率比较高，几乎每天可以写一两篇稿子，写稿的过程也比较轻松，出去采访没什么压力，说说笑笑和打打闹闹之间就把稿子写好了。实习对人的锻炼是“润物细无声”的，实习期间，我的采访能力和写作能力都有不少提高。

毕业之后，我最终选择了新华社，成为新华社北京分社的记者。入社以后我写过不少优秀新闻，后来1995年的时候被破格聘为高级记者。我当时对社会上很多丑恶现象看不惯，就执笔直书，写了1 000多篇内参稿，这些稿件多次得到中央领导的批示，也有很多建议被采用。那时候有些事情我其实并没有意识，但是后来发现我对文物古迹保护方面关注很多，也算做出了一点贡献。我采写过卢沟桥保护、恭王府和大钟寺占用单位需要搬迁、圆明园遗址乱收费等等内参稿，这些事件由此得到了中央领导的重视。现在恭王府的馆史展中，还有我当年保护恭王府的报道。

后来我做新华社北京分社总编辑时，也策划组织了不少报道，如《急诊，你为什么急不起来？》《公款钓鱼目击记》《替考枪手，何时缴械？》等。这些报道都致力于抨击邪气、弘扬正气，推出后也收获了很好的反响。

我还写过不少体育新闻，还因为报道收到过恐吓信。那是一次国家足球队和香港足球队的比赛，2:0，国家队输了。我当时在现场采访，看到输球之后很多球迷情绪激动，推翻了很多公共汽车，之后警察来维持秩序，抓了 127 人。就这件事情的来龙去脉，我写了一篇报道并发表了出来，后来接连收到三封恐吓信，我就向公安局报案，他们派了当地派出所的两个民警专门保护我，跟我说晚上别单独出去。过了很久，这次风波才算过去。

◎ 泼浓墨画就正气清风

记者生涯也影响了我的文学写作。我本身对武术感兴趣，又由于工作关系，采访了很多武术家，其中有很多还是名家的后裔，比如醉鬼张三的后人。由此，我的创作灵感被激发，后来写作了《醉鬼张三》《八卦掌董海川》《太极奇侠传》等一系列武侠小说，后来结集为《中华武林长卷》。金庸先生给予过很好的评价，梁羽生还为我的作品写过序言。

后来我武侠小说封笔，转战到现实题材的小说，这和我 1990 年创办金蔷薇文化沙龙有关系。这个沙龙的宗旨是亲情友情爱情，让亲情一脉相承，让爱情永世不忘，让友情地久天长，让世界充满爱。发展到现在，规模已经有几十万人了。在这个沙龙里，不论年龄、地位、财力……大家一律平等，画画写字，互相交流，取长补短。

因为我是沙龙主席，很多人比较信任我，找我诉苦，沟通心理问题。在和不同人接触的过程中，这些现实中发生的事情都成了我的写作素材，我因此写了好几部反映当代中青年知识分子情感历程的长篇小说，比如《你到底想要什么？》《人为谁活着？》《人生不过如此》等等。这些书之间是有关联的，主人公都是一个出版社总监，其实就是我的化身。

我写作的体裁和题材都比较广泛。目前已经出版的长篇小说有

34 部，还有电影、电视剧、广播剧剧本等等。电视连续剧《梅花档案》曾获电视剧风云奖，大网络电影《梅花谍影》荣获 2017 年美国好莱坞第二届国际电影节评审团特别奖等。我写作的习惯和特点与大多数人不同：第一是基本不构思，随人物发展变化；第二是基本不修改，一次成型。

除写作之外，书法、画画我也坚持了很多年。说起画画，历史就更久了。8 岁时我开始画《水浒传》一百单八将，后来又为自己创作的小说配置插图，尤其是《落花梦》，画了很多幅不同主题的插图，如姜太公隐士国钓鱼、郝隆街头晒肚皮、李白诗客国举办赛诗会、贾宝玉大观园重开梅花社、秦始皇阿房宫反省击筑台、孔子夜闯烟花巷等等。

大约 18 年前，我开始画钟馗。钟馗这个人物，从小我就特别喜欢。钟馗一团正气，两袖清风，还抓鬼保佑老百姓，非常招福。从唐朝以来家家都挂钟馗，特别是鬼节的时候，按照民间传说钟馗会回来打鬼。挂钟馗画也有讲究，必须正对着门口，鬼一看就不敢进了。我画过上千个钟馗，造型也都各不相同，比如钟馗读书、游泳、拜师、书蕉、思春、荡秋千、垂钓、与孔子论儒、与老子论道、与蒲松龄说鬼、与李白对诗等等。之前在中国现代文学馆办过我的个人画展，叫“百馗图展”，就是一百个钟馗，姿态各异，没有一个重样。这些都是老百姓喜闻乐见的内容，我就是要把钟馗这个人物给画活了。

现在画得比较多的，除了钟馗还有达摩。达摩是佛教的代表人物，据传是真实存在的印度高僧，南北朝时期来到中国，在少林寺面壁十年，现在还有达摩洞的遗迹。

我是个无神论者，我认为鬼都是人心里的阴暗处衍生出来的，我笔下的钟馗是一种寄托，是呼唤正义和公平。我有一首自赋七绝诗《咏钟馗》：“英雄本自钟南山，利剑高悬气凛然。双目圆睁冲霄汉，贪官哪个再敢言？”这首诗和国家反腐的意识也不谋而合。

我没上过美术院校，虽然认识很多美院的教授、系主任，但是我也没拜师。很多东西我感觉都是自发的，特别是美术书画这一块。

我现在也收了不少徒弟，书法、绘画方面的都有。

我特别喜欢老子的一句话——“人不畏死，奈何以死惧之。”就是人都不怕死，为什么要用死来吓唬他？没用的，人既然连死都不怕，还能怕困难和挫折么。一直以来，我就是这样激励自己的。

回首看我在人大的那段岁月，虽然只有短短四年，但也收获颇多。中国人民大学是重点学校，毕业生当中也出现了很多天之骄子。但是我更希望中国人民大学能领先于中国的文化界和知识界，能够成为一个培育开创性思维的地方，倡导真善美，倡导正确先进的思维和观念，培养学生有独立个性的思考和思维。

民主科学和新的思维，代表着社会发展的方向。沿着这个思路，学校可以培养出更多各个方面的精英，不仅是文化精英，还有政治精英、商业精英、教育精英等等。教育不是简单地随波逐流或人云亦云，它必须有正确的指导思想、正确的观念和独树一帜的理念。大学生必须得有正确的人生观、世界观、价值观，在此基础上，发挥个性。很多伟大的政治家、思想家、艺术家，都是个性很强的，不纯粹被外在理念引领。莘莘学子，就应该成为这样的人才。

张宝瑞自述，本次采访时间为 2018 年 7 月 28 日，由中国人民大学文学院 2017 级本科生邱可蓉等负责采访、录音整理，并根据张宝瑞校友本人提供杂志《神州》（2018/04 下旬，总第 379 期）第 26 页《悬疑风云侠义豪情——中国当代著名文学家、书画家张宝瑞的传奇人生》（记者胡松）中有关内容编辑整理。

采访 / 邱可蓉　　文字 / 董静雪　　编辑 / 李宣谊

陈小宪

|人物简介| 山西人

1954年生，1978—1982年，就读于中国人民大学财政系财政金融专业，获学士学位。曾任中国人民银行北京市分行计划处副处长、处长，中国人民银行北京市分行行长助理、副行长兼国家外汇管理局北京市分局副局长，招商银行北京分行行长，招商银行副行长、常务副行长、招商银行董事，中国中信集团公司常务董事、副总经理，中信控股有限责任公司执行董事，中信银行行长，中信国际金融控股有限公司董事，中信嘉华银行有限公司董事。

◎ 入读人大，习实事求是之风

我是中国人民大学 1978 年入学的学生，1982 年毕业，是“文化大革命”结束后第一批大学生，学的是财政金融专业。“文化大革命”时期，我很年轻就工作了，所以上大学的时候是带工资的，有 8 年工龄。我 15 岁就进工厂，几年之后在福建当兵四五年，回来以后到了首都医学院党委宣传部负责宣传工作，在首都医学院待了不到一年，听说可以参加高考，就开始准备考试。

当时我准备高考的时候，有高中毕业直接考的，但是实际上大部分人都没有上过高中，有的人甚至初中都没怎么上。我们都是在社会中工作了一段时间，听说能够考大学，就去准备考试。当时社会上的考试，只要够岁数，不管年龄多大都可以参加考试。而我从当工人到部队再到首都医学院，实际上确实也感到自己知识贫乏，觉得上大学是一个很好的方向，希望能够到大学里充实自己。

当时我都是每天下班之后准备考试，基本都是夜里两三点钟以后才休息。虽然是一边工作一边准备考试，时间比较紧张，但是现在看来这点辛苦都不算什么。准备考试的时候，给我印象最深的就是死记硬背。比如说数学，我记得那个时候初中高中加起来是 10 本数学书，刚开始复习的时候连分数都不会。当时我是一星期学一本，也不怎么做题，看懂了例题，做一两道就过去了。就这样一星期一本书，准备了大概两三个月。这样的学习进度，只能说到考试的时候还记住一些，过了考试之后就全忘了。当然，有一些课程我是占优势的。比如，我在部队看一些政治经济学方面的书，所以政治、历史这类科目比较有优势。又因为当时我已经作为党委宣传的干事做宣传工作，经常写东西，语文也有优势。

我选择到人民大学读书，主要就是因为人民大学有金融专业。当时复校的很多学校也没有金融专业。为什么学金融呢？是因为当时在部队，也没有什么别的书看，晚上我就点着油灯看马列相关书籍。给我印象非常深的是，那时候看列宁的帝国主义理论，里面大量地讲到金融寡头，我就是那个时候对金融这个词有了初步的了解，觉得这是一件很神奇的事情，所以当我知道人民大学有金融专业之后，我就报了人民大学。

我们入校前几周的时候在木板房上课，每人发一个小马扎坐着听课。黄达老师在上面讲，说人民大学建校初期，在延安就是这么学的，学生们坐在小马扎上，书搁在腿上。还有 18 间房，给我的印象也比较深。所谓的 18 间房，就是 18 间平房，破破烂烂的，是学校的宿舍，倒不像现在的宿舍那么小，但是一间房子也只能住十来个人，加起来也不过就是能住下 200 人。那时候的宿舍床位很紧张，只能通过比较各个学生上学需要的时间，评定他能不能住在学校的宿舍里面。而我当时分到了宿舍，所以印象比较深。另外，人民大学的东门那一片，现在是花园，但是在我刚入校的时候那里什么都没有，后来被我们改成田径场了，那全是当时第一届第二届学生推土轧土堆出来的。当时是各班、各系组织的，也有义务劳动的，都是用业余时间，我们亲手拿煤渣天天去夯土，建了一个小运动场。运动场连 400 米跑道都没有，是 300 米的跑道，标准运动场跑百米，都是直线，那时候开运动会，跑百米是拐弯的，因为直道的距离不够。尽管这样，能有这么一个操场已经很不错了，那个操场直到我们 1982 年毕业的时候都存在，每天早上员工和学生跑步、锻炼，都在那个操场。

1979 年学生们开始跳交谊舞，下课以后把桌子拉开，腾出教室用录音机放着歌跟着跳，也经常在图书馆前面跳。那个时候男女在一块儿跳交谊舞是非常轰动的事情，对于学生个人来讲，也是个非常激动人心的事情。那时候，图书馆楼前只有路是水泥的，边上都是土，尽管一跳扬尘就飞起来，大家还是很高兴，很喜欢跳，而且特别希望组织很多人一起跳。

我对人民大学的感情，不仅仅因为它是我们亲手建设的校园，更多的还是因为当时人民大学传承给我们的一种精神。比如说老师对学生要求的严格，老师备课的严谨等等，到现在印象都非常深刻。人民大学实事求是、扎实的作风，传承至今。我记得比较深刻的是，那个时候我们是抽签考试，当时其他大学里很少有这种考试形式的。特别是哲学、政治经济学，是进到一个屋子里，抽签，准备十分钟，就回答老师问题，我觉得这是一件很新颖的事情。当时我们跟外校学生聊天，说起教学，说人民大学怎么好，主要就是从这点来说："你们抽签考试吗？"我想我们那一届的学生可能都会有这样的看法。

我认为，当时财政金融学院的师资配备在同期的学校里面是很强的，在财政金融领域和全国各个顶级学校的经济系相比我们一点不差。那个时候教资本主义财政的是王传纶老师，黄达老师讲社会主义财政，教国际金融是陶湘老师，还有陈共、韩英杰、周升业老师等等。所以我觉得我们那一届学生很幸运，能够有这样的老师亲自授课。

黄达老师主要是在我们四年级讲社会主义金融理论问题。《社会主义财政金融理论问题》是一本黄皮的书，黄老师给我们讲的时候并不是程式化地讲什么定理、定义，他就是讲若干个问题，第一个问题是关于什么，第二个问题是什么问题。黄达老师上课从来没有讲义，他的知识都存在脑子里了，他就是一张纸，一个提纲，而学生恰恰爱听这样的课。黄达老师是系主任，我们毕业的时候，他是亲自指导学生论文的。他亲自指导的只有四个人，我是其中之一。当时，我特别不情愿，因为黄达老师要求太严。毕业论文能过，就可以休息了，特别是过了这个暑假马上要面临着毕业分配了，大部分人都希望这个暑假能把毕业论文完成好。有的人没放假就完成了，而我反反复复地改，改了整整一个暑假。后来，在我的工作当中，特别是在人民银行，因为我是计划处出身，每天大量地写作，再体会黄老师指导我毕业论文的过程，我觉得终身受益。我记得最清楚的是，黄老师总跟我在谈的一件事情，就是你能不能让你的思路清晰、文字简练、抓住重点。他以“树”作比喻形象地说，你要把这个枝杈打掉，找到你的主干是什么。我对于黄老师的教导印象非常深刻，从那以后，我特别注意怎么让我的文字简练、清楚、直奔主题。今天我已经退休了，但是回忆到这些的时候，回忆起学习的方法、学习的方向，包括文字表达的方法，以及我对待工作的从实际出发的基本做法，我觉得这些东西虽然看不见摸不着，并不是那么清楚，但一旦体会了，就受益终身。

◎ 中国人民银行 12 年：3 个第一

我是一毕业就到了人民银行工作。在人民银行 12 年，我学会的是分析经济问题的一种工作方法。在人民银行我有 3 个“第一”：

第一次接触了银行的业务，接触了银行最基层、最具体的操作。一到人民银行，我就要求到基层去。当时我是被分到人民银行北京分行计划处，那个时候应该算是天之骄子的待遇了，因为计划处的工作比其他部门更综合，是个出干部的地方。到单位以后，我觉得应该了解一下银行是怎么运营的。那个时候就只有一家银行就是人民银行，人民银行下面是总行、分行，分行下面是区办事处，我们当时是海淀区办事处，办事处下面是分理处，分理处的工作就是记账，而大量的基层人员是在分理处、分行、支行。我要求下到分理处，工作了将近一年。我真正在这里接触了银行的会计事务，比如结汇、记账、平账，这段经历对我后来在银行的工作大有裨益。那个时候我基本上每天都会把一些工作体会记下来，比如说账的流程是怎么回事，还画了结汇账目的流程。后来我当了 7 年分行的行长，当了 8 年总行的行长，当了将近 5 年的常务，我觉得在我当行长正职这几年，过去做的银行会计工作对我确实有帮助，而且对于防范风险，对于规范下面的操作，也都很有帮助。

在人民银行工作期间，我发表了自己的第一篇文章。在分理处工作一年多以后，我回到计划处，那是 1984 年，银行正面临着改革。人民银行和工商银行开始分开，人民银行自身和各个银行开始划分资金，向着经营的方向发展。资金分开的时候，对新的资金管理体制的讨论很多。1986 年，我在《金融研究》上发表了我的第一篇金融理论文章。《金融研究》是当时金融研究领域水平最高的刊物，人民银行北京分行没有一个人在上面发表文章，当时的周正庆行长看了特别吃惊。那篇文章主要就是讲对新的资金管理体制的认识，是和山西教财经的一个教授商榷的。回想起来那篇文章仍然是跟学校学的知识有关，在学校的时候我书看得多，我认为有关资金管理体制方面的知识，比如派生的机制，那个时候应该已经有过接触，黄老师教过，我们课下也自己学习过，又结合做银行会计时的工作，我对银行的联行资金怎么运作已经有了大体的概念。文章写了两个多月，当时我只是一个名不见经传的人，可能因为那时候这样的问题讨论得很多，所以在 1986 年就发表那篇文章。

我还做了银行宏观金融调控的第一批人。20 世纪 80 年代，专业银行比如工商银行、农业银行、建设银行分出来了，人民银行行使央行的职能。1985 年以后，中国经济几次面临通胀、经济过热、放款过多，而控制宏观经济的权限是在中央银行。当时我刚任计划处副处长，在一次处长专业会上，周正庆行长说我们是中国金融宏观调控的第一批人，历史责任重大。中央银行有很多部门，主要是人民银行的计划部门管全地区的宏观调控，包括银行的贷款规模以及如何分配规模。计划处还管人民银行的再贷款，人民银行的再贷款实际上就是基础货币的投放，但是人民银行的再贷款有额度，每年投放多少是由当地的人民银行计划部门掌握的。当时的计划部门承担了信贷规模的调控，权限非常之大。当然后来这个职能逐渐分到其他司，再逐渐分到了银监会。

◎ 招商银行 12 年：探索合规、服务与风险

我在人民银行工作的 12 年还是比较顺利的。当然这过程中肯定有很多人的帮助，也有自己的努力。我 35 岁当行长助理，37 岁左

右就当副行长。人民银行完全由政府发放贷款，控制、调控的时候，外地已经出现了很多商业银行，像在深圳，招商银行就成立了，是很新型的银行。当时我对商业银行了解不深，对商业银行的感觉就是想怎么干就怎么干，什么都能干。我到招商银行工作确确实实也有机遇，当时北京市政府希望有自己的一个银行，在银行的规模上能够比较灵活。市里派我和几位同事去深圳，跟他们谈能不能借壳，谈的结果就是可以在北京办招商银行分行，由北京市出资。但是还没到开业的时候，国家就不允许这么做了。当时北京市政府觉得能出钱办银行，那就要任命自己的干部，我就到了招商银行工作，不知不觉走上了一条新路。

到招商银行，一开始确实有很多问题。首先从我个人感受来说，国家干部的光环没了，车被收走了，电话也都撤走了。今天看来，这些都是小事，但是那个时候还是很让人失落的，隐隐约约感觉自己走了一条没有保障的路。我们自己形容就是扔了铁饭碗，捧了个泥饭碗。到了招商银行，没有人民银行的背景，人家不认识你，门都进不去。当然这些问题很快就克服了。

现在回想起来，第一个问题是在 1993 年底接触的合规问题。我认为，合规是银行当时最高的准则，当然现在也是。大量的金融机构那时候都不合规，包括商业银行。比如贷款，实际上拆借都是有高息的，国家规定拆借的利息是五厘，实际上拆借出去，可能是八厘或者九厘。那时候高息拆借不像现在是个别现象，是很普遍的。当时我们有几个大保险柜，还没有开业，单位给的资本金就过来了，我们如果把资金用起来，就拆借出去了。拆借以后，各单位单独都给一笔，他们叫额外返点。当然我们没有发，想把它积累起来以后用。实际上现在看这些钱就是账外，因为正式账是入账的，对于账外的，不能把它装自己兜里。我们就先放在那里记个账，想着以后开业的时候给大家做奖励用。没多久，还没开业柜子就满了。对于我们几个人，这真是一种特别大的诱惑。我们也很煎熬，一方面，社会上都在给，没有一个单位不给。我们到招商银行总行开会，各个分行就直接说我们必须得高息，不高息我们活不了，比如贷款，得多要些利息。我们当时在这个问题上很犹豫，是不是今后几年就要走这样的路？所以筹备了大概半年，煎熬了半年。我们几个人，经常就这样的问题研究到晚上 12 点多，到底什么办，我们应该持什么态度。最后有一天，记得是在开业前不久，我们差不多讨论了一个通宵，说到怎么样把我们的银行办成一个好银行，一个能够走得更远的银行。最后一下豁然开朗，既然想办好一个银行，那这就是个诱惑，不要碰，一想清楚这些，这个重负一下就解决了，所有资金在开业之前全都退还给单位了。这个在当时，基本没有人做。当时退的单位也都是大单位、大公司，他们都很吃惊，甚至有的很害怕，说是不是我们得罪你们了？你们退了以后咱们怎么合作？后来我们招商银行北京分行从此就定了，一笔多余的都不要。20 世纪 90 年代的时候，都讲究请客，在饭桌上谈事情。我们招商银行就规定，一顿企业的饭不能吃，如果推不掉，那就自己出钱，这样便于更加合法、合规地经营。当时老的银行从业人员听了这个规定，都觉得我们走这一步态度太坚决了。

我的博士论文，后来改编成书，题目叫《论中国银行的稳健经营》。我在书中就讲这样的现象，它不是重大的理论问题，但是当时的大多数银行都是以不稳健经营为特征，这实际上是银行界的一个普遍问题。所以我刚走上商业银行的道路，在第二个 12 年，第一个碰上的问题就是合规。其实这是非常简单的问题，但在那个没有制度、没有约束，甚至连经验教训都不多的时候，就很考验人，是非常重大的问题。在招商银行多次检查当中，都查不出问题。招商银行北京分行成立 24 年，基本上始终保持着领先地位。当时的总行也小，还要摸索着怎么样经营，而北京分行就是一面旗帜。

第二个问题主要是服务。现在我们觉得一个银行怎么都能活下去，当时不是这样的。招商银行北京分行是北京市成立的第一家股份制商业银行。招商银行成立比较早，所以它是更接近于完整意义上的企业制度银行。招商银行北京分行开业的时候，是在现在的复兴门百盛商场旁边一幢简易的三层楼的钢架小屋里办公，即使招商银行离百盛那么近，我们开出的支票百盛都不收，我们的艰难可想而知。这个银行怎么经营？谁都不承认它，所以我们就特别强调服务，通过我们的专业性，特别是服务的专业性，很快就打开了局面。

刚一开业，招商银行北京分行就提出"服务"，在北京市也是第一个。特别是我们首创了在每个柜台前放糖。在此之前，没有一家银行这样做。那时候民工建设金融街，银行里面有空调，进来乘凉，谁都不敢吃糖，服务员说给他们吃，就吃一块，一会儿再看看，吃两块。后来还免费提供饮用水。这些服务，现在看很普通，在过去，到银行都是求人，哪有说到银行能有糖吃的。

我再举个例子，叫号机，在北京市是我们最先用的。当时我们已经发了一卡通，开始实行客户排队了。原来的股份制银行，对公很快发展，个人储户不了解，不敢把钱存在这儿，都在工商银行那儿排大队，这边空荡荡的。我们推出了一卡通以后，人也开始多了。在早期银行的大厅里，根本就没有坐的地方，后来招商银行放沙发，结果沙发都空着，人家也不坐，就为了排队，他们自己也很烦躁。国外也有银行服务，有人统计过，客户等待超过3分钟就觉得不耐烦，超过5分钟，就已经有烦躁的情绪了，而我们这儿平均等15分钟。正好那时候我出国，在瑞士就问了排队的事儿，人家说了一句，我没听懂，再一问，人家就指旁边了。我一看，哦，是一个盒子，后来看到对面亮，人家说，几号，亮个牌子，客户就过去，这样所有人都可以坐着看自己的东西。我回来以后，就找了一个当时跟我一块儿在东北财经大学读过博士的企业老板，让他帮我设计一个什么什么样的叫号机，这样大家就都在大厅里坐下了。后来各个银行逐渐也开始用叫号机，但北京市我们绝对是头一个。

我想说的是，只有在实践中，你才能真切感受到服务的重要性，有了服务，银行才能生存。北京分行成立以后，因为服务好，很快就在北京市做出了成绩。招商银行北京分行开业第一个半年，才不到100人，1994年年初招商银行北京分行挣5 000万元人民币，1995年挣2亿，1996年挣4亿。1997年有金融危机，也是4亿左右的水平。在那个时候，招商银行北京分行是很多人向往的，待遇普遍比国有银行高多了。合规是保证企业的生存，服务则是影响业绩。

1997、1998 年亚洲金融风暴之后，我们又面临“风险”这一重大问题。招商银行北京分行一下从没有不良贷款，到出现了 2%、3% 的不良贷款，我们需要核销不良贷款。这样的问题促进了我们的思考，促进了很多制度的完善。行长、副行长带头，不良贷款的百分之几由行长副行长承担。在当时招商银行整个系统，除了北京分行，没有一家这样做的。还有一些员工，包括特别优秀的员工，也因为风险问题离开了招商银行。后来我在书中写道，我认为我们对风险的认识是血和泪的教训。

在招商银行的 12 年，我觉得主要是接触了金融企业的经营。我在实务当中体会到了什么是经营，它包括了服务、效益，也包括了风险。我们也摸索出一套对所有员工的准则，关于怎么经营的理念也开始逐渐清晰。

21 世纪初，我到了招商银行总行做常务副行长，主管风险，算是首席风险官。基于在总行主管一个银行的整条风险线的工作经验，我写了一本书，谈我对商业银行风险的感觉和认识，这本书叫《风险资本市值》，副标题是《中国商业银行飞跃的几个关键问题》，是 2005 年的经济类最畅销书，大概再版了 5 次。主要是对过去单一企业发生风险的情况作了实务上的分析。另外，我在理论上丰富了对银行资本的认识，关于资源的稀缺性、昂贵性、独立性，以及银行资本对银行规模的限制、如何决定银行规模的有效性，都在书里做了解释。

在招商银行这 12 年，我觉得体会比较深的主要有两方面。一方面，一个金融企业如何独立经营，我丰满了它的含义；另一方面，作为企业类型的一种，银行怎样对抗风险，银行怎样形成利润，对于这些我有了认识上的提高。这个利润不是过去指的那种单纯的利润，而是包含了对社会、股东、员工的整体的含义。现在看来对抗风险、形成利润是银行的主题，因为只有这样，它才能赢利，才能起到企业本身的功能。我认为，工作固然要有一个好的基础，要在大学里认真学习，但更要有实践，通过实践来丰富认识。

◎ 中信银行 12 年：摸索改革、制度与企业文化

我职业生涯的最后 12 年是在中信银行度过的，行长做了 8 年，任常务副总长兼香港一家银行的总长 4 年，总共 12 年。在招商银行工作了一段时间之后，中信银行找我，我觉得到一家新银行当行长，能够独立地管理一家全国性的股份银行，也是个很好的机会，所以我就去了。那个时候的中信银行，处于经营低谷。当时央企的监事会给中央写了一份报告，温家宝总理批示了很大一段，其中专门有一段就写到了中信银行。

接手中信银行以后，首先面临的困难就是监管。当时有 12 家股份制银行，由银监会的监管二司负责监管，中信银行在监管评级里大概排在第九、第十的位置。中信银行是 1987 年 4 月批准成立的，是 12 家股份制银行中成立最早的，但已经与其他银行产生了很大的差距。还有一个问题，我也是接触了以后才感到吃惊，就是去了银监会想谈些业务，人家说先别谈业务，先把不良贷款和案件解决了。另外中信银行当时的资本充足率不足，当时银监会刚出一个政策，资本充足率不足，任何新的业务都不能做。一方面经营很困难，另一方面什么也不能做，还要整改，这个银行的生存已经非常困难了。还有一个问题，就是中信银行的体制非常落后。监管中信银行的现在是银监会监管二司，当时叫股份制银行监管司，主要监管股份制银行。但实际上，当时只有中信银行不是股份制银行，其他银行都已经进行了股份制改革，还有已经成功上市的。

另外，我到了中信银行之后去跟员工接触，发现实务当中问题也比较多。首先就是不良贷款。当时，不良贷款大概有 10% 左右，对不良贷款的拨备却不到 20%，而现在的银行一般都在 150% 左右。还有就是案件。那个时候中信银行的案件标的额都在 5 000 万元以上，连续三四年，每年 5 起，这可真是天天坐在火山口上了。员工的情绪也不高，我一去员工就跟我说，行长你能做到 6 个字我们就能解放了。哪 6 个字？就是止血、消肿、瘦身。止血，就是当时天

天出案件，出不良贷款，怎么能够止住。消肿，就是指当时中信银行的利润是虚增，没有拨备。瘦身，就是当时干部队伍很臃肿，对干部队伍，特别是对高层的干部要精简，要瘦身。

我在中信银行当了8年行长，离开的时候，中信银行是怎样的情况呢？从资产规模上来说，我接手的时候是3 000多亿，到我走的时候是3万亿。当然，这有经济发展的大背景，但是在整个银行业的发展中，中信银行的发展速度无疑是占前列的。不良贷款一开始是10%，后来大概百分之零点几，不到1%。我去之前案件一年五起，后来整个8年只有一起票据案件。至于利润，接手的时候账面利润不到20亿，但实际上当年不拨备，上市的时候把以前的账目还原，算出来真实的年利润只有3亿，但我走的时候大概每年300亿。监管方面，监管评级改善得比较好，从第九、第十到了第七、第四。社会对中信银行也是比较认可的，2007年中信银行获评“中国杰出营销奖”“最受尊敬的银行”等奖项；印象尤其深刻的就是2009年、2010年连续两年，中信银行都是当时的“年度最佳股份制银行”，这是一个很有权威的奖，是由社科院金融所和金融时报社一起评的。员工的待遇也好了，员工的士气大大提升。应该说，那些年中信银行是发生了巨大的变化。

在这个过程中，面临的第一个问题就是风险问题。那段时间中信银行在风险控制方面制定了非常多的制度，有很多严格的纪律，大概一两个月就推出一些新的制度。比如说建立了集体审贷制度。我接手中信银行的时候，上亿的申请一大堆，天天堆在我桌子上，要用行长的权力批出来，但这些单子我一笔都没批过。我们采取了集体讨论的形式，成立了一个专业委员会，职业化地审贷。还实行背靠背的制度，就是讨论通过，最后投票是背靠背的。还有一个是行长否决制，就是说，行长没有同意贷款审批的权力，但如果他认为有问题，可以否定，要不然就过。现在这些制度听起来很简单，但如果把当时实践的因素考虑进去，是比较前卫的，有的制度很多银行至今都没有实现。

这些制度对于从严管理、制度化地管理贷款起了很大作用。但从过去积累的经验、感受出发，我觉得一个银行除了制度以外，更多的还需要文化。在2006年、2007年，这种文化就是中信银行特色的风险文化。我们强调的文化至少包括以下几个层面：第一，我们要有一批完整的、能界定个人权限的规章制度；第二，要有一批在经营中对风险有认识而且对风险有责任感的干部；第三，就是要有一种适合中信银行特色的风险道德文化，或者说一种氛围。我觉得这些才是一个银行风险文化的元素和基础。后来还包括追究制度、责任制度等等，这样对于风险的化解，对于案件的防范才逐渐起到作用。

除了建设风险文化，还有更名改制。我接手的时候中信银行不叫中信银行，叫中信实业银行。中信实业银行成立很早，但是这个名字，很多人都不知道。其实这牌子大街上就有，为什么大家不注意呢？中信银行叫实业银行，感觉完全对公，所以个人储户去得很少。但是大家认识某个银行主要是通过零售，早期就是零售储蓄，不开展零售业务，对于银行的知名度绝对是有影响的。当时我改这个名字，当然有宣传上的考虑，中信实业银行这一排字，就不好记。但是从深层次上讲，我觉得是一种宣示，这家银行要真正地全方位服务于客户，不光做对公的业务，也要做对私的业务，所以去掉实业这两个字。

改名本身对于银行是一种推广，改制也是一种推行。我们引进了战略投资者，当时引进的是西班牙的BBVA（Banco Bilbao Vizcaya Argentaria，西班牙毕尔巴鄂比斯开银行，亦称西班牙对外银行），它对银行干部的培训，风险制度的进一步完善，甚至包括市场风险的一些交易的确提供了很多帮助。应该说，中信银行真正从本质上的转变是上市。在上市过程中，把中信银行过去很多不合理的投资去掉了，还有财产的确权、风险的定性、补充资本等等。所以上市对中信银行特别有帮助。中信银行上市是当时资本市场上一个非常成功的案例。中信银行上市的时候，PD值是5.1，现在的上市企业能有一点零几就很不错了，并且第二年就破发。香港联交所里挂着从它建所几十年以来10个上市最成功案例的照片，中信银行是其中一个。上市很快补充进来了资本金，这样中信银行就有了发展的后劲。

作为一个企业，一个全国性银行，摸索它的经营策略和发展道路，是一件非常重要的事情。很多银行在那个年代把自己对公的主要战略改成小微企业的战略，而中信银行始终贯彻的是“双优”和“双主”的对公策略，也就是说，我们坚持一种有区域特色的“双优”“双主”，就是优质的行业优质的企业，主流市场当中的主流企业。比如在东北地区，“双优”“双主”就指国有大型老工业企业，帮助它们焕发青春；在北京地区，像总部基地这样的企业就可能是我们主要的对象；在江浙就是小微企业；在广东地区可能就是私营企业。我认为，一个银行只有把握住这些反映地区特色的企业组织情况，才能够推广好它的对公业务。我也考察了很多国外银行，它们确确实实是根据银行特色来进行分工的，比如说社区银行基本上就针对社区，情况都很清楚，所以风险很低，出错很少。有一些银行是专业性银行，比如 Northstone（2008 年危机中因为总部问题倒闭）主要做按揭业务，分工、调查、分类已经完全专业化了。像这样的银行，它有自己的特色，根据它自己的组织架构和所在的区域，逐渐地有了天然的客户。

当时中信银行有二三万亿资本，也必须得做小企业的业务。尽管也有小微企业，但是不是要把它作为发展的重点？是不是把它作为我们发展的战略？我认为不是。国家的发展是由当局从国家的角度，考虑到就业、普惠金融这些因素，需要强调小微企业。但它只是一个整体的行业，银行一定要有侧重，我们要坚持特色的发展战略。中信银行这些年能够发展，在当时能够发展得比较好，也是坚持了它自己特色的经营策略。

再比如，发展对私业务也是这样。中信银行是荣毅仁先生成立的，他是一位上海实业家，所以取名中信实业银行，带有实业性质。我们后来要大力发展零售，因为当时中信银行所面临的一个问题就是利润来源太单一，决定了利润变化的急剧坡度，可能碰到一个事件就会导致利润马上下滑。当时中信银行的规模已经比较大，有几万员工，几千亿资本，这就需要增加零售元素，使得银行更稳健地发展起来。而且我们开展对私的业务，也不是走的招商银行的老路。通过对私的客户经营包括理财、私人银行，包括一些更高端的私人营销业务，使得中信银行的对私业务迅速发展起来。总之，在这几年经营当中，我感觉摸索一个适合本行发展特点的有特色的经营道路是非常重要的，也是成功的关键之一。

我在中信银行工作的那些年，中信银行的战略愿景逐渐明晰，我觉得这也是中信人志存高远的表现。这个愿景就是永远努力走在中外银行竞争前列。这句话的含义并不是说争第一第二，而是说我们总要走在前头，我们怎样实践员工的利益、股东的利益、社会的利益。如果一个银行经营得不好，说得再好也没什么用。作为一个股份制银行，利益是很重要的。回想这8年，我觉得摸索中信特色的效用文化、风险文化、激励文化和志存高远的战略愿景，是中信银行成功的一个重要因素，或者说决定因素。

◎ 回首职业生涯，寄语母校学子

如果把视角往后拉一拉，我觉得需要谈两点。第一，我觉得我的职业生涯发展得还可以，很重要的一点就是人民大学对我的教育，使我养成了实事求是的态度，对事业的认真执着，不忘初心。第二，经营银行的过程，固然有我的努力，但是如果光看到个人努力，我觉得不客观。因为我并没有超人的本领，而是经营改革的大潮把我推到了前头。

总的来说，一方面，我们要重视基础，同时也要重视实践，不断丰富自己、完善自己。另一方面，从长远来说，成功跟环境和机遇是密不可分的。

人民大学永远要坚持实事求是的精神和作风。我们那一届学生，毕业后面临着不少问题，工作当中也遇到了很多问题。那时候有很多新的经济的知识、金融的知识，还有很多问题、争论，要是没有实事求是的精神，就很难准确地把握这些问题。

如果说我对人民大学的学生有什么建议，只有一个：定力。我曾经在2015年到哥伦比亚商学院去做访问学者，在那里与商学院的EMBA座谈，他们问到很多中国银行的事情，当时我就体会到我们中国银行的行长或者叫银行家，还不算一个特别成熟的集体，似乎很多行长缺少定力。我所说的这种定力，就是要有历史沉淀。这种沉淀不是一朝一夕就能做到的，是要经过实践锻造出来的。尽管我谈的是银行家的定力，对于很多人来说好像高不可攀，而实际上作为一个人民大学的学生，今后要走向社会，也同样需要定力。这是在追求自己职业的过程中，甚至在抵御社会上形形色色的诱惑中形成的。诱惑不一定都是坏的，但是有很多诱惑会使人的行为短期化，如果一个人在职业当中的行为短期化，往往遇到的挫折就多。我觉得中国人民大学的毕业生应该有一定的诱惑抵御能力，一定的对事业的追求能力，要有遇到挫折、有了成绩以后的定力。所以，中国人民大学的学生们要珍惜现在的时代和机遇，在就业以后，应该有一种中国人民大学毕业生特有的定力。

陈小宪自述，本次采访时间为2018年7月26日，由中国人民大学财政金融学院2017级本科生李锦璇负责采访、录音及文字整理。

采写 / 李锦璇　　编辑 / 耿希继　李宣谊

陈旭

人物简介 浙江宁波人

1959年生，现居北京。1979—1982年就读于中国人民大学（二分校）法律系。现任北京市隆安律师事务所高级合伙人，中国人民大学律师学院兼职教授，中国政法大学法律硕士学院兼职教授，北京市西城区委、区政府法律顾问团委员，北京市“七五”普法讲师团成员；曾担任过中央电视台《法律讲堂》、《央视财经评论》、《中国财经报道》，湖南卫视《辩法三人组》，凤凰卫视《一虎一席谈》，北京电视台《谁在说》、《第三调解室》、《向前一步》，内蒙古卫视《金牌律师团》等多个栏目的律师嘉宾。曾获全国法治宣传教育模范个人称号（中共中央宣传部、司法部表彰）。

◎ 求学曲折，幸遇人大

我1959年8月生于浙江宁波，满月便随母回到北京。父亲在国家机关公安部任职，母亲在中国科学院工作。1966年“文化大革命”开始后，各地形势严峻，父母也因此受到牵连，出于安全考虑我被送回了宁波外婆家。

1972年，我在宁波老家读完小学，国内形势趋于安定团结，于是我便跟随母亲去了湖北潜江县（现潜江市）的中国科学院干校上中学。那时候我们的中学还都是五年制的（南方是四年制），但我只在湖北读了初中第一学期，便在暑假的时候回到北京上中学。1977年初高中毕业后在北京近郊的昌平十三陵公社下乡插队。同年10月份，国家恢复高考。在我们那个年代，作为下乡知识青年，求学之路坎坷曲折，很多人都没有怎么学习，跑去搞政治运动，比如参与学工、学农、学军运动。但是我作为中科院子弟，包括当时班内还有部分同学是北大或者八大院校的子弟，我们这些人从小就受到家庭环境的熏陶，学习的内容可能会比旁人多一点。于是恢复高考后，我们在家长以及周围环境的影响下，都准备去参加高考。

决定参加高考和准备考试的过程中，我克服了不少困难。第一关便是心理关。恢复高考第一年的时候，其实我并没有太大的意愿去参加，因为我在中关村长大，身边的一些叔叔阿姨都是留学回来的科学家，举止儒雅得体，而当时在我们心目中认为上大学是一件非常难的事情，也不清楚上大学到底是怎么回事，所以起初认为上大学跟自己并没有什么关系。但是后来有不少学习不如自己的同学都陆续准备考大学，我就想自己为什么不能去呢？可能是因为年轻好胜，那个时候自己在中学时是学校的团干部，每年都能评上三好学生，也算得上是学习上的佼佼者。所以最后在各种因素的影响下，距离考试还有20天时，决定回家准备参加高考。从农村回到家之后，我也不劳动了，专心复习功课，毕竟只有短短的20天，又不像现在一样有辅导班，只能完全靠自己平时的积累去复习。中学的时候，数学、物理都没怎么学了，自己也还是文科突出一点，像语文、历史等可能更多的还是靠积累，政治、地理就多花些背的功夫。第一年考试，虽然我的考试成绩超过了分数线，但由于报考了北大、复旦和南开等全国一流的重点大学，又由于是第一年恢复高考，招生也没有经验，档案归置杂乱，我的档案最后被天津的一所普通高校调走了。而我大概是二三月份才等来录取通知，同学、家长、老师们都希望我能咬咬牙，先离开条件艰苦的农村。但是我想这不是我喜欢的专业，最后还是没有选择接受录取。

到了1978年，高考招生从1977年的冬季招生改为暑期招生。这一年，说实话难度有很大增加，复习也没有很好的条件。第一年考完之后，我又回到农村劳动，6月份是农家抢收抢种的时候，正需要劳动力，生产队是不会放我们去学习的。后来出于对自己未来前途的考虑，为了备战7月份的考试，无论如何也要回家复习两个月。我记得自己当年考了340分左右，而人大法律系文科录取分数线大约是370分，我并没有能够被第一批录取，也觉得十分失望。当时国家珍惜人才，扩大招生，在北京建立了36所分校，包括清华、北大、人大这些高校都有分校。我们这一批学生就被扩招，分数线降到300分，我的成绩还比较有优势，可以选择报考自己中意的学校和专业了。

当时填志愿有多方面因素影响，最后选择来人民大学。

首先，我那时候住在中关村，距离人大、北大很近，所以对于北大、人大法律系多少有点了解。两所院校都很优秀，但我可能更倾向于在人大就读，因为人民大学在当年是“马列主义学校”，更有机会进入机关单位。当初考虑的时候，也没想到未来会从事律师这个行业，实际是想做一位法官。另外，传统观念认为，应该是文官治国，而不应该是工程师治国。就好比像美国 80% 以上的总统是学法律出身的，作为商人的特朗普是个例外，美国不乏像林肯、奥巴马、克林顿等学法出身的领导者。这对我产生了很大的影响，应该说这也是我选择学习法律的重要原因。

40 年前，人大很多专业在全国都是独一无二的，人大的新闻系、经济系、财政统计等等，都是国内顶尖的学科与专业，其中新闻与法律又是众多学科中最为厉害的。当年北大的分校招生中，没有法律系，且当时法律学科的一些泰斗级老师，例如宪法的许崇德教授、曾宪义教授，刑法的高铭暄教授、王作富教授，民法的赵中孚教授、佟柔教授，婚姻法的杨大文教授等等都在人大任教，多年后他们的学生都成为法律界的新生力量。当时，想学习法律，最好的就是进入人大，在人大分校里才能接受这些优秀老师的教诲。再说人大又离家近，方便学习，所以最终我还是选择了人大法律系。我第一志愿就填报了人大的两个厉害的专业，法律与新闻，最后进入了第一志愿的第一专业——人大法律系，能够如愿以偿，同时也感到非常幸运。

◎ 携手人大，共同成长

严格意义上，人大是在 1977 年恢复高考之际就恢复了招生，但那一年其实只招收了“中共党史”和“国际共运”这两个专业。当时人大的校区被第二炮兵（现火箭军）司令部占领，恢复高考的时候，宿舍、教室等设施更像是一所中学。因为“文化大革命”，人民大学被迫关闭，重新恢复办校时，学校条件很艰苦。而我们其实是十分幸运的，人大分校是在一个中学开办的，当时建立的 36 所高校分校都是由中学改建的，也没有图书馆和体育场所，我们上体育课都是要去公共的体育场，所以当时也谈不上像现在这样优美便利的校园环境。那时，人大东门一进门就是一个只有 300 米煤渣跑道的运动场，同学们踢足球、田径训练比赛都在那里进行，后来才有了比较好的运动场和环境设施。

令我印象特别深刻的就是那时候通过上学改变了命运，在那个年代能有大学上，真的是一件十分值得骄傲的事情。我们也算是赶上了好时候，岁数大的同学可以带工资上学，我这样大的学生在班里绝对算得上小孩子。不过我们可以拿助学金，助学金分为一、二、三等，分别是22元、18元、12元，我能够拿到一等助学金。后来作为校队中长跑运动员在学校田径队进行训练，参加北京高校田径运动会比赛，每天能够拿到3毛钱的补助；参加比赛时，补助就能拿到每天1元。暑假更是通过参加修操场、刷学校游泳池等勤工俭学，获得下一个学期的学杂费，因此，我上大学完全是靠国家助学金和勤工俭学坚持下来的，没有花家里一分钱。

回顾起当时在人大的学习生活，课业这方面的压力其实并不大。我后来参加田径训练，每天的训练最少要跑10公里，训练量对我而言还是很大的。课程考核上采用的都是五分制，我的专业课都是五分。有些偏理论性的专业课程可能在现在学生眼中看起来有些枯燥，可能提不起兴趣来，可我们那时候还是很努力的，也十分喜欢学习这些专业课。老师们认真负责，学生们也都刻苦努力。

至于当时的课程，主要讲“七法一条例”，“七法”就是指当时的《宪法》《刑法》《刑事诉讼法》《人民法院组织法》《中外合资经营法》等7个法律；“一条例”指的是《治安管理处罚条例》，现在我们叫作《治安管理处罚法》。而我们现在所讲的婚姻法、民法等，都是后来陆陆续续建立起来的比较完整的法律体系，故而当年我们叫“七法一条例”。

那时上课给我很深的印象，老师们都是自己写的提纲，没有像现在这样比较系统的教科书。记得民法老师给我们油印教材，不像现在的电子产品方便快捷。佟柔老师的铅印讲稿，都可以算得上是文物级别了。这么多的专业课程里，刑法授课老师我能回忆起的最多，也给我印象比较深刻，像王作富老师、高铭暄老师、阴家宝老师。王老师很让我敬佩，他讲案例都是信手拈来，上课手中拿着小卡片，特别有文人大家儒雅的风范。还有就是教授婚姻法的杨大文老师，课上也是侃侃而谈，如行云流水般。此外，教授民诉法的杨荣新老师、民法通则的郑立老师、外国法制史的林榕年老师等等，他们都是中国法律界泰斗级的人物了，此时回忆起来觉得昔日求学受教的生活还历历在目。

我十分喜欢人大当年积极上进的学术氛围。我们上大学时，大家学习都非常努力，没有人在学校混日子。对于我们来说，当年能通过高考接受高等教育实属不易，大家都十分珍惜这来之不易的学习机会。

大学生活中相处最多的还是身边的同学。虽然那时候我们的年龄差距很大（最大的出生于1946年，最小的出生于1960年），大家也都来自不同的地区、不同的岗位，但是同学之间并不因此有感情上的隔阂，年龄与背景的差距反而给了我们互帮互助、相互借鉴的机会。由于我在田径队，经常去本校训练，熟识不少本校79级、78级的同学。本校的同学们思想都比较活跃，改革开放后的第一批大学生律师，其实大部分来自恢复高考后的第一批法学生。

那时候尽管教学条件简陋，然而我们还是会在大四的时候去法院、检察院等机构实习。我当年是在法律顾问处（后来改称为律师事务所）实习，这也对我职业选择产生了重大影响。通过和同学们交流，了解到在检察院、法院等体制内机关工作，都要遵循一套完整严格的程序，个人主观能动性很难在办理案件中体现；而我生性崇尚自由，不喜拘束。所以，实习结束后，因感觉自己不适合在体制内工作，我下定决心毕业后选择做一名律师。

十分庆幸的是毕业之后，我还真的被分配到北京市司法局所属的北京市法律顾问处工作，成为一名律师。

我国律师制度是在1979年恢复的，我们完成学业后就能马上在第一线工作，实属十分幸运。根据当时的《律师暂行条例》，我从实习律师做起，两年后（1985年5月）未经司法考试（1986年才开始进行司法考试）就拿到了律师资格证。特别幸运的是，1983年底我工作九个月时，赶上国家严厉打击刑事犯罪，律师人手不够，我们便有机会作为律师工作者独立办案。虽是体制内的职业，但办案相对独立。现在合作制、合伙制下的律师能更大程度地自由发挥，更能实现思想独立、行为独立、工作独立。

◎ 母校栽培，获益良多

人大的学习生活对我之后的人生主要有 3 方面的影响。

首先，培养了我的法律职业能力，让我在法律意识以及法律素养上获得了很大的锻炼与进步。作为一个法律人，应该对国家法律有明确的认知，并能够利用它进行法律实践。我当时没有选择去继续读研究生，也没有像现在有些学生一样有着先实习工作一段时间再去读研究生的想法。我大四实习之后更想投入到实际工作中去，因为当时我们所拥有的资源都是最顶尖的名师与名校，学到的方法论足以受益终身。时至今日，法律体系逐步完善，大大小小的法律有 3000 部左右，基于此的学习是永无止境的，而正是人大期间的法律学习，为我从业之后的法律职业发展打下了深厚的基础。

其次，在人大的学习很好地促成了我的法律职业道德观的形成。回想我们的法学教育，可能多少还是有一点理想化的：老师教育我们，法大于一切，法律面前人人平等。但回过头来思考，实现人人平等了吗？作为普通老百姓人人自知，我们实践在法律一线的人感触更为深刻。现在我作为律师兼教授，经常会受邀去一些高校讲座，作为师长，我要对同学们进行正面的教育，因此一定会告诫同学们，社会并不是我们想象中那样美好，司法腐败也是一个很现实的社会问题，告诫大家一定要有正确的思想认知，更不要同流合污，保持自我独立清醒的认识尤其重要。学校勤奋向上的风气、家庭的熏陶，都教会我做个本分的人。学习法律，不能知法犯法，要有最基本的良知；而作为律师，更是不能助纣为虐，要守住最基本的道德底线。

再次，在人大的学习和生活很好地锻炼了我的意志品质。我是学校田径队的队员，在高强度的训练任务和艰苦的比赛条件下，也有伤痛，但我依然坚持完成了训练、比赛任务。印象最深刻的是，在 1981 年的北京高校田径比赛中，我代表人大先后参加 10 000 米和 5 000 米长跑比赛，分别获得第三名和第五名的好成绩（记分录取前八名），为人大拿到了 8 分，为学校获得高校比赛团体优胜贡献了自己的一份力量。这样的运动经历，我从中受益匪浅，所形成的意志品质可以说影响了我一辈子。

◎ 专注律政，活跃银屏

坦白地说，我作为一个学习法律的人，尤其是选择做律师，做到今天这个程度，客观上也算合格。如果说法律人 10 年为一代的话，我们这几代人算是占尽了改革开放的先机。放眼看去，当年我很多的同窗如今都已经是各个法律部门的中坚力量了，我们比前辈更加幸运的是没有被卷入无穷尽的政治运动中去。更为幸运的是，我们工作初期，得到了前辈们耐心的指导、真诚的培养。

那时，我们作为体制内的律师，是由国家发工资的，案源也不用发愁。我参加工作时的 20 世纪 80 年代初，北京只有那么几家法律顾问处（律师事务所），全北京市的律师也只有那么几百人（现在北京市有 3 万多名律师），因此，我们的工作十分繁忙。

在工作初期，我们以办理刑事案件为主，对于如何阅卷、会见被告人、如何撰写辩护词、如何出庭辩护等，前辈们都会细致入微地予以指导。碰到这样的师傅是我的福气，使得我能够在前辈的言传身教下不断完善自己。

借此机会，我对年轻一代律师也有一些希望，希望年轻一代能够好好地利用现在能够接受到的良好熏陶训练，多请教有经验的前辈，对如何做好文案，如何做好诉讼、非诉讼工作以及档案怎么整理等，都要用心学习。律师工作是一个实践性很强的工作，很多操作层面的事，在学校学不会。律师工作从接待客户开始，都有一定的流程，流程中的每一个步骤都需要注意什么细节，学校很少讲这些实践方面的东西，工作的问题还是需要在大量的实践中总结经验，如果有机会去实习，这些慢慢地都能很好地掌握。就我个人的成长经历而言，无论是在学校受到的相关训练，还是在单位受到的更为系统针对性的训练，对以后的职业生涯都有着十分深远的影响。毕业之后，正是这样的训练和得天独厚的条件，让我能够在律师行业大展宏图，有所作为。

毕业已经是三十五六年前的事儿了，当时的办公条件非常艰苦，没有正式的办公室，我们甚至在地下室办过公。但尽管如此，我们工作学习还是十分努力的。我刚毕业分配到北京市法律顾问处工作时，为了更好地学习工作，就搬到办公室住，每天下班以后，就会读书写作。那时我每天半夜两点睡觉，吃完饭后唯一的事就是读书看报，提升自己，完善自己。当时有一些关于民法、婚姻法的法律宣传，需要我们这样有专业背景的人给电台、报社写稿，由于没有打印机器，全靠手写，写错一字就要重抄一遍。而正是这样的学习训练，对我的文字写作能力和学习态度有了很好的训练，让我以后写文章的时候，都会带着疑问去写，也会很严谨地去查阅资料。正是这几年打下的功底，让我能够在北京市司法局成为业务能力很强的青年律师之一。

1994 年，我在从事律师工作 11 年并且小有名气之后，因家庭原因去日本生活、工作了七年，从事的是与法律毫不相干的工作。因此在 2001 年回国后，一切从零开始。

出国这些年，国家出台了一系列新法，同时法律工作流程变化也相当大，从业环境变化更是巨大，以至于对于我这样已经从事律师工作十余年的“老律师”来说，也不能相信自己是否还可以再做好律师工作。回国后虽然回到了律师行业，但由于自己不愿意（也不可能）为他人打工，前 8 个月没有一分钱收入。在这样的压力下，我就早出晚归地跑图书室，充实自己。但由于业务生疏，还是不敢见客户，生怕说错、误事。说起来可笑，我当时连律师函、质证意见这些现如今看来是最基本的法律文书都不会写。怎么办呢？当时自己已经 42 岁了，不好意思向同事请教，只能开始“偷学”技艺。在办公室看到别的律师在打印机上落下打印好的法律文书，我就拿过来照葫芦画瓢，照猫画虎的学习基本写作方法；有机会，也会去旁听同事的案件。那时，我仍然是早7点上班、晚8点下班，努力学习、工作，经过不断努力，业务终于可以上手了。实话说，这一步步熬过来可真不容易，现在好了，工作上可谓扬眉吐气。

几十年来，心得无数，经验也积累了不少，有一句座右铭借此分享给大家："无论你是狮子还是羚羊，你都必须奔跑；无论你是贫穷还是富有，你都必须奋斗"。因为无论是狮子还是羚羊，都必须奔跑才能生存，狮子需要奔跑来捕食，羚羊需要奔跑来防止被捕。同理，无论一个人是贫穷还是富有，也都需要奋斗。这句话使我很受感染和启发，在我工作困难的时候支撑了我。我的体会是能于逆境中生活的人都有这么几个因素。其一，本身就是骨子里勤奋向上的人，不甘平庸，想着读书的确可以改变命运。所谓"将相本无种，男儿当自强"，不是说非要当将军宰相，但男儿都应当自立自强，无论现状如何，都应立志能够有朝一日出人头地，改变自己的命运。其二，作为一个男人，要承担起对家庭的责任，给家人安全感，给他们坚强的可以依靠的肩膀。其三，就是机遇。当有好的平台、好的机会的时候，不要过于犹豫而错失，做决定就要果决勇敢一些。其四，要肯吃苦，就好比我做电视节目，录制十分辛苦（有时录制一期节目要耗时八九个小时），没有周末，但也是一步步坚持下来了。当然也不能不切实际地付出，要在综合因素下抓住机遇，也许就能有一个好的转型，找到适合自己的方向。

由于这些年的艰苦努力、不断实践，我在农村宅基地房屋买卖（典型案例是宋庄画家村宅基地房屋买卖合同纠纷案件，曾引起全国媒体广泛关注）、婚姻继承业务（典型案例是侯耀文遗产继承案以及百亿富豪妻离婚案等）方面也越来越有经验。这些年陆续拿到了"北京市十佳房地产律师""北京市十佳婚姻家庭法律专业律师"等荣誉称号，而且是全票通过评委的评选，得到了业界内外的一致认可，证明了自己的实力。

工作之初，我就下定决心，要当一名好律师、名律师。经过前述不断地努力，1987 年初，我就成为著名影星刘晓庆的第一任私人律师，以后又为一些名人打过官司，参加许多电视节目的录制，以此为契机，成为一名知名律师。

而进入电视节目的契机可以称得上是“无心插柳柳成荫”。在我成为刘晓庆第一任私人律师的时候，赶上第一个五年普法计划，中央电视台、北京电视台组织法律知识竞赛时请我当评委、参与节目录制，这也是我最早的“触电”经历。后来我继续在中央人民广播电台、北京人民广播电台做与法律相关的直播节目。也就是这个缘故，我对电视节目的接触，在同行中算是比较早的一位。

1994 年，我因家庭原因去日本生活，2001 年回国后，我被推荐参加了一个央视法律帮助热线节目，重新开始了我的“电视生涯”。

2003 年 3 月，我机缘巧合地参加了当年的“三・一五”晚会，接着开始更多地接触电视节目，邀约也逐渐多了起来。直到现在我参加一些法制节目或纠纷的调解，凭借着说话清晰，观点明确，表达不含糊且斩钉截铁的表现，获得了观众的好评。

现实生活中，有许多律师为了推广自己都会想尽办法，甚至不惜花费巨资上电视，但就个人体会而言，参与电视节目的录制并非易事。作为专业律师嘉宾参与电视节目录制，一方面要有观点，另一方面，又要拿捏有度。我们发表观点时可以温和，但一定要思路清晰，一针见血，切不可模棱两可，似是而非；在一些专业问题上更要严谨表达。电视节目是一个受众广泛的平台，说错一个观点就可能被舆论盯住、挨骂，甚至失去再上节目的机会，这就迫使“触电”律师发表观点时竭力谨慎客观。同时，我认为自信的气势也非常重要，我自身几十年的长期积累足够支撑起一种强大的、普通律师所不能展现的气场，来辅助我更为坚定地表达自己的看法与观点。

在录制现场参与调解的过程中，因案情不同所需要的处理风格也不同。我在参与节目录制过程中，一般都会拿一支红笔做一些笔记，在听到任何关键词的时候及时记录并提出矛盾问题所在。这样，发表意见时，就会拿捏准确、分析到位，就可以对相关问题作出准确地表达。这么多年，我在电视节目上能够有所成长，能够立得住，成为观众辨识度较高的电视人、律师，甚至在一些电视节目里成为标志性的符号人物，成为收视率与口碑的保证，也得益于我上面的这些心得。我也很欣慰至今在录制节目时没有出现过什么纰漏，这也算是一个“触电”律师的最大成功吧。

◎ 祝福母校，寄语后学

人大是培育我人生理想的母校，我真诚地希望我们新一代的学弟学妹能够珍惜在人大学习的时光。首先，在学习好书本知识的同时注重进行实践。实践出真知，走向社会真刀真枪地去展现自己的学识，在人大学到的知识才能够有真正的用处。其次，希望大家都能养成好的习惯，为终身学习打好基础。老师只能教一时，不能教一世，要多学习老师的工作风格、生活态度和治学精神。我自己在所谓“功成名就”的今天，仍然对教过我们的王作富老师等老一代法学家充满了敬意。

我更想对人大的同学们讲，如今的人民大学基础设施一流，学生更应该端正自己的学习态度，不要随波逐流。遍观现在大学生高校学习生活现状，我们看到许多同学不能认真读书，没有理想，而把主要精力花费在网络游戏和奢侈消费上去，荒废了自己的学业，实在令人心痛。

我们 40 年前上大学的这一代人是不需要鞭策的，因为我们好不容易从农村、工厂、基层回到课堂来学习，成为青年一代的佼佼者，我们都知道这其中的不易。作为人大的一个师长，一个学长，我希望现在的学弟学妹们既然有幸到这样一个优秀的学校学习，就要珍惜这来之不易的机会，更要学会为自己创造机会去接触社会，吸取更加先进优秀的东西。出身贫穷家庭的孩子不要自卑，出身富裕家庭的孩子也不要自负，我希望大家在校园里更多地去积累宝贵的人生体验，在逐步接触社会的过程中，要学会批判地接受，培养自己客观分析问题的能力，能够自己管好自己，树立正确的价值观念，这比什么都重要。

陈旭自述，本次采访时间为2018年6月29日，由中国人民大学法学院2017级硕士生何婴负责采访、录音及文字整理。

采写 / 何婴　　编辑 / 李宣谊

陈志军

|人物简介|　北京人

笔名陈九，1955 年生，1978—1982 年就读于中国人民大学工经系，获学士学位。1986 年赴美先后就读于俄亥俄大学国际事务系、纽约石溪大学信息管理系。曾任职纽约市政府主任数据师。海外华文文坛颇具代表性的作家之一。第四届《长江文艺》完美文学奖和第十四届《小说月报》百花奖以及首届中山文学奖获得者。部分作品被译成英文和日文，并收藏于耶鲁大学图书馆、纽约大学图书馆及纽约公共图书馆等主流图书系统。现为北美中文作家协会会长，美国《侨报》专栏作家，并兼任中国人民大学北美校友会理事会副理事长。

我在海外这么多年，秉持着人民大学赋予我的最根本的理念，就是人生不能放弃，不能放弃完善自己。我正是抱着这样的理念，这样的人生观，用自己的真诚，用自己的拼搏去工作，去赢得自己的尊严，我认为这也是赢得中国人的尊严。

◎ 少年纵横多少事

那时候人大很辉煌，像太阳似的照耀着北京市的每一个角落，即使走得很远你都可以看到它在发光，人大是很多人向往的学校。

我出生于1955年。因为我的母亲是从当年四野南下工作团抽调到人大的第一批调干生，后来留校工作，所以可以说我从小在人大的校园中长大。那时候人大还没有现在的校区，老师们就住在铁狮子胡同1号，都是坐班车到西郊校区去教学，因为西郊那时候没有宿舍。我们家当时住在九条，后来从九条搬到十条，又从十条搬到铁1号，我就在这个院里长大。我们小孩子可以零距离地跟人大老一辈的教授接触，而且他们的孩子都是我的小学同学，我们当时在铁1号的府学胡同小学读书，所有的人大子弟都被编成了一个班。

我对人大充满了感情，因为我深切地感受到它的荣耀，那一代人的荣耀。还记得尚钺老先生，拄着拐杖，穿着一件蚕丝短袖衬衫，一条派立丝的裤子，带着巴拿马草帽，在人大院里一见到我，就喊“方方，过来过来”。还有唐弢先生，是鲁迅的学生，曾经写过很多介绍鲁迅的文章，那时候唐弢先生也是满面红光，戴着草帽。那一代人包括校长，当时的那种风采、那种派头、那种气场，你们可真的没经历过。特别是女老师、女学生的那种美丽，简直不能想象。

我还记得年轻时候的丁子霖漂亮极了。

当时我们还小不太懂，我们只是作为这个院子里的孩子，很骄傲、很有优越感，但是那时，我们还体会不出来这个学校对民族到底有什么意义，它与国家到底是什么样的一种关联。

后来因为“文化大革命”的原因，我没有接受完整的中学教育。“文化大革命”期间，我父亲的政治生涯遭遇重大挫折，全家也进入最艰难的一段时期。1970 年我 15 岁时，父亲联系到当年的老战友，把我送到了部队。我在铁道兵部队服役了 5 年，始终是在基层连队。我打过山洞，排过哑炮，喂过猪，也种过菜，还参加了著名的 1975 年 8 月河南水灾京广线大抢险，经历了许多惊心动魄的生死考验。

我当时在部队的时候，比较调皮捣蛋，但我干活从来不怕苦，而且很乐于奉献。我们那时候是新兵，刚到十渡，修建十渡 1 号、十渡 2 号的山洞。打山洞的时候，把炸药放进去以后，在炸药上插一个雷管，雷管上面的线通着引爆按钮。炸药爆炸的时候是按顺序炸，有人专门数那个炮，看哪个没炸，都要做记录。可是每一次都有没炸的，我们就得去排，但哑炮随时可能爆炸。我曾排过将近 30 个哑炮，天天都处于风险中。我们进去的时候谁都不能保证还能出来，但是我们出来的时候，就感觉是重获新生。可能是命中注定，我没遇到过一次爆炸，但是我的几个战友就是这样牺牲的。

那年我们在太行山修建三合庄隧道，这是当年全国最长的铁路隧道，3 800 多米，地形复杂，石质恶劣，动不动就塌方。但这是京原线通车的关键，能否按时打通关系到整条铁路的进度，我们别无选择，只有拼了！每天进洞时，谁都不知道还能不能回来。我们把各自父母的姓名、家乡地址写在一张纸上，交给不当班的战友们。刚开始还感到悲壮，后来习惯了，大家说说笑笑往洞里走，与外面的战友们告别。每天分手都可能是永别，我们心里非常清楚，可谁也没犹豫过，为了理想和军人的荣誉，大家都是怀着一同赴死的心情进洞的。后来，当隧道完工时，我们有十三位战友付出了生命，包括一名营教导员和一名工程师。

这种人生的经历，对于我来讲，足以证明对信仰的忠诚，对国家、民族的忠诚。

在上大学之前，除了5年的军旅生涯，我还当过两年工人。那是1976年，我被分到中国科学院化工冶金研究所做试验工。时间虽短，我却有幸参与了两项重要科研项目。一是流态化炼铁项目，二是等离子涂层项目，两个项目都意义重大。老一辈科学工作者对于科学的态度，给我留下了深刻印象。我还记得当时负责流态化炼铁项目的是著名留美科学家郭慕孙先生。为解决铁粉在气流中分布不均的难题，郭先生不顾60岁的高龄，二话不说爬进反应釜提取板结的粉块。他爬出来时浑身通黑，被铁粉覆盖的身躯只有眼镜片还在闪烁。我当时真是感动极了。

后来离开化冶所，是因为考大学。1977年恢复高考，我们这些在"文化大革命"期间蹉跎10年的年轻人，以"胜利大逃亡"的心态投入高考。然而对于我来说，中学教育几乎是空白，想要参加高考实在是困难重重。第一次高考，我遗憾落榜，仅差3分未达录取线。后来的一年，母亲为我请了学校里赵遐秋老师帮我补习古汉语和作文，再加上自己的努力，1978年，我终于考入了中国人民大学，成为人大1978年复校之后第一批学生中的一员。

说起来，人大不是我的第一志愿。我从小在人大长大，反而有了一种叛逆心理，更向往其他地方，所以我当时填报的志愿是南开大学中文系。然而当年考试分数公布，我发现自己分数最低的就是语文，数学却考得很好。当年的考试政策允许在公布分数之后修改一次志愿，我考虑再三，最后报了人大的工业经济系，并顺利被录取。

当年考上大学，实在是件让人得意的事。我们胸前别上白底红字的校徽，在马路上高谈阔论，随口就是主席如何如何说，小平同志如何如何说，东欧经济改革中的物质利益问题……说起来就是年轻气也盛，狂得不得了。

我还记得我们当时的教室是图书馆楼四层最西边的那间。同学们之间的关系很融洽，从入学到毕业一直到现在，工经班有一种气场从未改变，那就是真诚、包容、不偏激。

当年的同学们，如今都还保持着联系。我们这个班的同学都很不简单。一部分人直接参与了社会变革，成为各个岗位的领导；一部分人成为理论家、咨询家，为变革提供理论支持；一部分人下海经商，成为先富起来的那一批人；还有一部分人从事舆论宣传工作，成为赫赫有名的媒体人。然而30多年过去，不管大家人在哪里、从事什么样的工作，始终都把情意看得最重。

◎ 远渡重洋久做客

1982年毕业，我被分配到国家轻工业部政策研究室，当时的工作是给一位常务副部长做文字秘书。凡是他发表的文章，都是我先来草拟。说起来是份体面又稳定的工作，但我自己本身不喜欢官场的氛围，觉得这跟我的个性不搭。

后来还有一件事对我触动很大。当时农村联产承包责任制刚刚兴起，我和局长到全国各地搞调查，到中小城镇的集体企业搞试点，力图在轻工业领域推广农村联产承包责任制的成功经验。然而我看到的现实却是，国营企业困在种种限制中无法脱身。有些企业明明就要活不下去了，可还是什么都要等，等指示、等拨款、等红头文件，就是不想办法自救。当时局长和我两个人，努力一年下来终于有了些成绩。可没想到工人热情刚上来，此举却被突然叫停，说是违反税法，我想不通。

除了客观现实中发生的一些事情，还有一个我一直坚持的想法左右了我的选择：就是我得会一门外语。“会”的意思是能把这门外语说好，不一定说得完全跟外国人一样，但是要能达到流畅沟通，工作场合、私下聊天都能应对。我当时英语水平不高，只是在人大念书时上英语公共课的那种级别，能读一些简单的东西，但是听和说都不行。我觉得我一定要出国待几年，最起码把英语学好。当然，那个时候，对于出国之后到底会怎么样，基本上是一片茫然。

1986年，我开启了人生的一个新阶段，赴美留学。当时我选的专业是国际事务，目标很明确，因为我本来也是一直喜欢外交、国际关系相关内容的。报考的大学是俄亥俄大学，学校的排名本身不是特别靠前，但是它的国际发展中心在美国排名很不错。另外还有一个现实原因就是俄亥俄大学提供全额奖学金。受当时经济条件限制，没有奖学金的话无法成行。

想法总是比现实美好。我去美国之前没有太多规划，就是一片茫然地乱闯，等现实问题出现才发现措手不及。毕业时我找到美中商会实习，本来希望能留在那里工作并拿到绿卡，然而后来我才发现那里不给任何外国人办绿卡。而当时美国对于留学生的政策是毕业之后只有一年的实习期，到期找不到工作就必须回国。我已经用掉了大半年的时间，4 个月之内找不到一份工作的话，就必须得离开了。正在焦头烂额的时候，我又了解到一个雪上加霜的事实：国际事务这个专业在美国就业面极窄，要么选择智库类的事业单位，要么选择政府机构，可这两种地方对于没有绿卡的外国人来说，都太难企及了。

后来我听说，电脑专业好找工作。无奈之下，为了生存，我就报了纽约石溪大学的信息系统管理专业，万万没想到，石溪大学不仅给了我全额奖学金，还给了我荣誉奖学金，不用工作每月就可以得到 1 200 元。我兴冲冲地直奔纽约，于是就有了我的第二个学位。

果然如他人所说，这个专业毕业好找工作。毕业后我找到的第一份工作是在美国一个金融公司，做了三个月发现自己不大适合。紧接着我发现纽约市政府在招聘 IT 相关的专业人员，工作强度不是很大，而且晋升的空间很好。虽然初入职算合同工，但是有机会考取永久公务员。而一旦成为永久公务员，市政府就不能随意解雇。

就这样，我从合同工做起，不断努力不断提升，也换过不同的部门。如今我的职务是纽约市政府人力资源局主任数据师。我在纽约市政府工作了 25 年，这份工作给了我很多接触美国主流社会的机会，了解他们的文化、他们的职场问题、他们怎么样处理官场各方面的关系、他们的为人处世。

除了毕业、工作这样一条看似常规的生活轨迹，我在美国这三十多年，还有过一些特殊的经历，比如伐木和捕龙虾。当时当然不懂，后来我查过美国的危险职业排名，这两项都是美国最危险的工作。

伐木是在俄亥俄上学时候的事。因为一些特殊的原因，学校本来答应提供的奖学金一下子没了着落。没有奖学金就意味着没有生活费，无奈，我开始想各种办法打工赚钱，去餐馆送外卖，到建筑工地用油毛毡铺房顶。到夏天来了的时候，我看到报纸上登了一个广告，说布兰科镇的伐木场需要临时的伐木工，工资很高，3 000 块美金一个月，还包吃住。当时大约 1987、1988 年，3 000 美金一个月，我不能不去。我当时自恃是铁道兵出身，什么机器都用过，于是想都没想就开着车直奔西弗吉尼亚那个深山伐木场去了。

去了才意识到危险。树倒下来的时候，有各种各样的可能，躲闪不及就很有可能被砸伤。还有树倒下之后猛然翘起来的一刹那，带起来的木茬子如果划到了也会受伤。不过好在我很幸运，没遇到什么大的危险，也看到了很多最底层的美国人的生活。当时招的雇工主要都是墨西哥的非法移民，他们有的是力气，但不怎么会用工具。林场的负责人看中我会使用油锯，就让我每天带着六七个人一起锯橡树。在那里，我突然感到另一个美国在眼前呈现，它靠我更近，自然而坦诚。

捕龙虾也是上学时候为了赚钱做的。海上风浪大，木船剧烈摇晃，晕船呕吐自然在所难免。但更可怕的是，当船走到了海的中间，四周全见不着岸，海里很多鲨鱼，随时会有生命危险。

幸运的是我遇到了一位好船长。我们的龙虾船大概是四五十吨，很小，经不起风浪。开始去的那一个星期，我就是呕吐、晕船。驶入深海，海的颜色是黑的，而且你能够感觉到海的那种质感，它不像水的感觉，更像是一种半流动的浆体。海上风浪很大，老船长怕我掉到海里，用绳子把我捆在船上的一个柱子上。当时船上就我们两个人，他 60 多岁，我 30 多岁。滔天的波浪里，我发现年龄、人种之类的分歧和文化壁垒在生命受到威胁时都消失了。我们相互依靠才能生存，我真正体会到了文化背景之外的人性的光辉。

这就是人与人之间的交往，这就是漂泊的生活，当你完全无助的时候，只剩下真诚的时候，你才知道什么叫孤独。即使你一无所有，只要还保有真诚，你会发现，你仍然能够幸福，仍然能够找到自己的尊严。

◎ 无限思量笔底藏

在我身上，还有一个重要的标签，那就是写作。我从 1994 年开始以“陈九”的笔名进行写作，作品主要用中文，读者也主要是中文读者。

对于我来说，写作不是工作，而是从小延续下来的爱好。说起来这里还有个有趣的小典故。我从小学二年级开始读莎士比亚，当时其实连“莎士比亚”这 4 个字都认不全，封面上印刷的美术体字，一直以为是“莎土比亚”。自己还觉得挺有道理，因为我对沙土感兴趣，小孩子都喜欢玩沙土。

当作家、当诗人是种情怀，我一直都有。我真正开始写作是在部队时。最开始是写诗，那年 17 岁，我在北京十渡的太行山里修铁路。那里有挺拔的山峦，密密的树林，蓝得像宝石一样的拒马河水，还有明亮得几乎伸手可及的满天星斗。我常一个人坐在山坡上，望着远处蜿蜒的河水，陷入遐想。晚上夜深人静时，站在我住的帐篷背后，就能断续听到远处传来的河水奔流声，动听极了。那时我就想写诗，表达心中的感受。

一晃很多年过去，诗歌伴我度过了难忘的大学时光和紧张的工作岁月。在海外漂泊的日子里，诗歌始终像个忠实伴侣跟随着我，与我一起熬过许多无眠长夜。

我写小说比诗歌稍晚。我第一篇小说是 20 世纪 70 年代末写的，题目是《晚霞》，讲述的是抗美援朝期间，一名伤员和一位女护士的朦胧爱情。这篇小说从未发表过，但它的手抄本在一定范围内，主要是部队干部子弟中流传过。

到了美国之后，也写了不少小说。身处异乡，有了漂泊者的心境，对自己国家的文化有了不一样的感受。我写的小说，有的源于自己的亲身经历，比如基于伐木和捕龙虾的经历，写成了小说《我是美国伐木工》和《老史与海》。还有一些则出自观察，看多了华人在美国的真实经历，也忍不住要落到笔下。长期居于海外的经历让我觉得，中西方的文化碰撞和冲突是难免的，但在互相辨识的过程中，两者终会互相理解走向认同。而我也把这些想法，糅进情节里，写进了小说中。从反响来看，相较于我的其他作品，在国内最受欢迎的是我的小说，我也想今后把更多的精力放在这上面。

比起诗歌和小说，散文应该是最“实际”的了。我的散文集《纽约第三只眼》，收录的都是些短文，篇幅在 1 000 字左右。这些文章主要写了我在纽约的生活、我的一些观察，另外还有很多对中国去纽约旅行的人的劝告，比如千万要注意保护自己，大半夜不要随便上街。还有一本《曼哈顿的中国大咖》，写的都是我在纽约曼哈顿巧遇的各类名人，电影明星、作家、画家、导演等。纽约这个地方，最丰富的就是人，形形色色的人。

刚去美国的时候，坐在屋子里，我仿佛都能感觉到空气的流动，弥漫着孤寂的感觉。可是久而久之，我从中获取了自由，一种心灵的自由，我可以任意地去想象自己，可以任意地去理解生活，可以任意地去赞美我认为美好的一切。我写了 200 多万字的文字，在这些文字当中充满了漂泊者的情感，特别本能地要体现出人的善良、美好的情感，这也是我文字的最大特点。如果你们真读了的话，你们会被感动的。千万不要鄙视情感，真正在孤独的状态下，在完全陌生的环境中，你要想让自己活得好、活得幸福，就真的是要用自己的真情去换取别人的真情。

所以我把对亲人的思念，对祖国的思念，对故乡的思念，对人的敬畏，对友情的敬畏，对爱情的崇拜，都融化在文字当中。也正因为我是这样一个人，用这样一种生活态度来对待我的漂泊生活，我才获取了很多很多和不同文化人接触和深层交流的机会。

在海外坚持中文写作得有荣辱不惊的气度。海外中文写作远离母语环境，本来就先天不足，既缺乏比较又难有借鉴。而文字是在碰撞中发展丰富的，孤芳自赏很难出精品，很难成大家之作。再加上，写作毕竟收入微薄，海外中文写作的业余状态，很大程度上左右着海外作家的心态。我在纽约从事中文写作这些年，经历过很多作家去留的过程。但无论如何，仍然有不少人执着于此，包括我自己。

有人说文学的本性是功利的，语不惊人死不休，而我的感觉恰恰相反。海外中文写作虽说难入主流，但起码有一利，我们写作的动机是纯粹地因为热爱，为构筑生命而记录情感。能发表固然好，即便无人欣赏，我们也还会继续写下去。我想正因为此，海外中文写作会经久不衰愈演愈烈。

这么多年一直写，我觉得写作已经成为我的一种生活方式、一种生命状态了。如果有一天我真的写不动了，或者说我已经完全发现自己江郎才尽了，那时，可能生命就没有太多意义了。

◎ 心系母校情不尽

时隔 50 多年，我还记得一段广播词：在首都北京的西郊，坐落着新中国第一所新型大学——中国人民大学……在我小时候，坐过火车的人都知道，所有进京的列车在快到站的时候，车厢广播都会介绍北京概况。这段广播词的最后一段内容，就是上面提到的这段，介绍中国人民大学。从这一个小小的细节，就可以看出当时中国人民大学的地位。现在，我回过头来看，才明白人民大学真可以称之为国家理论的诞生地，精神的诞生地。

人民大学像引擎一样在不断地产生理论的动力，理论的血浆不断地迸发，向国家不断地输出理论人才。那个时候很多干部都是以能够上人大的调干生为荣，能到人大来读书的话，那是莫大的荣誉。

作为一个人大人，我们一定要有一种家国情怀，一定要有自己的尊严。就我认识的人大校友，我觉得他们都有家国情怀，无论身居何位、身在何处，都始终关心中国社会的进步与发展。

人大的校友，牛人太多。就我在美国接触到的，不管是在哪个领域，华尔街精英也好律师也好，都有人大的优秀校友。1994 年，我组织成立了第一个中国人民大学纽约同学会。当时是在我家里成立的，成员大多数都是我们 1978 年、1979 年的这些学生。后来同学会又扩展成了北美人大校友会。那一年正值中华人民共和国成立 45 周年，在一个法国朋友的启发下，以校友会为依托，我组织了纽约华人的第一次上街游行，以庆祝中国国庆。我还记得游行时，我们遭到了各种人的干扰、威胁，但我并不在乎，我觉得我在做一件非常有意义的事情。

此后每年的 10 月 1 日，纽约华人的国庆庆祝游行就成了必备节目。1995 年是世界反法西斯战争胜利 50 周年，当时香港还没有回归，我想着要做点什么，就以人大校友会的名义，与香港、台湾地区的校友会合作，在纽约的林肯中心举行了一场海峡两岸暨香港的音乐会，当时的纽约市市长还莅临祝贺。

后来，在美东校友会的基础上，2014 年，我又联合其他校友，成立了人大北美校友会。北美校友会成立的同时，我们受人大国际货币研究所委托，联合美国宾夕法尼亚州立大学全球商业中心、英国官方货币与金融机构论坛，在纽约举办了“人民币国际化机遇与挑战研讨会”；最近两年还举办了两届金融明德论坛。真心希望这些高端会议，能够提升人大校友在国际金融圈的发言权和影响力。

旅居美国 30 多年的生活给了我很多接触美国主流社会、了解美国文化的机会。也因此，对于人大的年轻学子们，我也有一些建议。

很多青年学子今后要到海外去留学，一定会遇到如何看待我们到异乡、异国去生活的这件事情。请记住，到了异乡、异国，一定要和当地的人，特别是其他种族的人有所接触和交往。一定要亲身去感受文化的融合，有了这种体验，你学成带回来的就不仅仅是知识，还有比较丰富的文化体验。而这种文化体验，会成为今后帮助你成长和发展的非常重要的参照系。

作为一个中国留学生，在学习、生活的过程中，一定要记住我们是来自一个非常有成就的国家，是来自一个非常有尊严的文明国度，这一点会让你受益无穷。如果一个人不尊重自己国家的文明，他就无法尊重自己。这一点我们每一个海外华人深有体会，只有认真对待自己的文明，才能得到别人的尊重、认同、信任。

关于民族文化的碰撞，我认为中美文化大交往中虽有冲突，但前景是美好的，美国文化中对个性多元化的包容最值得吸收学习。同时，我也向大家呼吁，不要拘泥于局部的恩怨，要以自信、尊重的胸怀面向世界。作为人大学子，一定要有自信和家国情怀。大学之道，在明德，在亲民，在止于至善。格物致知，修身齐家治国平天下，明德背后寓意着丰富的家国情怀。无论你是否承认，在你跨进人大校门的那一刻，一种对国家的使命感、责任感就已经开始灌输在你的血液中了，而这一点，将会影响你在每一个人生关口的选择。

至于我自己，我希望能够依然像忠实自己的过去一样忠实自己的今天，写出好的作品给中国的读者。我希望有更多的机会和我的同胞们交流，把自己的感受和想法分享给大家，对大家有更多的帮助。

陈志军自述，本次采访时间为2018年4月20日，由中国人民大学校友工作办公室孟繁颖、李宣谊等负责采访、录音及文字整理。

采访／孟繁颖　　文字／李宣谊　董静雪

陈国青

|人物简介| 北京人

1978—1982 年就读于中国人民大学信息系，获学士学位；1988 和 1992 年分别获得比利时鲁汶大学硕士和博士学位。现为清华大学经济管理学院 EMC 讲席教授、学术委员会主任；曾长期担任常务副院长。2005 年度受聘教育部长江学者特聘教授，1999 年度获得国家杰出青年科学基金。担任教育部管理科学与工程类专业教指委主任，国家自然科学基金委大数据重大研究计划指导专家组长。

◎ 插队中高考，就读信息系

我从小在北京长大。小学、初中、高中、大学乃至工作都是在北京。1976 年初，我被分配到北京农村去插队，经历了两年半多的插队生活。我参加了 1978 年高考，在报志愿时人大尚未复校，所以我们报了很多别的学校的志愿。后来，突然宣布中国人民大学复校了，学生可以补填志愿，并且可以把人大填到所有志愿里的任何一个位置，比如变成第一志愿。我是在去体检的路上收到一张补填志愿的表单，所以我就把人大填到了第一志愿的位置，就这样来到了人大。

至于对专业的选择，因为我那时有组装半导体收音机的业余爱好，喜欢电子线路相关的东西，可以组装 9 管半导体收音机（即包含 9 个三极管，而当时市场上售卖的高端半导体收音机多是 7 管的），在农村时也经常帮助当地农民修理和组装半导体。所以一心想要学无线电电子方面的专业。当时听说人民大学复校后建立了一个新系，叫作信息系。那时还不知道信息的概念，因为中国刚进行改革开放，整个中国都很少听说过信息这一词汇。后来通过别人了解到信息系是研究学习与电子计算机相关的内容，所以就报考了信息系，也就是现在的信息学院。之后才了解到电子计算机有软件和硬件之分，实际上信息系学的是软件，和线路等硬件没有直接的关系。但因为对电子、线路、无线电的执着喜爱，所以在因缘巧合下来到了人民大学的信息系就读。

◎ 读书岁月，收获良多

初来人大的时候，由于人大刚刚复校，所以教室、宿舍等设施都非常紧张，条件也很艰苦。特别是老师比较紧缺，但很多老师是当时北京甚至是全国最好的老师。

人大信息系及其聘请的老师对我们产生了很大的影响。信息专业当时在国内是第一个经济信息管理 / 管理信息系统相关的专业。当时萨师煊、陈余年、魏晴宇、江昭等一批老师有着很前瞻的视野，创立了信息系，设计了前沿的培养方案。此外，我们在学习的过程中参与了很多科研活动。在上大三、大四期间，我们承担了很多计算机应用的项目，比如北京市首次用计算机统计高考成绩的项目。高考成绩在过去都是手抄版本，是判完卷子后通知学生各科成绩。从我们参加的那一次开始，北京高考招生开始使用“高考计算机处理系统”。这样高考成绩的通知方式就从手抄变成了机打。参加这样的活动对培养理论与实际结合的能力有很大益处。

当时人大的专业基本都是文科，复校时只有两个理工科。我们属于计算机应用领域的工科，并且是人大当时唯一的工科。当时人大唯一的理科专业叫作商品学。我们的学习比较重视数理基础，印象最深的就是我们学习了大量的数学知识，比如数学分析、代数等等。由于我们当时拥有很好的老师，所以在人大所受到的教育和扎实训练，对我们在之后的工作中能够注意开展深入严谨的研究是很有帮助的。

在人大学习期间，感触特别深刻的一点就是虽然人大刚刚复校，条件还比较艰苦，但是同学们都特别珍惜在人大学习的机会。我们这一个班里的学生年龄跨度很大。我不是应届生，有过两三年的插队经历，在我们班上既有比我大八九岁的“老三届”，也有刚刚高中毕业的应届生。所以班上同学们的经历比较多元，班内氛围很好，学习非常认真努力。

◎ 献身教育 40 年

我在人大毕业之后选择了留校，就留在了当时的信息系，从 1982 年到 1985 年的 3 年间和当时很多的老师在一个教研室里。印象比较深的有两件事，一是跟着魏晴宇老师学教《算法分析》课程和《离散数学》课程，使得我作为新教师不但在知识内容而且在教学方法方面得到很大锻炼和提高，同时也从魏老师睿智和逻辑性思维的学者气质中受益良多；二是跟着张道芳、方美琪等老师参加了多个科研项目，其中包括为301医院开发医院管理信息系统项目并投入应用。至今还记得当时设计了大量的ER（实体－关系）图以通过概念建模来描述医院中的人财物关系，从中进一步培养了自己将理论方法与实际问题相结合的能力。从上大学到留校，在人大学习工作共度过了7年多的时光。1985年我被教育部（国家教委）公派赴欧洲比利时鲁汶大学（K.U.Leuven）留学，于1994年底回国。特别感谢萨师煊、陈禹等老师在我出国前和出国期间给予的鼓励和帮助。

1995年至今，我一直在清华大学任教，依旧从事信息管理（管理信息系统）领域的教学与科研工作。这么多年来，无论是从事业来讲还是从兴趣来讲，我一直十分喜欢我学习和工作从事的这个专业领域，从本科学习开始到今天也正好40年了。40年来，信息管理这个计算机与管理相结合的学科得到了快速发展，得益于信息技术与经济管理这两个领域均一直处于创新发展的前沿。一方面，信息技术（IT）的发展直至现代移动互联、物联网、云计算、大数据、人工智能等应用的进步与渗透，大大提升了信息获取、分析和利用的能力；另一方面，随着全球化以及我国改革开放的不断深入，经济转型和管理变革也带来了许多新的管理问题，包括信息管理和IT赋能创新的机遇和挑战。所以说，信息领域的发展是与改革开放的进程同步脉动着。

现在中国是一个很活跃的经济体，信息技术与管理这两个领域无论是理论还是实践都很活跃，因此在这样一个活跃的交叉学科中学知识、做研究、培养学生可以发现很多有意思的问题，我对这个专业领域的喜爱也恰在于此。这是一个特别动态、不断变化着的学科，也是与中国的管理实践、与社会生活关系密切的学科，所以对于我来说有很强的吸引力。

概括说来，在人大学习的经历为我们之后的工作打下了良好的基础。扎实的理论基础和能力训练帮助培养条理性与严谨性，这对于一直从事教学研究工作尤为重要。同时，老师们的前瞻性也对我们产生了很大的影响，有助于培养学科敏感性，更容易感知到技术变化对经济社会的影响。

◎ 教书育人，上下求索

工作这么多年，一直从事教师行业，概括说来就做了一件事：教书育人。

我在国外留学期间学的也是管理与计算机结合的信息管理相关专业。经济管理方面的知识学习当时对于我们来说是一个很大的难题。因为在20世纪80年代的时候，中国刚由计划经济转向市场经济，很多市场经济的专业术语和管理理论中国都没有，比如金融、股票等等，中国那时根本没有这些概念和实践。因为我们未曾接触过这些市场经济下的产物，所以相关概念和理论对于我们来说是一个很大的挑战，是海外求学中遇到的情景差异与知识难点。

工作后比较难把握一点的是怎样将国际视野与中国问题相结合。改革开放以来中国涌现了很多鲜活的管理实践，形成了中国自己的管理理念和方法，比如说中国特色的企业文化和业务模式。那么在研究中如何既借鉴国际上的相关理论方法，又能够反映中国的情景和问题就是一个挑战，这也是国际学术界长期讨论的“严谨与相关（rigor and relevance）”的关系问题。它其实反映的是管理类学科领域中的一种纠结。一方面，“严谨”强调研究应该是理论的、形式化的、逻辑的、具有规范的方法论，不能靠脑子空想和随意推断。若想得出结论就必须有很强的证据来支撑，方法论也必须非常科学。另一方面，“相关”强调研究应该与现实相关，与具体应用和情景相联系，并对实践产生影响。中国学术界也存在着这样的问题，既是中国与世界的问题，也是理论与实践的问题。这个问题对于管理相关的学科很重要，因为管理学既是科学也是艺术，管理学研究人、组织和社会的关系，其中文化、行为、情景常常是重要构念。

对于人民大学和清华大学这样的中国大学，中国根基、国际视野常常是所秉承的使命要素。教学、研究、人才培养一定要为中国做贡献，同时又要创造高水平成果获得国际认可。这就是我们说的纠结与挑战，因为上述两个方面都需要考虑。在我们的专业领域——信息管理中，我们试图从中国的实践和现象出发，逐渐提炼形成研究问题，通过严谨的方法论建模和求解、揭示机理，进而形成思想性认识并指导实践。

◎ 见证教育领域的改革开放

改革开放以来中国的教育领域发生了很大的变化。学生的整体文化素质在逐年提升，掌握的知识也在不断丰富。由于现在的技术手段比较发达，所以能够接触到更多的信息与资源，并且接触世界更加方便，外语水平普遍较高，能够更好地了解世界，视野更加开阔。现在的媒体形式也越来越丰富，所以学生的知识面都很宽广，思维更加活跃，综合的知识能力比较强，尤其是接收与处理信息的能力。但是现在的学生也有一些特点，就是更加现实，更多地考虑如何塑造自身的能力。以前的学生更加忧国忧民、理想主义一些。现在由于社会的多元化，大家的市场竞争意识也比较强，所以大家都很担心就业问题，考虑所学的东西有没有用，能不能直接在就业市场上体现出来，所上的课、参加的活动对就业有没有帮助，等等。但是我觉得作为学生还是应该多一些理想主义，有更多的家国情怀，这是从学生的角度来看。

从老师的角度看，近一二十年来国内教师的水平，尤其是综合研究水平提升得很快。我们现在培养出来的老师的研究水平有了很大提升，不少已经进入国际先进行列。对于教学研究，我们有这样一个概括，特别是在经济管理领域，大致经历了 3 个阶段：

第一个阶段是改革开放到 20 世纪 90 年代。我们国内的课程基本上是照着国外的教科书来讲。那时已经进行改革开放，引进了国外市场经济的很多理论和新的案例，比如说日本的JIT、美国的一些生产制造新技术、新理念。企业管理实践也多是吸收模仿和国际接轨。这个阶段的特点是学习。

第二个阶段是20世纪90年代中期到2010年左右。我们已经进入在研讲国外理论和案例的同时讲中国的企业实践这个阶段。因为这时中国的改革开放已经产生了许多世界瞩目的成果，出现了一大批具有竞争力的企业。中国的特色、管理经验、商业模式和最佳实践等已经成了国内外学界和业界关心的话题，也逐渐融入教研内容和相关教育环节之中。这个阶段的特点是融合。

近年来，我们也许开始进入第三个阶段，在不同的学科和知识平台开始有了中国的篇章（如中国的实践、理念、理论、路径等），或者以中国为主的一些篇章。但是首先需要中国做得好，其次中国的成果要产生国际影响、获得国际认可。这个过程可能是长期的、艰难的，需要社会各界包括老师学生一起努力。这个阶段的特点是创新。

◎ 对信息管理学科未来定位的思考

信息管理学科发展的主流趋势之一就是技术与管理的融合。信息管理作为交叉学科，既有技术作为硬学科的特点，也有管理作为软学科的特点。所以我们在整个学科上强调技术与管理并重。

现在大数据发展非常迅速，现实生活中的很多东西都是在用数字表示。日常生活中的购物、交通、通信等方方面面都在很大程度上实现了数字化。生活发生这些巨变的原因，可能就在于数据世界对现实世界的反映能力实现了较大飞跃。换句话说，在数字化生活的背景下，大量的传感器和移动终端，包括智能手机、可穿戴设备、车载设备等等感知技术应用已经广泛深入地与人们的生活相融合，使得经济社会活动更多地可以通过数据反映，社会“像素”高速提升，数据粒度不断细化。同时，如何更好地通过数据认识现实，获得个体、组织和社会的“画像”，则依赖于“成像”技术。这里

"像素"和"成像"可以比喻为大数据时代的"大数据"和"大数据分析"情景。

回想起来，现在对于数据的获取、存储、处理的能力与我们当时上学时接触的情形简直是天壤之别。我们那时上机使用的穿孔纸带、卡片，通过16进制开关来操作国产小型计算机，在内存为512K的号称是中型机的进口计算机上运行应用程序……到现在仅一个智能手机就动辄几十G内存并装载无数应用程序（Apps）。说起来我们是信息社会的"移民"，而现在几岁小孩就可以在平板电脑和手机上自然地触屏和交互，他们是信息社会的"原住民"。由于信息技术的飞速发展，这种年龄代沟和技术代沟的共存和不对称性，使得数字化生活中的个体和群体逐渐多元化，包括出现了完全生活在虚拟空间（如游戏和虚拟现实）中的新人群，甚至一类新个体，如智能机器人。这时，消费者、服务者、员工、管理者等等可能体现出不同的行为特征，也在催生出新型交互关系、需求商机以及新模式和新业态。

所以说，传统计算机应用的数据处理能力难以较为完整地记录急速发展变化的社会信息；而现代社会下大数据的广泛应用使得社会管理信息化，很多传统管理模式被数据管理取代，决策方式也更多地建立在大数据分析的基础上。在这种发展趋势下，管理与信息技术的融合便愈显重要，在我们的研究中也会随之出现更多新机遇和新挑战。在大数据时代，一方面，生活会更加便捷，选择会更加多样；另一方面，理念、方法论、范式层面上也会出现许多新变化，比如大家做事情想问题的方式会不同，创新竞争的形态会不同，进而研究和应用的范式也会不同。实践发生变化，新的范式出现，使得我们学校的教学研究、课程设计以及人才培养模式都会受到影响，并需要做出及时的学科应对和布局。

◎ 未来已来，当管理学"遇见"大数据

人大的学科设置和院系布局很多属于管理学范畴，而管理学与

经济学、社会科学、工学等又有许多交叉领域。在大数据时代，管理学及其相关领域面临着诸多新挑战，当然如果能够及时感测这些挑战并做出有效的响应则也是学术创新和跨越发展的新机遇。

特别值得一提的是，在学术研究方面的一个挑战是范式转变（paradigm shift），出现了一类新型研究范式，即大数据驱动范式。我在《管理科学学报》2018年7月刊上撰文，就大数据驱动范式及其相关问题进行了讨论。概括说来，在管理学研究中，模型驱动范式是常见和比较主流的研究方式，例如行为构念模型和经济计量模型，可以用于刻画构念影响路径和变量因果关系。但是，在大数据情景下，模型驱动范式会遇到挑战，有效性将受到局限，比如，当变量组合数目巨大时（即意味着要构建的模型数量巨大），当意识不到变量及其关系时（如超出已知知识和经验），当变量不可测或不可获时（如文本、图像等富媒体（rich media）数据的引入）等等。另一方面，数据驱动范式通过大数据分析方法和人工智能技术可以有效地用于上述局限场景，特别是在富媒体数据变换、发现变量间关联以及学习推断等方面。然而，许多有效的数据驱动方法在解释因果、诠释机理等方面存在局限（如关联挖掘、神经网络等）。所以，一类新型研究方式应运而生，即大数据驱动范式，它是一种融合范式，通过“数据驱动 + 模型驱动”来体现“关联 + 因果”的诉求。大数据驱动范式可以从外部嵌入、技术增强和使能创新三个角度来审视。通过技术增强引入新变量新视角，进而推动了新型变量关系、要素机理和理论模型构建，并提升了大数据使能创新的价值创造。

此外，管理学是一门融合了“科学”与“艺术”的学科。在大数据背景下，“科学”层面的可测性、程式化和可重复性等要素正在越来越多地被数据和算法表达；而“艺术”层面的情感、心理以及认知等要素也开始被不断“量化”，包括借助一些感知技术（affective technologies）（如眼动、脑电技术等）。未来的管理学在探究组织内外“任务”与“人”有机结合的过程中，数据驱动特征将愈加凸显，相关范式转变也将进一步深化。

近年来，人工智能（artificial intelligence）的研究和应用得到了快速发展，并受到各界的广泛重视。人工智能自20世纪50年代以来的发展起起伏伏，虽然在相关思想、模型和方法等方面取得了许多重要进展和成果，但是由于常常受限于数据基础以及计算能力的不足，其学习、进化以及推理等方面的能力难以得到发挥，应用效果也受到影响。直至进入大数据时代，人工智能的许多成果得到了工程化和产品化实现，开始在深度和广度上渗透到社会经济活动中，并引发人们对于未来产业和人类生存的遐想和担忧。机器人和智能产品早期用于替代人类简单重复的体力性工作，现在则可以开始尝试用于替代不少复杂并具有智力的工作，诸如围棋、翻译、绘画、作曲、赋诗、无人驾驶、人脸识别、意念控制等等。人工智能在管理领域的应用也初见端倪，比如财务机器人、自动金融交易、竞争智能、客户服务、人力资源管理、市场营销等等。毫无疑问，人工智能将在未来的社会经济活动中扮演着越来越重要的角色。同时伴随着人工智能技术的进阶，人们对于人工智能应用在隐私和伦理方面的担忧也在不断加重。此外，人工智能理论和技术发展也面临众多挑战（如“黑盒子”特点、学习机理、语义理解等），这些对于强调“关联+因果”的管理决策领域尤为重要。

除了学术研究，大数据也将对未来专业发展、课程教学、人才培养产生深刻影响。学科交叉融合、数据意识和数据能力培养、商务分析（business analytics）方法与应用等已经引起国内外教育界的日益关注和重视。

◎ 对人民大学及信息学院的建议与期盼

我主要有两点建议与期盼。第一点是希望学院或者学校能够更好地加强师资队伍建设，使得师资队伍的水平能够进一步提升。人大的师资力量已经很好，但是还可以进一步提升，因为师资队伍的提升对于大学来讲是一个永恒的话题。只有教师有比较好的个人素质和修养，有比较丰富渊博的知识和学术水平，为人师表，才能积极地影响学生，并会促进整个学校发展及其学科建设。

第二点是希望在拓宽国际与国内交流渠道、将中国与世界相结合这方面能做得更好。比如在研究方面，就涉及“严谨与相关”的关系问题。一方面继续开展高水平中国问题研究，在中国经济建设中发挥重要作用；另一方面积极参与国际交流，在国际舞台上展现高水平成果。在教学方面，构建高水平国际化氛围和教学项目。这涉及教学环节的全员参与，比如引聘国际师资、招收国际学生，需要管理、行政、后勤等环节提供国际化的服务。

前段时间回到母校，非常欣慰地看到人大在学科影响、硬件、校园、学术氛围、杰出人才项目、学生活动等方面取得长足发展。作为校友希望母校能够继续取得更大成就。

◎ 关于信息学院学生的专业学习

信息学院的学生学习的知识内容主要是计算机与信息管理两个部分，涵盖了技术与管理的特点。如果学偏向管理方面的专业，就应该加强技术意识和能力，称作“技术增强”。现在信息技术发展十分迅速，等同学们毕业的时候要求使用一些大数据分析工具可能就会像现在要求使用 Word 和 Excel 一样普遍。通过学习和掌握基本的技能和工具，可以帮助培养分析数据和利用数据进行管理决策的能力。

如果学偏向计算机方面的专业，应该进行“领域增强”，也就是说除了要了解方法 / 工具导向、把计算机知识学扎实之外，还需要思考这个方法 / 工具是为了解决哪个领域的问题。比如说需要考虑这个方法 / 工具是要用到法律实务上还是用到政府管理上、还是企业管理上？技术最终要和实际问题相结合，所以就需要对实际领域有更深的理解。

现在正是技术和管理、技术和应用相融合的时代，无论所学知识偏向哪个专业方向，都需要在另一领域方向有所增强，也就是技术增强与领域增强。

◎ 感悟与寄语

回顾40年的学习与工作，仿佛总是在学做“二有”之人（事）。“二有”即指“有意义、有意思”。“有意义”是说做一个好人，做对国家、对社会有意义的事；“有意思”是说能够选择做自己喜欢和感兴趣的事。在特定阶段、对特定事情，“有意义、有意思”与“有意思、有意义”的含义可能是不同的，也就是说，“有意义”与“有意思”之间常常不是对称关系而是一种“偏序”关系。“有意义”多具必须、应该的意味，而“有意思”多体现选择和兴趣；也反映了必然王国与自由王国间的一种平衡或状态转换。例如，花大量的时间精力阅读文献可能是枯燥的，但却是基础的、有用的，所以这里强调先有意义后有意思。选一个自己非常喜欢、又具有重要学术价值的课题是学者的一种期望和追求，此时则是既有意思也有意义。对于学生和青年学者，通常考虑更多的是有意义有意思，因为学习、成长、事业发展的过程往往不是轻松的，需要艰苦奋斗。

最后，愿意用我经常给我的学生的一句话作为给人大学生的寄语，叫作“平实见卓越，简约映品格”。“平实见卓越”是指大家总是想做一些卓越的事情，但是这些卓越的事都是在平常的、一点一滴的、踏踏实实的事情中体现的。千万不要只想着做最好的、最杰出的，而眼高手低、忽略了平时一点一滴的积累。“简约映品格”是指现在社会比较多元，也很容易浮躁，应该避免过于自我、物质化和奢华。期望大家能够珍惜自己在人大学习的这一段经历，追求高尚，加强修养，塑造一个更好的品格。

祝愿中国人民大学越办越好！

陈国青自述，采访时间为2018年7月18日，由马克思主义学院2017级本科生郭子暄、新闻学院2017级本科生徐辰烨同学负责采访、录音及文字整理。

采写 / 郭子暄　徐辰烨　　编辑 / 刘芳　李宣谊

陈湘安

|人物简介| 西安人

1956年生，1978—1982年就读于中国人民大学新闻系新闻学专业，获学士学位。曾任新华社军总分社军事记者、新华社《世界军事》杂志总编辑、中央电视台《环球军事》主持人、新华社香港分社新华亚太电视中心主任、深圳新华亚太电视广播公司总裁、新华社上海分社亚泰电视公司执行总裁、九州网联科技公司董事长兼总经理、九州军事网CEO兼总编辑。曾荣获中宣部、新闻出版总署、中国出版工作者协会“第一届全国百佳出版工作者”称号。

◎ 下过乡，当过兵

我祖籍湖南，在西安长大，后来到新疆上学。“文化大革命”初期，西安已经很乱，我父亲就问新疆的老战友那边搞不搞“文化大革命”，他们说不搞，你们到新疆来吧。正好我父亲很早就离休了，所以我们就搬到了新疆乌鲁木齐。

我在新疆上过学，下过农场，当过兵。上中学的时候，男女生是不说话的。因为“文化大革命”，上课中断了一段时间，复课时老师、教材都很缺乏。那时候没有别的书，只有马列，我们基本上把马克思、列宁的能读到的书全读遍了。看的都是《马克思传》《恩格斯传》，受这些革命家的影响，也以为自己是革命家，从小要搞革命运动。我们不上课就趴在楼顶上看马列、讨论，也出一些油印小报。

高中毕业后，我们是最后一批知识青年下乡，当时到新疆兵团去插队。兵团和农村插队不一样，是半武装单位，有工资的，我记得是 20 多块钱一个月，算比较特殊的行业。那时的青年和现在的青年想法不一样，因为毛主席说“到农村去，广阔天地大有作为”，我们是坚信不疑的，到农村去锻炼自己，接受贫下中农再教育。种地、种菜我们都没经历过，也觉得是人生锻炼的一个途径。劳动非常苦，新疆很干燥，我们经常一个星期早晨不洗脸，也不知道脏。每天劳动的汗水把衬衣都浸得板直板直的，汗就哗哗地流，但年轻也不觉得艰苦。

那时候的生活很有意思，春天播种，夏天种地，秋天收割，冬天要去挖厕所，把厕所里冻成冰的粪用镐刨出来运到地里做肥料，犁地、种麦子、种菜、牵牛、骑马……什么都干过，我们还骑着牛满农场跑。冬天挖大渠的时候，水渠有两三个人高，底下的石头要一米高，最大的石头垫在渠底，越往上越小。那都是我们垒出来的，两个人扛一米长的大石头到沟底把它铺满。有一次我们在石头上站着，每个石头之间都有个钢钎子，不小心就滑到钢钎上，差点给我穿透了，棉衣和皮肤都穿破了，还好身子一侧就滑过去了。那时候年轻好像都不觉得是什么事儿，再累，睡一觉第二天就好了，反而还挺快乐。我们还有很正规的食堂，经常吃细粮，但每个星期也必须吃粗粮，觉得生活很快乐。

当时在农场待了不到两年的时间。高中毕业的时候只有 3 种职业：当兵、当工人、当农民。我们家 6 个孩子 5 个兵，所以我特别不愿意当兵，农村我愿意去，那时候真是觉得农村广阔天地大有作为。后来我们家就说不行，在农村没有前途，必须当兵，就说我父亲生病了，把我骗了回来。结果我发现其实是想叫我回来当兵，征兵的已经来了，我非常生气，在屋子里关着，他们谁也进不来。后来我大姐说，男人一辈子必须当一次兵，没经过锻炼的人生不行，你当完兵回来再去当农民，不耽误，把我说服了。那时候同学都扎根农村，我都不好跟同学交代，就悄悄地去当兵了。他们知道了还都特别生气，说我这个人说话不算话。

我当兵将近两年，也没想到当兵会那么苦。我在新疆军区四师，是野战部队的甲级野战师，特别幸运的是，我在的这两年部队才开始训练。因为从小就特别喜欢打枪，枪法非常准，所以第一次打枪就是优秀，我一进部队新兵连就扛机枪。后来出了新兵连部队开始大比武，那个时候叫建制班，一个连抽一个班到营里参加比赛，再到团里、师里。我就是那个建制班的新兵，所以我就一直参加比赛到离开部队。

参加比赛是非常非常苦的，超强度训练。我们当时有军事器械、单杠双杠、单兵战术、200 米障碍等等一共 12 项，五公里是其中一项。每天早晨要跑一个全副武装 5 公里：一个装满水的军用水壶、装满子弹的子弹袋、4 颗手榴弹，背的挎包里装《毛泽东选集》四卷，再背支枪，这叫全副武装，就是战斗状态。整个连队正常跑操是慢步跑，但我们是掐着表赛跑，而且是算最后一名。天天跑，从我进这个班到离开部队，我始终是我们班的最后一名，从来没跑过倒数第二。我们班长是从四川大山里出来的，他帮我背枪，每天早晨五公里跑能落我一里地，差不多500米。但是我其他项目非常好，尤其是射击，从连一直比到师，我都是第一名，那时候算是打遍全师无敌手。

每天在戈壁滩上训练卧倒起立瞄枪，胳膊全是血，晚上被子里面也都被粘得血糊糊的。那苦得是一塌糊涂。部队还有千里拉练。1977年底，新疆冬天零下38℃最冷的时候，我们乘车行军到乌鲁木齐打一场实战演习，作战完了以后是走回去的。皮大衣、干粮、被子、褥子、枪、子弹、粮食都得背在身上，加起来有90多斤。白天走一天，晚上大雪天就在雪地上露宿。当时有一种生存方法，就是两个兵睡在一起，一个皮大衣铺着，一个皮大衣盖着，保证不被冻死。回去之后我的脚都走不动路了，厕所离我们屋就100米，得走3个小时。

第一年我真的受不了，我给家里写了封信，说不想当兵了。结果被我父亲骂了一顿，说想什么呢，必须当。我一看也没有指望了，就当吧。练着练着就把身体练得特别好，每天早晨一个5公里，晚上大家还要轮流做单双杠拉引体向上，后来我一天打7场篮球，气都不带喘的，简直是身轻如燕。

射击对抗赛我们打到全师第一名，因为射击好，我就到了师射击队。训练3个月后打比赛，得了全军区手枪第一名步枪第二名。我那时候的训练笔记都可以出书了。

这些经历对我日后的选择有非常大的影响，我很喜欢军队。毕业后当记者也是军事记者，一直研究军事，采访的也是军队，所以我一生始终没脱离军队。部队的训练对身体素质、行为举止、世界观的形成影响是很大的，等于是一个塑形的训练，一个对身体、意志力、行动力、集体组织观念等各方面的锻炼。当时你意识不到这些，但它无形中给你输入很多信念和观念，让你很认同，并影响你的一生。比如守时，不能差一分钟，因为差一分钟在战场上可能就会失败；再比如意志力，必须排除一切困难坚决做到一件事。这些训练对我的一生产生了至关重要的影响。

◎ 非常幸运，赴京求学

人生有很多选择，你不知道你的命运是什么。假如我当时在部队不走的话，我的命运可能完全是另一种写法。

当我比赛完回到团里正踌躇满志的时候，我们老师说："现在大家都上大学了，你可不能错过这个机会。"我当时一点儿也没概念，觉得在军队挺好的。那一年特别幸运，1978 年军队可以考大学，我们师有 10 个名额。我去问的时候，师里的干事说："你现在才来，人家早都去复习了，名额早都满了，你回去吧。"我觉得部队生活挺好的，虽然苦但是挺快乐的，我干吗去考大学呀，我就很高兴地回去了。

过了一个星期师里找我说，复习大纲到部队了，根本看不懂，有 3 个人就退了。我们师是王牌师，篮球是第一，乐队是第一，说这报名也得争第一，怎么能报不满呢。听说前几天来了一个兵说满了没报上，赶紧给我找出来。就这样，我又报上名了。师里拉了一车人去集中复习，找了老师。填志愿的时候，新疆选的学校和科目都很少，也没有人大，那会儿也根本不知道新闻是什么。我 5 月参加完比赛，7 月底考试，就复习了一个多月。很幸运，被分到了人大新闻系，那时人大还没有完全复校，新闻系在北大里面，所以是去北大报到的。

那个时候已经改革开放了，有一回我拿着一个他们从深圳买回来的很小的录音机到宿舍，我们就叫砖头，大家都惊奇得不得了。我们正好经历的是从蒙昧时期到启蒙时期的过程，物质方面是、精神方面也是。我们对新的现代化的科技见识的非常少，但那个时候校园风气非常淳朴。"文化大革命"时期军队进驻学校，二炮占了食堂，我们刚上学的时候有一个很大的运动就是请二炮撤离。最后他们终于撤离了，食堂、宿舍等都归还了。当时从民族大学到人大之间还是田地，种了稻子、麦子，跟现在完全不一样，人大就像农村里边的一所大学。远处连着山，大家经常去颐和园玩。生活虽然艰苦，但东西也很便宜。我记得那个时候最贵的红烧肉才两毛五。教室都是老楼，但对于什么都没有的年代来讲已经很好了。我们就住在红一楼，8 个人一个宿舍，上下床，大家都觉得挺好的，没有任何人抱怨环境不好。能在这样的校园里学习，比以前没有大学可上的时候强多了，所以人人都挺高兴的，精神面貌非常好。因为在部队天天跑步习惯了，上学的时候也跑，我把全系的许多人都带起来早上跑步，跑了两年。大一大二的时候学校运动会每个系都要走队列过主席台，以前就是散着步漫不经心地走，后来我说我来教大家怎么走，就按照部队的方式走正步。轮到我们新闻系的时候，校领导们都在观礼台上，新闻系走过观礼台时全部切换成正步走，过主席台的时候喊口令向右看，大家都很震惊，说“新闻系这次好，这次真棒”。回来之后，同学们就让我当了体育委员。

我们系 72 个人，是个大班，上课都在大教室。班上最年轻的有几个 16、17 岁，最大的都 30 多岁了，带着两个孩子。我是二十三四岁，算中下年龄层，这个年纪在班里大事都说不上话，属于没事儿干就去看书的。我们的年代非常向往书，特别想读书。学校条件虽然很差，但真的是一个让人很向往的地方。有图书馆，有老师教各种课程。而且我当时特别喜欢哲学，所以就大量地看这方面的书。选外语的时候我选了德语，想看黑格尔的哲学著作，当时拿着字典，黑格尔《小逻辑》第一章我居然能够读下来，还挺刻苦的。

新闻课是必修的，那时候师资很强。我印象最深的老师是方汉奇老师，教报刊史，觉得他讲得太好了，我最爱听他的课，其他老师也讲得很好。我们那届学生是鼓励独立思考的，当时对学校的课也有很多反思。“文化大革命”刚结束，政治性内容比较多，很多现代科技知识当时都没有。我的哲学和党史学得很好，但第一次考试的时候分很低。我和老师辩论了一个小时，最后他被我说服了。老师说：“你这个观点是对的，但是你错在我考的不是原理应该是什么，而是我教你的是什么。”这是一个冲突。77、78级那一批人的独立思考能力很强，所以对事情有一些自己的判断和看法，与追求分数相比，更追求自己的思想。其实我觉得一个人真正的学习不在于学习了什么知识，而在于有时间去读书，掌握了什么样的学习方法，学会一个新的东西并把它应用起来，这是最重要的。大学四年，我就是如饥似渴地读书，那时候天天读，把想读的书差不多都读了一遍。

当时我们有学军、学农，大三有一个学期是到报社去实习。我那时去了北京的《农民日报》，和胡舒立还有两个同学一起，写农村问题的时候，我们还真到山西农村去调查了一个农村问题，写了长篇报道文学，写得还挺好。

班里同学关系都挺好，那都是一群非常有特色的同学。你看胡舒立，当时大家都叫她“小麻雀”，飞来飞去的，特别自由、开朗、开放，学习能力和社会活动能力都非常强。也有一些学习成绩好的人反而不活跃，还有的人很有思想，有的人像老大哥一样到处照顾大家，各种人都有，后来他们干的事儿跟当时也都有关系，挺有意思的。

那会儿好多同学都是当了记者才上学的，他们文笔非常好，写的报道非常好。我从来没干过这行，所以我那时不是很喜欢新闻，我是唯一一个在班上表示不喜欢新闻的人。那时候刚开始学，写东西都不对路。新闻讲究快，老师教我们说新闻是易碎品，写完就没了，今天发完了明天就碎了，需要一批写作快的敏感的记者，立刻就能捕捉到线索。新闻记者要有“人家把你从门里踹出来，你再从窗户爬进来”的精神。人大新闻系给我奠定的最深厚的基础，一直影响我到现在的就是新闻的真实性。你必须真实地写新闻，排除一切假象。后来的工作中也有看到很多记者造假，因为假的很容易迎合某些人的口味。这在我们身上是绝不可能的，这就是人大新闻系教育的结果。

这4年学习影响非常大。当时刚结束“文化大革命”，人的思维都是僵化的，改革开放后我觉得我们这一代人的命运才真正开始。

这一代人开始启蒙，这是完全新的命运的开始。我们上学的时候正好经历了改革开放初期，所有西方新的知识全都进来了，新的理念、新的世界、新的观念、新的知识，都是在那个时候学的。这是思想最活跃最开放的时候，所有重大的问题都在那时候讨论，新闻系经常讨论新闻自由、出版自由，报纸应该怎么办、什么是人民的报纸、什么是党的报纸、党和人民是什么关系这些问题，而且有很多集会，大家提了很多想法，思想非常活跃开放。我认为整个 20 世纪 80 年代是中国思想最解放的 10 年。所以那 4 年的学习就不只是扎实地学习新闻业务，最重要的是思想解放，整个人的思想启蒙运动是在那 4 年完成的，这个对我的影响非常大。从学校到部队是我命运的一大转变，从部队到人大上学也是命运的一大转变。选择人大就完全选择了另一条路，选择了一种新的价值观，这是改革开放的价值观，和古老中国完全不同的、放眼看世界的开放胸怀和吸收各种新知识的态度。这种观念的转变是在学校完成，这个转变影响深远，影响到我们这一批人，特别是新闻系这一批人在生活、命运中的一些重大选择。

◎ 工作后开始爱上新闻

毕业后我到新华社军事部，就是解放军总分社，在新疆军区待了一年多时间，把新疆全部跑遍了，包括整个中苏边境、边防站、最苦的雪山草地。我们当时开了辆车就走，天天发稿写东西，我就是从那个时候开始喜欢上新闻的。

因为“文化大革命”以前的资料都被红卫兵烧了扔了，我是第一个上西藏阿里的记者，也是第一个写阿里的记者。沿着喀喇昆仑山，一直走到中尼印边界，走到头，整整去了 3 个月，走了 1.2 万公里。8 月份去必须穿大衣，冷得不得了。我上去的时候古格王国遗址还有很多文物，铁索的战衣、剑、佛像，庙的墙壁上还有壁画，我都用相机拍了下来。阿里地区最高的地方海拔 7 000 多米，晚上睡觉头疼。每天就是到一个边防站，采访，然后坐车。由于天天坐车，我从上大学的120斤，很矫健的身姿，到阿里回来长了30斤。

中印边境有一个边防站谁都没去过，非常落后，没有进行过土改。我们4个人骑了7天马，睡袋就背在马背上，走哪睡哪。我发现唐僧取经走的就是这条路，我们几个骑着马，跟唐僧师徒取经一模一样。紧箍咒就是高原反应，头疼得就像箍了紧箍咒一样。山特别险，从山顶上看，村庄就像小方块，河流就像一条线。我们下山花了4个小时，到山底后放松了，就躺在河边睡着了。风把我的草帽吹走了，晒了两个小时太阳，我一起来，整个脸晒脱了一层皮。

这一趟走了没人走过的路，有很多神奇的故事，包括看了很多印度的直升机、印度人朝拜的神山圣湖等等，后来写的阿里见闻在当时中国最好的刊物《新观察》上连载了3期，成了当时其他人唯一可以参照的文章。新闻系教的就是要去这些没有人去过的地方采访，对我们的影响是非常大的。读了新闻专业以后，彻底改变了我的人生，我成了一名记者，所有的行为方式都是按记者的观念来的。

我后来一直当记者。一年多后我调回北京，是军事部最受重用的记者。1984年中越边境自卫还击战期间当前线记者，我是非常愿意去的，战场是一个军人的必修课。虽然不用冲锋陷阵，但你要在战斗中观察采访，整个战区都是非常危险的。我在战场上最大的感受就是战争是非常残酷的，不论是看什么影视作品，都无法体会，和平共处是人类最好的选择。

20世纪80年代也是新闻改革最活跃的时期。从前线回来到1988年期间写了很多反思、创新性的新闻。当时内地跟港澳的差距非常大，我们去驻澳门对面的一个步兵团，在《人民日报》发了一条通讯叫《面对小岛的思考》，讲改革开放对军队的冲击、军队的新变化以及未来应该怎么发展。但中国的军事新闻还是比较受限，我就想找一个突破口，在哪儿找呢？

新华社有一个内部图书室，可以看到世界各国的杂志。虽然当时中国已经有一些出色的杂志，但印刷质量、数量、种类、文章的深度和广度与国外相比都有很大差距。我一看，其他国家的报刊印刷精美，信息量又特别大，尤其写作方式非常吸引人，我很受冲击。当时关于外国的军事介绍只能靠情报搜集的信息，没有文章和图片，可我们的图书室里就有大量精美的图文。所以我就决定办杂志，从1988年就开始筹办，7个人，3万块钱，就把这个杂志办起来了，取名叫《世界军事》杂志，选了最独特、当时最时尚的21开本，再选择一些外军的资料，1989年开始正式发行第一期。

我们当时年轻气盛，在发刊词里就写，绝不靠行政手段来推销杂志，如果没有人读，就自己关门，结果我们就完全不靠各分社的渠道推销。当时的海湾战争是我们的一个大机遇。海湾战争对中国军队是一个非常大的冲击，此前大家都是用传统的观念看待军事，战争手段一直没有变化，可是海湾战争震惊了全世界。我们就大量地刊登现代技术、新的理念、作战方式和军事观念，发行量大涨，引起了国内外的关注。特别是日本，说中国以前讲的都是远离现实的一些政治概念，怎么突然出了这么一个杂志。大使馆派人天天到新华社门口来，等杂志一出他们就买了寄回去。日本一个军事刊物还发表了一篇文章，说中国军队这次对海湾战争的重视程度前所未有，刊登的文章对武器、军队、战法的分析非常细致详尽，中国军队已经与过去不同了。当时中国发行量最大的是军事刊物的经典“三知识”——《兵器知识》《舰船知识》《航空知识》，我们的杂志出来后一下子就超过了他们，成了发行量最大的。我离开这本杂志的时候发到60万册，成了所有军事刊物中影响最大的。1994年，因为我们办得好，总政给我们颁发了一个集体三等功，一个我个人三等功。后来总政提议我们刊物和电视台军事部的军事节目组合起来，做了一档国际军事叫《环球军事》。从1994年到1997年，我做了四年，每个星期两次军事节目讲国际军事。

◎ 研究文化是我的使命

1997年的时候，新闻改革各方面的工作都让我感到有些沉闷，当时有个机会去香港，条件就是要脱军装离开军事部，我经过考虑后决定离开去了香港分社，在香港分社亚太电视中心当主任，当时做得也很大。

香港地区是一个完全新的天地，它跟内地差别之大，让我非常震惊，整个物质文明和精神文明的落差特别大。香港特别吸引我的就是西方文化，当时觉得在新华社已经有点自视很高了，而到了香港发现还有一个世界也非常了不起，陌生但远超过你的想象，于是我对西方文化很感兴趣，并开始研究西方文化。

我从小到大受的教育，是经过了“文化大革命”“破四旧”的全新的一种教育，包括孔、孟、老子的中国传统文化都当成“四旧”给抛弃了，我们都没有学，而且认为它不值得学。1996 年有一次几个朋友拉我学传统文化，我还觉得它对新时代没有意义，而且从哲学上对那些有神的东西一概排斥。后来听了 12 天的课，发现这是一个博大精深的领域，是特别深厚又了不起的文化机缘，是我们的根。这个根的生命之强大，即使我们这代人已经把它彻底斩断了，它又返回来找你重新认识它，这是对中国文化的重新认识。后来到了香港对西方文化有了重新认识，我就从那时候开始转变我的人文观念。从香港开始，我花了 10 年的时间研究，又花了 4 年业余时间写了《文化法则与文明定律》。

由于公派不能超过 7 年，我回来后原本想办一个新华卫视，但中央不批，当时还是条块管理的方式，电视台管电视台，通讯社管通讯社，各干各的。计划搁浅后正好有个朋友拉我去做网络，我就离开新华社做网站，一直做到现在。对媒体来讲，网络是技术更新非常快，引领世界前沿的东西。网络公司里很少有我这么大年纪的，我觉得网站有一个最大的好处就是你始终跟社会发展的前沿接触，这个领域让我变得非常年轻，思想非常活跃。

我的兴趣一直是中西方文化密码，研究中西方文化的基因是什么，为什么人们对文化有这么多不同的看法，为什么又有那么多相同的东西，它的源流和未来是什么……中国要想走向世界，真正走向复兴，需要有文化和文明的复兴。中国的传统文化基因，在世界上一些其他国家也有体现，例如德国人的准时、俭朴、谦逊，他们非常喜欢中国文化、喜欢老子。我就特别欣赏老子的价值观念，我认为那是中国文化的底色。我花了14年的时间写成《文化法则与文明定律》这本书，很希望让更多人知道它的理念。我在书的最后说：

中国文化的复兴，正如中国的民族解放一样，需要像20世纪初打碎封建枷锁，推翻三座大山那样，有一批新理想主义者的奋勇前行和不懈努力，冲破目前的官本位复兴、潜规则盛行与物色欲横流的恶劣风气，冲破思想滞障、权力至上、信仰虚空、蔑视真理的重重障碍，找到真正的中国文化生机勃勃的原始生态，生发中华文明的价值能量，点燃新时代人心所向的理想之光，以此照亮我们未来的前程。

也有很多人不同意这个说法，但我希望有这么一批人能跟我一起奋斗。接下来，我将继续写书。什么是使命？我觉得是一直萦绕在你脑中的一件事，始终让你有兴趣，吸引你去做，让你一直热爱它，研究中国文化就是我的使命。我在书中重新梳理了脉络，提出了一些新的观点，希望能理清我们的思维。

我是个理想主义者。理想主义是人对美好的一种愿望和向往。人为何为人？就是因为人有思想，有精神世界。如果人生没有理想的话，就没有任何意义。我觉得理想主义是与灵魂、追求、希望、光明紧密连接的。人们为追求理想付出了很多牺牲，即使社会上还有这么多丑陋，有这么多人碰壁，但人生也要有光明在前方。除了理想，人也要有坚定的信仰，没有信仰就没有灵魂，就不可能追求理想，不可能追求光明。

我们新闻学院人的愿望，肯定是希望新闻学院建成全中国最好的学院，全世界名列前茅的学院。对人大也是一样，我希望人大也能成为这样的一所学校——传播人文精神、传播真理、传播光明的学校，培养学生有思想、有理想、有信念、有道德，有能力改变现在的世界。

我见到学弟学妹特别高兴，我们都老了，很多想做的事已经做不了了，而年轻的你们是希望所在。你们这个年纪做什么都刚好，可以做很多很多事情。所以我希望你们珍惜自己的年华，去做一些有意义的事，做那些自己内心真正认可的、热爱的、认定的事，不能做那些违心的、随波逐流的、一切向钱看的事。当今社会，我们需要有一批理想主义者来使我们这个社会变得更美好。即使这个词很多人反对，但是必须要有一批人坚持这样做，非常坚定地走下去，中国才有希望真正自立于世界之林，成为一个伟大的文明国家。

陈湘安自述，本次采访时间为2018年9月11日，由中国人民大学2017级国际新闻硕士生仇辰负责采访、录音整理，并根据陈湘安校友本人提供的《文化法则与文明定律》等资料编辑整理。

采写 / 仇辰　　编辑 / 李宣谊

苗棣

|人物简介| 河北人

1951 年生，1978—1982 年就读于中国人民大学历史系中国历史专业，获学士学位。曾任北京广播学院广播电视文学系主任，中国传媒大学文学院院长，博士生导师。长期从事电视、电影艺术及电视文化学方面的教学和研究。

◎ 且将新火试新茶——求学

我是 1951 年 9 月 19 日生人，老家在河北，很小的时候就来到北京。上到初二时“文化大革命”开始，毛主席发出了最新指示，“知识青年到农村去，接受贫下中农再教育，很有必要。”于是 1968 年 12 月 21 日晚，我和丁友友、薛虹踏上了开往齐齐哈尔的火车。经过两天多的辗转，23 日天黑以后，终于到了插队的地方——大兴安岭莫力达瓦旗兴农知青点。

插队的时间虽然只有短短的一年，却在生命中留下了深深的印迹，刚刚走入社会的我就是在兴农开始了解这个国家和自己。这一年中，我度过第一个没有家人陪伴的春节，从五月份开冻耕地种麦、种豆、种谷子、苞米，到中耕薅地、铲地，夏天收麦子、打洋草，秋收，直到天寒地冻之后打场。在 1969 年这一年里，我还从事劳务活动，到几百里以外的尼尔基挖过水渠，参加队里副业到甘河农场盖过房。我的 18 岁生日就是在兴农草甸子上过的。那天收工，忽然想起当天是我的生日，正好不知谁那有一瓶从甘河农场买来的劣质葡萄酒，队里正好刚宰了一头生病的小牛送来，晚饭是土豆炖牛肉，就几个人小规模庆祝了一下。就这样，经过大半年的农忙，在艰苦的劳动中，队里刚宰的生病小牛做成的土豆炖牛肉就着一瓶从甘河农场买来的劣质葡萄酒，成为我 18 岁难以忘怀的成人礼。

1968 年至 1978 年 10 年间，我辗转于全国各地，从黑龙江到内蒙古，再到河北、湖南，最后于 1977 年回到北京。当时社会形势已经开始发生变化。1978 年春，父亲参加了邓小平主持召开的全国教育大会，回来和我说：将来知识很重要，得上大学，这才让我萌生出继续接受教育的想法。于是在 1978 年立夏之际，我决定还是参加高考。

当时我还在做工，只能借着下班的空余时间自学复习功课。最主要的精力都是放在数学上，对文科生而言，物理、化学方面不用费劲，数学却是绕不过去的。而初二到高中这 4 年的数学于我恰恰是全然陌生的，所能做的只有拼命补习。没有人指导，一切只能靠自己。仅仅准备了两个多月，我便踏上了 7 月的战场。

志愿的填报是在高考以前完成的。那个时代高考的录取比例极低，大家都抱着行不行也要试一试的心态参加考试，尤其考文科的特别多，录取率却只有好几十比一。对文科生来说，刚刚复校的人民大学在师资配备、文化传承等方面称得上是非常理想的求学之地，所以我第一志愿就报了人大的几个专业，等高考成绩下来后，我欣喜地发现自己的分数很高，因为我挺喜欢历史的，就改报历史系为第一志愿，就这样考上了中国人民大学历史系。

那时的学生年龄差距比较大，有老有少，我的年龄在我们班同学里面算中等，有还比我大四五岁的老高三，30 多了才有机会来到大学继续自己的学业生涯；比我小的呢，就是应届生，两者相比能差十多岁。年龄差的多自然社会经历、知识基础也不一样，但那个时候大家的心气儿其实都特别好，虽是年纪偏大，却仍特别有理想、有干劲，大家都有着很强的自学能力和较为不错的基础。我们都经历过“文化大革命”，由于时代的原因大家都经历过反思的阶段，因此都比较注重独立思考。我们这一代人是那个时代的缩影，所代表的也是那个时代的思潮。1979 年，也就是在我们入学以后一年，北京自由主义风潮进入最兴盛的时期。那时候“西单民主墙”总是贴满各种大字报小字报，上面什么观点都有，都是给中国的社会发展提建议的，比现在互联网上的观点还要尖锐得多，其中自由主义言论占很大一部分。总的说来，这个时期是中国人包括知识青年、知识分子，思想解放的特殊时期，大家都渴望追求真理，追求真理的方法之一就是学习，所以那时学风很盛，学生学习热情高，大家会有自己的想法和见解，而不是一味附和。另一方面，同学们都是在社会上已经插过队、当过工人，或者是从部队来的，大家都年纪偏大，有社会经验，而且特别有理想，有干劲，所以这些人后来也比较有成就。那时候的校园氛围和现在不太一样，好学、向学却十分融洽，大家都十分尊师重教。以至于之后我在北京广播学院任职时还能听见前辈们怀念起77、78级学生，说他们在课堂上和老师都能积极地互动交流，炯炯目光里透露着对知识的渴求和对来之不易求学机会的珍惜。

我上学时，人大的学习、生活条件远比不上现在。1978年刚刚复校，校区还和二炮共用，基本上没什么地方。我记得我们的教学楼就只有老图书馆一栋（现学生活动中心），地方很小，大家都挤在那里上课，好在也只有一届学生。宿舍同样很紧张，我们刚进去的时候，好多北京同学都没宿舍。因为我家就在北医三院那边，离得不算太远，四年也就没有住学生宿舍，都是骑自行车来回。但之后有的学生有了意见，抗议过后，宿舍稍微宽松了一些。食堂只有一个，就在离西门不远的地方，1 000多个学生都在那里吃饭，总是拥挤得很。学校的空间实际上被挤得特别小，这就是那时候的现实。

好在人大虽小，却有一批非常杰出的人。当时我们的系主任是尚钺，一位在中国史学界很有名的老前辈，因为他的存在，影响了整个系的精神。给我们上课的老师是一些地位相当高的老先生，像我们历史系有郑昌淦老师、沙知老师、韩大成老师等等。也有很出众的年轻老师，在后来的发展中也成了某一方面的专家。人大刚刚复校就特别重视外语，当时还有“第二外语学院”的称号。我们当时一周6节课，英法德日俄选学，各种语种进行分级教学。那时候人大的师资是相当不错的。

对我来讲印象特别深刻的是我们大学4年组织的3次实习，都特别有意思。第一次实习是大二下学期去承德，就住在避暑山庄里面，成天就逛园子，学历史的优越之处大约就在这里了，对名胜古迹的考察于我们自身都是一种享受。停留于各个胜景处，由老师带着我们讲历史，大家之间也互相讲历史，总之度过了非常有意思的一个星期。那一次实习涉及的历史比较短，只涉及清朝中后期。等到大三第一学期时，我们来到现在的故宫第一历史档案馆实习了一个月。当时的工作就是整理历史档案的残题本，把一堆堆落灰的清朝原始题本分类，横向分成吏、户、礼、兵、刑、工6科，再竖向按照每个皇帝的顺序排列，譬如雍正吏科、乾隆户科等，凑足了放在特别的袋子里，进行标注。这些都是绝对原始的史料，涉及清史和小部分明史，内容特别丰富。最惬意的时光就是每天中午休息时，我们得空就可以逛故宫，实习期间便把故宫里里外外逛遍了，甚至包括一些大家不能进的地方。在故宫实习这段经历，至今印象深刻。

因为不用考虑找工作的问题，大四时我仍拥有极其宽裕的时间，且能够继续发展自己的兴趣。那年春天，由老师带领着，我们去了西安探访，之后我们一路前行，去了多个城市，观看各种各样的古迹。带队老师是考古学专业的，一路上就给我们讲考古学概论，让我们看与考古相关的大明宫遗址、阿房宫遗址、秦始皇陵、马嵬坡杨玉环墓、周原窖藏青铜器。同学都特别喜欢他，听他仔细讲解，20多天很快就过去了。这4年大学中我们实习了3次，最长的一个多月，最短的也有十多天，这种体验让我们觉得弥足珍贵。

◎ 何妨吟啸且徐行——工作

在人大的学习经历，是我生命中一个特别重大的转折。我的同龄人有的上了大学，也有很多没上大学，他们有的在工厂，有的待在农村之后回到城里，相对来讲经历了更多的困难。毕业后我特别希望能够成为大学老师，可以继续留在学校。这和自己的性格中对于看书、写字、做研究的偏好有关。我喜欢做老师，也适合做老师。所以我拒绝了一开始分配给我的新华社记者的工作，选择来到了北京广播学院继续教历史。广院与人大不同，它是一个专业性很强，规模很小，挺有意思的一个学校。我便安心地来到文科基础部当了一名历史老师，在“语言文学部”教授中国历史和中国古代文化这类的课程。

20世纪80年代、90年代的大学，其实还是相当有意思的。

1988年时，广院学校里教改之风大盛，一门课有5个老师教，却有好多学生选修，课堂甚至就直接安排在礼堂里面。老师们大胆推出新课程，采用新授课法；学生们热情参与，积极点评；学校领导的思想也非常开放。1986年，我与陈东林、李向前、李丹慧想一起编写一部关于“文化大革命”的书。在这段时间里，我对“文化大革命”史的兴趣进一步加深，并且为这段历史的研究打下了不错的基础。于是在1989年初，我在学校开了一门在当时很特别的课程——“文化大革命”史。申请开这门新增选修课的时候，我只是提交了一页纸的大纲，就毫无争议地被批准了。学生的报名情况也很好，这门课设计的是面向全校三、四年级文科学生，以三年级为主，当时广院规模很小，一届文科生也就100多人，而报名选修这门课的竟有70多人。

1989年春节以后，新学期开始，我也就在刚建好不久的学校主楼西配楼的阶梯教室里开始了这门新课。课程是80学时，计划由1965年末批判《海瑞罢官》的“文化大革命”前奏起讲到1971年的“913事变”，时间比较充裕，所以一开始先从容地讲源起：“大跃进”、大饥馑、政策调整、高层矛盾……学生大多出生于“文化大革命”时期，对那时的情况有些蒙眬的感觉，却完全没有清晰的认知，听到许多细节事情，犹如天方夜谭一般，常常会被震惊，偶尔似有领悟，课堂气氛十分热烈。可以说，这门初次尝试的课程却是我多年教学生涯中讲得最有激情，学生们反应也最强烈的。多年以后，偶遇当年听过这门课的同学，说到课上的一些细节，连我自己都早已忘得干干净净。却也想到，让青年人知道一些父辈们的真实经历，知道一些国家曾经走过的路，对我们社会的进步和发展应该是有百利而无一害。

在之后，广院可以说是一个大规模的广播电视系，历史专业就一直处在被边缘化的位置上。20世纪80年代，中国电视普及后，广院创办了一个电视文学系，用来发展在当时还不成熟的电视学科的理论，包括电视美学理论、电视传播理论、电视艺术理论等，学校当时缺这方面的老师。我们这代人大学毕业时已迈入而立之年，在时代背景之下，不少人在大学毕业后把原有专业改为稍微有融通性的其他方向，但只要兴趣还在，自学能力还在，也不算什么大事。这种自信也有一部分源自4年大学生活，那4年，我不光认识了一些志同道合的人、打开了视野、扩大了社交面、拥有了一笔重要的社会资源，我的学科基础还使我学会了从历史学的角度去看问题。最重要的是在大学生涯中，我学会了学习，学会了确定一个专业的方向，学习的技巧，培养自我思考和将多个学科串联起来的能力。当学会学习时，不变就蕴藏在变化里。

于是在1993年10月份的时候，我和班上几个同学一块吃饭聊起说：我准备中年变法了，改搞电视了，就算作是我更改方向的一个起点。当年我便开始上一门电视文化学的课，同时写了两篇1万多字的论文发在学院的学报上，连发两篇，分别在第二、第三期，获得行业的认可。从此以后，我的研究方向就由历史改成了电视、影视。

这对于我来说是人生另一个特别重大的转折点。1995年初，我来到美国，作为家属在斯坦福大学参加了奈特奖学金班的学习。因为刚刚转行对电视的研究，很自然地，就对美国的电视有了特别的关注。在这里，毕竟具有研究美国电视得天独厚的条件。

当时能够每天收看直播的电视节目。为了省几十块钱，我们没有接入有线电缆，只能通过拉杆天线接收无线电视信号。好在湾区的无线电视台数量极多，主流的六大商业电视网都有自己的直属台或加盟台，另外还有公共电视以及好几个独立电视台，总共能看到20多套节目。当时美国为了方便失聪者收看电视，正在强制推行字幕电视机和节目附加字幕，这对于我这样虽然听得见却未必听得懂的外国人实在是一种很大的便利，借助于那些黑底反白的英文字幕，总算可以大体理解节目的内容。

我记得，有一天上午正在收看日常早间节目的时候，突然插入的新闻报道打破了原来的节目安排，几乎所有的全国电视网都在差不多同一时刻对俄克拉荷马城州政府大楼爆炸事件进行了现场报道。美国电视业对于重大事件的快速反应能力给了我极深的印象，但鉴于我当时的学术兴趣主要集中在电视剧方面，那时对于电视新闻或其他类型的节目关注并不太多，更多的时间还是在看电视剧。即使是电视剧也够让人眼花缭乱了，那么多不同的类型，那么多新的或旧的剧目，还有那些与中国完全不同的播出方式与创作理念。而且，不仅仅要看，还需要通过阅读来解决问题。

斯坦福大学的主图书馆叫格林图书馆，藏书相当丰富，只要有学生证就可以到地下的书库里自由翻阅。也许电视作为一种媒介历史还太短，电视研究作为一门学问基础更是薄弱，当时格林图书馆里有关电视的书籍并不太多，大约五六架吧。少也有少的好处，有几个月的时间，我差不多天天都去格林图书馆，在那个固定的位置翻看这几百册电视方面的著作，还做了不少笔记。再加上我们订阅的《纽约时报》和《圣荷赛先驱报》都有不错的电视专版，后者还附有一份以节目预报为主的电视周刊，其中对于美国电视现状的报道和评论也让我对情况有了更多的了解，看到有用的我都剪了下来，到回国时已经是厚厚一叠。这些读书笔记和剪报，对于我后来写《美国电视剧》《电视文化学》《电视艺术哲学》等著作，都发挥了很大的作用。

奈特奖学金成员来自世界各地，但2/3以上是美国的新闻传播工作者，其中也不乏电视人。几乎每周都有的聚会派对为我提供了更多同他们直接交流的机会，平时看电视、读书读报弄不清楚的问题和一些重要的背景情况，直接向他们询问或与之讨论，也是受益多多。

再有一种好处就是奈特机构一两周就会组织一次参观活动，参观人文组织、企业和民间团体，当然也少不了影视机构。到电视台看看，虽然是走马观花，还是增长了许多感性认识。印象最深的一次并非参观电视组织，而是参观旧金山以北的卢卡斯公司特技制作基地。这个现代化数字工厂被称作“牧场”，坐落在苍翠的群山之中，富丽堂皇得如同一座宫殿。工作环境的优越让人瞠目，地上地下超豪华的放映室就有好几个。连见多识广的美国记者们都有点接受不了，“上帝，太奢侈了，我们还要进几个放映室？”就是在这里，

100 多个电脑技师刚刚用了半年多时间，为《侏罗纪公园》制作了6 分半钟纯数字影像，产值是几千万美元。现在，数字影像和数字音响技术已经开始大量用到电影行业中，卢卡斯公司仍然是重要的中坚力量。

半年的时间倏然即逝，我带着几十册大多是从旧书店买的电视书籍和一大堆剪报、笔记回国，这些直接、间接的印象为我后来的研究打下了很好的基础，成为我后来研究美国电视的起点。

对于我来说，在电视领域最得意的两本书是《美国电视剧》和《电视艺术哲学（上编）》。《美国电视剧》是一本专门介绍美国电视剧的小册子，在中国人完全不知道美国电视剧是什么的时候，为大众介绍美国电视剧最基本的情况，在业界起到了引领作用。

另一本书是《电视艺术哲学（上编）》。为电视写一部艺术哲学，在当时真是一个胆大包天的想法。那时候，有没有电视艺术这样一个东西在学术界还很难认定，而业界对这种颇为形而上的争论则丝毫不感兴趣。题目是我的系主任曾庆瑞教授出的，属于广播学院力争建设广播电视艺术博士点学术努力的一个组成部分。20 世纪 90 年代，是中国电视理论筚路蓝缕的开拓时期，积淀不足，缺少可以借鉴的成果，也恰恰因为这一点，所以没有历史的包袱，可以比较轻松闯入“战区”。我当时不知深浅，硬着头皮接下了这个任务。1996 年下半年读书、看节目、思考，1997 年开始埋头写作，大约用了 4 个月的时间，记得连春节都没有回家住几天，都是在学校的宿舍里赶稿子。但到当年 5 月交稿的时候，虽然规模初具能够形成一册，却只是原来自己计划中的一半左右内容，只对电视艺术的本体特性这个基本问题以及相关的文化属性、艺术传播和艺术接受等方面进行了探讨。而原来还想涉及的有关电视的真实性、电视艺术中的形式美、电视叙事特点等问题还完全没来得及讨论。于是临时将书名改为《电视艺术哲学（上编）》，既能按时出版，又不影响全书的完整性。

书是 1997 年秋天由北京广播学院出版社出版的，几年后由学校研究生院指定为考研的基本读物，多年过去，这本书居然广泛流行起来。最初印刷的版本很快就难得一见了，虽然也向出版社建议过加印，但社方对于这种小项目完全没有兴趣，因而十几年来考研的学生大多是从复印社买的复印版，倒是成就了广院复印社一项好生意。由于看的人多了，也颇有同学以各种方式同我联系，有要书的，有提意见建议的，有发表感想的，看到书能够有影响，我自然高兴。还有就是我在书中提出的“即时传真”是电视艺术本质特点的这一命题，也得到了许多学者的认同。但多年穷忙，那个计划中的“下编”却一直只有一个提纲，再也没编出来。

◎ 也无风雨也无晴——致仕

年纪越来越大之后，重新审视自己，发现最感兴趣的还是历史。以前上大学时特别喜欢清史，尤其又在第一历史档案馆接触了许多十分珍贵的历史资料，所以毕业后一段很轻松的时光里，最好的消遣就是看书、研究清史。当看到一些特别有意思的历史事件时，就总爱追根溯源，于是对明史越发熟悉，在看书时也思忖着写点东西算是留下看过的凭证。所以在 1988、1989 年的时候，写了一本《魏忠贤专权研究》，1993 年左右交由社会科学出版社出版。这本书在前几年又出了新版，总共两版。即便到了 1994 年，我已经改行，却还或多或少保留着与原来之事的联系。当时吉林文史出版社要出一套明朝皇帝的传记，便找到了我，希望我可以写一写崇祯传。我就利用 1994 年下半年的时间，一边上课一边写了《崇祯帝传》。迄今为止，这套书共印了 4 版。这两本书也算是我学历史留下的一点成果。

如今的时间充裕了，渐渐又回到历史中来，却也尝试了一种新的解读历史的方式——写小说，无非觉得这种方式更加有意思，传播效果也更好些。小说《赤龙》，讲述一个以明朝历史为背景的虚构故事，于 2017 年年底杀青，大概在 2018 年 10 月份出版。

无论在别人眼中，还是我自己感觉，我都属于活得比较潇洒、不较劲的那类人，别较劲是一种积极的生活态度。我觉得一个人之所以成为现在这样，都是极其偶然的小概率事件，必须要珍惜小概率的成果，好好活着，享受生活。

我们这一辈人受时代的影响，几乎无一例外都过得十分波折。早年辗转各地，直至中年才重回校园，又在之后经历两次社会变动，心情有过极大反复。多年经历会让人看淡生活的困苦，反而可以随性相待。这随性里，一样包含对成为更好自己的追求。人在一定条件下形成一定的格局，而这种格局就会决定你自己所认为的随性就好是什么样子的。这种心态的养成有先天的因素，也有后天经历、学养的影响，归根结底，还是看待世界的方式。

苗棣自述，本次采访时间为2018年8月1日，由中国人民大学2017级法学院本科生庄乐言采访、录音及文字整理。

采写 / 庄乐言　　编辑 / 李宣谊

周炳成

人物简介　江苏丹阳人

1948年生，1978—1982年就读于中国人民大学中国语言文学系中国文学专业，获学士学位；1982—1985年就读于中国语言文学系中国现代文学专业，获硕士学位。曾任中央党校《学习时报》社社长，中央党校理论研究室、校刊社副主任、副社长，中央党校《中国党政干部论坛》《理论动态》《中共中央党校学报》主编，中国马克思主义研究基金会副理事长。现任中央党校主管、中国马克思主义研究基金会主办《理论视野》杂志主编。

◎ 脱下工装，北上求学

我于1948年出生于江苏省丹阳市，1968年（高中二年级学生）到本市农村插队，担任过生产队长。后来通过招工，到本市的一家钢铁厂工作。1977年恢复高考，点燃了全国千百万知识青年上大学的梦想，也唤醒了我的求学欲望。当时我已成家，孩子已经两岁，参加高考困难很大。思想矛盾之际，一位我熟悉的老师（他后来任南京师范大学校长）给了我鼓舞和开导。同时，一些曾经的中学同学通过1977级招生考试成为恢复高考后第一批大学生的生动事实也实实在在刺激了我。经过一番思想斗争后，我决定参加1978级高考。

当时复习迎考的时间很短，但由于我曾经就读的江苏省丹阳中学是一所省重点中学，教学质量很高，这给我打下了很好的基础，再加上在工厂期间参加了较多新闻报道工作，这使得我具备一定的文字写作能力。所以，我从容应对考试，成绩在市里名列前茅。江苏考生多数不愿出省读书，我也未能脱俗，第一志愿填的是省内的一所大学，第二志愿才填的是中国人民大学，但是最后接到的录取通知书却是人大的，当时还纳闷，到了北京才知道，高分的考生被重点大学优先录取的很普遍。被人大录取，自然是狂喜，但离别故土和亲人，到不熟悉的北方去生活学习，也未免有一丝惆怅。带着复杂的心情，我脱下钢铁厂工装，踏上了北上的求学之路。

◎ 在京求学，以苦为乐

刚复校的中国人民大学的校园设施用“简陋”两字来形容最

为恰当。校舍大部分被部队占着，上课的教室多数是旧的砖瓦平房，冬天没有暖气，只能生火取暖。每个同学发一个马扎，用作在室外读书、开会和举办活动用。宿舍一间10平方米出头，住上8个人。食堂非常挤。对于南方人来说，还有一道难关是饮食，北京的粮食供应分米、面、粗粮3种，南方人不习惯吃面食，只得拿面票跟北方同学换米票。蔬菜的品种非常少，冬天只有大白菜、土豆、萝卜。

在这样艰苦的条件下，大家的精神状态却非常好。我记得在甘肃有个高考“状元县”，当地有句名言，叫作“三苦”：教师苦教，学生苦学，家长苦供。借用“三苦”来形容当时的人大，“家长苦供”不好说，但“教师苦教，同学苦学”却是实实在在的。

说起“教师苦教”，我眼前马上会浮现出许多可敬可亲的老师的身影，虽然事隔40年，至今依然历历在目。班主任郭成韬老师家住东城人大宿舍，可在地处西郊的人大语文系教室、宿舍里，时常看到他与同学们在一起；古汉语课的赵遐秋老师逐字逐句地同我们研讨《左传》《战国策》《论语》；“文学理论”“中国现代文学史”等课程没有教材，老师们自编讲义，余飘老师将他编写的教材发给每位同学时，油印的墨迹还未干；吴小林老师讲“中国文学史”中“唐宋文学部分”，第一课时风趣地打比方说，“如果把中国文学史比作一条美味的红烧鱼的话，那唐宋文学就是这条红烧鱼的中段”；头发花白的赵澧、茅于美老师以特有的韵味给我们讲解外国文学；林志浩老师用略带福建口音的语调给我们讲鲁迅……还有许多老师认真、刻苦教学的形象，留在了我的脑海里。

同学们“苦学”的劲头非常大。大家都感到，“文化大革命”10年把自己的青春年华耽误了，一定要争分夺秒把被耽误的时间抢回来，每个人都担心读书时间少。个别同学逃课，并不是出去玩，而是想利用更多的时间来自学。图书馆阅览室座位极其紧张，要很早去占。教室由于夜里不锁门、不熄灯，成了图书馆闭馆后的夜读场所，很多同学经常读书到深夜。

“苦学”不等于“死学”。《论语》上说，学而不思则罔，思而不学则殆，讲的就是要把学习和思考结合起来。有了个人的独立思考，必然就会有同学之间的争论。那是一个历史大转折的年代，社会的政治生活、经济生活、文化生活像万花筒似的变化，文坛上新潮迭起，涌现出的伤痕文学、朦胧诗、西方现代派等新文学现象，让人目不暇接，同学们边读书边围绕热点问题展开争论。同学之间的争论更多的是发生在晚自修之后的宿舍里，有时候熄灯了，黑暗中的争论仍在继续，直到隔壁宿舍抗议了，才告“休战”。今天回过头来看，当时同学们争论中提出的观点多数很稚嫩，但由此养成的善于探讨问题的习惯却使人终身受益。

当时人大的课程设置有自己的特点，非常重视马克思主义基本理论课和外语课，这同成仿吾任校长有很大关系，他本人就是马克思主义理论家、教育家、翻译家。同学们戏称人大是第二中央党校、第二外语学院。本科一、二年级的公共课，例如马克思主义哲学、中共党史，都是各系集中在800人大教室上的。马克思主义政治经济学（包括资本主义部分、社会主义部分）分系上，上了一年。专业课设置中有一门马克思列宁主义文艺理论课（简称马列文论）。外语课分语种上，我们学俄语的和新闻系一个班。公共课的考试很严格，我记得政治经济学课是抽签考试，学生抽到题后简短准备，口头作答。由于不可能押题，就逼着大家全面复习，熟练掌握。

学校在马克思主义基本理论教学方面很重视原著阅读，中共党史课以讲毛泽东的经典著作为主，马列文论课着重经典著作选读。教学中很重视理论联系实际，我记得上政治经济学课（社会主义部分）的时候，已经是十一届三中全会召开以后，老师的思想很解放，讲到计划经济体制的弊端时，老师点名我回答问题。我站起来讲一个例子，我原来工作的钢厂，搞基建时使用自产钢铁也要向计委打报告审批。所以我就总结说，计划经济体制下企业完全没有自主权，老师很欣赏我举的这个例子。结合马列文论课教学，我以巴金小说《家》中的主人公为例，对人性的共同性和阶级性的关系作了分析，批判了极左思潮对人性共同性的否定，说明“鸟之将亡，其鸣也哀；

人之将死，其言也善”是有道理的。任课的蒋培坤老师对我的文章作了指导，还在课堂上表扬我做的分析。

学校的教学中非常注重练笔，提高写作能力。当时班上的同学自己办了一个油印刊物，名叫《锤与砧》，上面发表了很多习作文章，大家的能力也在锤炼中提高。我们班后来出了好几位文学家、文学评论家和理论家，《锤与砧》就是他们成功的起点。老师们也大力提倡和帮助同学们练笔，系里开了一门文学评论写作课，由周宏兴老师任教。在他的指导下，我在《诗刊》上发表了一篇诗歌评论，虽然只有一页纸，但作为本科期间正式发表的第一篇文章，对我来说，还是弥足珍贵的。毕业前，我又写了一篇中国现代文学方面的论文，经赵遐秋老师推荐，在《文学评论》丛刊上发表。《文学评论》是文学学科的权威期刊，副主编王欣同志就稿件的采用给我发了一封信，这封信我至今还保存着。王欣同志还给赵遐秋老师回复了一封信，信中说，一个本科学生能写出这样的论文很难得。

当时同学之间关系非常和谐。77、78级同学的情况极为特殊，年龄悬殊，经历各异。我们班上，年龄最大的30岁，最小的16岁，30岁的五位同学被称作“五老”，我是“五老”之一，睡在我上铺的同学18岁。至于经历，工农商学兵全齐了。由于复校时缺少宿舍，只能多招走读生，所以班上北京同学较多。50多位来自五湖四海的同学聚集一起，大家互相帮助，友好相处。特别是北京同学对外地同学的帮助，令人难以忘怀。星期天外地同学上北京同学家中改善伙食，寒暑假从北京站坐车去城里同学家中歇脚，那是常事。我们班的班长吴方，入学之前在北京一家企业当司机，他经常周末找个车，带着外地同学去参观名胜古迹。他很有才华，毕业后撰写了很多著作，成为文化学研究的知名专家，可惜英年早逝。北京同学关心外地同学，外地同学也是团结的楷模。我们班的党支部书记杜桂晨，读书之前任公社党委书记，他有4个孩子，同学们开玩笑说他的4个孩子是“哆来咪发”。他从政治上学习上生活上关心大家，同时又是刻苦学习的楷模，后来成为中国古典文学专家、博士生导师。

◎ 母校栽培，终身受益

1985 年本科毕业后，我考上了本校研究生，在人大校园里又继续学习生活了 3 年。研究生学习比较专，又以自学为主，同学间的聚会与交流比本科期间少得多。所以，给我留下更深印象的还是本科 4 年，这 4 年是我人生中最难忘的年华。本科 4 年给我留下的宝贵财富主要有如下 5 方面：

第一，打下了扎实的理论基础。在人大本科期间深入学习了不少经典著作特别是马克思主义经典著作，这使我形成了较强的理论思维能力。1985 年从人大毕业后，我到中央党校从事报刊编辑工作，党校报刊是理论性的，它关注整个国家的政治、经济、文化，文艺只是其中一个部分。人大学习期间打下的良好的马克思主义基本理论基础，使我很快地适应了岗位要求。不仅是我，同班 50 多个同学，近一半在各类媒体和出版社工作，他们之所以能很快适应岗位要求，同人大课程设置特点是密切相关的。由此我认为，本科阶段的学习面应该宽，不能被专业所局限，如果过早拘泥于几门专业课，就会使自己基础薄弱，视野狭窄，进入社会后很难适应工作岗位的要求。例如到媒体工作，首先要善于观察问题、分析问题，这就需要理论的功底特别是哲学的功底；其次无论是写文章还是分析问题都需要对形式逻辑的熟练掌握。目前高校文科只有哲学专业才开设形式逻辑课，这不能不说是一个缺憾。

第二，增进了中国传统文化的学养。我读中学的时候，学校重理轻文，“学会数理化，走遍天下都不怕”被当作格言。由于“左”的思想影响，语文教学中中国古典文学的内容很少，《诗经》中连《关雎》篇都没有。到人大求学之后，我系统地学习了中国的古典文学，从先秦两汉文学开始，文学史一段一段地学，从《左传》开始，经典著作选本一部一部地念，王力先生主编的《古代汉语》和游国恩等先生主编的《中国文学史》都被翻烂了。这样的学习，使我透过中国文学，对中国传统文化有了系统的了解，从而学会了用历史的眼光看问题。

第三，了解了外国文学和外国文化。像我这样来自小县城的学生，视野很有限，对于外国文学和外国文化知之甚少。来到人大后，我才真正睁开眼睛，看到了外面的大千世界。虽然我就读的是文学专业，但文学是以现实生活和人的心灵世界作为描写对象的，通过学习世界文学史，可以了解整个世界的社会发展史、文化发展史。我印象最深刻的是，通过阅读意大利文艺复兴时代的作品，了解了西方关于人的解放的历史；通过阅读西方批判现实主义作家的作品，比如法国作家巴尔扎克写的被称为"资本主义社会的百科全书"的《人间喜剧》中的代表性作品，对于"拜金主义"对人性的侵蚀和扭曲有了深一层的理解，也使我更加体会到马克思所说的资产阶级"使人和人之间除了赤裸裸的利害关系，除了冷酷无情的'现金交易'，就再也没有任何别的联系了"是何等深刻。

第四，勤于练笔，培养了写作功底。练笔非常重要，写文章的技巧只有在写文章过程中才能获得。除了教学中练笔外，我还和本班袁济喜同学一道，业余参加了中国人民大学校报副刊《春笋》的编辑工作，在李静老师的指导下，我编辑和撰写了不少文章。有一篇以批判"文化大革命"中"反动血统论"摧残青年为主题的小说《春联》，被收入校报后来编印的"春笋集"。校报的业余编辑经历，使我获益匪浅。

第五，升华了人品。老师们在教学中经常谈到为文与做人的关系，有的老师还结合同学们的思想情况，谈升华人品的道理，金戈老师有一次就青年学生如何"戒狂"问题做了谆谆告诫，至今言犹在耳。同学之间的交往虽然谈学习多，但为人之道在言谈举止之中产生相互影响。我作为一个来自小县城、受传统教育长大的学生，守规矩的意识强，张扬个性、发挥主观创造性方面的意识弱，而北京同学普遍在尊重和发扬个性方面意识较强，这使我受到很大启发，也在一定程度上完善了我的人格修养。

◎ 党校编刊，投身事业

1985 年人大研究生毕业后，我到中央党校理论研究室《理论动态》编辑部工作。《理论动态》是胡耀邦同志在中央党校工作期间创办的一个内部刊物，它是真理标准大讨论的发源地，《实践是检验真理的唯一标准》一文就是在《理论动态》首先发表，第二天《光明日报》再公开发表的。我来编辑部工作的第一天，主编给我看了胡耀邦同志给编辑部写的一封信，信的内容是要求《理论动态》关注文艺问题，正是根据这封信的精神，中央党校 1982 年从人大语文系调进了一位毕业研究生，后来这位同志因工作需要调走，我就过来接替他。

从《理论动态》起步，我一直在中央党校从事报刊编辑工作，由普通编辑干起，先后担任过中央党校主办的三个刊物《中国党政干部论坛》《理论动态》《中共中央党校学报》主编，担任过《学习时报》社社长。2007 年从《学习时报》社社长岗位上卸任后，到中央党校主管中国马克思主义研究基金会任副理事长，主持日常工作，兼任基金会会刊《理论视野》社长、主编。

工作中令我自豪的事有 3 件。一件是为办好《学习时报》，推进学习型社会建设发挥了一点作用。这份报纸是由时任中央党校常务副校长的郑必坚同志于 1999 年创办的。作为一份专门讲学习的报纸，它在干部和知识分子中影响很大。这份报纸有一些很好的理念，例如："求真创新，以学资政，一个有影响力的思想源"、"依托于读书，着眼于问题"等。我于 2003 年到报社工作，是第二任主要负责人，在主持报社工作期间，我为报社的发展费了不少心。我还用笔名为报纸写了四五十篇评论与文章，主要内容都是为推进改革开放、实现科学发展呐喊，有些文章被《新华文摘》《报刊文摘》等转载，在网上引起热议，产生了一定社会影响。《学习时报》的社会影响力是由讲学习的报纸和讲学习的活动共同形成的。在全国开展建设学习型组织、学习型社会活动方面，《学习时报》起领头作用。我在报社工作期间，和同志们一起，在北京、上海、江苏、江西等地举办创建学习型城市论坛，对于学习型社会建设产生了较大推动作用。

另一件就是为提升中国马克思主义研究基金会的社会影响力做出了一点贡献。中国马克思主义研究基金会是中央党校主管的、全国唯一一家以坚持发展马克思主义为宗旨的基金会。我自 2007 年来基金会工作，已经干了 11 年。这些年，基金会进步很快，2009 年被民政部授予 3A 级社会组织称号，2015 年又提升为 4A 级。基金会主办的《理论视野》杂志自 2009 年以来，先后进入了南京大学 CSSCI 来源期刊和北京大学全国中文核心期刊行列。特别需要提出的是，2009 年，在中央党校校委的支持下，我和其他同志一起合力创办了首届中国马克思主义论坛。时任中央党校校长的习近平同志就论坛的开幕向基金会发来贺信，新华社就此发了通稿，《人民日报》《光明日报》等在第一版发了消息，中央电视台新闻联播作了重点报道。如今，每年一届的中国马克思主义论坛已经成为发表马克思主义研究新成果的重要平台。

还有最重要的一件是为培养人才，特别是年轻人才尽了一份力。编辑是个“为他人作嫁衣裳”的职业，主要时间和精力花在为别人修改稿件上，有时为改好一个稿子，需要与作者反复沟通。而一旦文章产生社会影响，成名的只是作者，编辑往往被人疏忽。所以，就同教书育人一样，编辑也在发挥“甘为人梯”的精神，为培养人才默默奉献。我担任编辑工作 30 多年来，经手处理过的稿件难以数计，有些作者从毕业走上工作岗位开始，到成为全国著名的学者，二三十年间我不间断地编辑处理他们的稿件，也见证了他们成长的全过程，并不时听到他们感谢的话语，内心还是感到欣慰和自豪的。

◎ 忠诚热忱、贡献奉献、敬业专业、自律他律

这是我在概括基金会文化时想的 4 组词，它也可以代表我的价值观。“忠诚热忱”说的是对待事业和被服务对象的态度。要忠诚于党校教育事业，忠诚于马克思主义研究与出版事业，热忱对待理论工作者特别是青年后辈。“贡献奉献”讲的是人格情操与境界，编辑工作是“为他人作嫁衣裳”，“贡献奉献”精神为编辑必备。“敬业专业”讲的是职业道德，没有敬业精神和专业素养，要做好编辑工作就是空话。“自律他律”讲的是廉洁要求，要坚持稿件质量第一，

在杜绝“人情稿”方面做到“六亲不认”，就必须加强自我和外部约束，抵御得住任何诱惑。

◎ 祝福母校，寄语学子

我一直都心系母校的发展，看到人大发展取得的每一个成就，我都为之欣喜。去年教育部公布的“双一流”评选结果，人大入选“双一流”大学 A 类名单，我深感自豪。报上讲，人大是哲学社会科学高等教育领域的一面旗帜，我觉得这个说法非常恰当。从校友的角度，我希望人大能够继续在学科建设方面下大功夫。

对于正在人大学习的本科学子，我个人的建议是：

第一，努力拓宽自己的阅读面和学习面。如前所说，作为本科学生，在校期间不要把学习面搞得过专过窄，这样不见得对未来工作有好处。文科各专业的学生，都应当把哲学主要是马克思主义哲学学好，形式逻辑课不仅哲学专业要开，其他文科专业也要开。

第二，注重练笔，端正文风。我在审稿中经常阅读到一些博士论文、硕士论文，这些论文的长处是，对国外的新理论很熟悉，但从文章的逻辑上看，文不对题、层次不清、同义重复等问题相当普遍，这反映出逻辑思维能力及写作能力的欠缺。另外还有一个文风问题。现在学界有些人认为，写文章必须把论题纳入某一个西方理论的框架展开，否则就称不上论文。在这种看法影响下，有些学生的论文写成了极其难懂的“洋八股”，哲学家陶德麟称之为“用汉字写的洋文，用汉语说的洋话”。我一点不反对吸收西方理论的精华，但我们所依靠的基本话语体系还应当是中国的，即使运用西方理论，也得看它能不能同论文要阐述的中国问题有机结合起来，做到洋为中用，如果无法结合，或者勉强结合上，只是把简单的问题复杂化，那有什么意义呢。

第三，多关注了解社会。现在多数学生的成长过程是从校门到校门：小学、中学、大学、研究生，连续式学习，有一些专业还是从本科连读到博士。这样的成长过程使学生缺乏对社会的了解，而对研究社会科学的人来说，了解社会非常重要。77、78级同学，看问题比较成熟，这与他们上山下乡、在工厂工作这些基层的经历有很大关系。所以学校应该创造条件让学生们多了解社会，学生也要主动想办法接触和了解社会。

最后，祝母校早日迈入世界一流大学的行列，祝母校这面哲学社会科学高等教育领域的旗帜越来越鲜艳！

周炳成自述，本次采访时间为2018年7月29日，由中国人民大学2017级法学院本科生钟瑛琦负责采访、录音及文字整理，并根据周炳成校友本人提供的《中国人民大学文学院校友散记》（2007年中国人民大学建校70周年文学院校友纪念册，中国人民大学文学院编写刊印）中的有关内容编写整理。

采写 / 钟瑛琦　　编辑 / 李宣谊

孟兴国

|人物简介| 北京人

1955 年生，1978—1982 年就读于中国人民大学政治经济学系世界经济专业，是改革开放后第一批赴美国学习的保险学博士，著名保险业专家。

◎“文化大革命”时期学习荒废

我1955年11月出生在北京天坛医院，5个孩子里最小，我上面有两个哥哥、两个姐姐。我的老家在河北唐山市的丰润县。我爷爷是个传统的北方地主，省吃俭用供着一家人的生计，并支持我父亲读书。我父亲是在家乡很有名的车轴山中学学习，毕业后来到北京。父亲讲话带有唐山口音，我长在北京，家乡话说不好。

我的家庭算是普通的知识分子干部家庭，父亲和母亲在抗战后期参加革命工作，属刘仁领导的华北城工部；抗战胜利后，他俩还一起参加过华北联大某期干训班的学习。后来我父亲继续在北平做地下工作，公开身份是北京大学经济系学生；我母亲则在西柏坡的图书馆工作。中华人民共和国成立后，我父亲先在建工局工作，1958年调到教育系统，先后任过崇文区红旗中学、49中学和92中学校长；20世纪60年代初，他得了肝硬化，不得不在家病休。母亲一开始在财政部、粮食部当干部，1960年值“三年自然灾害”期间，为了能让一家人吃饱饭，我母亲带着我和二姐，在沈阳东北局粮食厅工作了10个月，回到北京后去了26中当中学语文教师。

父母带着我们5个兄弟姐妹生活，虽不富裕，但也算那时的中上水平了。父母那一代人家国情怀都比较重，否则也不会参加革命了。这从我家兄弟的名字就看得出来：1949年出生的大哥叫定国，二哥叫建国，我叫兴国。在我们的成长年代，父母为我们买过很多课外书，希望我们将来能够考上大学，为国家建设出力。印象较深的是第一版《十万个为什么》出来后，父母马上为我们买了一套。

1966 年，我读小学四年级时，“文化大革命”爆发。父母被关押在学校，接受群众的批判，上中学的哥哥姐姐都在西面的学校参加各种活动，东单的家里常常只剩下了我和上小学五年级的二姐，我们不得不开始学会独立生活。当时，像我们这样受到冲击的家庭很多。学校正常的教学秩序也被彻底打乱了，没有课上，没人管学习，学生们想去学校就去，不想去就不去。1968 年 9 月，我在糊里糊涂地度过小学后两年，被分配在北京 27 中上初中；此时中学的情况与小学还是一样，只不过又多了好多“学农”“学工”等劳动活动。算下来从“文化大革命”开始到 1969 年秋，整整三年时间，我都没能好好上课学知识，平白荒废了时光。真正开始像模像样恢复学习，是从初二以后才开始的。所幸我捡回的还比较快，1971 年初中毕业时，我的成绩是班里最好的，五门课程政治、语文、数学、物理、化学成绩都是优秀。不过即使这样，我还是与高中无缘。原因主要有两个：一是我们 1971 届学生遇上“文化大革命”后第一次恢复高中，每班只有大约 10% 的同学能上，我们班只有五个同学上了高中；二是学习成绩好并不一定能上高中，还要看家庭出身、政治表现等等。像我这样的家庭背景肯定是没有机会的。我初中毕业后在家待业了几个月后，被分配到北京市东城区一商局修理钢笔。

我们的门市部在东四十字路口东南角，一同分去的还有两名女生，我们大概是最后一批学徒工，第一年每个月的学徒工资是 17.08 元。那个年代很多人并不热衷学习手艺，因为到处是“大锅饭”体制，干好干坏没差别。我和师傅关系较好，相信师傅说的艺不压身，虽说工作技术含量不高，但也会上心，力求做好，后来明白师傅这是教了我一种做人做事的态度。在修理钢笔的岗位上干了 3 年，又被调到本单位的另一个小印刷厂，这个小印刷厂只有一百来人，用的是非常老旧的二三十年代日本、德国的印刷机，只能印一些信封、信纸及办公品。我在这个印刷厂里也工作了 3 年，先是装订、印刷，后来领导看我年轻有力气，让我干裁纸。裁纸有点技术，但把一刀（500 张）全开纸送上裁纸机平台没力气玩不转。裁纸的铡刀 1 米半长，也得手工拆卸。我那时常常蹬着平板三轮车，往返东四和朝阳门之间，去磨刀社送取裁纸铡刀，夏天赶上热的天气里，索性脱掉上衣，任汗水往下流。

“文化大革命”时期物质生活也很清贫。我从上中学直到工作，一年只买一身衣服，很多衣服都穿得发白、打补丁，鞋上也打着补丁。我喜欢运动，脚上的“标配”是夏天一双排球鞋，冬天一双棉鞋，非常简单。

上大学之前的这六年半是很磨炼人的，但是比起插队的哥哥姐姐，还是太幸运了。他们有三个人都去插队了，比我苦得多。我能留在北京工作，已经是万幸了。现在的年轻人没有经历过“文化大革命”年代，可能真的没法体会我们的那种感受。

◎ 在工厂时代的知识获取

我在工厂上班的6年半里，谈不上有目的、系统地学习，只是觉得不能自暴自弃，不能放弃求知。虽然内心一直很渴望上大学，但并不知道未来命运会如何，感觉也许一辈子都在工厂里了。

由于我的父母都是在中学工作，所以家里的藏书中有很多“文化大革命”之前的初中、高中的教材，语文、地理、历史等都有，这对我来说是十分幸运的。那时候我们的想象力很有限，亲朋里少有人有机会出国，报纸、杂志上从不客观介绍国外什么样子，而在这些“文化大革命”前的地理书里，还会有东西欧国家的文字、照片，都很有意思，激发了我的求知欲和好奇心。除了历史教材，我家还有一套吴晗主编的《中国历史小丛书》，由很多小册子组成，一个小册子讲一个历史事件或人物，比如官渡之战、淝水之战、戊戌变法等等，非常吸引人，看完一本就想再看另外一本，能给人很多的知识和启发。看历史故事是很有意思的，我很喜欢历史。

随着年龄增长，我就会找一些国外的文学著作来看。那个时候，老书店里只有像毛泽东选集、马克思恩格斯的书等，也有一些简单的医疗手册、科技手册，书店里没有哲学思想动向这种带有批判性的书，甚至传播知识的读物（比如小说、戏剧）也没有。但是那个年代也有内部渠道，我们能通过干部子弟借到一些只有干部才可以看的内部读物。通过这个方式，还是能够了解到一些国外的新的思潮理念的。其实，你只要有对知识的追求，那你接触的人，肯定也都是相同的人，大家有共同取向，所以就能互相提供一些好的书。那时候我们借到一本书都是如饥似渴地看，也是因为你看完了以后，两天之内还要转给别人。有的书看完半懂不懂，可即使不完全懂，也会有那种感觉；有的书看完就让人感觉非常震撼，罗曼·罗兰的《约翰·克利斯朵夫》，雨果的《九三年》等都给我极大的触动。读书的习惯，帮助我积累了一些知识，产生了对文学的兴趣，这也是我未来能考文科的原因。

工厂工作的那段时间我也自学英语。我们家有学习英语的传统，爸爸学过英文，大哥在北京外国语学校读书。从 1973 年开始，广播电台里有一个广播英语讲座的节目。我就去买了书，跟着收音机开始学英文。这个栏目，每天早上、中午、晚上都有，我只要是下班时间，赶上播出，就会打开收音机跟着听。其实，我根本跟不上它的进度，但幸好这个讲座是循环地播放，一遍跟不上可以再重新跟一遍。这样，等到 1978 年高考时，我学习到了中级班，为高考英语打下了一定的基础。

总的来说，我那时候读书其实没有什么功利心，外界也不鼓励读书，但是大家心里都明白，本领永远是技不压身，学了没有坏处。所以我觉得有的时候不要那么功利，为了干什么才学什么，重要的是保持学习的习惯，不要放弃进取。

◎ 考人人大

1976 年“文化大革命”结束，1977 年恢复高考。因为我爸爸妈妈是教育系统的，所以我知道这个消息可能比别人稍微早大约一个月。我记得是在 1977 年的十一国庆放假的日子，有一个北京师范大学的叔叔来我们家做客，说刚刚开完会，要恢复高考。我当时听到这个消息特别兴奋，可是虽然兴奋，我又没上过高中，在这六年中间也没有系统地学习过，所以没感觉有多大的希望，抱着试一试的想法就去参加考试了。我清晰地记得那天到考场，参加考试的人特别多，其中有很多像我这样的年轻人。当时高中已经陆续恢复了，我想这些年轻人中肯定上过高中的多，经过了系统的、专业的学习。这让我一下子就没信心了，不抱希望了。但我觉得来都来了，得进去考。考完我就回去继续工作了，没有再想这件事。

大概是元旦后、春节前的某一天，我听到有人在门外喊我，一看是我们单位的团支部书记，来通知我去体检，能体检意味着我的分数过了基本的录取线。当时我们单位去参加高考的一共十几个年轻人，只有我和另外一个同事过了录取线，他是去了清华微电子系，我虽然最终没有被录取，但是觉得有信心了。第二年，我就开始认真准备，下班后不干别的，就钻到屋子里看书，娱乐活动全都停止。1978 年再次参加高考，成绩还不错，397 分，应该是我们教育系统最高的。

我选择报考中国人民大学世界经济专业也有一些缘分的故事。1977 年报考的时候，我的第一志愿是外语专业。想法很简单：既然我自学了点外语，其他一无所长，就选报了外语专业。1978 年再次报考时，我就有了方向意识。那个时候中国基本还是个封闭国家，所以说“世界经济”这四个字对我来说太新奇了，甚至可以说太神秘了，觉得这个专业一定是一个开放的专业，是打破地缘限制、跟世界沟通交融的学科。另一个原因，前面说过，我的爸爸妈妈在人大的前身——华北联大学习过，我们家里人自然对人大有基本的了解和感情。人大当时又基本是一个纯文科大学，比较符合我文科的取向，所以我决定报考。最终，我被人民大学录取了。我的学校和专业基本是这么选择的，盲目中间也有必然，就是和我的家庭有关。

总结起来，之所以能够考上大学，我觉得就是在特殊的年代，在大多数人不看书的年代，我还在看书，没有自暴自弃——无形中把学习当作一种习惯，这是一个很深刻的感受。

◎ 在人大的学习与生活

我拿到人大的录取通知书，特别兴奋，立即骑着自行车，从东单家里赶来学校。第一眼看到学校，说实话有点失望。校园里完全看不到学生（因为当时学校里只有77级3个班的同学，人很少），反而有很多军人，就觉得这好像一个军营不是学校。校园面积也小，校舍没有完全恢复，没有操场，有游泳池却是荒废的。

但是真正开学后，经过一段与老师、同学的相处，有了初步的上课交流，印象就完全变了，这是一个让你兴奋、让你热血沸腾，又让你谦卑的地方。入学后班里的同学坐在一起，每个人讲起自己的经历，除了七八个应届毕业生的经历简单一点，其他人基本上都是经历了上山下乡，经历过各种困苦：有在煤矿工作的、有在火车站做装卸工的、有从农村插队回来的、有当过军人的……我们都经历过时代的磨难，现在又走到一起来，成为一个班里亲密的同学，这种感觉让人兴奋。人民大学也让我学会谦卑，在过去我们觉得自己还不错，毕竟能考上人民大学。但是通过几节课后，你就会发现你的同学里边藏龙卧虎，很多人具备深厚的理论知识，比如那些老高中的同学，本来就有系统地学习，年龄又比较大，阅历比较丰富，所以对理论知识、对整个社会的理解，都比我们这些没上过高中的强得多。你看到他们以后，就自然觉得自己非常渺小了。再一个是人民大学的图书馆很大，藏书特别丰富，犹如知识的海洋。当你进入到知识的海洋中，自然也会意识到自己的渺小了。进入人大以后，在前两三个月里，感觉每天都能看到新的东西、接触到新的知识。所有这一切都让人兴奋，激励我摆正心态，踏踏实实地学习，向周围的同学学习。

我很珍惜在人大四年的时光，真是一段美好的经历。从学校到老师再到同学都让我怀念。

从学校层面来说，人大是一个非常开放的学校，这是给我的整体印象。当然这跟时代背景也有关系。20世纪70年代末到80年代，是中国发展进程中十分开明、开放的时期，社会上每天都在发生新的变化，国家在不断地开放、反思、解放思想，时代在不断地激励着向上的东西。

具体来说，课程设置很开放合理。大一主要是基础课，例如：党史、马克思与哲学、经济三大基础课。我们政治经济学系不用上公共的经济课，而是通读《资本论》，三大本都要通读。到二年级、三年级的时候就会逐渐配置各式各样的专业课，扩大知识面和加深对某个领域的学习。比如西方会计学，讲授国际通用会计（GAAP），这跟我们传统学的苏联式的记账方式完全不一样，很新奇，同时也就具有一定的挑战性。还有一门课印象深刻——三年级时候学习的西方经济学，主要介绍西方经济学流派，帮助我们加深对西方经济学理论的认识。当时，老师们是抱着批评的态度来教授这门课的，在介绍完一个流派后，往往要否定一下，讲它如何反动、庸俗。（这当然也和当时改革开放不久、社会并不是那么开放的时代背景有关。）但是，学校请来的给我们上课的其他学校的老师，比如北大的范家骧、厉以宁等，他们就会相对开放一点。那时，北大在西方经济学研究方面，是走在人大前面的。人民大学以研究马列经典著名。

学校里也有丰富的开放的讲座资源。记得那个时候，每周大概都有专家来学校做讲座，内容很丰富多样，比如讲人才论、金融改革、金融体制演变。请的主讲人都非常厉害，像当时人民银行的副行长刘鸿儒。我们系也经常请外部的老师来给我们开讲座。比如后来成为国务院副总理的李岚清，当时是以对外经济贸易部外资管理局局长身份来给我们讲中国的外贸体制。那时候外贸体制都是国营垄断，各省市的外贸局是唯一的出口单位。外贸局根据国外的需求来组织收购生产，那时候我们国家生产、出口的也主要是山货、工艺品、纺织品类。

老师们知识渊博，治学态度非常认真。当时的教授，也是在“文化大革命”期间经历过各种磨难，“文化大革命”结束后又从全国各地走回人大。比如我们的英语老师刁会跃，20世纪50年代从国外回来，长期被压制，改革开放后才重新回到讲台，讲课特别有情怀。刁会跃老师上课特别生动，总是穿插各种生动的例子，非常有趣，让我们对英语课增添了几分兴趣和期待。讲西方会计学的老师来自金融学院，讲课也非常生动，能一下子把学生们的注意力抓住，让我们跟着老师的思路，在学科领域里遨游。还有于学儒（讲《资本论》）老师、胡钧老师都让我印象深刻。讲国际金融的陶湘老师也是妙语连珠。这些老师给我的感觉就是，他们要把积累了十几年的东西，全倒出来，要教给你，这种精神和态度让每一位学生都深受感动。老师们深厚的学识，传授知识尽心尽力的态度，把我们征服了。

同学们之间相处得也很热闹、融洽。我们班同学来自天南地北，年龄差别大，经历各异，大家有自己各式各样的故事，让人觉得整个班级是立体的，不是同一年龄层那种平面的感觉。我在班里属于年龄比较小的，对我们来说，一些年龄稍大的同学不仅阅历丰富，理论储备也多，总能给我们新的知识和启发。在生活方面，他们非常照顾我们这些年龄小的同学，关心我们遇到了什么问题，家里有什么困难，甚至还会关心我们的恋爱。包括同学之间有什么矛盾，他都会很自然地帮助调解。年龄稍大的同学，组织能力也强，会经常办一些集体活动，像郊游，办得丰富多彩。平时一些跑腿的活，我们年轻的同学则会愿意多替替他们，反正我很愿意这样做。记得当时一个班里有一定数量的同学体育达标后，就会有奖励，大概十几块钱，当时是一个不小的数目。有些体育项目，比如中长跑，对年龄大的同学来说有些困难。为了我们班能得到这个奖励，我曾冒名顶替好几个同学跑“一千五”，最后我们班也成功获得了奖金。总之，我们同学之间相处得很融洽。毕竟我们在上大学之前，在底层社会上经历了那么多磨难，让我们学会了谦让、互相帮助。

◎ 与保险结缘

我上学前有 6 年半工龄，符合当时工作满 5 年可带薪上学的标准。这使我上学期间很“富有”。但也有不好的地方，按照当时的政策，毕业后我应该回到原地方——北京市工作，而不能进中央级机关单位。其实回北京工作也没什么不好，但我总觉得这是一个很大的束缚，而我平生的特点之一就是不愿意被限制。再加上我原单位的领导总半认真半开玩笑地对我说，等我毕业后要把我要回去。可是我不愿意再回原单位。那时要摆脱这种限制，唯一的方法就是考研究生，所以我决定考研究生。

可是考什么专业呢？这时候，我们班有一个同学，他的爸爸是人民银行的领导，告诉我中国人民银行金融研究所研究生部正在招生，其中有一个保险学专业，觉得很适合我。确实，保险是一个实用性、操作性强的务实的专业，很符合我对专业的要求和期待。同时，它要求报考的学生应该具有良好的统计、数学、外语、法律知识，基本的金融知识基础，而这些都是我比较喜欢和擅长的。另外一个原因在于，保险学专业在全国范围内也是第一次设立。像刚才说的，那时候的中国每天都在发生新的变化，保险业停办了近20年，国务院于1978年底决定恢复，仍是个刚起步的行业。我觉得这个专业很有发展潜力，决定报考保险专业。

为了准备专业课，我就到图书馆把所有有关保险学的书籍都找出来，其实数量不多，而且大多是很老旧的苏联的教科书，但我也不管那么多，找到一本就看一本。这个时候，市面上也新出了一本由我后来的导师李嘉华和魏润泉合编的《保险常识》，是一本非常薄的小册子，深入浅出地介绍一些保险业务，比如海上保险、核电站保险、汽车保险，非常有意思，而且都是一些实实在在的知识，我喜欢务实的东西。这本书让我更加认定这个专业适合我。最终，我成功考上研究生，成为中国最早的保险专业的6个硕士生之一。

这样，我去到人民银行金融研究所研究生部，全新的环境、全新的专业，同样让我感觉新鲜和兴奋。清华大学五道口金融学院跟其他学校有一个很不一样的地方，它没有自己专门的老师。这个研究生部是由人民银行组织的，会有一些研究所的研究员作为我们基础课的老师，但是更多的是各个学校的老师。比如讲到货币制度、储蓄问题，人民银行的储蓄司司长就过来讲；讲到金融改革问题，就请刘鸿儒老师来讲；还有当时人民银行的行长吕培俭，他们都给我们上过课。各个学校的老师带来专业领域最先进的理论知识，而像人民银行保险公司的副总经理林震峰、施哲明，他们又来自实践领域，接触改革前沿的问题，帮助我们培养实践操作的能力。

所以，我觉得读研究生的时候，与人民大学相比，又进一步地开放、综合了。课程、教师的开放，学术上进取、开放、包容，就是各种观点都可以讲，没有什么对错之分。比如，我们研究生时候讲西方经济学流派，已不是先入为主地批评一番，而是原汁原味地讲出来，介绍他们的核心理念、基本观点，当然也可以点评，但总的来说十分包容，也是由于社会更加进步了。到了20世纪80年代，中国的各种改革进入具体操作的阶段。比如说我们1978年上大学的时候，国家只有一个人民银行，没有工商银行、建设银行等，更不要说那么多股份制银行、外资银行了。而到了20世纪80年代，尤其是中后期，就已经有工农中建交几大银行了，开始逐渐形成一个立体化的金融体系。总之，这个年代，倒不是说完全是新的，但是你接触的东西更加开放、更加包容了。

我在人民银行研究生部读研究生，毕业后被分配到中国人民保险公司再保险部。再保险是保险公司转移风险的重要手段，再保险部是跟国外的保险公司打交道的，在风险分散方面，我们中国的风险项目，不管发电厂也好，大型的工程也好——一旦出现大问题，按照风险分散原理，不能自己独自承担，得把风险分散在国外；同时国外的有些风险我们也接过来，国际保险业通过这样一个风险转移、互换机制，管理风险，实现财务平衡，所以再保险业务很有意思。我上学时学到的知识在工作中都用到了，干起工作来得心应手。同时态度比较好，比较踏实——不管什么工作，我会先把它做好，从不会说这个太简单了，公司怎么让我干这个。我是觉得，先把事情做好、做得比别人好，弄明白、能吃透，凡事都要比别人多用点心……工作做的多一点也无所谓。

总的来说，我的表现不错，在工作后的第二年，就被评为总公司的六名先进党员之一。虽然工作挺顺利，单位也对我很好，给我的一些安排，都是利于我的学习和提拔的。但是，当时我们的国家虽然改革开放了，一些地方还是很落后，国内能够接触到的知识，很快就不能满足我的求知欲了。比如一些很具体的问题，周围人就没有人能回答了。对国外的一些问题就比较好奇，比如国外的统计模型是怎么建立的等等。再加上，20 世纪 80 年代中国出现留学热，国门打开了，很多人都出国学习。大家都觉得出国是一件特别新鲜、特别时髦的事。从实际情况来说，那时候的国内和国外相比还是很落后。记得我 1986 年工作时，第一次出国去美国。看到国外的高速公路、青山绿水、高楼大厦，城市灯火辉煌，处处都让人震撼，反差极大。所以我很想出国，不管是学习还是工作，都想去体验一下。

但是真正出国还是挺犹豫的，毕竟单位对我很好。所以，我最后出国学习也是机缘巧合。出国都得考托福，那时候考托福的人很多，排到号很不容易。我的一个同学不知道怎么有两张号，他给了我一张，我们就一起去考，考出来了 603 分，挺高的，一般人都在 550 分的录取线上挣扎。这样，我就有了一个不错的语言成绩，开始一边工作，一边联络学校。

那时候我不知道博士是怎样的，还以为就是比硕士多学一点。但我知道博士才有奖学金，硕士一般是没有奖学金的。学了才知道，国外的博士是明确按照研究、教学学者型培养的。等我明白时，有些无奈，但也只能学下去，这都是后话了。那时人保总经理秦道夫、副总经理程万铸、再保部领导徐文浩知道我想读保险专业博士，非常支持。秦总还特别要求人事部为我签了“停薪留职”协议，希望我学成回公司。对这些开放、包容的领导，我一辈子都心存感激。美国华裔教授段开龄先生也是我的人生贵人之一，他不仅促请费城天普大学（Temple University）商学院风险管理与保险系录取我，而且不辞辛苦地帮助我申请到信诺基金会赞助的全额奖学金。这样，我就在 1988 年 1 月离开了中国人民保险公司，出国进行博士研究生的学习。

◎ 在美读书

在国外学习期间，遇到特别大的困难，主要是文化震撼

（cultural shock）。我在国内基础算不错了，但出去感觉落差特别大，主要有两个方面：一个是学习方式。我们在国内每门课程都有一个主教科书，把教科书学好看透，其他也差不多了。上课老师讲，学生听、记笔记，单向的。国外不是这种形式，上课没有教科书，老师也不会列大纲，都是按照他的思路，讲到哪就算哪。每节课布置一大堆阅读书目，好几页，具体有多少本，我也记不清楚了。那么多书，中文的看完都有些费劲，何况英文，时间根本不够用。于是，我把从小学坚持到现在的热爱的体育运动都放弃了，不出去打篮球、游泳、踢足球，唯一的放松方式就是听听音乐，否则真的睡不着。第二个是对课程内容的理解困难。比如上课讲商战，讲可口可乐和百事可乐之间互相打广告，互相采取各种广告策略。他们为什么要打广告？为什么这样打广告？我都不理解。而美国人的年轻人，他们是喝可乐长大的，亲身经历过这些，所以一说就能明白。我没在国外长大，在国内喝可乐又是很奢侈的，根本没经验。还有讲上市公司的兼并收购，我也没法理解。我以前从来没有听说过，还能买公司、卖公司！不光能卖，还可以分着卖，还有估值……不理解。毕竟在中国，我只知道桌子、板凳这些物件可以买和卖。我感觉自己就像小学生到了美国，根本就不是学经济出身的。

所有这些知识，我都得一点点地学，然后才跟得上学习进度，所以前一两年特别吃力。我记得第一学年有一门课，我直接考了一个“C”。“C”在美国的博士考核里意味着什么？意味着不及格。这对我打击特别大，想想第一个学期就有一门课不及格。本来学习压力就大，这下更大了。还不敢跟国内的朋友讲，除了一两个特别要好的朋友，对他们也不敢明说，只委婉地说考了一个C。想想，所有人都知道我出去读博士了，是第一个留美的保险学博士，挺棒，结果你这边得了一个C……朋友们都感受到了我的压力。我住的宿舍楼上有一个学计算机的中国留学生，很优秀，他有一次也得了一个不及格，自然也压力非常大。更糟糕的是，为他做担保的亲戚，还冷言冷语地嘲讽他，说他之前在国内那么高的地位，到这考不及格。这位同学最后想不开，直接跳楼了……我就在想我会不会跳下去。

但是，我这人总体来讲是比较乐观的，热爱生活，不是那么钻牛角尖的人：怎么也得想开！硬着头皮再努力吧。第二学期，我就更加努力。而且，文化差异也不那么明显了，学习方式上越来越适应，慢慢地可以跟美国同学、教授交流，参与每周的讨论，积极地发言表现，而不像原来躲在一边。以后再也没有了不及格的现象。

虽说这样，还是会遇到各式各样的压力，如果当时美国有哪个大公司说，你到我们这来就业吧，我可能就放弃继续读博了，但是那时候美国经济情况不好，工作机会不多。也有同学劝我改专业，去学更好就业的专业，很多美国同学也都这么干了。但我总觉得，这个博士真能读下来，还是值得的，我不应该放弃，做事情得有始有终。我多年以来就是比较能吃苦，不愿意自暴自弃。再者，我得对得起帮助过我的人，如果我要是不读的话，很多帮助过我的人肯定会失望。所以我觉得，还是坚持吧，困难时就想想自己是从人民大学和五道口出来的，不能给母校丢人。这样，我咬牙在美国读完了博士。

◎ 毕业回国

毕业的时候，按惯例，我先在美国的一些大学和世界上其他几家大学投了简历应聘教授，但是在美国我没有收到一份回应，美国当时的就业形势不好，各个大学都说自己不招人。但是，我收到了新加坡南洋理工大学的教职 offer，可我还是拒绝了，没有去。原因主要有两个：第一，当时我妈妈的年龄大了，需要人照顾，我想离家里的老人近一些；第二，新加坡是一个小国，而且经济已经比较成熟了，中国是一个大国，正在经历着经济改革方面巨大的变化。特别是 1992 年邓小平南方谈话以后，我们国家在金融改革方面又掀起了第二个高潮。另外呢，1994 年时中国正在酝酿第一部保险法的出台。所以，国内有很多事情都可以做，也有更大的发展潜力，于是我选择回到祖国。

到了国内，我选择了中国人民银行作为第一个单位，以更好地利用自己的专业知识，做一些事情，为祖国的发展贡献出一份力量。那时候，中国尚没有银监会、证监会、保监会，所有现在金融监管职能都在中国人民银行。我首先去了中国人民银行深圳分行的金融管理司，大概八九个月以后，又借调到了总行，在刚刚成立不久的保险司里任综合处负责人。到 1995 年中国第一部保险法出台，在这期间我参与了大量中国保险法出台后配套的监管规则、监管框架建构的工作。因为我在国外期间特别关注过监管规则，所以在条目设置、定义、操作等很多方面发挥了积极的作用，特别是最早一代的偿付能力监管规则与监管框架方面。确实，就像我回国时的想法一样，我觉得这个时候回来是真正的学有所用、物尽其用。虽然待遇上并不是很高，但是这段时间，我的生活、工作是很踏实的，也是很兴奋的。从国外 6 年多的学生生活又回到工作岗位上，还是改革开放的前沿、政策制定的前沿，可以为这个国家做很多事情，难道不充实，不令人兴奋吗?

◎ 对人大及其学子的祝福和寄语

中国人民大学与我上大学时相比，在校园建设、师资力量等方面发生了翻天覆地的变化，校园生活更加丰富多彩，我作为一名人大人为母校感到十分骄傲和自豪。同时，希望人大能够继续保持优良优秀大学的传统，永远开放、进取、包容，培养更多有独立思想、有能力、有人文情怀，能为社会做贡献的学子，把中国人民大学建设成在国内甚至世界上具有领先地位的大学。

对于学弟学妹们，我想说，你们能够进入人民大学读书是十分幸运的，这里有良好的学习条件，希望你们在校期间能够珍惜机会，好好学习知识，增强能力。毕业后也要把学习当作一生习惯，永远不放弃学习，积极进取，不甘平庸。从我个人的角度来说，也希望你们保持健康的身体，这对一个人来说非常重要。

孟兴国自述，本次采访时间为 2018 年 10 月 7 日，由中国人民大学文学院 2017 级本科生李俊昆负责采访、录音整理，并根据孟兴国校友本人提供的《我们，七八，世经的》班级回忆录有关资料编写整理。

采写 / 李俊昆　　编辑 / 李宣谊

孟 杨

|人物简介| 河南开封人

1960 年生，1978—1982 年就读于中国人民大学法律系法律专业，获学士学位。曾任海关总署政策法规司司长，汕头海关关长，海关总署稽查司、风险管理司司长，一级关务监督头衔。

◎ 18 岁时历史动荡，结缘人大终生难忘

历史的长河拐了个弯，人们的命运也随之改变。在我 18 岁的时候，历史就拐了个弯。那一年——“文化大革命”结束，高考恢复。

1977 年 9 月，教育部在北京召开全国高等学校招生工作会议，决定恢复已经停止了 10 年的全国高等院校招生考试，以统一考试、择优录取的方式选拔人才上大学。招生工作会议决定，恢复高考的招生对象除了工人、知青，还包括应届高中毕业生。那一年，我刚好高中毕业，中学期间我们的学习内容不是学工就是学农，每天都是在劳动中度过。虽然历经了“文化大革命”的磨难，但我毕竟还算年轻，没下过乡，没当过知青，没被耽误太久。而当高考的机会摆在我面前的时候，我很清楚，我必须牢牢抓住它。1978 年夏天，我参加了高考。

我通过高考来到人大，是一系列的机缘巧合凑成的。20 世纪 50 年代，人民大学刚从荒凉的陕北迁徙至北京，我的父母作为中华人民共和国成立以来最早的一批大学生，便就读于人民大学。从小的耳濡目染，让我对大学的学习十分渴望，同时，也让我对人民大学产生了亲切的感情。命运似乎在冥冥中指示，让我觉得选择人大是理所当然的。1977 年秋天的高考结束时，人大还没有复校。在 1978 年夏天的高考补充志愿里，刚刚复校的人大正式出现了。于是，我在高考结束后，毫不犹豫地填报了人大法律系。不负所望，我终于被人大法律系录取，成为中国人民大学在 1978 年复校以来招收的第一批学生。这也意味着，虽然中间经历了停办的风波，但我最终还是成了我父母的校友。

人大的校园在“文化大革命”期间被部队占领，复校之后，部队腾出了很小的一块地方用于人大办学。从东门进，进入眼帘的就是“求是楼”，用作教学和行政，因为求是楼是朴素的灰色平楼，所以我们平时叫它“灰楼”。向北走，分别是红一、红二、红三楼，这是主要的住宿楼，我在大学期间，主要就住在红楼旁边的一间宿舍里。再向北，是现在的信息楼，当时是我们的教学楼。我在上学期间，大部分的课程就在这个四层平楼里上的。从人大西门进，主要是一些校办工厂，校办工厂周边杂草丛生，长到齐肩的高度，工厂没有一间玻璃是齐全的。因为刚复校，可以提供给学生住宿的地方少，北京户籍的同学基本是走读的。后来，学校又腾退了校办工厂的房子，用来住宿。我在校办工厂就住过一段时间。当时的办学条件十分艰苦，面对这样的条件，大家都没有丝毫退缩和怨言，觉得可以上学就是最大的满足。此外，我的很多同学都是拖家带口求学，他们对学习的机会十分珍惜，我十分钦佩他们。

我上大学的时代，课程设置与现在不太相同，除了基本的法律课程，还有很多的政治课程，比如党史、社科、政经哲学之类的。但不管是什么课程，讲台上的先生都是大师。细数我大学期间的授课老师，皆是该学科的泰斗。党史课是中国党史研究权威胡华先生授课，他是中国新民主主义革命史和中共党史学科的奠基人之一。马克思主义国家与法的理论课是孙国华先生授课，孙老师被称为“中南海授课第一人”，40年后的现在，孙老师的法理学教科书依旧是经典著作。宪法学则是许崇德先生授课，许老师直接参与了《宪法》《香港特别行政区基本法》《澳门特别行政区基本法》的制定，是新中国宪法学奠基人。民法课是佟柔先生授课，在大家争论社会主义国家是否需要民法的时候，佟老师就参与起草了《民法通则》，这部法律，30年内没人能改一字。而刑法学，则是刑法学泰斗高铭暄先生授课。

我对这些老师印象深刻，不仅仅是因为他们参与授课，可以天天与我们见面，更是因为他们没有半点知名学者的架子。我们去请教一个很小的问题，老师们都会很耐心地解答，甚至有时候，老师会邀请我们到家中做客，进一步了解情况。我们的师生关系十分融洽，许崇德老师当时正在翻译几个国家的宪法，他就邀请同学们一起参与。当时没有复印机，学生们也做不了沟通的工作，顶多帮忙抄抄写写，但是不管是老师还是学生，大家都恪尽职守、认真对待。而我因为年龄最小，什么都不懂，所以就帮忙打打杂。

我在大学期间，有过两次社会实践的经历，一次是二年级的时候，在北京的一个区级检察院实习。一次是在毕业前，高铭暄老师作为我们的班主任，带我们到山东的法院去实习。这两次实践，我的印象特别深刻。那个时候，法院和检察院的司法工作和现在不太一样。特别是法院，我当时在民庭实习，法官在审判的时候，会有些创造性的工作方法，审理离婚官司时，会要求当事人回家先冷静3个月，3个月后再来办案子。现在民法的婚姻家庭编的草案，也提到要增加冷静期的规定，但是当时的法律不是这样规定的。所以说他在办案的过程中，有很多个性化、创造性的内容。

我在读书的时候，法律系就我们一个班级，只有38个同学。当时整个人大一届也没有多少同学。校舍的环境也很小，办学受到了很大的限制。

我们当时上课的教室就是四十多人的小教室。除了正式的学生之外，还有几个旁听生。老师一直是站着授课，偶尔有些油印的教材和辅助的资料。虽然授课的教室和方式都十分简陋，但老师们都是泰斗级的人物，上课口若悬河、引经据典，十分精彩。

我们班级的38个同学中，应届高中生有10个左右，有社会阅历的占据了一半多，他们来自各行各业，有丰富的社会阅历。其中，我差不多是最小的，跟我年龄相差最悬殊的同学比我大15岁。现在回想，这些有社会阅历的同学，其实更适合学习法律。我当时除了学政治经济学比较费劲，其他各科的成绩都还不错，但其实都不算学得太明白。一直到后来参加工作后，我才对法律有了更深刻的认识。

因为我的年龄最小，所以在上学的时候，都是跟在年长的同学后面学习。他们很会照顾年龄小的同学，我在学习上遇到困难，就向他们请教，他们都会很认真地解答。那时候上课，老师会留几道大题，最后从这些大题中抽选题目用来考试。年长的同学更加用功，对法律的理解也更加深刻，他们就会将这些题目整理好，弄上好几层的拓蓝纸，一题一题地抄写，然后发给年纪小的同学看。因为我年龄比较小，在记忆上更占优势。很多年纪大的同学，帮我们整理考试要点，我们背诵后可以得优，但是他们却只能得良。当时的考试，除了笔试外，口试的比例也非常高，老师坐在我们的面前，他来提问，我们来回答。我们那个年代，没有辩论、模拟法庭之类的活动，所以就通过口试的方法加强语言上的训练。

我对这些同学的印象都非常深刻，他们富有才华，又不乏想法，对学习机会的珍惜和把握程度更是令人钦佩。我始终认为，大学的作用，一方面是培养学生的技能，另一方面是培养学生的思考能力，而当时正是个思想解放的狂飙时代。人民大学复校以来，培养了一批又一批的社会精英，而这些“国民表率”中，我们这一届的同学，因为经历了历史的动荡和变局，他们对国家发展的关注和思考，是最突出的。我常常在思考，我的同学这么优秀，与他们为伍，我不能落后，这成为鞭策我不断学习、进步的动力。我们同学之间的关系特别好，直到现在，我们之间还会经常联系。

在大学期间，我们每天早上都会上课，有时候下午也会有课，课程安排不密集的时候，我就会去自习。当时人大除了一个大的阅览室之外，还有一个图书馆。图书馆是在东门的东南角，是一个很老的建筑。里面的桌子很长，木头很厚重，颇有古典气息。但是图书馆的座位十分有限，大家学习氛围高涨，每天都有很多同学早起拿书本占座，每个座位都是珍贵的资源，稍晚来图书馆，就会面临没有座位的处境。我当时就经常抢不到座位，便只能在寝室里面学习。

因为遭遇了“文化大革命”的磨难，很多学校的图书资源都遭到了破坏，人大也不例外。在我上学的时候，学校的图书资源十分有限，专业课的参考书籍也不多。当时的图书很少有正式出版的，都是简单的油印本。印象最深刻的就是孙国华老师的理论课教材，是薄薄的两本，内容丰富、思路清晰。在图书馆有限的书籍里，我还是能淘到自己喜欢的书。我对文学很感兴趣，所以，我就喜欢借阅小说，文学成为我闲暇时间里最自在的放松方式。

在我大一的时候，二炮还占据着校园的大部分，包括一座最大的教学楼、新图书馆楼、学生食堂和一些学生宿舍。一整年的时间，二炮都没有搬出人大的计划。当时因为校舍紧张、破败，有个十人宿舍，宿舍里面的煤炉脱落了，造成了学生煤气中毒，还好发现及时，没有酿成更严重的后果。但是学生因为这件事情被彻底激怒了，所以决定请愿，要求二炮腾退校园。当时是大二刚开学的时候，几乎全校的学生都参与了。队伍里的标语牌写着“还我校园”“还我宿舍”“校园不是兵营”等口号。请愿后，二炮司令部就陆陆续续撤离了学校。我们先是得到了军人们退出的学生食堂，然后收回了大教学楼和图书馆，学习条件有了很大改善。接着家在北京的同学也有了学生宿舍。通过表达自己诉求的方式，为自己争取到应得的权利，是我大学期间印象最深的一件事。

◎ 海关履职三十六载，执笔立法百十余部

有人曾戏谑地说：人民大学的学生工作地点在长安街延长线五公里以内。在当时的历史背景下，国家急缺各类人才，大学生的工作都是分配的。我们这届同学毕业后，有很多同学被分配到长安街沿线的部委工作，我就被分配到海关总署工作。而且，这一干，就在海关系统干了 36 年。

我参加工作的第一个部门就是海关总署的政策法规司。政策法规司的首要工作就是研究提出海关立法规划并组织实施，参与起草有关法律、海关法规和综合性规章，同时负责海关法规、规章的执法解释工作等。改革开放之后，中国向依法治国的时代前进，各项法规制度的建立也在有条不紊地进行中。我刚进入单位，恰逢制定海关法，我当时就参与了这项工作。1987 年，历时 3 年制定的《海关法》最终通过。2000 年前后，国家决定对《海关法》进行修改，

我当时已经从一位普通的官员升任到副司长，所以成为这次修改小组的组长。《海关关衔条例》也是由我领头起草的，这部法规涉及队伍荣誉的问题，涉及海关的切实利益，全国海关非常支持，都参与提意见，而我们也加班加点，最终出台了这部比较完善的法规。除此之外，我还参与了十几部国务院的法规、一百多部海关规则的制定工作。

近 40 年来，中国通过了大量海关的法律法规，其中大部分都有我参与的痕迹。当然，这并不是我个人能力的原因，而是我恰好身处时代的洪流中。中国发展最快的时候、制度建设最快的时候，被我赶上了。因为有这些机遇，所以能在中国海关的法律法规中，留下自己努力的痕迹，我觉得很幸运。

政策法规司还有一项工作是管理海关行政复议、行政应诉、行政赔偿工作，审理总署管辖的行政复议、申诉案件，办理总署行政应诉事宜，承办总署案件审理委员会日常工作；组织实施对海关行政执法的法律监督。2000 年前后，我们国家《行政诉讼法》实施，民告官的案件特别多。民告官，是法律的进步，是对公民权利的保护，但是因为是新型的工作，我们也遇到了很多挑战。在这个过程中，如果行政机关有过错，我们就要改正，如果行政机关没有过错，我们就要积极主张行政机关的权利。但如何声明自己的权利，以前是从来没有研究过的。作为海关总署的法规部门，我们不仅要研究这些知识，还要指导下级的直属海关。那时，我主编了《海关行政复议法律文书填制规范》，帮助各方读者更深入了解海关各类行政复议法律文书的格式和内容，准确理解文书体现的行政复议制度精神和内涵。

自 20 世纪 80 年代末以来，“特殊 301 条款”成为美国手中的一根大棒，对许多国家（包括一些发达国家）产生过威胁。美国的威胁虽然都遇到反抗，但最后美国都能得到一些“甜头”，因此，美国贸易代表团拿着它到处挥舞。中国改革开放后，由于中美经济的互补性，两国贸易得到迅速发展，两国人民都从对方处得到实惠。美国政府看到中国刚刚走向开放，知识产权法制建设还不够成熟，考虑到中国经济发展前景和中国潜在的经济利益，出于贪婪的本能，自然地把中国当作大棒威胁的对象。为此，1993 年，中美开始进行知识产权谈判。

这是极其艰难困苦的长达 21 个月的马拉松式谈判。我所在的部门主管海关的制度、进出境管理，而我作为中国海关的代表，更是直接、深入地参与到了这两年的九轮谈判工作中。这两年的谈判异常艰辛，例如美国代表团在最后的中方协议文本中，擅自插入许多条款，比如他们写上海关有权对于过境侵权商品予以扣压，这些是严重损害我们国家利益的。我和其他代表发现后，拒绝写入这些条款。中美双方经过针锋相对、剑拔弩张、唇枪舌剑、各不相让的讨价还价，最后在 1995 年 2 月实现了相互妥协，握手言和。中美两国就知识产权保护问题达成了协议，避免了一场两败俱伤的报复和反报复贸易大战，达到了双赢的结果。新华社当天的新闻说是“影响中美两国贸易乃至两国关系的中美知识产权谈判达成协议”。对于谈判过程中中国海关的表现，世界海关组织，中国政府、各类商业机构都给予了很多肯定。从那段时间开始，知识产权海关保护从“零”起步，逐渐建立起完善的制度。这些经历，都给我职业生涯留下了深刻的印象。

2011 年的时候，我从政策法规司司长的岗位上交流到汕头海关担任党组书记和关长的职位。这是我在业务部门工作了近 30 年后，第一次来到直属海关任职。业务部门和直属海关的工作性质不同，业务部门的工作比较纯粹，但是在直属海关就要涉及队伍的管理工作。汕头海关除了总关，还有隶属海关、驻外办事处等近 20 个机构，有近 2 000 名关员，都需要进行管理。我当时所在的海关驻在广东汕头，我面对的第一个困难就是远离家庭。北京和汕头有 2 000 多公里的距离，虽然我常年出差在外，但这是第一次长时间地远离家庭。其次，就是人文环境和工作环境的改变。我长期在职能部门工作，突然来到带队伍的环境，并且该地区的人文文化与中国的很多地区又稍有不同，导致我一时间难以适应。

在汕头海关的 3 年，是我咬牙坚持的 3 年。当我意识到自己肩上责任有多重的时候，我就只能咬牙坚持。这 3 年，偶尔会有伤心的时候，但不管是怎样的处境和心境，我都选择迎难而上。

汕头海关管辖的区域是粤东地区，属于广东省比较边远的地区，在我刚入职的时候，基础比较差。当时海关整体的业务比较松散，但是跟同事们一起努力之后，汕头海关在各个方面都有了很大的改观。

我任职期间，进行了深化改革，抓紧实施无纸通关、区域通关、上海自贸区海关制度复制推广等改革项目，提高通关效率，为广大进出口企业提供尽可能多的便利。那几年，关区有很多群众反映从国外寄来的邮件收取的速度比较慢，针对这一问题我们马上与本地邮局进行了沟通，开发专门的通关作业软件，实现了海关和邮局的数据共享，大大提高了进境邮件的通关速度。

汕头海关所处的地理环境是毗邻港台，海岸线也特别长，沿岸非设关的码头也比较多，对于走私活动来说有一定的“便利”条件，这也使得反走私工作是汕头海关的主业。我任职期间，我们在原有的基础上，继续贯彻“打团伙、摧网络”的工作思路，有的放矢、重拳出击、综合治理，反走私斗争不断取得新的成果。例如在 2013 年，我们查获了一起走私皮草的特大案件，案值达到 84.93 亿元，对走私分子形成了有力震慑，为保护健康公平的贸易秩序做了一些努力。我们通过加强对进出境货物物品监管、打击走私，确保了国家相关法律法规的有效落实，维护了正常有序的进出口贸易环境。那几年，汕头海关查处的走私量一直是全国的前三。除此之外，在我任职期间，还有很多业务指标，都是多年来最高的。我们还积极从事社会公益活动，汕头海关在符合国家法律规定的前提下，依靠海关总署的大力支持，将一些没收侵权物资捐助给当地的民政部门、贫困山村的学校以及福利院，共捐出物资超过 80 万件。我们还积极组织志愿服务、无偿献血等多种形式的活动，收到了良好的效果。看到自己用心管理取得的成果，还是很欣慰。

我在汕头直属海关任职结束后，回到海关总署担任稽查司司长的职务。稽查司的业务对我来说又是新型的工作，我以前是负责制度建设的，稽查司则属于业务管理的部门。中国海关所有的新型业务管理都由稽查司负责。例如研究提出制定一般贸易货物的税后稽查、加工贸易货物的后续稽查、减免税货物的后续稽查等相关的海关稽查规章制度并组织实施；研究制定规范企业进出口行为和对企业实施分类管理的规章制度并组织实施。

具体举例来说，我们的业务管理包括企业诚信管理，需要出台海关企业信用管理的办法，在国家社会信用体系建设的原则和要求下，根据企业经营管理、内控规范、守法守信行为等能够反映企业信用的客观情况，科学、公平、公正地明确认证企业（海关高信用企业）、一般信用企业和失信企业的认定标准以及管理措施。同时，海关依据对进出口货物安全的需求，制定了一套供参与合作企业适用的标准；对愿意参与合作且能够达到海关设定标准的企业，海关给予企业包括降低查验率、简化单证审核、免担保信任放行、设立企业协调员等多项便利通关和管理措施。

这些都不是简单的业务，都需要对一些新型制度，如《全球贸易安全与便利标准框架》中 AEO 制度，对计算机、大数据知识、海关稽查、账务等各类知识有全面的掌握。

◎ 回顾过往勤奋是本，寄语后辈青春勿费

回顾自己的过去，人大的学习经历，对我产生了很大的影响。第一个影响就是让我有了规则意识。学法律的人一定是有规则意识的，海关是准军事化的纪律部队，所以规则意识对于我们在这个职业领域的成长是有很大帮助的。同时，我有近 30 年的时间在政策法规司工作，而在人大学习到的知识，成为我法律生涯的从业基础。第二个影响就是让我知道要学会自己努力，我从不相信天上会掉馅饼的事情。我们现在只要不出差，基本就在单位加班。现在，海关总署跟国家质监局在合并，合并之后的制度要修改，业务的方式要改变，这些都是需要我们去具体执行的工作。在公务员的岗位中待了这么久，我切身体会到大部分公务员的勤奋、努力。虽然整体上

看，社会对公务员还不大理解，甚至有些人敌视公务员，但一个国家，如果没有公务员，这个社会就是无政府主义的，是无法运行的。在自己的执业过程中，我对公务员的工作也有了重新认识。此外，在人的职业生涯里，只有不断学习，才能与岗位要求相匹配。就算是主任科员从第一年做到第十年，也是需要学习，因为随着社会的发展，知识也在不断更新。学习是终身制的，三年前，我调到稽查司司长的岗位上，就注重对大数据、计算机等知识的学习，虽然学得不深，但是也能明白大概，对我处理工作帮助很大。

现在的年轻人学习能力比我们强多了。回想起我们那些“老三届”的同学，他们好不容易从农村回来，对学业的珍惜程度是现在的学生不能比的。所以，我希望现在的孩子们也能更加珍惜在学校里面的青春时光。

人大是陕北公学的底子，去年举办了人大建校 80 周年的庆典，在办学方面，应该更加有自己的特色。正如习近平致中国人民大学建校 80 周年的贺信中所说的那样：始终坚持党的领导，坚持马克思主义指导地位，坚持为党和人民事业服务，形成了鲜明办学特色，在我国人文社会科学领域独树一帜，为我国革命、建设、改革事业培养输送了一批又一批优秀人才。同时，我希望人大在社会上的影响力能不断提升。在我读书的时候，我们都说“天高人大”，我希望人大能够发展得更好。

孟杨自述，本次采访时间为 2018 年 8 月 6 日，由中国人民大学 2017 级法学院研究生陈豪鑫负责采访、录音及文字整理。

采写 / 陈豪鑫　　编辑 / 王迪　李宣谊

赵向阳

|人物简介| 江苏人

1978—1982年就读于中国人民大学法律系法学专业，获学士学位；1983—1986年就读于中国人民大学法律系宪法学专业，获硕士学位。毕业后留校任教。于1995年借调至澳门，参与澳门回归的法律准备工作，后在澳门特别行政区政府担任法律顾问。现任中国人民大学澳门校友会会长。

◎ 结缘人大

1975年7月中学毕业后，我在江苏苏北插队。1977年恢复高考，我和身边的人都非常激动。但从政策发布到正式考试的时间太短，来不及准备，于是我就缓了一年，于1978年参加了高考。大家都知道，知青的生活非常艰苦，每天都是强体力劳动。为了准备高考，我每天收工回家都要看书学习。那时候也没有电灯，就是煤油灯，煤油灯的烟把脸都熏黑了。就这样每天晚上坚持看书，希望能够考得稍微好一点。

1978年的高考是先出成绩，后报志愿。文科考4门主课，政治、语文、历史、地理，还有一个数学是乘以50%计入总分，外语不计分。我的政治考了90分，语文89分，地理92分，历史94分，再加上数学成绩，总分380分。多少年后，我才听说我是我插队那个地区的文科状元。因为考得好，所以在报志愿上的选择余地就比较大。

报志愿是怎么做的呢？当时是各省的报纸把每一个大学在本省招生的名额和专业合在一起登上一版或两版，我们江苏是《新华日报》进行刊登。我一看报纸，既开心又有点茫然。因为读文科是我一直以来的志向，但具体读哪所大学、学什么专业完全没有概念。因为“文化大革命”的10年间，大学没有正式招过生，于是我就到一个老知青家串门，跟他聊这个事情。他说，“恭喜你啊，考这么高，要读大学了”——那时候读大学是很不容易的事。我说，我不知道报哪个大学好啊。那位老知青的父亲正好在旁边，20世纪60年代初他在人民大学当过一年的进修生。他告诉我，如果对文科有兴趣，还有一些“想做事”的抱负，报人民大学是一个非常好的选择。因为，人民大学在政治立场方面很坚定，在马克思主义的理论研究和教学方面成绩斐然，而且师资力量也很强，学风很好。那时候中国人民大学刚刚复校，我从没听说过人大，但听他这么一讲，也觉得很适合我，就填了人民大学。

我们这一批人，经历过“文化大革命”，所以都非常关心国家的发展，对政治也有浓厚的兴趣。“文化大革命”结束后，国家应该如何去改变去发展，这是我们这一代人当时非常关心的问题。所以我就想着学一些和中国政治相关的专业。关于志愿的填报还有一个小插曲。当初《新华日报》刊登报考信息的时候，人民大学没有把法律系单独列出来，我也不知道人大还有法律系，就填报了党史系和科学社会主义系。后来可能是人大的老师看到我的第二志愿是西南政法学院，知道了我有学习法律的志向，就直接把我转到法律系去了。

正是这各种各样的机缘巧合，让我和人大、和人大法律系结下了一生的缘分。现在回想起来，真的是非常感激。

◎ 校园记忆

我还记得，人民大学复校通知书寄到我插队地方的时候，已经临近报到的截止日期了。通知书上写的是1978年10月20日报到，底下一个括号写着“因条件有限请勿提前”，也就是说如果提前到了也没有地方住。

当时我在苏北，从苏北到北京只有一条铁路线，还必须去徐州火车站上车，我排了整整3天的队买到了一张18号的票，19号下午2点到北京。从北京站坐103路到动物园，换332路车，到人民大学下车。当时，我们的被褥和生活用品全都是自己带的。我背了一个大箱子，里面装了被子、褥子和四季的衣服。上汽车，下汽车，再步行，还真累。

我对人大的第一印象是“简陋”。当时的法律系办公室就在现在的红一楼。因为宿舍还没准备好，我当天晚上就睡在办公室的办公桌上面，把 4 个桌子拼在一起。第二天安排宿舍，终于安顿下来了。在人大法律系办公室睡的那一晚让我至今难忘。

安顿下来后，逛了逛校园。校园给我的感觉就是“两多”——树多、平房多，当时校园的树比现在多一倍都不止，校园里到处都是有几十年树龄的大杨树和其他树木，从西门一直延伸到东门。现在东门口的花园原来是运动场，那时候运动场都很小，不像现在的 400 米标准跑道。至于平房，当时人大盖的是窑洞式的平房，我们上课就是在这里面，冬天要生炉子。夏天的时候，树荫很大，我们讨论问题都是在大树底下，一人发一个马扎。那时候人大的校园给我最大的印象是同学们有一种奋发向学、热心报国的精神，这种精神是非常宝贵的。

在人大的 4 年，几乎就没有时间做其他事，除了上课就是自习。早上六点半起床，冬天也是一样的，早上校广播站转播中央人民广播电台的大喇叭一响，播新闻联播，开始跑步。7 点多跑完了，去吃饭，15 分钟吃完饭就去自修。教室都还没开门，就在院子里背外语单词。那时候大家学习非常地投入，图书馆有很多书，但经常被借完。比如当时人大图书馆有 30 套《资本论》，三卷本的，其他大学馆藏 3 套就了不得了，而这 30 套经常被借光。

当时法学院的课程设置也很有意思，除了法律以外还有公共政治课，像是哲学、政治经济学、科学社会主义等等，在八百人大教室上课，鸦雀无声。全校 1978 级大概有六七百个学生一起上课，上课的时候只听见老师的讲课声和同学记笔记的声音。教室里也没有黑板，就这么讲。

法律系当时的师资配备是很强的，因为正好赶上第一届复校，学校给我们安排了最好的老师。上刑法课的是高铭暄老师，教民法的是佟柔老师，教宪法课的是许崇德老师，教法理课的是孙国华老师，可以说是国内法学界最顶尖的老师了。经历了 10 年“文化大革命”，还能配置这样的师资力量，在那个年代真的是非常稀有和珍贵的。

这些老师们都是全身心扑在教学上。“大跃进”加上“文化大革命”10年，我国的法律研究基本处于停滞的状态。我们跟其他的国家，包括社会主义国家和西方国家，有非常大的差距。当时我们也没有教科书，全都是老师手写的讲义，很多都是油印；没有条件油印就写板书，一板一板的抄板书。那时候真是黑板，白粉笔写起来往下掉粉末，擦到最后都擦不干净了。老师的板书当时也是一道风景，有的老师写得很漂亮，有的老师写得差一点，但是写一板东西是很费劲的。同学的笔记本都堆成一大摞，老师讲的每一句话都记下来。如果干别的事自己都觉得不应该，因为听课的机会实在是太珍贵了。

当时我们住的宿舍，是12平方米的房子，长4米，宽3米，4张上下铺铁架子床正好是顶到头，住8个人。这样的住宿条件现在大概会觉得不可思议。有些事回忆起来有点可笑，比如我们男生经常不洗袜子，宿舍里弥漫着一股味道。但因为我们的注意力全部集中在学习上了，这些“不利条件”完全可以忽略不计。当时的我们就是有那种执着坚毅的学习精神，现在回想起来，这样心无旁骛的精神状态真是太难得了。

应该说，在人民大学的岁月从两个方面给予了我深刻的影响。一个是坚定了我的政治立场。上大学之前，毕竟还年轻，思想上不成熟，政治立场不是很坚定，对政治的认识也不完整。上大学后这样的状况完全改变了。二是人民大学的学风非常好，可以用朴实、扎实、系统、全面来形容。还有一点应当提及，人民大学长期以来在理论联系实际方面做得非常好。这些对于我们来说，无论是日后做研究工作还是做实务工作，这样的学风都给我们打下了重要的基础，助我们形成了踏实上进的工作作风。

因此，人大的教育整体而言，对我们进行了正面积极的，而且是全面的人格上的塑造。长期的教育形成的知识基础、理论基础和专业基础是非常重要的。人大澳门校友会成立的时候我发表演讲，说这种培养叫作“终身受用”，真的是这样。

◎ 赴澳工作

1982 年从人大法律系毕业后，我先是到最高人民法院工作了一年。工作中我发现自己还是更喜欢宪法领域的研究，就又考了人大宪法专业的硕士研究生，1986 年毕业后留校任教。后来到了 1995 年，组织上要从高校法律系借调专家学者去澳门，为澳门回归做法律上的准备。我们知道，澳门原有的法律体系是葡萄牙的法律体系，与特区基本法的规定和特区法制建设的目标相去甚远。原有的法律之中，哪些法律可以继续用，哪些法律应该废除，这些问题都需要做大量的研究工作。

对我而言，到澳门工作是将学和用结合起来的一个重要契机。我在人大，硕士毕业留校任教，然后当助教、当讲师、当副教授，这基本上是从理论到理论的过程，在实践上有很大的缺失。比如说写一部法律，起草一个法律草案，都需要经验，需要实践。因此我也非常珍惜去澳门工作的机会，能够让我学以致用，锻炼实际的操作能力。

到了澳门以后，我们先是研究了澳门现行的法律。哪一些法律可以继续保留作为澳门特别行政区的法律，哪一些法律是跟《澳门特别行政区基本法》（简称《基本法》）相抵触的，不能保留，需要做判断，所以工作量很大，也很辛苦。澳门的法律，数量很多，而且很多只有葡文本，所以有一个翻译班子一边翻译一边审查。尽管工作压力很大，但我们每个人都清楚这些工作的意义重大。法律对一个地区来讲规范了基本的社会秩序，如果法律体系没有了，社会秩序就混乱了，所以建立起清晰的法律体系太重要了。

我们在工作的时候，有一个基本的考量，即《基本法》一旦实施，国家恢复对澳门行使主权，那么其他法律都要是符合《基本法》的。不仅如此，还必须符合本地的实际情况，不能因为法律的变动而给澳门社会带来过大的震动。1999 年 10 月全国人大常委会审议通过了《全国人民代表大会常务委员会根据〈中华人民共和国澳门特别行政区基本法〉第一百四十五条处理澳门原有法律的决定》，明确规定了哪些法律可以保留，哪些不能保留，哪些可以部分保留，哪些可以先适用再处理等等。

全国人大的审查决定发布后，相关工作告一段落，我本来是要回人民大学继续教书的。但是，澳门新政府的成立还需要一批法律人才进行辅助，要求：第一，要有深厚的法律基础；第二，要对澳门的情况很熟悉；第三，要有一定的生活阅历。我算是比较符合条件的。于是我就根据组织安排留在澳门继续工作了。对我而言，留在澳门，继续帮助特区政府做一些事，对祖国的统一大业有所助益，这是非常荣幸的。

澳门特区的成立面临着不小的挑战。它必须先立一些法律，将《基本法》和全国人大常委会决定的法律性要求具体化、条文化，保证澳门平稳过渡，实现政权的顺利交接，这些法律必须在正式回归之前拟定完成。我和我的同事（人民大学法律系博士郭华成先生）具体负责了法律起草的工作。我们要研究解决的问题包括，特区成立的当天政府怎么运作，原有的法律体系怎么保留，尚未执行的司法判决如何执行，尚未到期的合约怎么过渡，等等。我们还必须考虑，澳门回归祖国之后，国家主权得到了完全的行使，那么在本地立法当中一定要体现出国家主权的一些要素。另外，一件非常棘手的事情是，回归之前澳门的居民是不分种类的，持有的证件也非常混乱，如果要按《基本法》规定将他们划分为永久居民和非永久居民两种情况，就必须在立法上做出明确规定。就这样反复地斟酌考虑，我们形成了制定 10 部法律的立法规划，行政长官和有关方面确定后批准了这个立法规划，我们立即开始工作。此时距澳门回归不到 3 个月，我们的工作确实是时间紧、任务重。

最后，我们用两个月的时间将 10 部法律全部起草完毕，包括：《回归法》《政府组织纲要法》《法规的公布与格式》《就职宣誓法》《国旗、国徽及国歌的使用及保护》《区旗及区徽的使用及保护》《澳门特别行政区居民办理国籍申请的具体规定》《澳门特别行政区永久性居民及居留权法律》《司法组织纲要法》《司法官通则》《审计署组织法》。另外，还起草通过了12件相关的行政法规。有些立法内容一般人看来好像不是特别大的事情，但是对于澳门同胞来讲，这意味着国家认同。300多年来澳门都是在葡萄牙政府的殖民统治下，用法律明确规定了国家的认同，和单纯地依靠情感和传统来号召是不同的。法定即意味着必须遵守，在特别行政区刚刚成立的特殊情况下，是很有必要的。

当初，我们起草法律所面临的最大障碍是人手严重不足，因为当时澳门尚未回归，当局不可能提供更多的帮助。因此，起草完那些法律后有朋友说我老了5岁，那时的确是高度紧张，每天睡4个小时。因为这些立法切实关系到维护国家主权和澳门社会的稳定，尽管很累，但我确实收获到了很多。亲身参与了，总会有不一样的体验，很有成就感。这时我总算觉得，我没有给人民大学丢脸。

澳门回归以后，我继续做法律顾问的工作，因为大量的立法工作还是需要我们的辅助。我们也帮助澳门特区政府培养了许多年轻的优秀法律人才，这些人在之后的法律工作中逐渐接替我们，成为完善澳门法律体系的主力军。

这里我还想谈及的一个经历是《维护国家安全法》的制定。《基本法》第23条规定，香港、澳门特别行政区应自行立法，维护国家安全，禁止分裂国家的行为。这是港澳特区必须完成的宪制责任，对国家的责任。香港在2003年曾经尝试进行立法工作，但在多种复杂因素的作用下失败了，而且至今尚未能提上立法日程。到2008年，澳门特区政府认为，澳门应在回归10周年之际完成这项宪制责任，制定维护国家安全法。吸取了香港的经验，我们主要抓住两项工作重点。一方面，澳门特别行政区若要以立法的方式维护国家安全，就必须先向市民解释清楚这完全不会损害居民的基本权利和自由，例如不会损害言论自由。因为当时对于两者的一些界限大家可能不太明白，不知道说了什么话可能触犯了法律，构成煽动罪，这样容易造成社会混乱和市民抵触。另一方面，制定这部法律意味着以法律确立了保守国家机密的准则，新闻界对于报道中难以掌握哪些内容可能涉及国家机密而不安，这也需要耐心地安抚和解释。

于是，我们用了很多的时间来聆听社会各界包括反对派的意见，解答市民的疑问。我们以各种形式讲解和宣传，举办了 7 场大众咨询会，由各界人士和市民发表看法。每场咨询会行政长官都出席，起到了良好效果。经过各方共同努力，澳门特区终于在 2009 年初通过了《维护国家安全法》，为成功实践“一国两制”做出贡献。

在澳门工作这么多年，我也见证了澳门社会的变化。应该说，澳门同胞对于国家的认同是非常高的，澳门市民对于中国传统文化的传承也是不遗余力，像是很多传统节日，内地早就没有了，他们还都保留着。这些民俗的东西反映出的价值追求，值得法律予以借鉴、保护和传承，所以我们在立法的时候会尽量考虑到这些因素。很多法律起草的时候，大家觉得比较接地气，这也跟我们平时注重研究本地法各个方面的情况和视角有关。

◎ 校友情缘

过去，在澳门的人大校友是比较分散的，但可以看到大家都非常积极地在各个地方发光发热。有同学做了很多社会慈善工作、组织义工活动。成立校友会的时候大家表现得非常积极，都拿出了自己的业余时间来做。我们建立了一个微信群，从建立到现在一共有 200 个人大校友，基本上全在里面了。

前不久，我给大家发了一个建议，为了方便大家联系，按照学院产生一个负责人，方便商量一些活动。我也号召大家在微信群上提出来你想组织什么活动，比如说定期的学术讲座、专题的研讨，还有旅游兴趣的，当然还包括不少公益活动。我们想把人大澳门校友会按照这样的方向来做：第一，要有学术性；第二，要有公益性，应当给社会感觉这个群体对社会是有正面意义的；第三，要有融合性，大家喜欢在一起做事情。当然还包括了民主性，大家共同参与，什么事情大家共同决定。学校方面也是很支持，特别是党委靳诺书记亲自率团来澳门参加校友会的成立仪式，使大家倍感亲切、深受鼓舞。

最后，谈到对母校的期望，希望人大一定要继续保持这种注重基础理论研究同时注重理论与实践相结合的传统，这是我们人大一贯的传统，应当始终如一。另外，也送给学弟学妹们几句话：一是做人一定要纯粹，不要太世俗化；二是做事要保持认真。

赵向阳自述，本次采访时间为2018年9月18日，由中国人民大学校友工作办公室负责采访，中国人民大学法学院2017级本科生魏依文负责录音整理文字等工作。

采访 / 孟繁颖　　文字 / 魏依文　　编辑 / 李宣谊

姜 波

|人物简介| 辽宁大连人

1978—1982年就读于中国人民大学新闻系，就职于《经济日报》社。1985年起在日本早稻田大学政治经济学部学习两年。回国工作后，先后在《经济日报》北京记者站、记者部、财贸部、国际部、总编室、特刊部、导刊部、专题部、科技部等部门工作过，其中1990年10月到1995年2月期间曾作为特派记者常驻日本。曾7次获得中国新闻奖，被选拔为中宣部“四个一批”（理论、新闻、出版、文艺）领军人才，获国务院专家特殊津贴，受聘担任中国记者协会特邀理事。

◎ 40年啦！

在人大校园里，我们留下了欢歌，留下了笑语，留下了眼泪，也留下了彷徨，更留下了希望；哪怕刚刚复校时她是那样的简陋而苍凉，我们依然激情无比地热爱她。因为这里是我们的精神家园，对我个人来说，还意味着鲜血和生命。所以，无论走到哪里，都有母校的力量在激励着我。

◎ 心向人大永志难忘

1977年高考恢复时我已经在辽宁大连的郊区农村插队三年多了。我虽然万分激动，终于有上学的机会啦，亲戚朋友都鼓励我报考，但考虑到自己底子差、时间仓促，没有必胜的把握；而且高考制度既然恢复，那么每年都应该会有考试的机会，于是打算在1978年准备充分以后再参加考试。这个想法得到了父母的赞同；而且当时公社的领导也非常支持，还给了我一些复习备考的时间。在参加高考以后，对自己的成绩很有自信；记得那年辽宁省是成绩公布后考生再填志愿。最终的成绩甚至都超出我自己的预判，我曾经的中学校长说，填报全国的文科院校哪个专业都应该没问题。我一直都想学新闻，而且当时还在公社当报道员，填报志愿时想到人大的新闻专业全国闻名，就把人大报在了5个重点院校的第一个。当时教育政策相对宽松，可以报5个重点院校、5个普通院校，还能根据自己的志愿进行调剂。我想，既然对自己成绩心里有数，又有比较好的政策，那为什么不报更好的大学呢？就这样，我报了人大，并被新闻系录取了。

我在人大的生活可谓是有欢笑也有泪水。1978年10月，我们来到海淀路39号报到时，万万没想到校园的条件如此艰苦。当然，那是个万物复苏的时刻，而且人大又刚刚复校，同学们都毫无怨言；再说，“文化大革命”10年，我们的兄长们大多失去了高校深造的机会，我们已经是时代的“幸运儿”了。当时我们住红一楼，12平方米一间房子，却要挤下8个人，两三个人转身都困难，家在北京的同学都是不能住在宿舍的，不管多远每天只能走读。食堂的饭菜，最贵也就三毛五一份。红一楼在东门，学生食堂却在西门，每天要走三个来回。食堂里只有桌子没有凳子，每顿饭都是站着吃，倒也热闹。操场面积很小，都划不出400米的标准跑道；就在这样一个简陋的小操场上还放了足球架。所谓球架是铁管焊接的，先把铁桩子打在地下，然后用铁丝把球架缠上，这就是球门，如果需要就能挪动。当时教室很紧缺，需要不同的系和班级轮着上课，老图书馆和阅览室的座位很少，自习的时候大部分人只能待在宿舍。红一楼那么小的房间，七八个人在屋里不能出大声，很多人觉得烦闷，天好的时候就会拿一个小马扎到树荫下自习。

为什么人大对我来说还意味着鲜血与生命呢？这里有一桩“血案”。1980年5月，依稀记得是24号，反正是一个周六（那时还没有“双休日”）。下午，我按照惯例去那简陋的操场踢球。不知为什么，平常这个时间段熙熙攘攘、大呼小叫的操场，只有我和法律系78级的刘瑞起、甄占川同学。3个人踢足球，没法分组对抗，玩会儿传球盘带也觉得无趣，就轮流射门守门。

轮到我守门时，我跳起来准备挡一个高球，结果那球踢飞了。在身体要下落时，我顺手抓着球门的上梁，准备做个引体向上，那时的确是精力过剩，万万没想到的是，铁管的球架倒了！

后来才听说，那天上午我们班的两个同学在操场旁边的树荫下自习好一段时间后，站起来放松时走到足球架下。一位同学就对另一个同学说，都说你们山东大汉有劲，你要是能把绑球架的铁桩子拔起来，中午咱们三毛五窗口站一站（也就是说请对方去吃最好的饭菜）。山东的同学索性一使劲就把两个桩子都拔起来了，他们没当回事儿就走了。

我只记得我“悠”了一下球架，再就什么也不知道啦。后来瑞起和占川告诉我说：你被铁管球架砸翻在地，前额的血就像个小喷泉似的往外涌；我们俩一个背起你一个用衣服捂你的脑袋止血，赶紧往校医院跑；你那时沉得像个死人，我们俩不时就得轮换背。不一会儿，我们3人的衣服都染红了。我现在还保留那套运动服做纪念。

这时，一位女工骑着自行车路过看到情形后，马上把自行车让出来，三人把我扶到后座上，瑞起和占川一人扶着一人骑车，希望能更快地赶到校医院。可是那时我一点儿意识也没有，在车座上根本坐不住；没办法，他俩又只好背我继续跑。那女工骑上已经被我的血染红的自行车，飞快地赶往校医院报告我的情况。瑞起和占川背着我跑到半路上，好像刚过老教工食堂，校医院的车就来了，马上把我拉到海淀医院。

当时正是周末下班老师们坐班车要回家的时候，新闻系的老师们都从班车上下来了，跟同学们一起往海淀医院跑。当时本来在家的3位校长也都先后赶到医院，听说一直到我做完手术，医生确认没有生命危险后才离开。

后来同学们告诉我说，一到医院急诊室，医生马上清洗伤口。因为反正我处于休克状态，就没打麻药直接用酒精擦洗，痛得我直叫，4个人都按不住。要缝合伤口了，同学们发现并没有给我输血，马上就急了。几个同学冲医生嚷：“如果医院没有血浆，我们同学有！”医生解释说：你们刚才不是说他的身体很好吗？那就让他自我再造吧。因为输血是没有办法的办法，别人的血总是或多或少地有副作用。

我右前额缝了9针，后脑勺缝了4针。一个同学后来聊天时告诉我：流在手术台上的血恐怕就有1 000毫升。加上一路上流的，再加上我刚刚义务献血不到一个月，无怪乎我受伤后一直感觉浑身无力，看书久了就会烦躁，两三年后才彻底康复。

记得是第二天早晨6点多，我睁眼看到的是陌生的环境，这不是我的宿舍红一楼 243 室，窗外的树也不是红一楼前的松树。“这是哪儿？”听到我出声了，坐在床前板凳上看书的孟国治以他惯有的大嗓门：“小子醒啦？这是哪儿？摸摸自己的脑袋，看能不能想起来？”原来，在我昏睡期间，同学们两人一组，每组两小时，轮流值班护理我。

可能是身体底子好，被砸成那样，但第三天我就可以出院了，同学们特别是老师们都松了口气，后来他们告诉我，校长们也非常着急，这孩子要真有个三长两短的，没办法向家长交代。尽管可以出院了，但学校还是不放心我的伤势，怕留下什么后遗症，还专门派车由新闻系的刘忠诚老师领我去北京当时最好的脑外科医院宣武医院做检查。幸好只是轻微脑震荡，问题不大。回到学校后，系里老师劝我：是不是回家养伤？我说想继续上课。我的伤不算严重，别把课程落下了；再说，头缠绷带回家，会把父亲母亲吓坏的。就这样，我一直坚持到期末考试结束。

让我觉得特别温暖的是，在宿舍极度紧张的情况下，学校专门在东风二楼腾出一间房子给我养伤，由心细如发的张善炬同学陪同看护。开始那几天，善炬给我打水端饭，照顾得无微不至，老师同学们络绎不绝地看望我、慰问我、安抚我。屋子里摆满了老师和同学们买来的水果和营养品，据说就连家境困难得假期都没钱买火车票回家的吴又珠、黄清水等同学，都给我买了好吃的；有的老师在家里做好饭菜给我端到宿舍。就这样，我一边养伤一边学习，到了假期才回家。

过了 20 多年，一次我去北汽采访总经理韩先生。我们交换名片时，韩总一会儿看名片一会儿看我，他说姜波这个名字好熟呀，问我是不是人大的，是不是读新闻系，是不是当年头部受伤差点儿被砸死的那个。我以为韩总是人大毕业生；他说他的父母都在人大，他自己也在人大住了 30 多年，“你那次可是震惊全校呀，老兄！”

我把人大称为“生命”的原因正在于此——是人大的老师和同学们在我生命垂危的时候尽最大可能地给予我关怀和帮助，让我得以恢复过来，并很快地投入学习生活中去。

◎ 进入职场异国工作

1982年我从人大毕业以后就被分配到《经济日报》工作，我先后在北京记者站、记者部、财贸部、国际部、总编室、特刊部、导刊部、专题部、科技部等部工作过；1984年底被选送去日本留学。当时出国的条件很宽松，我有这个意愿再加上通过国家考试以后就被公费选派到日本早稻田大学政治经济学部去了。

这与我大学选修的公共外语课有很大关系。中学时期由于形势和战备的需要，我们东北很多中学的外语教俄语，由于“文化大革命”时期，本来就没学多少东西，而且那些政治词汇也不便于记忆，很快都忘光了。进入人大以后由于当时英语老师奇缺而俄语师资雄厚，学校就鼓励大家学俄语，但我选了日语作为公共外语课。进早稻田大学之前，在东京的一个日本语学校又“突击”了3个月的日语。

我特别感谢我的导师小松雅雄先生，从1985年到1987年我一直跟着他学习经济政策。他是日本经济政策学会的会长，还是一个在野党的政治顾问，社会活动很多。为了单独辅导我，他专门调整了研究生的学生课表，除了要求我听他所有的课程之外，每周拿出两个小时一对一地教我，两年里风雨无阻，把本科学新闻的我领进了经济学的大门。

学习结束后，我又回到《经济日报》工作。3年后，也就是1990年10月，被报社派往日本担任驻东京的首席记者，一直到1995年初。这几年，报道任务很重。一是因为日本在西方国家中对华关系“领先半步”，两国的经贸交往较多；二是处于经济高速增长的中国迫切需要日本当年经济“高度成长”的经验教训。几年里，我夜以继日地工作，除了完成日常的程序性报道，更是通过深入地观察与采访，写出诸多的深度报道与系列报道，给中央决策提供参考，同时也满足普通读者的阅读需求。以至于我回国后首次采访大名鼎鼎的吴敬琏先生时，他看了我“两会”采访胸卡，抱拳作揖道：“姜波姜波，久仰久仰！你在日本写的每一篇文章我都拜读过。”

在日本工作的经历是难忘的，特别记忆犹新的是采访大来佐武郎先生。

1992年邓小平南方谈话发表后，被压抑了几年的生产力得到了空前的解放，到处都是“大干快上”的繁忙景象，开发区、经济区、大项目等热火朝天。但到了秋天，日本舆论界认为中国经济有些过热。日本是一个发达国家，走过经济发展的这条路，我认为他们的意见是可以让人清醒的。因此，我没有等报社的指令，就自己主动采访了当时日本一流且研究方向与中国有关的6位经济学家，他们中有的人还是一些中国地方政府的经济顾问。稿子发回后，得到了报社的大力支持。当时我们报纸国际版每个月有一个国际专题，例如产业结构调整和反垄断法等，由驻各国的记者分头采写。但那个月的专题，把我写的6篇稿子连续刊出，叫“日本经济学家看中国”。不过，出乎我意料的是，这组稿件在国内并没有引起太大的反响。原因可能是，其一，我写得不够深入，其二，我采访的这些经济学家层次还不够。于是，我想到了大来佐武郎先生。

大来先生是著名的经济学家，曾作为民间人士（非国会议员）入阁担任外务大臣，可见是多么了不起。而且，他在辽宁出生，在大连读完高中才回日本。他和中国渊源也比较深，我国的几个五年计划都征求过他的意见；20世纪80年代初中日因宝钢项目产生经济纠纷时，他在其中调解发挥了关键作用。

我通过一位朋友联系上他的秘书，秘书说大来先生身体不好，但听是中国记者要来采访，就爽快地同意了，但秘书约定只能采访半小时，并提出事先要看采访提纲。半小时显然是不够的，这个提纲就很关键，要让大来先生一看这提纲就“刹不住闸”。我为了这个提纲准备了3天，看他的生平传记，读他的学术专著，可是还是毫无头绪。第四天晚上去使馆有事，回程时突然想起前不久万里委员长访问日本，在日本对华友好六团体举行的欢迎宴会上，大来先生作为总召集人致辞。他说非常欣赏中国渐进式的改革，而不是苏联东欧的休克疗法，所以中国经济进入了高速增长期——也就是他说的“高度成长时期”。我突然有了灵感。

我提了4个问题。第一，中国的经济是不是像日本20世纪五六十年代一样，已经进入高速增长时期；第二，如果进入高速增长时期，政府将对经济发挥什么作用；第三，在高速增长时期，如何兼顾效率与公平；第四，高速增长时期，企业、特别是大企业和企业集团发挥什么作用。采访那天，大来先生状态很好，出口成章。不出10分钟，我就知道，一篇漂亮的稿子有啦！虽然我的日语没到炉火纯青的地步，但他讲得特别深入浅出、循序渐进，我全都能听懂，效果比国内经济学家用中文讲得还要好。大来先生提到中国真是进入了经济高速增长时期，打破了“大锅饭”的体制，多劳多得多生产，经济进入了一个良性循环；中国引进了外部投资和外国的先进技术，提高了劳动生产力，又是一个良性循环，中国的经济增长是一定会长期持续的。不过，他提醒到，劳动生产率增长幅度跟职工工资增长幅度之间一定有一个差额，这就是现代资本积累。差额如果太大说明工人工资少了，工人会缺乏积极性；差额太小，国家财政收入就少，国家发展没有后劲，所以对这个差额的把握很重要。而关于在高速增长时期政府的作用，大来先生提到，政府可以通过财政、货币政策等一系列经济手段调控市场。大来先生一口气谈了一个多小时，我看他有点儿累了，就跟他聊天，因为我知道他出生在大连的旅顺，而正好我也是大连人。聊一会儿天南地北再切入主题，原定半小时的采访就变成了3个多小时。

那是1992年年底，我奔波于忘年会、新年会之间，又忙于准备春节回国休假，写稿子的事就暂时放下了。1993年2月上旬的一天早上，正在沈阳休假的我突然听到广播说大来先生因为在家里踩空了楼梯引发脑溢血去世了。我当时感到特别内疚，马上用一个晚上就写好了一篇8 000多字的采访大来先生的文章；稿件交给编辑以后，他问我是否着急登上，我说不急。后来，1993年的4月30日，《朝日新闻》刊登一则消息——“中国专业经济报纸以一个整版的篇幅，借已故大来先生之口，告诫政府经济过热”。我知道稿子见报了，因为国内的报纸一般要三五天以后才能在国外看到。当天上午

11点多报社国际部给我来电话，说总编辑范敬宜向我提出表扬；晚上又收到国际部的传真和电话，说报社决定给我总编辑奖。这个奖我们很看重，因为范敬宜是大家呀。

我不明白怎么这篇稿子会有这么大的动静。后来报社告诉我说，稿子见报那天，时任中共中央总书记江泽民同志在上海召开华东六省市省委书记、省长座谈会研究经济问题。会议一开始，总书记就说，我们中央讲经济过热问题，你们地方都说不热，今天我们就学习《经济日报》，看看外国的朋友怎么说。

事情还没有完。过了一年多，也就是1994年6月，我从筑波科学城采访回到东京的家里听录音电话，那时手机刚刚出来还没有普及，国际部通知我汇报采访大来先生的详细情况。一开始我没有太重视，后来才知道朱镕基副总理办公室已经催了两次。据说是国务院发展研究中心总干事马洪对朱镕基副总理说，重读了《经济日报》记者对大来先生的专访，文章的含金量很高，值得仔细读读。朱镕基同志读了后觉得记者可能有些意犹未尽，要求把采访的内容原原本本地汇报。应该说这篇文章里面，充满了大来先生的真知灼见，比如说“效率优先，兼顾公平”这一点，大来先生提出在有社会保障的前提下我国应该重视效率，这对“九五”计划就是非常重要的参考。

我深深感到：尽管我们的工作是平凡的，但我们采写的稿件往往可能影响国家政策，可能会改变一些人的命运。所以作为记者，在日常工作中，我时刻都感受到肩负的责任，这很大程度上来源于母校对我们的教育。

◎ 精彩经历职业感悟

一般来说，搞国际报道的记者是驻外几年，回国后在国际部工作几年再出国工作。从日本工作回来以后我没有再长期驻外，短期访问倒是走了不少国家。如果我是搞英文的记者，可能会换个国家继续驻外，换一个地方了解世界。日本实在是太小了，我已经走遍了；而且我也不可能成为日本问题专家。

更重要的是，从新闻从业的角度来说，在国内工作，见证沧海桑田的巨变更激动人心。其实，除出国读书或工作之外，我在国内的时间里都是从事国内报道。顺其自然，从日本回来后，报社领导答应了我从事国内报道的请求，使我有机会更深入地观察、见证、记录国家的发展和社会的巨变。

这种变化是激动人心的，同时，记录这种变迁更是一种幸运。

1993 年 2 月，我正在回国休假。那天中午，我在建国门外的中信国际大厦同朋友吃完饭，已经是下午两点左右了。走出国际大厦一抬头，“赛特购物中心”几个大字映入眼帘。我在东京工作时，就不时在国内的报纸上看到大量介绍赛特作为新型购物中心的文章，说如何使消费者心旷神怡，如何为消费者提供最优服务，如何在北京引起轰动，等等。正好，进去看看。

不看不知道，一看吓一跳。就购物的硬件环境来说，与东京的三越、高岛屋等高级百货名店相差无几。可是，当我细看商品的价格，却倒吸了一口凉气。这赛特也贵得太不着边际了！尤其是从日本进口的文具、服装、日用品等，其标价如折成外汇，竟比东京著名的高档店还贵，有的贵三四倍，有的贵五六倍，最高的竟贵到 10 倍！而东京是全世界有名的“高价之都”，当时日本的人均收入要比我们高出近百倍。这简直是赤裸裸的“掠夺”！

大约就半小时吧，我实在是看不下去了，回到了当时还在王府井的报社。我就向财贸部的同事们说起这不可思议的事情，在家的几个编辑都催我，“赶紧写！不少读者都来信或打电话，说赛特太贵了，太蒙人了。可是谁也说不出个‘所以然’，你就把它的价格跟东京的价格比一比，最有说服力了。”

说实话，仅仅看了半小时，还没有发言权，而且一些数字也记得不太清楚。第二天一早，我又专门去了一趟赛特，几个楼面都仔细转了转，并做了详细的记录。回到编辑部，不到一个小时，我就把文章交给了编辑。

这篇《赛特，你太离谱了》的文章 2 月下旬在《经济日报》市场版发表后，除《北京晚报》转载之外，一切还都很平静。一直到5月中旬，报社财贸部给我发了份传真，让我“好好‘伺候’一下那小子”。原来是《北京晚报》一个整版——《燕莎、赛特也许不太离谱》！这文章立意倒是很明确，就是为赛特说话；可逻辑混乱，言语乏味，东一榔头西一棒子，有些胡搅蛮缠的味道。跟这种人论理，有些“跌份”。可他那种挑衅性的姿态，又逼得我不得不说些什么；而且，这又关系到报社的声望，因为《北京晚报》那时在首都市民中还是很有影响的。不过，弄巧成拙的是，在文章的下方，有一个赛特的通栏广告。

联系采访，搜集资料，现场观摩，我迅速写了《再谈赛特太离谱》《“愿打愿挨”就是定价原则?》《谁家欢乐谁家愁?》一组稿件。从5月25日起，在报纸的市场专版陆续刊出。没多久，我就陆续收到国内朋友们的来信和电话，说你小子和赛特成了北京最近的一个谈资；许多媒体要么转载要么就此讨论，在赛特用暴利剥夺消费者的事实面前，《北京晚报》显得十分孤单。后来，有细心的朋友告诉我，那一年里，国内有近百家媒体介入了这一事件。

我本以为这事情就告一段落了。可等我1995年初回国工作后，北京市一些国有大商场的老总们，有过去认识的也有不认识的，见到我，都十分热情、十分亲近，说文章写得好、写得准。这是不是因为我给他们出了一口“恶气”？

说来也有趣。得知我已回国工作，当时赛特购物中心总经理王辛民托人带话，要请我吃饭。我没回应。后来他三次托人带话，等到第四次有人出面时，我觉得再不去也太失礼了，哪怕是“鸿门宴”也应该去见识一下；我提出，要吃饭可以，财贸部的同志们一起去吧。

那天，王辛民一见我就说：“姜波，你也太不够意思了，架子也太大了。我一请二请请不来，需要三请四请。我是真心诚意地想见你。”我问他哪来的真心诚意？他倒是很坦诚：第一，就是为了感谢你。你是第一个指出了我们赛特经营方向的失误……说实在的，我当时也不同意那么干，可人家不听我的。第二，是你帮了我，你的文章发表后，赛特引起了社会的公愤，销售额直线下滑，我才有机会接任总经理。我是在最低潮时接任的总经理，从最谷底往上干，比较好干。而且，你也的确提高了赛特的知名度。赛特的高价降下来了，北京一些商店的高价商品也都不得不降价了；半年后，以上海市为先、全国许多地方政府出台了反暴利的法规。我不知道，这些与关于赛特的论战有没有关系。

作为新闻记者，我们见证着、记录着时代的变迁。虽然有的变化未必尽善尽美，但整体上社会毕竟是在进步。有人对正面报道为主的提法感到不解，认为是不尊重新闻规律。我倒觉得：中国经济持续增长，不是3年5年、不是10年8年，而是40年！这其中一定有先进的符合某种规律的东西存在；我们报道经济增长过程中的人和事，在某种意义上就是新闻发现的过程。当然，批评性报道、调查性报道也是不可缺少的，关键在于新闻从业者如何看待和把握二者之间的度。

我在新闻岗位上待了30多年，中间有几次转岗甚至转行的不错机会，我都没去。人贵有自知之明，我衡量了一下自己的情况，觉得做别的可能做不好，其他工作也很难催生我奋斗的激情，还是新闻这个行业最适合我。新闻一线岗位的工作，可以让人见识到形形色色的事情，这都是别的行业接触不到的。长时间做新闻工作，你就会成为一个有故事的人。虽然有人说，新闻行业现在被管得太严了，新闻管理体制如何如何，但我觉得，每个职业有它自己的特殊要求和属性。我这么多年一直坚持在这个岗位，是新闻行业让我见证了社会的发展，让我学习了很多东西，我对这个行业是有深厚感情的。

◎ 开授课堂深情寄语

大约是2007年的时候，人大新闻学院张征老师找到我，说高校特别需要有实践经验的老师，让我给新闻学院的同学开一门新闻采访写作课。她是高校百佳名师，是我的同班同学；大名鼎鼎的郭庆光、周建明教授也热情鼓励我，他们也都是我的同班同学。当时我工作比较忙，报社的事情很多很杂，又先后赶上汶川大地震、北京奥运会，还有后来的玉树地震等。但是，母校有需求，学子是义不容辞的。我觉得既然母校有这个需求，我就一定要尽我的全力去把工作做好。

为了讲好这门课，我足足准备了3年。我想，学校请我这有实践经验的业者来讲课，我当然不能照本宣科。但是，如果只是做一两次讲座，把自己多年的人生经历浓缩在两三个小时里面说给大家听，可能比较吸引人，那也不需要费太多力气；但是，要单独开一门课，一学期要讲十六七堂课，不能光讲新闻实践，还要升华到一定的理论高度，要有深度，要有广度，还要有系统性，这就考验授课人的功底了。我不能误人子弟，也不能自己“丢份”呀。

从2011年起，我开始为新闻专业的硕士研究生讲授《新闻采访与写作研究》，每周3个课时，一个学期下来学生们拿3个学分。我自知在理论功底、尤其是新闻传播理论方面功底尚浅，而新闻又是个多种知识密集交叉的学科；于是便扬长避短，在用新闻传播理论阐述一些问题现象的同时，多用政治学、国际关系学，特别是经济学理论，拓宽同学们的宏观视野。新闻是一个实践性很强的行业，学院请我开课的目的是提高同学们的采访写作能力，以便走上工作岗位后能得心应手。要提高，就需要学生们动笔写作。我没有“一讲了之”，而给同学们多次布置作业写东西，我认真仔细批改、回复、课堂讲解，把自己多年新闻实践的经验教训融入其中。

经常有老师真诚地说感谢姜老师支持学院的工作与教学。我说千万不能这么说，是我该感谢人大、感谢新闻学院给了我这么好的机会。每次到学校来上课，都有一种“旧梦重温”的感觉，当年老师和同学们的身影总是在眼前浮现；更重要的是，跟年轻的后辈们在一起，从他们身上学到不少时尚的新事物，我自己都变得年轻了。

我的职业生涯有很长一段是在追踪改革开放的历程。我认为做记者看问题一定要有宏观意识，应该用俯视的角度来看待。由于我在国外生活和工作过，所以有时也会不自觉地用国际视野、用世界眼光来看问题，当然这样的视角也不全然是好的。不过，生活中平等地进行对话，俯视地去看待问题，是好记者应有的态度。中国当时如果不改革开放，是很难发展的；现在我们取得了成果，应该注意的是要保持理性，别被网络上一些“愤青”带着走。选择理性与否，实际上也是一种对生活方式、对价值观的考虑。日本的生活方式有人喜欢，国民彬彬有礼，环境整洁优美，但是日本外交没有自主性，往往受制于人，这是一个致命的弊端；或者我们考虑退回到20世纪五六十年代，虽然是在独立地发展，但这种生活方式也远离了当时国际的主流。所以，无论如何我国不能脱离世界政治经济和科技主流去发展。没有改革开放，没有与国际社会的接触，我们的经济是很难发展起来的。现在改革开放40年了，我们应该充分认识到自身的优势和劣势，总结先进合理的经验，找出需要改革的弊端，这样社会才能更好地发展。

最后希望同学们最重要的是沉下心来，不要浮躁，扎扎实实做学问。我一直坚信，天生我材必有用。在大学中学到了真正扎实的知识和新闻写作的功底以后，走向社会，一般是不会被埋没的，总有单位会接纳你；当你崭露头角的时候，也总有人会注意到你。有了基本功，又有了一定的实践经验，你就会被社会认可。

姜波自述，本次采访时间为2018年9月17日，由中国人民大学校友工作办公室负责采访、录音整理。

采访 / 孟繁颖　　编辑 / 李宣谊

顾晓阳

| 人物简介 |　北京人

中国当代作家，著名导演。1978—1982 年就读于中国人民大学中文系。1987 年赴日本留学，1990 年移居美国，著有长篇小说《洛杉矶蜂鸟》《收费风景区》。电影《不见不散》编剧，《花开也有声》导演、编剧。

◎ 复员、备考那些事儿

高中毕业以后，我就在新疆军区通信总站当通信兵，工作是发电报。1976 年粉碎“四人帮”，1977 年开始恢复高考，可是部队不能自由报名，要领导推荐，而且名额很少，肯定没我份，所以我就要求复员。1978 年 4 月，我复员回了北京，准备考试。

当时我的人事关系在北京市东城区复转军人办公室，那一年复转军人分配的工作特别好，要把我分到《中国青年报》。我说我不去，因为我正复习考大学。复转军人办公室的干部说：“你上了大学，将来不也就是在这种地方工作吗？你考上了当然行，你要考不上等下拨儿再分配就是工人了，你自己好好想想。”我说：“我还是考大学吧。”

高考前，5 月份有一个“老三届”的同学给我说：他不会数学，所以想考中央戏剧学院戏文系，因为戏文系是艺术类，招生不考数学。我说那我也考。当时初试是 4 000 人里取 400 个，我竟然通过了初试。可是我复试就不行了，毕竟那时候自己的文史艺术知识太差。但通过这次考试，我积累了考试经验，沉着不慌。

7 月份参加考试，我大概是 360 多分，过了人大的录取线。我的语文是 93 分，有人说是当年北京的第一。我的第一志愿报了人大，因为那个时候“文化大革命”刚结束，大家都怕分在外地，每一个人对未来都没把握。我母亲 20 世纪 50 年代在人大工作过，所以想着将来分配时可能会帮上点忙。而且我当时想，只要能够留在北京，哪怕当一个中学教员，我就特别满意了。于是，我来到了人大中文系。

◎ 美好散漫的大学生活

我一直喜欢写小说，原来也试着写过一些，但都不成形。在大学里上了一年学以后，阅读量上来了，我就又开始写了。当时不好意思和别人讲，怕别人笑话，其实我们全班都在偷偷写。那是我第一次写小说，根据“文化大革命”期间一件真事创作的，当时拿中学的数学练习本写了很厚的一沓。我偷偷写完以后，特激动，不敢给同班同学看，就找了当时要好的两个档案系的同学程十庆、张缉哲，把他们从晚自习的教室里叫出来，对着路灯，把我写好的小说拿给他们看。这俩人看完了以后都没说什么话，我当时心就凉了。我这小说就这俩人看过，别的人都没给看，因为我知道失败了。

紧接着我又开始写一篇叫《老蔫》的小说。我是在建国门那边的胡同里长大的，所以写的是胡同里一个下层工人，他的外号就叫老蔫。当时我们的班长吴方和班上的何东宪同学，两人办起了一个油印杂志，叫《锤与砧》。我那时候也不上课，就在家偷偷写小说，看到他们做了一个这么粗糙的油印杂志，我特别惊奇，就鼓起勇气跟吴方说我写了一个小说，你给我瞧瞧怎么样。交给他之后，我心里很忐忑，但又跟上一次不一样，因为感觉这个写得比较有谱。第二天，吴方进到教室，径直走到我面前，说：“晓阳，你那个小说我看了，我真想明天就出第二期。”这就是对我的小说的肯定啊！从此便一发不可收拾，我们一共办了七八期，每期都刊登我的一两篇小说，有时还写诗，这样我就开始有信心了。

大概是大二和大三的时候，学生会组织过两次五四征文奖，里面有论文类的，也有文学类的，文学类的小说我得过两次一等奖。这个时期，我也写了几首诗，但自己也没把握。后来 1981 年，我认识了北岛，就拿了自己的诗请北岛看。我一看北岛的表情，就知道这诗不行，后来我就再也不写了，知道自己没有写诗这方面的才能。

我个人在上课期间得到的东西相对少一些，自己的阅读得到的东西多一些。我本身自由散漫，不爱上课。记得一位教文学理论的老师余飘，注意到了我。上了几次课后他就走来问我说：“晓阳，你不爱听这个课吧？”我说：“没有，爱听。”老师说：“不爱听以后别来了。”我一看他，不是在批评我，是认真的，我以后就真不去了，最后考试他给我一个“优”。我特别感谢这个老师，他没有批评我，而是让我可以自由选择。尤其是大学后两年的时候我就不怎么去学校了。

大学这4年我过得还是很快乐的，对我来说最重要的就是大量阅读。我们是看《钢铁是怎样炼成的》《卓娅和舒拉》《金光大道》这些过来的。我大学时看书要么去学校图书馆借，要么没事儿就去王府井书店买。我刚进大学的时候，理想是研究古典文学，所以我对古典文学特别喜欢，先看《论语》，再看《孟子》。我写上小说后就开始慢慢变了，当时整个社会、整个文学界都流行外国现代文学，公开报刊和一些内部资料就开始介绍外国现代文学了，所以我看到一本书名就记住一本书名，然后就上书店找，只要有就买下来。所以我的阅读是从喜欢古典的开始，后来越来越多地大量看外国小说。反正当时书店也就那么多，出一本买一本。后来随着整个社会的开放，出版的书越来越多，加上同学间的相互影响我们的阅读面也越来越宽。

◎ 为梦想辗转波折

毕业之后，我被分到了文联的杂技协会。一到那儿我和杂技协会秘书长说：“我这不对口，以后得调走”，他说你先干一年。一年后，我就调走了，因为那时候太缺大学生了，所以调动工作非常容易。当时我联系了《电影艺术》杂志，但《电影艺术》本身没有名额了，需要先从人事处借一个名额。但因为当时《电影艺术》的人员构成，一共十几个编辑，只有一个人是复旦78级毕业的，和我岁数一般大，其他的全是老编辑，办事确实不方便。这样，我先在电视剧艺委会待了1年。影协又问我想不想来影协，我说当然想了。于是，1984年我就到了影协的电影艺术编辑部，在那儿我负责导演相关工作。开的第一个会就是这一年中国的电影创作总结会。与电影相关的领导、专家都被请来了，这个会非常权威，谁要在这个会上得到肯定了，那这人在电影界就能立住了。那时候陈凯歌刚拍完《黄土地》，第一次请一个三十出头的人参加会，这是没有过的，当时他也挺紧张的，说话声音有些发颤。我亲眼看着中国第五代导演从最开始思想上、艺术形式上被认为是“离经叛道”，到后来电影界重新给予肯定。

1987年底我就出国了，当时是第一波出国潮。那时候出国相对来说比较容易，但我没学过英语，在人大上的是日语班，所以我去的是日本。走的时候身上一共就带了200多美元，现在想起来，胆子太大了，当时也不知道怎么着头脑冲动就去了。在日本我上的语言学校，之后就竟顾着打工了。

我写东西的想法从来没变过，不管我干什么，也不管我到什么地方，我都爱写东西。因为是语言学校的学生，所以我每半年就得去签证一次。后来，我又到神奈川大学当客座研究员，这样的话签证就能一年签一次。出来的时间久了，我就不想回国了，但是在日本因为签证太难我就没待下去。1990年，我从日本去了美国，帮助我的是78级工经系的研究生、现在的经济学家许小年。我和他都是人大校游泳队的，从大学的时候我们的关系就密切，他当时在美国念经济学博士，帮我发了一个邀请，我拿着他的邀请取得签证，这样就去了美国，并很快拿到了绿卡。

◎ 在纽约的一年

到美国怎么办？车到山前必有路。在美国我待了14年，1990年到的美国，先在纽约待了1年。那短短1年，我的生活非常丰富，尽管它在我的生命中只占几十分之一，却孵化出大量养分，点点滴滴，滋润着我的人生。

我刚到纽约的时候，老于对我说：“你要是在纽约混出来了，那全世界哪儿都能混出来。”我听了，既感到茫然，又有些热血沸腾。

我一来就喜欢上了纽约。公寓楼西边是哈德逊河，东边就是哥伦比亚大学校园。我常常穿过百老汇大街，到哥伦比亚大学的东亚图书馆里看书；或者坐在哈德逊河边的护栏上，望着落日，想念故乡。当时，老马也在纽约，住中城的公园大道，我去找他玩儿，都是步行穿过中央公园。初夏时节，天朗气清，草木繁茂，漫步在中央公园的坡道小径之间，游目骋怀，惬意之极。但后来我才知道那里是个犯罪横行、极其危险的地方，幸运的是我穿行很多次安然无恙。

有一次，我们在曼哈顿城里干活，需要梯子，我去老板的朋友家借，但我不会英文，情急之下冒出来日语，后来借用肢体语言，借到了梯子。后来我失业了。当时经济危机开始蔓延，公司大批倒闭，我每天早上第一件事，就是买报纸，查招聘广告、打电话，有的还去面试过，但都没有成功。

我常去哈德逊河边散步。寂寞使人产生表达欲望，心里翻滚着什么，脑子不停地在想，手发痒。于是，我坐在河边的石桌石凳上，铺开纸，写。从河上吹来阵阵凉风，左手要把稿纸按住，身体像发烧一样烫。

在老板的提议下，我去纽约的时代广场溜达。才知道时代广场只有高楼大厦，路越走越窄，和想象中的广场完全不同。

在纽约期间，北岛来找我两次，其中一次聚会的酒吧，后来得知竟然是有名的意大利黑手党聚集地。我也曾去费城玩了几天，觉得费城人民比纽约人民热情。后来在纽约的生活接近尾声时，我搬到昆斯住，经常会不预约直接敲门去朋友家串门的。

后来，经济危机更严重了。许小年给我介绍了一份洛杉矶的中文报社的编辑工作，于是，就这样我来到了洛杉矶，并很快安定下来。

◎《洛杉矶蜂鸟》与《不见不散》

有了一份工作后我就一直写小说，因为有空闲时间，就恢复写作了。先写一些随笔，然后写短篇，再写长篇，这样写了第一本长篇小说，叫《洛杉矶蜂鸟》。当时我想在台湾出版，但台湾出版不了，寄回国内，国内有一个朋友刘小淀是搞电影的，小说当时还没出版，我就把打印稿给他了。给他以后他就给姜文，姜文看了之后热度就上来了，说这个小说写得太棒了，这作者干吗的呀。这部小说我1996年写完的，1997年3月姜文和小淀就上洛杉矶来找我了，说这个小说太好了一定要拍，当时他只拍了一部就是《阳光灿烂的日子》，要拍第二部，就抓住这个题材了。8月份我回到北京，这时候刘小淀又把小说给了冯小刚，冯小刚一看也激动，也要拍。我说姜文特别有诚意，专门上洛杉矶来找我，我还是等等姜文。当时冯小刚正在拍《甲方乙方》，后来冯小刚和我说，《洛杉矶蜂鸟》给姜文，我再单独给他写一个剧本，也就是《不见不散》。

至于《不见不散》这部剧，完全是编的，跟《洛杉矶蜂鸟》没关系。当时冯小刚提了3个要求，第一个是爱情，第二个是喜剧，第三个是葛优、徐帆主演，等于是量身定做的。他刚开始没想要上国外拍摄，因为当时都认为在国外拍电影钱太多，找不着投资，然后就说国内。我说国内的题材容易犯好多忌讳，再说我离开这么长时间了我也不懂，我说干脆咱把这个故事挪到国外，然后赶紧找投资人商量。结果这部剧出奇的顺利，投资的事一下就搞定了。

《不见不散》火了之后对我也没什么影响，只是我回来一看影视还挺有发展的，因为我走的时候基本上还是计划体制，回来以后就变成市场经济了，所以后来在和同学聊天时说到这几十年变化最大的是什么，我说就是人，因为人的思想解放了。也因为这点，2004年我回到中国，这些年仍一直在写，写我愿意写的，按照我开心的方法，写各种题材。

◎ 给后辈的寄语

要说给爱好文学或者想走这条路的年轻人几点建议的话，我认为，首先，最好别选择写作这行，太难了，一个是本人的才能问题，另外和运气有很大关系，有的人写得再好但是运气不好也不行。其次，多少要有点天赋。比如说你对文字得有相当的敏感度，这个敏感度只能是自己在写作当中发现自己有没有，有的人可能刚开始写的时候不知道，但写了一段时间之后，你应该有自我判断，有敏感度才能接着往下写。最后，也是很重要的一点，就是不断地写。千万不能停，你把笔搁下多长时间，就得用多长时间恢复，这是诗人多多说的，我觉得说得特别好。例如：我从出国之前在《电影艺术》工作的时候就已经不怎么写小说了，后来到日本又打工，那个时候根本没时间写。我到了洛杉矶，踏实下来之后，真是用了好几年时间才慢慢恢复的。

但我也没硬性规定自己每天写多少字，我做不到，像英国作家格雷厄姆·格林每天就必须写500字，写了500字还有的写他也不写了，但没写到，那一天必须写完。坚持不容易，一个礼拜还行，但要是每天坚持真不是一件容易事，我做不到每天多少字，但是我每天上午必须是闷在家里坐在电脑前的，我写不出来也不能干别的，一干别的心就散了。我就这么长时间地写，每写一部长篇小说都心力交瘁，写完了以后就觉得写空了，想着改行吧。但是没事儿，写完了以后乐呵两天，对着电脑待着吧，不出10天准又有东西冒出来，所以要等待。每个人的经验是不一样的，王朔说他能一天写8 000字，他一写就一口气把小说写完。我是不行，但我韧劲大，甭管写多写少，我天天就是这么坚持着。北岛和我说过，他认识一个美国有名的小说家，说写小说这事比当会计还无聊。总之，写作不是好活。

顾晓阳自述，本次采访时间为2018年11月6日，由中国人民大学校友工作办公室负责采访，2015级文学院李思凝等录音整理。

采访 / 孟繁颖　刘芳　　文字整理 / 李思凝　李宣谊

倪小庭

|人物简介| 北京人

1978—1982 年就读于中国人民大学政治经济学系政治经济学专业，获学士学位。曾任国务院办公厅调研室主任科员、副处长、处长，国务院办公厅综合司副司长，国家体改委副秘书长，兼任分配司司长、宏观司司长，国务院稽查特派员，国有重点大型企业监事会主席和国务院国有资产监督管理委员会巡视组组长，第十一届全国政协委员。

◎ 不畏艰辛，一心求学

我祖籍是黑龙江省牡丹江市，但自小在北京长大，小学中学都是在北京上的。1968 年参军入伍，在海南岛的海军南海舰队服役。1974 年退伍后，被分配到北京市外贸局工作。1977 年国家恢复高考时，对是否考大学，有些犹豫，因为北京市外贸局的工作，是一份相当好的工作了，即便是大学毕业后也未必能分到更好的单位。但出于对知识的渴望，对学习的憧憬，同年 10 月份我凭借“老高三”深厚的底子参加了高考。据说 1977 年高考录取率非常低，只有 5% 左右，全国 500 多万人参加考试，只录取了 20 多万，而我有幸成为这其中的一员。

1978 年 1 月份开始，各高校开始招生。1978 年 3 月，中共中央下文准备恢复中国人民大学。为了能尽快招生，开展人才培养和教育工作，为新中国建设贡献力量，同年 4 月，经过协商，人民大学以北师大名义开始招生。我记得，招生的时候负责老师跟我们说“人民大学马上复校，先用北师大名义招生，实际上是人民大学的学生，开学以后上课都会在人大”，就这样，我报名参加了高考，并有幸成为中国人民大学复校第一批录取生，在经济系学习。我入学时体检、报到都是在北师大，第一个学生证也是北师大的。但第一次上课、开学典礼是在人民大学。

刚复校的人民大学百废待兴，全校只有三个系，分别是经济系、哲学系、党史系，每系各下设一个班，后来又扩招了一个师资班。复校伊始，食宿问题给人民大学的新生们带来了极大的困难和挑战。由于“文化大革命”中人大停课，二炮占用了人民大学校舍，学生没有住宿的地方，所以人大 77 级同学都是走读，并和教师共用一个食堂（直到毕业）。79 级新生入学后，食堂不够用，只能露天吃饭。那时北京的风沙比较大，饭菜里经常刮进沙粒，为此引发了人大师生向二炮追讨校舍的风波。后来，在中央的支持下，大概十天就归还了相当大一部分校舍。

我们 77 级刚入学时是在木板房上课，也没有课桌，一人坐一个小马扎。到了夏日，木板房里酷热难忍。但最难受的还是教材的稀缺，甚至连正式教材都没有。我们所用的教材都是老师临时写、刻蜡版油印的，铅印课本极少。我印象中大概铅印成书的只有徐禾老师编写的政治经济学教材。

但这些困难并没有动摇我们求学的意志，尽管物质条件不是很好，但师资力量极其丰富，师生比大概是 10∶1。人大刚复校时，只有 100 多个学生，却有 1 000 多个教师员工。一直到 78 级学生入校后，师生比才大概达到 1∶1，以后逐渐地学生开始多过老师。当时经济系的师资配备基本上是最顶尖的。我的班主任有卫兴华老师（教《资本论》第一卷）、吴树青老师（教《资本论》第二卷）、胡钧老师（教《资本论》第三卷）等，经济系还有徐禾、余学本老师等近 10 位老师教过我们。除了政治经济学以外，其他课程也是各系配备的最强的教师。系里还经常从清华、北大等高校请知名教授来给我们授课，进行交流、探讨。课程设置十分丰富，除经济方面的政治经济学、资本论、经济学史、经济学思想史、西方经济学、西方经济学思想史等以外，还有数学、外语、中文等基础科目。4 年中，学习了 30 多个科目。

77 级人大的教师们给我们的进步带来了很大的影响，因为他们不光教书，更重要的是教人育人。20 世纪 70 年代末 80 年代初的时候，社会上各种思想争论非常激烈，今天的学生可能都想象不到，但我读大学的时候对此感觉很深刻。思想争论是件好事，但是思想混乱的问题也确实存在。有时候，老师上课一半的时间是在讲如何正确认识社会，这对毕业以后我从事的工作带来了很大帮助。

除了求学，我也参加了很多的社会实践，既有学校组织的，也有同学暑期自发进行的。大四时，我被分配到天津进行了为期一个月的社会实践。在天津商业口实习，做社会调查，调查报告被评为优秀。“文化大革命”开始后停摆了12年才恢复高考，并能幸运地考上大学，大家学习都非常自觉努力。现在人大的老师也评价我们77、78级的学生是最刻苦的学生。

78级学生入校后不久，学校成立了校学生会，我当选学生会副主席，我在校学生会工作了两年多。校学生会成立不久即开始建立学生社团组织。我们提出，希望每一个学生能参加至少一个学校社团，不要只埋头读书，要多交流，培养更广泛的兴趣和更高尚的情操。那时候整体上社团组织很少，文艺体育方面的社团多一点，其他方面的还很少，但是普及率也过半了。当时我们希望通过鼓励学生参加社团活动培养个人爱好，扩大接触人的范围。我入学时已31周岁了，还代表人大参加过高校运动会，还加入了人大桥牌队，差点儿拿了高校冠军。

◎ 调研改革，关心国计

1982年1月，我从人民大学毕业。当时我们班50个同学，留校的有10人左右，10人回到了北京市工作，剩下30个人都被分配在中央国家机关。我被分在国务院办公厅调研室（现国务院研究室前身），做政策研究工作。

到国办调研室以后，没有马上在国办调研室工作，因当年大学毕业生要实习锻炼，我被安排到原国家经委企业局实习。在经委企业局锻炼的一年，我主要的工作是负责研究企业改革，推广首钢搞承包制的经验等。由于“文化大革命”的影响，当时年轻干部奇缺、断档，经委企业局多次想留下我，未果。

实习锻炼一年后我回到国办调研室工作。当时调研室只有7个人，其中有3位后来分别担任中共中央政策研究室主任、国务院研究室主任、人大研究室主任，即中央最高的3个参谋部门的研究室主任，都是从国办调研室出来。能在实践工作中师从他们，我受益良多。

调研室当时的主要任务就是一年起草两个最重要的文件。一个是起草每年年初总理在全国人大会议上所做的政府工作报告，另一个是给9、10月份召开的中央全会起草总书记的报告。调研室的人全体动员，一年大概有10个月参与这两个文件的起草工作。其他的时间就是调研、参加国务院的有关会议。当时国务院的总理、副总理们开会，调研室都派人听会，以了解国务院的决策经过和国务院领导的思路，了解地方以及部门在国民经济中的困难，总结经验教训等等。

我们每个人每年都要写不少调研报告。报告一方面反映地方和有关部门的相关情况，一方面就此提出政策建议。比如，我国改革开放后与西方市场经济国家建立的第一个中外合资企业经营困难，不能营利，外方有些意见。当时负责对外经济方面的国务院领导同志开会布置任务，让调研室牵头有关部门，去天津进行调研，了解该企业的实际经营情况，调查长期不能营利的原因。这是我回到国办调研室参加的第一个出京调研任务。调研结束后我们撰写了调研报告，把情况的来龙去脉、政策建议向领导反映，又联系有关部门，开会协调，针对过去政策制定过程中不完善、不合理、需要新补充的地方，出台新的文件。我在国务院办公厅调研室工作了10年，类似的调研报告写了几十份。

1992年12月我被调到国家体改委任副秘书长，在国家体改委工作了六年，先后兼任过体改委办公厅调研室主任、分配体制司司长、宏观体制司司长。

在体改委任分配司司长一年多的时间里，我参与了几项改革方案的研究、制订，主要有养老保险、医疗保险、住房制度改革等。随着改革的不断深入，市场经济不断在扩展，计划经济体制下的保障制度覆盖面小等弊端已不能适应新形势需要，必须改革。困难是全国温饱尚未解决，国家财政收入每年只有几千亿，实现社会保障全覆盖确实是心有余而力不足。

以医疗体制改革为例。20世纪90年代初期，全国范围内还没有建立社会保险制度，党政机关职工看病基本上是公费医疗，全民所有制企业和部分所谓“大集体”所有制企业职工也基本是公费医疗，直系家属可以报销一半医药费，公费医疗覆盖面也就一亿人左右。在短时期内扩大公费医疗范围，不用说扩大到全国，就是仅扩大到全部城镇人口，并全部由财政支付，显然受财力所限，做不到。于是提出了国家、单位、个人各出一部分的改革思路，首先是建立社会保险制度。

社会保险制度大致可分为3个层次。最低层次是社会救济，完全由财政负担，救济对象为社会最贫困人群，相当于目前达不到最低生活标准的人群；中间层次是社会保险，比社会救济高一层次，钱是国家、个人和单位三者共同负担，社会保险带有一定的强制性，由国家立法实施，不以营利为目的；最高层次的是商业保险，商业保险是自愿性的，以营利为目的。从层次上讲，我们当时研究的是社会保险的这个中间层次的保障制度。从范围来讲，医疗社会保险也只是社会保险制度的一部分。与医疗社会保险基本同时研究的还有养老、工伤、计划生育3项社会保险。从区域来讲，仅是城镇职工医疗社会保险。体改委分配司参与较多的是养老、医疗和住房制度改革。

而医疗社会保险和整体卫生体制改革相比较起来，又只是很小一部分。卫生体制改革的范围是全国性的，涉及全国所有各种性质的单位和全国13亿多人。卫生体制改革包括现在进行的卫生预防体系、医药分家、医疗卫生机构布局、三级医院的转诊制度等等。

改革的起步阶段，只能从最急需而又较易突破的地方入手。虽然医疗社会保险只是整个卫生医疗体制改革和社会保障制度的一小部分，但在制定改革方案和相关政策过程中还是尽量要考虑到其与整体改革方案的衔接。作为体改委分配司司长，我随同主管的国务院负责人在一年时间内到多地调研。调研期间，经常是白天实地考察、开座谈会，晚上调研组成员内部讨论，往往工作到晚上10点以后。最终在镇江、九江所谓的“两江”试点基础上出台了城镇医疗社会保险制度改革方案，并在全国推广。受方案政策制定参与人员的认知水平所限，受地方和部门相关利益格局以及其他各种因素所限，出台的改革方案不可能是尽善尽美、一劳永逸的。

大约1995年前后，我从分配司调任到宏观司，研究宏观政策。研究主要集中在3个方面：一是宏观经济形势分析；二是财政政策和财政体制改革；三是货币政策和金融体制改革。当时基本上每个季度要出一份宏观经济形势分析报告，分析我国经济发展面临的问题和困难，并提出相关建议；还与有关部门共同研究财政、金融学方面改革的突破点、方向等等，参与制定相关改革方案，供国务院领导参考。

比如，在财政体制改革方面，参与了分税制的调研和改革方案的制定、出台和推行。当时改革势在必行，是因为全国搞财政包干十余年，虽然调动了地方的积极性，但中央财政捉襟见肘，很困难。全国财政收入占GDP的比重和中央财政收入占全国财政收入的比重连续下降，全国财政收入占GDP的比重已降到只有11%、12%。举国体制办大事的优势明显不足，甚至下降到中央政府已经没钱，需要向地方政府借钱的地步。当时有个词用来形容这种状况，就是“诸侯经济”。地方政府相当于过去封建社会的诸侯，势力很大。无论出于政治还是财政上的考虑，都必须要加强中央的权威。分税制改革的目的就是要提高全国财政收入占GDP的比重和中央财政收入占全国财政收入的比重。初步分税制改革方案草案在京制定出来后，由国务院领导带队，有关部委人员参加，一个省一个省地谈方案、谈改革，并根据地方同志的意见不断修改改革草案，最后用了近一年的时间才出台了改革方案。方案出台后，又陆续发布了100多个补充文件，推广到全国实行分税制改革方案。

分税制最初的设想是中央财政收入占全部财政收入的60%左右，中央财政支出占40%左右，另外20个百分点差额作为中央财政的转移支付。而中央财政转移支付制度的核心就是财权和事权的划分，即确定从中央到地方各级政府，每一级政府该做什么事，相应地要花多少钱，以事权定财权。中央用财政转移支付的方式根据各省、市、区的具体情况调剂地方财政收支差额。财权和实权的划分一旦确立，可以大大减少各级财政间的“一对一”谈判，减少寻租行为，即减少“跑部钱进”现象的发生。

事权和财权的划分听起来有些抽象，以办学为例简单说明。办学大体有3大块支出。一是建校舍，二是发工资，三是日常运行费用。所谓事权和财权的划分，就是先明确各级政府应该做什么事。就办学来讲，中央政府应根据各地人口数量及经济发展特点等确定大中小学各应建多少、多大规模、学科设置等，并由中央财政支付建校经费。教师工资由各省级政府发放，可以避免贫困县发不出教师工资等问题。办学的日常费用由地市级政府负担。如省及以下各级政府支付有困难，则由中央财政转移支付解决。

分税制改革后，从第二年开始两个比重就不断上升。现在中央财政收入占GDP的比重已经相当高了，80多万亿的GDP中，财政收入占16万亿～17万亿，中央财政收入占全部财政收入的比重也已超过60%。中央本级财政支出的比例开始是40%，现在就20%左右，其他部分都用于转移支付。尽管现在有些学者认为中央集权得太多，有些道理，但集权的方向并没有错。

改革需要配套协同进行，单兵突进是大忌，但配套的改革措施在体改委撤销以后就没人牵头了，导致了很多改革没有进行彻底。如财权和事权的划分一直不清晰，近两年才又开始加快推进。

1998年，当时中央要加强对国有企业的监督和管理，于是找了两批人做国务院稽查特派员。一批主要是刚退休的正副部级干部，另一批是拟提拔的后备干部。我是后一类，被任命为第二批国务院稽查特派员。国务院稽查特派员总署挂靠在人事部，一年以后改名叫中央企业工委，2003年又改为国务院国有资产监督管理委员会。

我们经过3个月的培训，主要是学习财务知识和相关政策，从1999年初开始正式上岗。稽查特派员虽然以财务监督为主，但由于当时国有企业积累的问题较多，大部分时间都陷入查办案件了。稽查特派员的入驻，对企业起到了一定的震慑作用。2000年国务院稽查特派员改为国有企业外派监事会，主要工作也逐步改为财务监督。对我们的工作，国务院主管领导是满意的。监事会由国务院派出，向国务院负责，一期3年，每期三四个企业，3年一轮换。主要监督企业领导班子执行中央的方针、政策、路线是不是有力，能力是否胜任，是否合法经营，财务手续是否合规等等。每年写一份监督检查报告，如遇有特殊情况，还要写专项报告。报告要指出问题，提出建议，并对企业领导人的任免提出意见；后来对企业领导人只做评价，不提任免建议。我先后做过20多家中央企业的监事会主席，写过几十份监督检查报告和专项报告，尽到了自己的职责。现在监事会工作并入了国家审计署。

中央建立了巡视组制度后，除中央巡视组外，国资委、教育部、科技部、卫生部4个部门的巡视组是中央直接授权的，负责巡视所属单位。我63岁退休以后又在巡视组干了六七年。国务院国资委巡视组每年巡视中央企业3轮左右，每次一般巡视一个企业，巡视后写一份巡视报告。如遇到特殊或需紧急处理的情况，则写专项报告，及时报告国资委党委。我在巡视组工作到70岁，去年刚刚退休。

从毕业到退休，我从事的行业工作领域跨度比较大，从最宏观的国家层面跨越到最微观的企业层面。最宏观的就是在国务院调研室和国家体改委，参与过国务院文件、政策研究、改革方案的起草工作，进行过调研、提出建议等等，国民经济方方面面都涉及过。

你问我的得意之作是什么，印象深刻的事是什么，这不好回答。我们77级第一批大学生，国家机关都很重视，都提拔得比较快。我们班分到中央各部委的30名同学退休时基本上都是局级干部。

在我工作中遗憾的事很多，印象更深刻。除了分税制改革，医疗卫生体制改革也留有遗憾。对于卫生体制，我们当时有些想法和改革的轮廓。比如说转诊制，看病必须先到社区看，社区医院看后如需要，才能转到上一级医院，直到三级医院。医药分家、建立卫生预防体系等方面也有些想法。轮廓提出来了，但城镇医疗社会保险制度改革方案出台后，其他长期没有落实，没有变成红头文件，变成可执行的方案。现在医药卫生领域很多问题，我们很早就有改革想法，但没能形成方案并实施。改革延缓了，现在老百姓也有一些意见。

我感到最大的遗憾是体改委撤得早了，原来这些改革都是由体改委牵头，体改委没有部门利益掣肘，制定改革方案能从全局利益、长期利益出发。但体改委一撤销，相关改革就不能彻底，推进也缓慢了。

从我工作一直到现在，值得骄傲的事没有多少，但遗憾的是不少改革改了一半，就没有进行下去。

◎ 顺其自然，爱好广泛

我有一句话经常说——顺其自然。我自小就在北京长大，家在二里沟附近。20 世纪 50 年代，那一带曾是空旷的坟地。因为功课并不紧张，所以一放学，我就和同学到坟地里踢野球，一直玩到尽兴为止。我们那个时候条件很简陋，可是空间大，学生们经常锻炼，身体都很结实，不像现在，很多中小学连个可供锻炼的操场都没有，不利于孩子的健康成长。

我还酷爱打篮球，曾经考上了什刹海体校的篮球班。一有时间，我就会和同学们凑在一起热火朝天地打比赛。打球练就了一副铁打的身板，可也多少耽误了学习，没少让母亲担心。后来当我考上北京少年宫科技馆之后，母亲就下了“退出篮球班”的命令。不过，禁令也管不住我，我依然活跃在篮球场上，一直担任校队的主力。1998 年我被任命为国务院稽查特派员，工作之余，我联络了以前在中南海工作的同事组建了一支篮球队，每周到人民大学打一次球。现在上了年纪，不能再从事篮球这样的剧烈运动。凡事都要遵循客观规律，从计划到市场，从指令性指标到指导性指标，经济发展要遵循客观规律。锻炼身体也是这样，年龄大了，该放弃的必须放弃。

我年轻的时候还特别喜欢看小说，看了很多外国翻译小说。我所在单位的图书馆里面的名著我基本都看过了。现在小说看不进去了，一般看看球赛，打打桥牌，出去转一转。

我迷上桥牌是在中学时期，当时我的邻居是老知识分子，经常打桥牌。我没事就去看，有时人手不够，我就临时上场凑数，后来就学会了。我在人大学习期间，课余读了很多跟桥牌相关的专著，桥牌水平有了提升。我带领人民大学队参加北京市高校桥牌比赛，荣获过第二名的好成绩。大学毕业我被分配到了国务院办公厅调研室后，打桥牌的人更多了，几乎每天中午休息时都会玩上一个多小时。1994 年，我还参加了艾普森杯世界同场双人桥牌比赛，并获得了冠军。

我觉得有个人爱好是件好事，我属于爱好广泛的人，但也都不是很精通；重要的是可以接触到更多志同道合的人。多一点爱好，尤其是对于性格不是很合群的人，可以更好地融入社会。碰到不顺心的事，或者搞研究进行不下去，去看场足球，休息一会儿，可能思路就豁然开朗了。要拿得起，放得下，碰到困难要放一放，摆脱暂时思维局限性，跳到别的领域再回来，就可能有所谓的“脑洞大开”。

◎ 对母校和人大学子寄语

一个人要有做人的基本素质，其他方面基本上就可以胜任了，学历高不等于教养高。如今要培养君子精神，就是要有基本素质和教养。

从上学、工作到退休，我接触过很多人，也录用过很多大学生。现在有的学生自恃学历高，不注意小节，盛气凌人。这种学生通常不受欢迎，很难在团队中生存下去。我毕业之后就一直在国家机关工作，我的工作经验告诉我，一个人的能量和本领终究是有限的，只有融入团队，激发出团队的力量才能确保任务的完成。你可能研究能力很强，周围的人在这方面不如你，但如果团队精神好，那他们可以做很多辅助性的工作，你就能节省出时间去主攻最难的问题，这就是团队力量。一个团队，不可能个个都是“老虎”，不可能每个人的能力都很强，而且每个人的能力表现在不同方面。可能有些人计算能力很强，有些人分析能力很强，或者是虽然偏科，但几个偏科的人放在一块，就能有一番成就。可能有的计算很简单，普通的小学生就能胜任，但是计算的结果在全局中处在什么位置，各计算结果之间是什么关系，如何衔接，需要有一个人来统筹、安排，这就有团队间的分工与合作，这就要靠团队力量和团队精神。而在这一方面，我们今天的教育还需要再加强和培养，要让学生学会谦逊，学会团结，要有基本的做人素质。

对我来说，当年学的外语在工作中没用上。现在科技进步了，可以通过翻译软件直接和各国人对话。同样是学历史，中国老师喜欢教授历史事件本身，背什么大事年代表之类。但欧美和日本的学校，老师是分析事件，分析事件为什么会发生，当今在什么条件下是否还会发生，这就是分析能力的培养。真正书本上学的知识用在工作实践里很少，为什么多数知识用不上？这说明教学的内容还可以改进。现在知识灌输太多，能力培养不足，因此要注重培养能力，少灌输知识。

有一年我们做一个调研，研究如何减少能源消耗大的问题。与发达的市场经济国家相比，中国的能源消耗占 GDP 的比重特别大。现在是从污染角度研究，而我们当时是从经济发展的角度研究。因为中国缺少煤炭、石油等自然资源，需要大量进口。如何降低能源消耗成为关键。其中有两个概念，一个是直接降低，另一个是间接降低。什么是直接降低？比如发电，通过提高科学技术，同样发一度电，减少耗煤量，降低发电成本，这是绝对降低。什么是间接降低？改变产业结构，让高能耗的产业相对减少。大力扶持能源消耗少的产业，比如发展第三产业，这样能源消耗占 GDP 的比重也会下降这是相对降低。虽然绝对数目没有下降，但相对数是下降的。这时候就需要数学知识，我们当时一起调研，同样听人介绍，有的人明白，有的人却不明白，差距就在数学底子上，不明白什么叫相对，什么叫绝对。

从学校角度来说，要注重培养能力而非灌输知识。学是必要的，基础知识要学，但更重要的是要培养能力。一是掌握知识的能力，即学习能力；二是社会实践能力。在能力培养时，要特别注重培养分析问题的能力。如今中美贸易战如火如荼，这让我想起了“301条款”。20 世纪 90 年代初就由我牵头写一份材料，研究美国将来会如何利用“301 条款”报复中国、中国需要如何警惕。但可惜的是材料没写完，我就调到体改委工作去了，这份材料也无疾而终。

我们77级学生上学时风气很正，老师对我们77级学生的印象很深刻，校庆回校时老师还能把我们班上的人认个差不多。如今的学风并不如我们，我想有两方面原因：从学校角度，教学内容、教学方法提不起学生的兴趣，学生自然就没兴趣学；从学生自身的角度讲，现在的学生没有我们当年的契机，国家从1966年停止招生，到1978年差不多停课12年，大学不招生，中间招的工农兵学生也不是通过高考而是单位推荐录取的。恢复高考以后，我们的求知欲被一下子激发了出来，学习积极性很高。

现在要改进教学，从课本、教师教授的内容、教学的方式方法等方面入手，注重提高学生的能力，要急国家所急，急人民群众所急，这可能比单纯灌输知识更能提起大家的兴趣。当年我在经济系上课时，老师便重视培养分析问题能力，课堂上让学生分析现在国民经济中的现象。毕业后我在国务院办公厅调研室的工作，每天研究经济形势，研究经济增长率，研究国民收入增长和GDP增长情况，而这些问题我们在课堂都曾讨论过，帮助我就业后更快地进入了状态。

倪小庭自述，本次采访时间为2018年7月31日，由中国人民大学法学院2017级硕士研究生龙航天负责采访、录音及文字整理。

采访 / 龙航天　　编辑 / 李宣谊

徐建

| 人物简介 | 江苏人

1952年生，1978—1982年就读于中国人民大学法律系法律专业。曾任深圳对外律师所律师，深圳经贸律师所主任，深圳市司法局副局长。司法部派驻香港中国法律服务公司董事副总、香港中国法律律师事务所合伙人，广东融关律师事务所主任律师，深圳市律师协会会长，中国人民大学律师学院院长。

◎ 人大实事求是的校训激励我前进

今年，是1978级大学生入校40年，也是改革开放40年，我有幸参与了全部历程。我是“老三届”的，只上过半年中学，上大学一直是我的梦想。母亲是中学教师，经常灌输“读书有用论”。我在农村插队3年，自学了初中课程，当兵5年，又自学了高中课程。1978年4月，我放弃在部队提干的机会闹着退了伍，回老家徐州的银行做了保镖，后又当上了团委书记。其间边工作边备考，以徐州文科第一名的成绩，考进了中国人民大学法律系，走上法律之路。9月入学，12月我之前所在的部队就上了越南前线，退伍前我是尖刀班班长，若无退伍和高考，我的人生历史将改写。

人民大学是1978年复校的。但77级只招了3个班，哲学班、政经班、党史班，人数少，有100多人。先由北师大代招，然后到人大上课。人大的78级算是人大复校后正式从全国招收的，只有38个同学，当时我已经26岁，本以为自己肯定是排名第一的老大哥，没想到却排到第14名。同学中工农商学兵、党政军民学都有，构成那个年代特殊的风景线。那是一个百废待兴的时代，我们当时只能在简陋的平房里上课，在沙土飞扬的操场锻炼，在露天空地上就餐。经过十年浩劫，当时的我们比所有后来的大学生都多了一分忧患意识。岁月的磨炼，使我们过早地承受了对社会的责任，对中国命运和前途的思考成了我们这一代人苦苦的追寻。我和同学们如饥似渴地学习着法律知识，我还担任了系学生会主席。

我们有幸得拜中国一流法律名师大家为师。任课老师都是当时法学界翘楚，包括“法学理论”孙国华教授，“宪法学”许崇德教授，“民法学”佟柔教授，“婚姻法”杨大文教授，“民诉法”江伟教授，“国际私法”刘丁老师，“刑侦学”张振藩教授、张希坡教授，曾宪义教授、张晋藩教授分讲“法制史”“法律思想史”，“刑法”高铭暄、王作富教授，“民诉法”王向明教授，“经济法”刘素萍教授，“国际公法”李泽沛教授。我们后任班主任，则是中国刑法学权威高铭暄教授。党史、政治经济学、哲学、政治、外语是公共课，有必修有选修，也都是人大各学科泰斗授课。

那时正处于法制重建的初级阶段。中华人民共和国成立后的第一部《刑法》《刑事诉讼法》刚刚出台；1975年宪法尚待重大修改；民法、民事诉讼法还在起草中；经济法更未成体系。这些“治国安天下的基本大法”或不完善，或缺失。连20世纪50年代取消的律师辩护制，也在争取恢复中。在这种状况下，讲解从“人治”向“法治”转型的法理目标，成为教师启蒙的重点。高铭暄老师的“以事实为依据，以法律为准绳”的刑事审查原则论，王作富老师力倡的“无罪推定”“疑罪从无”的原则，佟柔老师力倡的民法、物权法、经济法合一的“大民法论”，许崇德老师力倡的“宪政治国论”都成为我们心中的种子。

但当时中国法学体系和教学体系整体上受“阶级斗争论”“无产阶级专政论”“兴无灭资论”“社会主义三大规律论”的框架约束，已趋于陈旧、落后，与正在发生的拨乱反正大形势的结构冲突日益突出。1979年，胡耀邦首倡的关于真理标准的大讨论展开后，在“解放思想，实事求是”的旗帜下，思想界空前活跃。传统教育观念和体系，包括政治、经济、法律、社会、文化、历史，都受到新思维、新观点、新人的犀利挑战。经济改革和对外关系的每一次重大调整、每一步重大突破，都成为促进法学观念、理论、立法在变革中创新发展的推动力。

随着中国逐渐走向改革开放，中国法律界也在酝酿着巨大的变革。1979年7月1日，《中华人民共和国刑法》《中华人民共和国刑事诉讼法》等7部法律获得通过，成为中国法制建设一个重要的里程碑。这一系列法律的颁布，大大推动了刑法学学科的发展。“文化大革命”前，法律系学生用的教材，大都是适应政治运动需要的产物，过分强调政治学，专业性不足。“文化大革命”后，代表学科理论研究新成果的新版刑法学教科书陆续出版，让法律系的教学面目一新。当时我们法律系的教学方式是“授课制＋自由讨论制”，老师经常就某些在同学中争议大的“议题”，组织班级自由研讨。同学们不同意老师的观点，也可在讨论会上公开质疑。这些讨论议题，涉及内容广泛，主要集中在：法的本质、国家社会职能、“人治”与“法治”、党的领导与民主宪政、公法与私法、公权与私权、社会主义与资本主义关系、“有罪推定”和“无罪推定”的优劣比较、党的领导和依法治国的关系、无产阶级专政和法律面前人人平等的关系、党的政策和法律的关系、人性和阶级性的关系，国家权力和公民权利的关系等等。这些议题探讨的共性，实质是想厘清“公权”和“私权”的法律关系。这样我和同学们除了专业知识，还学到了独立学习、独立思考、努力创新的学习方法，得到了开启知识宝库的钥匙。

1978 年，是历史转折的年代，也是思想狂飙的年代。人文荟萃的人大校园罢课竞选，给我上了民主法治的第一课。当时我在《共产党员》杂志上看到了人大校友张志新与“四人帮”斗争英勇牺牲的事迹，把全系同学召集起来学习这篇文章，同学们有的义愤填膺，有的泣不成声。会后，我连夜以人大法律系全体同学名义写了一份《致辽宁高级法院的声讨信》，并在北京日报上发表了题为《鲜血的启示》的文章，呼吁这样的悲剧绝不能重演，并以此为题在全校演讲会上做了《论言论自由》的演讲，获得二等奖。

在学习刑法分则第一章“反革命罪”时，我想到张志新就是以该罪名被冤死的，就在课堂讨论上提出要取消“反革命罪”。我结合了张志新的所谓“反革命”案，提出了将“反革命罪”改为“危害国家安全罪”的建议。其主要观点是“反革命”是政治术语，不是犯罪客体。在 1949 年前，共产党不是执政党，只能用“反革命罪”来对付反对者，共产党成为执政党后，就应该将国家政权列为最重要的刑法客体加以保护。在课堂讨论中，这一观点得到高铭暄教授的支持，他说："只要言之有理，论之有据，就可自成一家。所谓创造，就是要敢为天下先，思前人所未思，言前人之所未言，行前人所未行。"当时写了一篇5 000多字的论文《"反革命"罪名科学吗？》，差点被打成"反革命"，幸亏高铭暄等教授保护，我又拿出在部队的立功证书，工作组才排除我的反党动机。论文在1981年1月的《探索与争鸣》杂志发表。后来1997年我国修改刑法，将"反革命罪"改为"危害国家安全罪"。我的论文被编入中国刑法学会《新中国刑法五十年》论文集。

这件事对我打击很大，但我并没有放弃人大的校训：实事求是，为真理而斗争。而且经过系统的法学知识的学习研究，我越来越感到，中国的法制太落后，中国的立法太滞后。准备毕业论文时，我根据当时经济领域出现的公司走私偷税、投机倒把等行为和国际上的最新立法，提出了把"法人"作为犯罪主体的观点，并把论文题目拟为《论法人犯罪》。这一观点是对传统刑法只有自然人做犯罪主体的挑战，虽然得到了不少老师同学的支持，但也遭到了不少的批评，引起了很大的争议。当时《法学季刊》主编李老师和我素昧平生，甚至未曾谋面，就决定刊登这篇文章。最终，该文在《法学季刊》1982年第2期发表，在当时法学界又一次引起了讨论。1986年，《海关法》修改第一次将"单位"作为犯罪主体，遗憾的是当时未用"法人"作为犯罪主体，以致把国家机关（包括法院）都作为犯罪主体，带来司法实践的后遗症。2004年国家有关部门编撰出版的《中国刑法50年论文集》中，鉴于法学界的泰斗级人物也仅有一篇论文入选，我的这两篇当时引起很大争议的论文有一篇入选。

◎ 勇做开创第一的吃螃蟹者

大学毕业后，我被分配到中国人民银行总行条法处，参与了保险条例、票据法等金融立法，沿用至今的"四倍以上利息是高利贷"就是我参与制定的。在央行应该说前程似锦，但我不喜欢机关的工作氛围。1983年深圳经济特区来北京招聘干部，我毫不犹豫地报了名。行长不放我，说道："央行就你一个学法律的，派你去中南海立法，将来条法处变条法司，司长就是你，为什么要去深圳？要走就把北京户口留下。"

母亲听说了也从老家赶来劝我，但我都不为所动。我走的时候全班同学在河南饭庄为我饯行，说我是闯美国西部的牛仔，不好就牺牲我一个，好了大家都去。就这样，我放弃了北京户口和央行的前程，去了深圳。

当时深圳我去的单位是一片工地，只有两座楼，八个人住在一个房间，工资也只有140元。我做了两年律师，1985年当了市司法局副局长，成为当时深圳最年轻的局级干部。我返回北京，回请了全班同学，也将深圳的改革开放信息带给了大家，随后就有十多个同学放弃在国家部委的"铁饭碗"和远大前程，南下去了深圳。

后来同学多了，我们又发起成立了人民大学深圳校友会，我担任了一届会长。市招聘办的人曾说，"你是第一个放弃北京户口来深圳的干部。"今天回想起来，对当年南下深圳的选择无怨无悔。

当时的深圳，虽然是改革开放的前沿，但法治上还是一片空白，需要创法的勇气和能力。1983年，深圳的中外合资企业东湖宾馆外方母公司破产，香港法院命令清盘官来深圳清盘。深圳市政府不知如何应对，让律师给法律意见。我根据人大法律系佟柔教授"有法依法，无法依惯例，无惯例依法理"的教旨，给出了五点意见和具体实施方案：（1）清盘官首先要向政府申请；（2）只允许股权转让；（3）不允许将合资公司清盘；（4）转让后的资金先清偿国内的债务和税收；（5）剩余款项可汇境外。我的意见获得市政府采纳，最后我代理清盘官，另一位律师代表中方，花了3个月完成了清盘任务，并依此案例为《广东省经济特区涉外公司条例》写了专章，据说这是我国首宗涉外并购案例。

1984年，我与香港的全国人大代表廖耀珠律师分别代理双方，谈判8 000万港元的新都酒店融资合同。在签约时廖律师提议，要我和她分别为双方的代表见证签字属实。我告诉她中国只有公证，没有私证，我可以去找公证员。廖律师说，我们俩谈判了3天，亲手起草了合同，对合同的意思表示最了解，为什么还要请公证员来审查证明？中国法律是没有见证，但是你做了不就有了吗！

在后来的《深圳经济特区律师条例》修改时，深圳开始同时使用“见证”和“公证”这两个法律名词。

1984年，中国国际贸易仲裁委员会在深圳设立分会，设立后受理的首宗案件是美国美孚石油香港公司诉深圳石油公司仲裁案，我代理美孚石油香港公司出庭。开庭那天下着小雨，我和美孚石油香港公司的老板踏着黄泥，来到深圳蛟湖村一座农民房前，上面挂着中国国际贸易仲裁委员会的牌子。美孚石油香港老板看到后愣了半天后问我，这是仲裁院吗？我说是。他又问，这里的仲裁有效力吗？我肯定地回答，法院会执行，你放心吧！进了门，正中堂屋摆着一张八仙桌，已有3位老人坐在八仙桌旁，他们是北京和深圳的仲裁员。那时仲裁也没有固定的程序，双方各自谈了诉求并证明后，仲裁庭进行了调解，深圳石油公司承认了过错，我也做了美孚石油香港公司的工作。最终，美孚石油香港公司同意以人民币50万的价格，将现在上海宾馆对面的油站卖给了深圳石油公司，纠纷顺利解决。当年在蛟湖村仲裁的照片，至今还挂在深圳国际仲裁院的摩登大楼里。

1985年，我在深圳经济贸易律师事务所当主任，有两个当事人来到所里，要求律师做履约监督人。原来他们双方第一次做生意，都怕对方违约，愿意各拿30万元押在律所，如有一方违约，就由律师裁决将30万给对方。我知道这样的做法是民间临时仲裁，虽然我国参加的《联合国仲裁公约》承认民间临时仲裁，国外也普遍存在，但在我国没人做过，我国实行的都是仲裁委的机构仲裁。

我想，只要和双方当事人签订合约，授予律师履约监督地位和裁决权利，双方的押金又在律所，有可执行性，不妨一试。就这样，我所和双方当事人签订了合约。过不久，一方当事人没有找到批文违约了，另一方当事人要求履行罚责。我就和两位律师组成临时仲裁庭，让双方到庭质证辩论，最后做出裁决书，将30万元当场交给守约的一方。另一方不服，向法院告我私设公堂，法院不受理，又向司法局和人大控告。后来全国人大组成调查组，调查结果认为《仲裁法》尚未颁布，不能认为违法，但下不为例，不要再做民间临时仲裁。迄今为止，这是中国仲裁史上，唯一的民间临时仲裁案例。1983年，深圳在全国率先将法律顾问处改为律师事务所，1985年我立下军令状，不要国家一分一毫，自负盈亏。在招聘了6个人之后，我组建了深圳市经济贸易律师事务所。“我们当时干劲特别足，研究案子都到半夜一两点钟，8个月就赚了40多万元，1985年，买了第一台汽车，每个人还能分到几万。”第一次实现了律师不吃皇粮，自负盈亏，效益大幅提高。

1986年，我主管深圳律师工作后，提出了建立个人、合伙制和外资律师事务所的建议，得到市政府的支持。在司法部蔡诚部长的关怀下，我带队去香港考察，亲自筹划创建了我国第一个合作制的律师事务所，该所以人大校友段毅、刘雪坛和武伟文命名，采用香港律师的合伙制管理体制。

1988年，深圳又成立了第一家李全禄个人律师事务所，为全国的律师制度改革，闯出了一条路子。1988年，中国司法部代表团第一次访问美国，美方接待规格相当高，我们每人都有两个保镖，美国司法部长全程陪同。这次访问使我们大开眼界。在美国联邦调查局资料库，可以调出蔡部长出国前在庐山会议的秘密讲话。在全美律协了解到美国议会中70%议员是律师，美国40届总统有28届是律师。还有纽约的监狱竟然建在闹市区，为的是探监方便。纽交所给了我们百年的规章，但行李超重，我自费带回了深圳，成为后来筹备深交所的至宝。在洛杉矶机场，蔡部长对我说，你知道为什么就带你一个地方干部吗？我说不知道。他说中组部要求配个40岁的副部长，你35岁，来部里吧？我说感谢部长的栽培，人要有自知之明，我不是当官的料，还是派我去香港，学习做律师吧！蔡部长说，人各有志不能勉强，“九七香港回归”也需要人，你就去香港吧！

我们是香港律师会批准执业的第一批中国律师，主要是代理香港人处理内地法律事务，也作为中国专家出席香港法庭，同时做香港法律界的统战工作，保障“九七”顺利回归。我们代理并胜诉的标的额20亿的中威轮船索赔案，当时组成53人的专家团，使日本人出庭时找不到中国海事专家。另外我代理的合和集团首宗BOT项目索赔案，仅用一个月时间就拿回12亿，超出底线两亿港币。香港老板胡应湘提出要给我三七分成，我说：内地律师可以分成，而我是在香港做律师，只能按每小时5 000港元收费。之后我们还在香港建立了香港证据内地使用的转递制度，出版了我国第一本中英对照的《中国法律》杂志，结交了大批的香港法律界朋友，为中央的香港决策提供了第一手资料。在香港回归那天，看着解放军进城，仿佛回到1949年。

2001年，我回到了阔别多年的深圳，准备组建自己的律师事务所。消息传出，不少人都来加盟，有老律师，也有企业家，还有我的老乡。最令我感动的是，人大法律系78级的同班同学杨松、薛庆予放弃自己的律所，要来跟我一起创业打拼，还拥戴我做主任。俗话说“三大铁”，包括一起扛过枪的，下过乡的，同过窗的，同学间知根知底同舟共济，能在一起创业是多大的幸事！有人担心，说同学之间不能共事，否则会伤感情，然而时间是最好的试金石，18年来，我们3人同甘共苦和睦相处，没有为任何一件事红过脸，也没为任何一次分配而计较。如今广东融关律师事务所已成为深圳律师界的老字号，在互联网金融方面独树一帜。我也被新加坡《亚洲法律周刊》评为国际优秀律师。我们3人同窗共事40年，在人大校友中也是罕见的。

2003年，深圳律师协会改选，100多名老律师上书司法局，“这10年深圳律师落后了，希望徐建能当律师协会会长，带领深圳律师重振辉煌。”面对大家的信任，我决定出山，我的想法是，中国的政体改革是迟早的事，如果能在深圳几千名律师中实行民主制度，总结经验，就会推而广之。于是我向司法局提出了“会长竞选并组阁”的设想。司法局也想改革，但又怕对律师失控，只同意竞选，不同意组阁。在代表大会上，我和另外两位会长候选人，同台发表竞选演说，进行交叉辩论，最后我以高票当选，成为中国律师界第一个竞选产生的会长。中外媒体都做了报道，说从 1949 年至今，中国只能竞选村长，这次终于突破了。

一年后，由于购买了深圳律师协会办公楼一事，遭到 61 名律师的反对，在代表大会上提出罢免我的提案。我与提案人在代表大会上公开辩论，并声明，“买办公楼赚了是律协的，亏了算我的”，并提议对我的工作报告进行无记名投票，决定我的去留，结果我留任了。经过这件事的反思，我感到民主是双刃剑，民主要经过训练，民主要和法治结合。要打造民主与法治的试验田，就要制定好律师协会的章程，我发动律师将原 4 000 字的章程，增加为 1 万字。力求做到“坏人进不来，好人变不坏，坏人在章程下只能干好事，好人在章程下不能干坏事”。在离任时，我的工作报告经无记名投票获全票通过（有两票弃权），代表们要我连任，我拒绝了。深圳律协民主选举制度和章程，在全国律师界得以推广，购买的律协办公楼也增值了一个多亿。

2009 年在人大校董会上，我提议兴办律师学院，得到了时任校长的肯定。会后法律系 78 级同学专门开会，决定捐款 500 万来办律师学院。学校破例让我这个不在编制的本科生，担任首届律师学院院长。2010 年 4 月 26 日，中国人民大学律师学院召开成立大会，最高法、最高检、司法部、全国律协都来祝贺。律师学院在没有编制、没有经费、没有教材、没有老师的情况下，开始了艰苦创业。几年来，律师学院已经聘请了 300 多个兼职教授，编辑了中国第一批律师教材 14 本，培训了全国两万多名在职律师，培养了 6 届中国律师专业方向研究生，得到了律师界和教育界的认可，成为中国律师教育的第一品牌。2018 年初，在中国律师第十届论坛上，我和《民主与法治》杂志主编刘桂明、中国律师协会原副会长宋建中律师，共同发出《建立中国律师博物馆的倡议书》，得到参会的司法部、全国律协的领导和广大律师的支持。早在 2012 年，中国律师成立 100 周年时，人民大学律师学院就举办了“中国律师百年论坛”，邀请了中国律师史上的董必武、沈钧儒、史良等后人回顾了中国律师的历史和作用。经研究发现，在共产党一大时，12 个党代表中，就有董必武律师；全国 54 名党员，就有四名律师，所以律师是共产党的有机组成部分。十九大 2 300 名代表中只有一名是律师代表，显然不成比例。论坛以后，我们就做了个网上的中国律师博物馆，馆名由时任政法委书记、最高法院院长任建新题写。任老还写了一篇文章，回忆他被任命为“中国 001 号大律师”的经历。

区别于其他行业，律师行业似乎总是蒙着一件神秘的外衣，外界透过影视、媒体了解到的也只是这个行业的冰山一角，想要真正认识律师行业，就要探寻并倾听它一路走来所发生的故事。中国律师博物馆的成立，正是为了讲述中国律师发展的坎坷历程。2017 年 5 月 18 日，中国律师博物馆筹备工作在北京正式启动，挖掘史料，记录现状，力图以实物图文、声光电并茂形式，向世人展示中国律师业的发展历程。自博物馆筹备启动以来，收到几百件律师同仁捐赠的文物，以及一些热心人士的电话、邮件、微信咨询，产生了初步的社会影响。

◎ 寄语学子

我永远都记得在人民大学读书时恩师佟柔赠送的“真经”，佟柔老师是中国民法泰斗，当年他告诫即将离开人大的学生：“到社会上没有老师怎么办？你们在校学的远远不够用，以后走上社会没有老师了，碰上问题可记住两句‘心法’：一是给你个三段论：有法依法、无法依惯例、无惯例依法理；二是希望你们每人都买本《六法全书》，中国一定会走商品经济的路，商品经济的法律精华都在里面了，用心钻研揣摩《六法全书》，答案里面都有。”果然，之后多年的法律实践印证了老师所言非虚，我庆幸自己碰上好老师。我觉得一个人成功要有 3 个因素，好家庭、好老师、好领导，这些都被我碰上了，自己很幸运，感激人民大学对我的培养。

离校 30 多年，我自认为无愧于“人大学子”的称号，人大实事求是的校训将永远激励我前进。我清楚地记得全班同学互相留言，老班长邱贵生给我的留言是："昂天大笑出校门，我辈岂是蓬蒿人。"这激昂之气至今还鼓舞着我。要做到这一点，作为学长，我提几点希望共勉：

要长存敬畏之心，要信仰法律，敬畏规则。从校园步入社会，政治风险、法律风险、经济风险、道德风险迎面而来，要秉持做人的底线，做任何事都要有基本的合理、基本的道理、基本的对错。你可以不做包公，但绝不能做秦桧，陷害忠良。

要存有感恩之情。要感谢大自然给我们提供了空气、水源、食物，要感谢父母养育之恩。要感谢帮助过自己的人，还要感谢需要帮助的人，帮助了别人就成就了自己。要听取不同的声音，了解不同意见。要严以律己，宽以待人，顶住诱惑，管住小节。

要选择一份自己喜爱的工作。毕业 20 年后你会理解没有什么比做一份自己不想干的工作更痛苦的了，只有喜欢才能坚持，只有坚持才能有所得，要坚持学习，勇于创新。从学校毕业并不是学习的结束，而是新的学习的开始，要防止眼高手低，尽快适应新的工作，尽快融入新的环境，要注重创新意识的培养，要有开拓性、创造性。这样，当你晚年躺在病床，看到窗外最后一片树叶飘落的时候，你可以自豪地说，我给这个世界，留下了什么，这辈子就值得了。

根据徐建提供的文章《四十年，二十事》改写。

编辑 / 李宣谊

郭凡生

人物简介 北京人

1955年生，1978—1982年就读于中国人民大学工业经济系，获学士学位。毕业后在内蒙古党委研究室、中国经济体制改革研究所工作，提出一系列关于区域发展和企业制度的观点。1992年创立慧聪公司，慧聪公司于2003年在香港成功上市，一夜之间创造了126个百万富翁。2006年创立慧聪书院，专门从事共享制股权激励的研究。

◎ 叙高考故事，忆校园生活

我在北京出生，在内蒙古长大。1975年1月，我从呼和浩特市去北京南口当兵，并于1978年4月退役。

我从小就热爱体育锻炼，做过职业运动员，所以在部队里，我一半时间是做体育兵踢球，还有一半是在连队里当兵。那时，装甲兵的足球队就在坦克六师的连队里。我当过战士，也当过班长。别人一般都得3年才能当班长，而我仅仅用了10个月就当了班长。因为在部队的军训中，像爬杆、500米收放线等项目，我都是第一。直到现在，我每天早晨都还坚持跑步锻炼。部队生活的那些年对我的人生很重要，因为在部队里，我养成了守纪律的品性和勤奋读书的习惯。

考大学，一直是我的梦想。1976年，部队施工，我们去拉木头途经北大门口的时候，正好看到工农兵大学生们戴着校徽进进出出，我心里说，“只要考试，我一定能进来！”问题是，当时不考试，只有推荐制，这条路对我来说走不通。

1977年我还在部队里，部队不让我们去考大学。我的中学老师巴特尔给我寄了一份高考的卷子，让我在规定时间内把卷子答完，再给他寄回去。巴老师很有文采，诗写得很好，人品更正，多年一直与我通信，辅导我的学习。他给我判完卷子之后说，我要是能参加高考，肯定能上好大学。

1978年，一听说地方可以参加高考了，我就向部队申请退役。我4月份退役回到家，7月23号高考，只剩下三四个月的时间全心全意地复习。不过我在部队里一直坚持学习，所以也没有特别被动。

回想起来，考大学反而是最容易的事情了，我没学过地理，就用力背书。我爸爸 1935 年就考入了北京大学，非常了解我，他对我说，你这个人太骄傲，高考的时候你就记住一个原则：不打铃，就别交卷。地理考试的时候，我检查了几遍之后觉得也没有什么可以补充修改的地方，就趴在桌子上睡着了，结果一直睡到了打铃。老师说你都睡着了，怎么还能考上好大学呢？但是高考成绩出来，我地理反而考得最好。

就这样，我考上了人大。当时人大的条件是比较艰苦的，但是已经很让我满足了。我们住的红一楼，虽然很寒酸，但是比部队的营房好很多。吃的也比部队的棒子面窝头好很多。当时的学习环境是差一点，但是学习不是环境造就的，是人造就的。

那时候人大学习的风气确实是非常好的。当年我们只有礼拜天休息，但是到了礼拜天我们几乎都是在阅览室里读书，大家都特别努力。我觉得大学里面更多的是同学之间的学习和启发，这一点很重要。

客观地讲，人大当时管理类的课程设置，基本上都是苏联式的，开设了例如国民经济计划、基本建设经济、施工组织设计画图等课程，它有很多东西不一定是对的，但是逻辑是自成体系的。比如说《资本论》，它的逻辑是对的。我们当时把《资本论》读得滚瓜烂熟，对后来的研究和工作非常有帮助，而且到现在我都认为《资本论》是科学，不是政治。

当时人大的课程设置还不太完善，很多课程我觉得没什么用，比如外语和数学两门课，当时花了大量的功夫，但对我来说，到社会之后并没有用。但它们培养了我自学的能力和坚持的品质。

人大也有几门课是设置得特别好的。我记得最清楚的就是吴亦峰先生讲的《西方经济学》。当时我们用的课本是最时髦的，北大的学生都跑来旁听。这门课将成熟的西方经济学体系展现在我面前，对我的启发非常大。而且很重要的一点是，两个不同的学说，我们都要学，比如说马克思主义政治经济学是劳动价值论，萨缪尔森的经济学注重的是边际效用价值。还有统计学、会计、金融，这几个学科奠定了后来我自学的基础，而且对以后的工作非常有帮助。另外，当时徐禾老师和吴树清老师的政治经济学讲得非常好，我在计划班选修的统计学对我的影响也特别大。

我对学校生活印象最深的就是大家一起罢课请愿。我们专门成立了罢课委员会的领导小组，决定罢课一定不是学潮的原则，我们要的是被占用的房子。我们请愿之后回到学校，商议后面的事，有一批同学提出要冲击二炮占用的楼，当时信息系 1978 级的支部书记李湘鲁、刘克崮和我，就坚持说不能这样做，因为这样做就迈过了法律的界限。

人大那次请愿体现了政治上高度的成熟，所以取得了成功，二炮几个礼拜就把楼腾出来还给学校。二炮占用的篮球馆后来就变成了阅览室。

◎ 初入职场，建言内蒙古区域发展

我是在内蒙古开始我的职业生涯的。因为我父母在内蒙古，一毕业我就分配到了内蒙古自治区建委工作。当时我写了一些关于经济发展的文章，时任内蒙古党委书记处研究室主任觉得我写得挺好，就跟我讨论，很快，组织就把我调到了内蒙古党委研究室，而且一去就做处长。1983 年，我才二十几岁，是党委大院最年轻的处长。

我当了处长以后，负责研究内蒙古的发展问题，要成立一个机构叫战略组（处），由我来找人。我就找了几个人大毕业的，像我同班同学曹征海（已去世），还有于学军，是 1978 级财政系的，还有 1978 级农经系的张太平，以及 1979 级工经系的王志明等。我把这五六个人大的校友一起调到内蒙古党委研究室，组成了战略处。我认为一个地区的经济发展一定得把工业经济、农业经济、财政、金融放在一起来想，才能想明白，而我们这些人，学习的恰好是这些方向。当年《中国青年》有一篇文章，就写我们在内蒙古如何做发展战略研究。我们当时起草了一篇非常重要的文章，叫《内蒙古经济社会发展大纲》。直到今天，内蒙古政府部门起草的文件中的一些提法和名词还是我们那个时候创造的，如自然资源转换战略、金三角、北线铁路等。

在战略处，我取得了一个理论上的突破。我们将内蒙古、贵州、云南等11个省区，定义为不发达地区。当时国内有一个理论叫作"国内技术转移的梯度理论"，它认为技术是按照发达程度从发达到次发达再到不发达地区依次、逐步转移的，而我认为很多技术是可以跨区域转移，这就形成了国内的理论交锋，而且交锋很激烈。我那篇文章在1985年被五六十个媒体转载。我1984去参加莫干山会议就是带着《论国内技术的梯度推移规律》这篇论文去的。30多年后，事实证明我的理论观点是对的。技术转移一定不是按照发达程度来转移，它是按照遵从效益来转移的。比如说露天煤矿的开采技术，到上海是没有用的，它一定是先运用到内蒙古这样的地方。技术转移不是梯度推移，是遵从效益规律的，这是理论上的重要突破。

后来我们总结内蒙古的经济发展战略，叫自然资源转换战略。就是说，内蒙古要钱没钱，要人没人，那怎么发展？但内蒙古有自然资源，我们用自然资源吸引资金和技术，转化成内蒙古的经济发展动能。直到现在，我们还在提自然资源转换战略。

我们当时对内蒙古发展提出的战略到今天仍然有指导意义。尽管当时内蒙古自治区政府资金非常困难，我们还是建议自治区修建北线铁路，就是现在从内蒙古的集宁到通辽这一线，现在这条铁路已经被铁道部收走了。正是因为有了这条铁路，西部的煤炭才运得出来。我们当时强调内蒙古发展的金三角地区是呼和浩特、包头和鄂尔多斯，鄂尔多斯后来成为中国最重要的能源基地。直到现在我们提的这些战略依然在内蒙古发挥作用，这说明我们确定的战略和我们看内蒙古经济发展的眼光所决定的方向是对的，可以说我们用知识造福了两代人。

人大有很多人搞了很多研究对全国都有影响，比如包产到户的研究。但是我们七八个人大的同学，集中在一个省里，对一个少数民族地区的经济发展产生影响，这是空前的。

我们当时有两个研究特别重要。一个是关于中国西部的研究，研究的是中国 11 个少数民族和落后地区的发展问题和制度改革问题。另外一个就是劳动股份制的研究，也就是让员工持股，这个思想在我后来的人生道路中扮演着很重要的角色。

1985 年，因为工作干得好，我领导的内蒙古党委政研室的战略处被评为“全国新长征突击队”，就是全国劳模。中组部部长当时表扬了 3 个好干部，其中有一个是我。

到了 1987 年，当时的中央领导觉得我工作很好，就把我调到北京体改所，做西部中心的主任，从事西部问题研究。调到体改所的第一件事就是去贵州，对贵州的乡镇企业问题做调查。那个时候省领导对我这样一个三十出头的年轻人非常重视，礼贤下士，我跟着他出差，讨论很多问题。因为我们经历过挨饿受冻的日子，所以我们知道老百姓要什么。因此在很多地方，比方说在内蒙古，当时制定中小企业发展的改革原则的时候，我们就特别提出了私营企业和股份制，让大家出钱，大家办公司。

我 1985 年就做到了正处，1987 年就调到了国家体改委研究所。我刚到体改所，就被破格评上了副研究员，相当于副教授。但其实那个时候我已经萌生了改行的想法。

◎ 创立慧聪公司，市场化学术成果

1990 年，由于种种原因我“下海”经商，一开始是承包国营企业，后来于 1992 年创办了自己的公司。

“下海”之前我出了很多书，20 世纪 80 年代的时候出书那得有真本事，我之所以能破格评副研级，和我写了很多重要的专著和论文也有关系。后来不出书了，我就把我关于“所有制与股份制”的成果整理成一个册子，油印了 100 份。书里讲的是劳动股份制的理论，讲让员工持有公司的股份，其实那是一个新的开始。后来 1992

年我成立慧聪公司，就是用这个理论来做的。当时我把公司 70% 的利润分给员工，叫劳动分红，股东只拿 30%，这样劳资没有矛盾，而且这个制度在不断地细化。慧聪公司刚成立的时候，只有十几个人，到 1999 年，已经有 1 000 多名员工。

我是人大学生里做生意成功很早的人，当时“慧聪商情”在中关村、全国首屈一指。当时在中关村做商情的有很多人，但只有我们把纸上的 B2B 变成了互联网的 B2B，做大做强变成了上市公司。

慧聪网的生意是基于市场化理论的研究，是体制改革转化为学术成果的实践。最初价格是被国家控制的，当价格放开之后，有形的手没了，就得靠市场无形的手。我出来创业的时候，正好是国家把家电、计算机这些产品的价格放开的时候，政府不管了，这就产生大量的市场混乱，出现了很多消费者被哄骗的情况。我当时就做了“慧聪商情”，又叫商情报价。我到中关村各个店一转，统计同一件商品在每家卖多少钱，把卖得最便宜的一家放在报价的最前头。在中国我是第一个干这件事的，报社都不知道是怎么回事。最开始我找报社要一个版面放我们的报价条，开始时，报社还付给我们稿费，后来视为广告，开始向我们收费。

我们在街上发商情，消费者看到低价，就去找低价出售的商家。其实这就是现在互联网上的竞价，只不过当时我是用纸媒体竞价，但思想逻辑是一样的。

当时我们很快就把中关村所有的 IT 产品的价格打到了谷底，使得不管在全中国什么地方生产的 IT 产品，在中关村卖的是最便宜的。中关村就成了中国 IT 产品的集散地。谁创造了中关村这个大市场？不是联想，也不是四通，是商情报价。

经济学定义好的市场有两个条件，一个是没有垄断，一个是没有信息阻滞，信息阻滞实际上最后也会造成垄断。商情报价在当时平抑了中国物价，使市场没有信息阻滞。这就是当时最低报价的学术原理。

当时这件事在学术上确实是一个发明，但是其实并不需要学术积累，只要知道背后的道理就行了。而今天的共享制，一般人想学已经很难了，因为里头有很多的方法和细节。

慧聪网是一步步发展起来的。直到上市我没有贷过款，没有依靠过资本的推力。我拿了IDG的风投，但慧聪网上市前，IDG的风投还在银行里存着。我从来没有把企业自己的命运交给资本，全靠能力，这是最重要的。当然，这些想法可能比较陈旧，但是我觉得将来能够真正成熟活下来的企业，依靠的一定是自身的能力。一个依靠资金去推动的公司离开了资金，就无法存活。一个靠知识去推动的公司，离开了谁，都有它的精气神。

后来做公司我一直坚持采用劳动股份制，我认为这是一种制度创新。我们公司上市的时候，有126个员工成为百万富翁。从这个意义上讲，我创造了中国第一个老板与员工共享的企业。

企业传承是非常重要的。第一代人将慧聪公司做到上市，将十几亿市值做到近百亿。现在我将慧聪公司传到了下一代，他们在做什么我根本不管，他们征求我的意见，我都同意，都支持他们做，但是明确地跟他们说对和错都是他们负责。

◎ 创办慧聪书院，研究与推广共享制

放弃上市公司的管理转头去做学问，源于朋友一番话的启发。有一次我在北大讲课讲到劳动股份制，张维迎说："老郭呀，你讲的这个事，如果你不在了就没了，这个只是一个善良美好的心愿。如果你的事儿，在你不在的时候，很多人跟你学并且成功了，就是了不起的制度革命。"受他启发，我开始从制度革命的角度上考虑我在慧聪的制度创新，那就是干活的人拿大头，投钱的人拿小头。现在风险投资已经承认这一点了，但当时的传统企业，甚至今天的传统企业还少有这样做的。

我想了很长时间，决定退出上市公司的经营，静下心来研究劳动股份制。研究这套制度的同时，我在钓鱼台国宾馆开了"共

享制股权激励方案班”的课，已经讲了10年，共74期，每期都来几百人。

我们是真正用知识去创造利润的人。除了收取学费，我们给企业进行共享制的制度设计，通常一个项目收费上百万。这些企业通过改制，利润可以翻十倍。

代理制和共享制是完全不同的。代理制，就是经营权与所有权分离，利润归老板，工资归员工。共享制是劳动和知识为先，干活的人拿大头，出钱的人拿小头。这是两种完全不同的制度，前者是工业化社会的资本经济制度，后者是信息社会的经济制度。我做这项研究前后几十年了，现在我觉得将来会流行一句话，孙中山说过“耕者有其田”，还有一句话叫“商者有其股”，是我说的。我认为这两句话里后者比前者还重要，因为它在解决社会发展的现实问题，解决方法就是“商者有其股”。农家无地农不稳，商者无股也不能稳。让商者有股的途径，就是不光让有钱的人有股份，得让有能力的人也有股份。“商者有其股”，这个制度叫共享制，要通过共享制的股权激励来解决。它跟上市公司的合规的股改是不一样的，分股的时候，一般的公司都是银股，但是我们的股改有身股，而且身股为大，身股在先。

知识是有价值也有力量的。学校里讲代理制，讲经营权与所有权分离，我们讲经营权与所有权合一，这两者是完全不同的。学校讲股东利益最大化，我们讲企业利益最大化，这也是完全不同的两套逻辑。我觉得这套逻辑的理论体系是非常重要的。

经济与管理类的知识要看是不是给社会带来财富。一个大学，如果没有了知识的创新，这是最可怕的。如果去看一看我们的会议、授课的现场，就会了解什么叫知识创造财富。在慧聪公司上市以后，我有两句话，叫作“让知识拥有财富，用学习改变人生。”我觉得这两句话对于年轻人的成长特别重要。

我们实践了共享制，有大量的企业成功案例。慧聪书院是做学问的地方，而我们的指导老师是帮企业做项目的，帮助企业实现更高的利润。

用劳动股份制失败的，原因在人而不在理论。我们的劳动股份制，跟资本论的方向、官方经济课的方向同向的，是合理的。失败的原因还是在执行者身上，一类是能力不够，另一类是他们只会抱怨，不想着做事情。

我现在的主业就是劳动股份制股的研究，我一定要把它做好。英国工业革命以后，公司采用的就是代理制，这个制度在人类社会已经实行两三百年了，人们只认为私人财产神圣不可侵犯，但是私人财产是什么？应该有一个新的定义。神圣不可侵犯在哪？应该有一个新的定义。难道工业革命到今天这个时代，财富分配规则就不改了吗？所以，我认为共享制非常重要，我会一直努力推进下去。

◎ 抓住历史机会，寄身学术研究

我在77、78级人大校友中肯定是“另类”。开始从政，转作公司，公司上市后改作学问，我觉得这是历史给予的机会。我的成功，也是因为摸到了历史进步的脉搏。

慧聪书院的规则之一就是面向真理做学问。我觉得这样很踏实，也很有意义，也希望更多的人加入进来。

郭凡生自述，本次采访时间为2018年11月5日，由中国人民大学校友工作办公室负责采访，由2017级财政金融学院本科生李锦璇录音及文字整理。

采访 / 孟繁颖　刘芳　　文字 / 李锦璇

郭嗣平

|人物简介| 上海人

1953 年生，1978—1982 年就读于中国人民大学档案系档案学专业，获学士学位，1982 年毕业分配到国家档案局工作。历任法规处副处长、法规处处长，政策法规研究司副司长，政策法规司司长。国家档案局和中央档案馆新闻发言人。

◎ 难忘学习生活

如果没有改革开放，我是没有机会读大学的。

我 1953 年出生于上海，1969 年响应号召在黑龙江下乡插队，下乡插队期间有幸在大兴安岭师范学校学习了一年，后来被分配到黑龙江省呼玛县第二中学，任高中政治老师。当时学校里有很多老师在“文化大革命”以前都是大学生，我就有机会经常向他们请教。在他们的帮助下，我利用课余时间将初中高中的课程基本都自学了。1978 年改革开放后恢复高考，我考到了中国人民大学。

我小时候在上海的生活条件相对很好。但是到了农村以后，生活就变得异常艰苦。正因为在边疆的生活经历，所以考取人大后的我，对什么都觉得非常满足。我当时认为，好不容易能够安安心心学习了，能回到大城市跟同学们一起住宿舍，这真可以说是太幸福了。但是现在回想起来，人大当时的各种条件也不是很好：住宿和教室都很挤，吃饭的食堂不仅远而且小，里面甚至没有一把椅子，学生很多，大家就只好站着吃饭。阅览室也很小，同学们每天除了上课，最重要的任务就是去阅览室占座。可即便是那样的条件，我们当时依然觉得很好。

当年读书时，人民大学浓厚的学习氛围特别让人难忘。无论老师还是同学，大家都非常努力，每天在校园里都能看到手捧书本刻苦学习的同学。那时候，人大刚恢复建校，老师们都是从四面八方过来的，有的是回到了原来的工作岗位，有的是从别的学校调来的，还有的是其他学校的老师过来兼课。我们都很珍惜来之不易的学习机会。那时候没有选课制度，大家对学校的课程设置一无所知，只知道安排什么课就好好地学，拼命地学，把所有时间都用来学习。

老师们的敬业精神以及对我们的引导，都留给我们很深的印象。记得有一次上政治经济学课，老师就设置了一堂讨论课，针对上课的内容，给同学们出了几道题，让大家准备，然后发言。老师来了之后，全班同学没一个人主动发言，好像不太知道这种场合应该怎么说话。因为无人发言，于是老师说："谁是你们支部书记？"然后我就站起来了。"你来回答。"说实话，当时我一下就懵了。但我的记忆力很好，于是我按照对老师这堂课的记忆，把老师课堂教学的内容复述了一遍。老师又说："谁是组织委员？"组织委员站起来，就按照她自己的想法，归纳了几条讲了讲。之后老师就开始点评。老师讽刺我："这个支部书记除了会背书没有一点自己的思考……"我顿时颜面扫地，全班同学就这么看着我。这件事让我难过了一个礼拜，我一直想老师为什么要这样挖苦我？后来，我终于明白老师是不希望学生复述他的教案内容，他要你有自己的观点，哪怕一点点。从那以后，我就知道了读书单纯记忆是不行的，你得把老师讲的东西变成自己的东西，哪怕你说错了，老师也会跟你讨论。这件事让我印象特别深刻，虽然当时觉得自己很委屈，带头发言还被损。但是后来对我帮助很大，因为我懂得了独立思考，融会贯通。是老师从另一个角度直截了当地指出了我的弊病在哪里，所以我才可能改进我的学习方法。我每天睡觉之前躺在床上要把老师讲的课在脑子里过一遍，反复问自己："我明白了吗？我懂了吗？"如果不懂，在老师的答疑时间，我就去问问老师。后来我以全优的成绩毕业，与老师的帮助是有很大关系的。

当时的教学实践课也给我留下了很深的印象。我学的是档案保护技术专业。老师带我们去中国第一历史档案馆、中国第二历史档案馆开展实践活动，让我们在档案馆里做最基础的工作。我们要负责库房的温度、湿度，查看档案是否有霉变或蛀虫，还要分析研究档案害虫的分类，霉菌的分类等等。那些教学实践与我们课堂上所学的书本知识结合得特别紧密，因此同学们都特别自信，觉得自己毕业后是能够胜任相关工作的。这份自信对我们之后参加工作具有很大的鼓励作用。

我后来毕业被分配到国家档案局工作。我 30 多年没换过工作单位。我不是学法律的，但是我做的工作却与法律相关。最开始负责部分中央机关的档案室业务指导，后来就负责档案方面的法律法规，档案行业标准等起草以及违法案件的查处。在人大读书期间学会的“要独立思考，要融会贯通”对我后来工作帮助很大。我很感谢老师们对我们学习能力培养的注重。这很了不起。

至今为止，记忆最深刻的应该是我们 78 级当年的罢课了。现在回过头来看，我们当时的这种热情，也是有得有失。所谓的失就是停了几天课，把应该学习的时间浪费了。所谓的得，就是通过那一次罢课引起了上级的重视，加快了二炮退还校舍的速度，我们把教室要回来了，把校舍要回来了。客观地看，我觉得我们人大的学生尤其是我们 78 级的，都挺了不起的。我们罢课的时候，游行都很理性，没有出格的事情！当把意见反映了之后就有秩序地回到学校，有秩序地恢复上课。所以这个事情现在来看，我们那批学生还是头脑很清楚的，很珍惜改革开放给我们带来的学习机会，我们不愿意破坏这种局面，但我们希望更好。罢课的事到现在我们偶尔聚会还会议论，大家都是各有各的看法。这件事情使我后来在工作中比较善于从多方面、多角度地去看问题，而不是非白即黑，遇事常常会想是否还有第三种方法，能让问题得到妥善的解决。

◎ 点滴师生情谊浓

当年读大学的时候，很多老师都对我们很好。有一个教化学的女老师，我们现在都还是好朋友。她讲课的那种投入与热情很容易地就带动了所有同学。其实我不是很喜欢化学，总觉得没基础，将来也不一定能用得上。但是，这位老师每次讲课都非常投入有激情，尽心尽力地教。结果，我们小专业的同学，最后都学得很好。这位老师在档案保护方面也帮我们国家档案局做了不少研究工作，也参加了档案界不少重大的活动，令人十分钦佩。

那时候的人大老师都很棒，包括班主任，同学们有任何事情他们都很关心。逢年过节，会把外地的同学们都组织起来，给大家做吃的。有一次端午节，居然给全班同学每人煮一个茶叶蛋，让我们都特别感动，老师们实在是太好了！那时候老师跟学生就是这么亲。

人大的老师都很务实很低调。例如：我们原来的系主任吴宝康老师，他是个老革命家。直到他去世，待遇都是很差的，级别很低，生活非常简朴，但老师从来没有给我们流露出来过一丝不满。他有资格来教训你来管理你，他有资格来享受更好的待遇，但他却都没有。他的行事方式非常低调，从来不宣传自己。他对个人的名利从来没有追求，他不在乎别人怎么评价他，不在乎组织上是不是亏待了他，一辈子勤勤恳恳，只希望做好自己的事，带好自己的学生。吴老师外在儒雅，内赋才华，是一位非常了不起的老师。我们有很多很优秀的同学，在中央国家机关身居要位，每次在会议上碰到沟通的时候没有一个人刻意地显摆自己的。用老百姓的话说就是不得瑟，不炫耀。他们都是有才华的人，都是认认真真在做实事的人，我觉得这种低调的品质是人大学子的优秀品质。这样的低调会影响很多人跟着他去务实、去做事，哪怕做好这件事，别人把你忘了也没关系。因为我们是人大的学生，我们把这件事做成就足够了。

我对班上的同学印象都很深刻，他们后来也都发展得特别好。无论是做生意的，还是在中央国家机关的，无论是在军队的，还是分到省里的，每个同学都在自己的岗位上努力工作，积极奉献。我们班没有一个同学被双规，没有一个同学违反政治纪律，这很了不起。所以应该说每个同学都有他的过人之处，都给我留下很深刻的印象，可以说我们班集体还是非常优秀的。

◎ 走出校门，不忘自己是人大人

从自己的工作经历来看，人大赋予了我一些非常好的品质：一个是坚持原则，一个是主持正义，还有一个就是低调。我在我们这个行业里坚持原则是出了名的。为了工作，我甚至可以不惜得罪领导，哪怕是领导圈阅的事，我也会毫无顾忌地发表不同意见，希望领导能够修正一些欠妥的提案，为此常常会在会议桌上让领导下不了台。因为我们法规司负责国家档案局所有出台文件的最后审查，在这个岗位上，我的工作性质就决定了如果我不能坚持原则，那么法治就无从谈起。这一辈子工作干到退休，很多朋友就跟我讲，说如果你稍微柔软一些，你可能会走得更远。我说我已经很知足了，无论在哪个岗位，我没有违背自己良心，我没有违背我的职业道德。很多我曾经得罪过的领导，他们也都是高素质的人，后来也明白我是为了工作才“跟他们对着干”的，我不是冲着谁跟谁有什么过不去。因为这件事是违反原则的，是违反宪法精神的，所以不管谁签了字，我都不能让它审查过关。我是政策法规研究司的司长，所有的政策性文件要是不从严把关，就会和上位法抵触，影响就会很坏。从我这儿出口，我不同意就出不去，我讲道理，讲宪法第几条是怎么规定的。如果各个单位的部门利益会让你忘记了人民的利益，这是很不好的事情。我在人大受到的教育，人大培养我的这种品质让我觉得不能那样做。虽然国家民主法治进程推进起来确实很困难，但毕竟还是往前走，而且走得还很扎实。我认为这些成果与其他部门中很多跟我一样的人有很大关系，这一点我很感谢我的大学。

如果让我现在以退休后的心态来回想我工作以后取得的成绩，可能以下这些才是我所认为的“成绩”。第一，我坚持了我的职业操守。第二，我尽我的百分百努力去完成组织交给我的工作。第三，我把我的团队带领得很好。我比较注重对年轻人的培养，这跟国家档案局的领导班子和党组织都有关系，我只是落实到行动上。从我个人角度来讲，我比较注重给年轻人创造机会学习，给他们创造机会锻炼，所以我手下那些年轻人都很优秀——有输送到中央纪委的，有调任中办纪检办公室当主任的，还有出去当律师的，还有走向别的部门领导岗位的……有同志也问我，说你好不容易培养的人，你干吗都放他们走。我说他们都是有才华的年轻人，应该到更大的舞台去展示自己。这些年轻人现在一有时间都会回来看望我，我们彼此的交流很顺畅。我觉得个人立功不立功说明不了什么，即便你再能干，那也是你一个人的事，把团队带好了，这才是真正的成绩。

我在农村时曾经是一个矮矮小小的女孩，连看生产队长都要仰着脖子，觉得他们都高高在上。所以在我离开农村之后，当老师也好，到人大读书也好，到机关工作当领导也好，我始终提醒自己别忘记自己就是农村那个小小的女孩，一定要谦和接地气。我个人没什么大本事，只是运气比当年一起插队的同学好一些而已。

◎ 人生没有低谷，只有经历

我从来没有一个人落单过。1969 年下乡，一百多个知青到一个生产队，没有房子就自己盖房子，种地很辛苦，也没有什么吃的——没有油没有菜，冬天特别冷，把耳朵、脚趾都冻坏了，到现在还留下病根儿。但是我并不觉得有什么不好的，因为大家都一样的艰苦。我们非常努力地干活，想着不管做什么都要尽心尽力地做。其实，当时也不知道什么是前途，什么是事业，什么都不知道，就知道应该好好干活。后来，可能是因为我踏实努力，生产队把我推荐出去读师范学校。到了师范学校，我想着那就开始好好读书，我也很努力，所以成绩很好。一些读过高中的毕业生被分配到小学当老师，而我当时就是小学毕业，竟然把我分到中学教高中，所以说运气好。到了学校之后，老师们对我也好，学生对我也好，我就特别感激特别努力地跟着学生一起上课。前一天晚上把自己的课备好，第二天到课堂上现学现卖，真真正正是锻炼了自己。我内心始终觉得只要能够好好工作，就很知足了。后来赶上机会上大学，在大学也有这么好的老师，这么好的同学，读完以后分到国家机关，在档案部门最高的领导机关，我就觉得我的运气那么好，我更应该好好学习，好好工作，不敢有半点懈怠。

这一辈子就这么过来了，好像没有觉得自己有过不去的坎。个人待遇，个人的进步可能会有这样那样的挫折。但是对于我来说，我从来没把这些挫折放在心上。比如说，领导跟我谈话说要把我提拔到什么岗位，可是等出差回来就变了，别人都觉得这会儿可能可以看郭嗣平的好戏了，她肯定得撂挑子，可是他们谁都看不出我有任何表情。实际上我也难过了一个小时，我觉得这么大事你应该找我谈谈。为什么没人跟我谈过？但是我想到我的工作还需要我，这些事情不能影响我，我得给年轻的同志们树立榜样。我们不是为了当官，我们得把工作做好。有人跟我说，你真了不起，我服你了。我觉得无所谓，这些都是身外之物。我有那么多插队知青的同伴返城以后生活在社会最底层，相比较而言，我非常知足了，我不比他们聪明，我只是运气好。我认为这一生没有过不去的坎，我跟我的孩子也这么说，你要相信，没有过不去的坎。只有拥有这样的信念，你才能让自己始终保持自信，然后充满信心地去完成你应该做的事情。相反，如果你觉得自己被打败了，你哭你闹，这些都没有任何帮助。况且最后你会明白，那些你当时在意的其实都是身外之物。也许刚从上海到农村插队的时候，有一种从天上掉下来的感觉，砸得很疼，但是在农村学会了很多本事，比如说会照顾自己了，会做饭了，会洗衣服、会缝衣服了等等，一路走过来学会了很多，这不叫低谷，这是一段难得的经历。

◎ 人生没有过不去的坎

我父亲在“文化大革命”的时候跟我说过一句话，在我内心就像一颗种子似的生根发芽。在“文化大革命”中，他们都受到了不公正待遇，我父亲告诉我：“你要记住，人在做，天在看。不管别人怎么说，你是一个什么样的人，大家心里是清楚的。”特别是在特殊时期，有的人会为了保护自己而人云亦云，会把莫须有的东西强加在你的身上。幸运的是，我父亲很坚强，他始终坚信，大多数人是明白的，只是没有合适的机会表达。当时在农村有些人就觉得我父亲有问题，所以入团也不让我入，武装民兵也不让我当，但是活我得去干。大家都很累，那也得去挑水。队长在大家都干，队长一走，他们就偷懒。可是我真的不会偷懒，我就相信人在做天在看，所以，最后被生产队推荐去读书。实际上我根本都没想到我能去读书，那么多知青怎么可能轮到我？而且当时我不在生产队，我在山里修路。

当队长派人骑马来告诉我“郭子回队里收拾行李读书去吧!”我说:“不可能啊!”他说:“老乡们一致推选你去读,只有一个名额。”我真的觉得这就是天上掉下来的馅饼,真的。所以我特别相信我父亲说的这句话,人在做天在看。它是迷信吗?不是,它是一种信念。就是做人要实实在在,要遵从自己的内心,你可能受了一点苦,受了一些委屈,但这都是一种历练。这些信念对人很有帮助,一直到现在对我都有很大影响。

我的丈夫是一个非常优秀的男人,可是他得了癌症。我照顾了他两年零四个月,确诊的时候已经是晚期了。从查出生病到去世我都陪伴着他照顾着他。直到最后,无能为力。所有的家人、朋友都觉得我过不去这个坎,因为我们俩的感情实在是太好了,我们相濡以沫了大半辈子。身边的亲戚朋友都觉得我很难撑过去,都跑来看我,怕我会垮掉。但是我心里想,没有过不去的坎,我还有儿子,还有儿媳妇,我有那么多关心我的家人和朋友,我不能给他们添任何麻烦,我得让他们看到我坚强的一面。所以我很快就调整了过来,并不是说我忘了他,而是我相信他在天堂看着,我在做,他在看,我要让他看到我还是过去那个坚强的人。没有过不去的坎,这句话可能书上也会写,大家都在学,可是真的能融到自己血液里的还是自己认准的一种信念。在“文化大革命”特殊时期长大,我的父辈们的经历,包括我后来的经历,都让这颗种子一直在我心里生根发芽。直到现在,我的朋友们有时遇到困难,我也总跟他们讲,不要想太多,没有过不去的坎,终归会有办法的。我说不出什么好听的大道理来,但这确实是一直陪伴着我的一种信念,没有变。

◎ 校友寄语

我很留恋我读书时那种人大的氛围,朴素,单纯,好学。我相信人大会越来越好,这是任何人都没有办法阻挡的。

对学弟学妹,我想说的是要严谨,要踏实。读书、学习、做学问必须要严谨,要踏实,不然就修炼不好内功,无法获得大的发展。

我们心存远大，但这个远大只是一个目标，也许你这一辈子都达不到这个目标，但一定要很踏实地、一步一步地去做，去完成。如果能够用词汇来表述我的愿望，那就是还要修炼内功，有本事的人不论在哪都会发挥自己的作用。人这一生很短暂，如果没有点真才实学，愧对自己的人生。所以，不要害怕前途不明，也不要好高骛远急于求成，做一件事成一件事，做一件事是一件事，做学问亦是如此。在学校期间大家就应该培养这种精神。认真做事，踏实做人。

最后祝同学们学业有成，前途似锦！

郭嗣平自述，本次采访时间为2018年8月3日，由中国人民大学法学院诉讼法研究生张晨曦负责采访、录音及文字整理工作。

采写 / 张晨曦　　编辑 / 李宣谊

梅兴保

|人物简介| 湖南岳阳人

1949年生，1978—1982年就读于中国人民大学农业经济系农业经济管理专业，获学士学位。曾任湖南省张家界市人民政府副市长，湖南省经贸委副主任，中共中央办公厅调研室科教组组长，中央金融工委办公厅主任，中国银监会宣传部部长，中国东方资产管理公司总裁，十一届、十二届全国政协委员，中国银行监事，北京农商行独立董事。

◎ 机会总是留给有准备的人

我的家乡在湖南岳阳市下面的一个县，与湖北交界，既在长江边上也在京珠高速附近，交通很方便。入学之前我是在人民公社，就是现在的乡镇里当秘书。当秘书之前是在电影公司放电影，放电影之前我在农村当民办教师。农村民办教师是农民身份，我家里都是农民，教过一年半书，教小学高年级到初中。后来我从放电影的地方被县里抽调到公社去当一年的秘书，做一些农村的调研工作。当时是借公社的地方报考的人民大学，参加了1978年的高考。

1977年恢复高考，语文、政治考题非常适合我们这些有一点基础又有实践经验的人。那年高考百分制，作文40分，是缩写一篇文章，两三千字的文章缩到800字，观点要保留。这个正好是我当秘书干的事，所以我作文基本上接近满分——38分。我文笔基础比较好，要不然也当不了秘书，没有当秘书的经验后来高考也不可能取得好成绩，因此这些经历是连贯的，机会是留给有准备的人的。

◎ 选择人大，无怨无悔

因为我当时是在公社当秘书，接触的是农村工作，在农村搞过调研，当时的工作就是一天到晚在村里记工分、搞核算、研究自留地怎么弄，所以比较熟悉农业经济问题，同时也感觉自己考得比较好，在报考中就选择了人民大学的农业经济管理专业，当时这个专业别的顶尖学校好像还没有。

◎ 毕生难忘的大学生活

我们当时上学，人民大学刚复校只有半年左右的时间，77级招了一部分学生，我们78级等于是全面复校，那时候学校的环境比较凌乱。

人民大学不像北大，还有一些师范类大学，它们在“文化大革命”期间招工农兵大学生，有现成的一套师资和工农兵学员，但是人民大学是在“文化大革命”结束后复校的，老师们从全国各下放地回来教课，我们复校和恢复高考几乎是同时的，这样的话就会凌乱一些。虽然乱，但是学校很有活力，老师也非常认真负责。当时部队占用了学校的教学楼和图书馆，比较主要的和好的设施都被部队占了，当然这是一个历史的过程，后来他们很快地搬迁了。但是我们来的时候部队还在继续用着，因为有些部队里的设施不能立马搬走，所以当时有着军人、学生和老师同在校园里的情况。

在人民大学就读期间令我怀念和记忆深刻的事情有很多。

第一就是“上大课”。当时的公共课是在八百人大教室里上，令我怀念的是当时的顶尖教授依然坚持在课堂上讲课。当时有胡华、于学儒、胡军、宁玉山这些老师，在大课堂上讲政治经济学，讲党史，讲哲学等等，这些课使我们受益终生。这些优秀的老师们教学经验丰富，所以他们一站在讲台上，便语惊四座，我们听起来十分享受。当时不觉得怎么样，也就是上课，可是越是到后来，越觉得听这样的教授讲课是难得的机会，很怀念，现在这么资深的教授给本科生讲大课的情况很少了。我也希望现在的大教授也应该给本科生上课。

第二就是学生的刻苦学习精神非常令人怀念。当时大家在阅览室读书，都去轮流地抢座、占座，没有地方的话就在宿舍、教室学习，有时候到了熄灯的时间，撵都撵不走。当然这种情况现在的学生也有，但是当时是比较普遍。

第三就是学校、老师、后勤医疗、教学管理的各个环节，为学生服务的精神现在也感到非常怀念。比如说，快期中或期末考试的时候，大家都在阅览室、图书馆里复习，学校晚上都有医务人员背着药箱在阅览室和教室里转，看着有学生低着头想问题，医生还会摸一下是不是发烧了，这种校医服务学生的情况现在可能没有了。现在大多都是生病了去排队拿药，而那个时候是校医背着药箱到阅览室、图书馆来巡查，看学生是不是头晕，是否需要吃药，这个情景很令人难忘。

冬天来临，学校里的暖气设备大多都很陈旧。虽然图书馆的周围有一点点暖气，但是效果并不好。那时候主要靠壁炉来取暖，壁炉将近有半人多高，管子从中间伸到外面去，服务人员搭着凳子架焦炭。大家的袜子，湿的手巾，都会搭在壁炉上烤。至于到了夏天，更是什么也没有，没有电扇，自己拿着扇子扇。除了计算机房有空调以外，其他地方全都没有空调。我记得后来图书馆好像有些地方有电扇，但是其他地方都没有。

当时我们同学会到老师家里像走亲戚一样去请教问题，我后来的博士生导师叫严瑞珍，他和他的妻子都是教农业经济的，当时他和同学们打成一片，关系很融洽，直到现在我们还一直保持着联系。

令我印象特别深的还有我们的班主任解红老师，当时她和我们一起学习，是我们的辅导员，做我们的思想政治工作。毕业以后一直到现在，几十年我们都有联系，她也会经常和我们聚会。比如哪位同学从境外回来了，就一起坐一坐，聊聊个人的家庭、工作、学习情况；哪位同学提升了，也坐一坐；哪位同学遇到困难了，我们一起合计着搞些资助；哪位同学住院了，解老师组织大家慷慨解囊。我觉得毕业之后还能和同学、班主任有着这么和谐、团结的关系，真的十分难得。

除了这些优秀的老师，当时我们同学之间的感情都很融洽，平常会互相学习，互相交流。最难忘的情节是我们从二年级开始搞一些郊外的实习，还有毕业之前也会进行调研。像我们农业经济系的同学当时就去了怀柔的山区，到山里的农村去调研。当时分班分走了一批人去写文章，比如写林业的问题、农业的问题、农户的家庭经营的问题。

我们就住在农户的家里，过几天到人民公社那里吃一餐，碰个头。留下的人到公社住两天，其他人都回到农户家里住。那些农户的老大妈给我们做烙饼吃，虽然我们也没多少钱给她们，她们依然对我们很热情，像这样的经历都非常难忘。像“喇叭沟”“黄坎”这些地方，虽然十几年没有去过了，但我还记得这些地名。怀柔的乡镇我们大部分都走遍了，那种学习，那种实打实的调研，令我很难忘。

还记得新闻系的同学是到处去采访，我们是到农户家里去研究农业经济问题，调查农村的结构调整，帮他们算账，教他们怎样种果树、种蔬菜，合算价格等，这些记忆都很深刻。

◎ 毕业后的我们

毕业以后本来我是可以留在北京的，但是由于当时我已经结婚了，这也是 77、78 级学生特有的现象，就是很多年龄大的人都已经结婚了，当时也允许结了婚的人参加高考，所以这种情况使我留在北京的意愿不强，回到家乡去工作的动力比较足。另外还考虑到安排进京的户口、安排家属工作几乎是不太可能的，所以就回到了家乡。

毕业后我被分配到了家乡的省委政策研究室，负责写材料。省委政策研究室是省委机关，里面只有一个处搞农业调研，其他都和农业没关系。一开始写、收集研究材料还以农业为主，后来就根据工作需要逐渐研究别的东西了，比如第三产业结构、国有企业改革、国家体制等等问题，当然我自己还一直找机会搞些农业方面的调研。这些都得益于在人民大学学的一些经济方面的知识，再加上上学时的实践经历，都为我打下了很好的基础。

那时候在省委机关大院里工作，经常跟着省委领导下乡，所以那些年的进步很大。我在省委政策研究室 6 年时间，从 1982 年去到 1988 年离开，6 年时间里提了 4 级，到第 7 年时到了副局级，可以说大学毕业后七八年内是我进步最快的时间。后来到张家界工作，也很顺利。

到张家界当常务副市长之后，我说我是学农业经济的，要求分管农业，但是书记和市长看我学历比较高，说农业有人管，你别管这个。当时普遍认为农业很容易并注重实践，哪个书记、县长提上了副市长都可以管农业，于是，就让我管计划、劳动、人事、旅游、对外招商，协助修公路、修飞机场等等。整天想着改善交通，搞服务设施这些事，这样我与农业就渐行渐远了，钻研了其他多个领域的知识。我调回省里时，跟领导说想去农业部门工作，但领导派我去管经贸。后来调到北京中央办公厅，和农业也没关系，再后来到中央金融工委、银监会和东方公司工作，离农业就更远了。

在人大的几年学习经历对我之后的人生有很多积极的影响。一是学习到的理论基础比较扎实；二是我学到了观察社会，看待、分析问题的方法；三是再学习的能力，这些都非常重要。

大学本科、硕士研究的东西，毕业后，如果照搬这些到实际中，就很难找到对口的工作。理工科可能还好一点，比如一个工程的设计，怎么修一个大坝、修一个房子。但是学社会科学、学国学的到社会上遇到的很多是完全不一样的情况。不过不一样也没关系，有了一个观察、学习的方法论，有了再学习的能力就可以。比如说我从事金融工作时，原来农发学院的金融课只有几十个学时，学到的知识并不够用，而且课上学到的东西和我后来搞金融、当一把手也完全不一样，不过我都通过后来的自学，成功搞定了。

越是新东西你们问我我越不怕，为什么呢？因为既然是新东西，那对别人来说也是新的。比如说互联网金融，人民大学的金融学院前些年也没搞过，所以咱们就重新学习。谁认真学习，谁的再学习能力强，谁就成为行家。我觉得这就是在人民大学学习期间打下的基础。我虽然是学农业经济的，但毕业以后从事的工作与农业经济一点关系都没有，但我也能适应，这就依赖于再学习的能力，这在大学里要培养起来。

另外还有观察、学习问题的方法要学会，基础要打牢。因为很多东西都是建立在一个基础上，到社会上就是不同的情况来给你装点、布局，你没有基础的话怎么建设一座房子？怎么在这里种一棵树，在这里放一幅画？这就相当于在一个单位做工作一样，如果基础不行，整个就会垮掉。

我算是很幸运的，69 岁才退休，这个情况比较少见，一般 60 岁退休，工人 55 岁退休。因为我 60 岁多一点的时候被组织上推荐到全国政协任职，当全国政协委员，按照政策来讲的话，全国政协委员在任期间是不退休的。我一共干了两届，在开始那几年我还在当总裁，到了 62 岁以后，就在政协那边干了七八年，在这期间我在全国各地调研。前不久我去办社保的时候发现我的社保缴费年限长达 47 年。我总结自己的人生就是：平安着陆，企业发展，自己和员工都进步了，再者还有家庭幸福。当干部的时候我在很多有权的岗位干过，40 岁的时候就在一个地级市当常务副市长，后来当了公司总裁，管理的资产几千亿，人也有几千上万，一天到晚找你的人也很多，当时既要想事业，也要防风险，还要告诉家人要防范社会上不良的现象，不要被腐蚀，这样才能做到平安着陆，事业有成。另外我感觉到自己的身体还算健康，这些是令我感到满意的地方。很感谢组织，也感谢母校的教育和培养。

人民大学一些纪念活动我作为知名校友也参加了。2008 年的时候，我参加了学校“两会校友母校行”的活动，邀请了全国人大代表、全国政协委员中的人大部分校友回母校。当时正值新图书馆落成，我在那个圆形橱窗里无意中还看到了自己主编的书《关于金融资产管理公司的转型与发展》。后来我主编的几本书也都捐给了图书馆。今年会有一本，明年也还会有一本出版，继续往图书馆捐。今年上半年我也闭门谢客用了大半年时间，又写完了一本书。

◎ 对人民大学学子的寄语

学习上，同学们还是要先把基础的知识学好，不一定一入校就要先联系社会上的热点问题。开始两三年要先把基础打牢，后来几年再抓住社会热点的一些东西，结合基础好好进行学习研究。基础一定要扎实并不断提高、拓宽。未来不一定把工作分得很细，比如说在经济管理部门，有可能是银行，也有可能是机关，不管在什么岗位，都要把宏观微观经济理论，包括马克思主义基本原理等基础理论学扎实。就是说关于基础理论要扎实，碰到什么问题经得起老师连问“三个为什么”，知其然知其所以然。基础打扎实了之后就要学框架——自己所处行业的知识框架要熟悉。怎么学习框架呢？以金融为例，金融业很复杂，里头名堂很多，但是有几大框架：金融的市场体系、金融的机构体系、金融的监管体系、金融的服务体系、后台体系、分工布局体系等。市场体系中有货币市场、理财的资产市场、外汇市场、资金市场、资本市场、债券市场等。机构有证券、保险、信托、银行这几类机构等。我们将其各个支线用树状图画下来。就监管体系而言，一方面是几个分业监管部门，另一方面是行业自律监管、法制方面的监管等，加上其后台——风险控制和法规这些体系，只要框架熟悉，里面的各种变化都在框架之内变化。虽然金融业还有外汇、人民币国际化、国别风险防范等业务，但是只要人民币的汇率、货币市场等了解清楚了，变来变去都还在那个框架里。中学阶段学的基本上都是一些应试的技巧，应付高考。到了人民大学后，经济理论、政治理论、哲学理论、新闻理论、法学理论这些各行各业的知识都要了解。知识要渊博，国内国外的理论都要掌握，即所谓的国际化。掌握了基础之后，到了高年级，还要结合社会热点关注国家的政治时事，大胆创新，提出自己的一些见解。热点问题不学就等于离开了社会。以当前为例，现在的社会热点有很多，比如说农村金融、“一带一路”倡议等。报纸上有很多报道，但是讲的是“然”，你要去分析它的“所以然”。农村现在的热点，如集体建设用地与城市用地的同权同价，农地的定权颁证，土地承包权、用地所有权、用地经营权，即三权分置的改革，一定要跟进，它涉及整个农村承包制的基础和发展机制。就我自己而言，虽然后来没有从事农业相关行业，但是关于农经方面的热点我一直还在跟进，现在记者有时问我有关农经方面的问题，我也会讲到。

另外关于年轻学生在就业和继续深造的问题上，我想说的是，一二年级的时候，不要过多地考虑专业，不过多关注哪些专业有前途、哪些专业不好就业，这个阶段应当适当地沿着自己的兴趣学习。不要过多地考虑今后在哪个单位工作，因为单位不是你能决定的，社会也是在发展变化着的。

而三四年级的同学确实面临着继续上学、出国求学和就业等多种选择。总的来说，除了你自己认为特别理想、能够有把握的工作以外，我的建议还是继续攻读硕士研究生。当然，怎样上硕士也面临着多种选择，比如本院系保研、支教保研、考外校、去国外留学等，就要看看各种选择的把握大小。如果有可能，可以选择更加多元的生活环境，选择更好的地方，创造更好的不一样的学习机会。还有就是我感觉文科出国效果都不太好，希望同学们立足把国内的问题研究好、研究透。不过短期的出国看一看，增长见识是可以的。

另外关于专业和就业的关系问题，我还想再说几点。

就我个人而言，我虽然没有负责过“三农”的事，但是农业经济的情怀仍在。农业理论、基础经济理论、观察问题和认识问题的能力以及一些做人的规矩，这些都是在大学打好的基础，一直影响至今。大学本身就是学习，着眼于提高掌握判断是非、观察社会、分析问题的能力和学习的能力，有这些就够了。大学是构建思维框架，我学农业经济，而工作离开了这个领域，近些年来的政协提案有很多甚至和我的专业背景一点关系也没有。房地产没学过，还有人民币国际化，汇率变化等等，只要掌握了基本的思维框架，就可以去调查研究。所以我们在学习的时候基础理论要打扎实，抓住框架，有了这样的框架意识和理论基础，以后再学什么，无论是金融还是其他内容，都能够学得通，再抓住热点学习就能跟得上。

再有就是处理好就业和再学习的关系，能够扎根基层，慢慢干上来。有条件的在大机关也可以，没有条件的就到别的基层地方去，甚至有的在大机关工作的同学也可以继续去下级锻炼。人文社会科学研究社会问题就必须要借助实践。

以前有学生问过我，“年轻人怎样才能成人、成才，做一个对社会有用的人?”我的回答是这样的：最重要的是做人。这个要做好，大学老师要从一开始就告诉大家做人这个问题非常重要。毛主席说过“做对社会有益的人”。我总结下来，做一个对社会有用的人，就是心中有目标和梦想、性格开朗活泼、为人诚信守规矩有底线、有责任担当四个方面。

第一是有目标和理想，当然梦想有层次，有阶段性。我原来务农时想招工，想当一个好的电影放映员，大学毕业以后想做一个好干部，后来到了企业做一个很好的法人代表。最后事业有成了，希望企业发展、员工进步，达到这样一个梦想就行了。不同阶段不一样，不一定在开始就要设计得非常圆满。有梦想不等于过于理想化，就像有些条件蛮好的人找对象，一直没找着，七八十岁了还单身。这很有可能就是过于理想化，把结婚对象设计得非常理性——模样要什么样的、事业要什么样的、性格要什么样的，最后虽然自己很优秀但由于过于理想化而错失机会。所以给大家的建议是：如果一件事让你犹豫了，就去选择它。引起犹豫就代表这件事、这个人本身还不错，实际上是可以的，达到了你的分数底线，一犹豫可能就错过了。有些对象的条件不值得你犹豫，这个人本身就看不上，错过也不遗憾。

第二是性格要开朗活泼。如果你比较孤僻，就应该去学习、培养自己活泼的性格。我选员工就很看重性格，我到清华、北大和人民大学的部分专业招聘时，有时不问应聘者的专业和学习情况。比如我们单位信息科技部门，管计算机的，很重要的一个部门，曾经有一个北大学生物的毕业生来应聘，我来面试他。我问他为什么不搞生物而来搞计算机，他说对生物不感兴趣，而对计算机有所研究。后来问他家里情况、个人爱好、遇到困难的情况如何克服，他的回答都很有逻辑性。当时我们没有问他计算机业务，就直接批准了。后来事实表明，这个北大学生物的同学比有的重点大学学计算机的同学还要强，因为他有兴趣，一直钻研。其实高考已经筛选过一遍了，能上好大学的基本学习能力都不差，只要他有爱好，只要他性格开朗，他会去学好的，又何须拘泥于那些专业、题目呢。后来有北大、清华学核物理的毕业生来我们单位应聘搞金融，我不考查他金融题目，只要性格开朗外向，我觉得就没问题。

第三，就是诚信做人。讲规矩、讲诚信，实际上就是要有道德、法律底线。

第四，有担当，敢负责。有则新闻上说到某省委书记考核一个干部，让干部回答一个问题，省委书记提出一种思路，干部赶忙附和那种思路也可以，书记又提出一种思路，干部说这种思路更好。没有个人主见，人云亦云。所以，一个人的担当很重要。

梅兴保自述，本次采访时间为2018年8月16日，由中国人民大学2017级本科生王嘉睿负责采访、录音及文字整理，并根据梅兴保校友本人提供的《一位全国政协委员的母校情结和三农情怀》一文中有关内容编辑整理。

采写 / 王嘉睿　　编辑 / 陈亚丹　李宣谊

蒋志刚

|人物简介| 安徽合肥人

1956 年生，1978—1982 年就读于中国人民大学经济学院国民计划经济专业。曾任国家开发银行行务委员、规划局局长、业务发展局局长、广西分行行长等。现任丝路规划研究中心副理事长，丝路产业与金融国际联盟理事长。

◎"文化大革命"期间立志从军，"文化大革命"结束退伍高考

我的父母都是共产党员，父亲是新四军的抗日老战士。我从小耳濡目染，受到爱国主义教育，立志要当一名保家卫国的军人，所以我高中还没有毕业就从军了，也是在部队里度过了18周岁生日。从1974年12月一直到1978年5月，在部队这个大学校里，我经受了非常好的锻炼。同样在部队的这段时间，经历了从狂热的"文化大革命"到拨乱反正的新时代之后，我开始思考国家命运和前途，同时也开始思考自己的前途。但实际上我是很茫然的，看不到自己未来的出路在何方。直到1977年恢复高考，我发现国家的前途命运在这儿，我们这代人的前途命运也在这儿——通过高考，进入大学学习，使自己成为有用之才。由于当时高考与部队规定安排冲突，我选择了退伍，回到合肥参加高考。

我回去准备了不到一个半月就考试了，当时我选的是文科。同你们想象的千军万马过独木桥的高考场景可能不太相同，我高考的经历并没有那么艰难。虽然当时我已经多年没有接受过正规的学校教育，由于以前中学时成绩还不错，在部队也没有放弃毛泽东思想和文化课的学习，所以还是有一定的基础。加之大多数文科考生的短板是数学，而我在数学方面有一定优势，再加上其他科的成绩也比较不错，所以我最后也取得了不错的成绩，这使得我在志愿填报时有了更多的选择。成绩出来以后进行志愿填报，我直接选了重点院校这一栏的第一个院校——中国人民大学。我知道人民大学是我们党创办的第一所新型正规大学，有着光荣的革命传统，而我的家庭本身就是红色家庭，自己又是在部队锻炼过的共产党员，自然对这所学校情有独钟，更喜欢受这样的训诫和教育。选择专业

的时候，出于更好地建设祖国的考虑，我选择了国民经济计划专业。我其实不知道国民经济计划是什么，但是我感觉它一定会对整个国家经济发展发挥重大作用。就这样，我进入了人民大学进行学习。

◎ 大学生活，艰苦却获益匪浅

刚入学的时候，人民大学的环境条件非常艰苦。刚复校时我们的校园是和二炮分享的，二炮为学校腾出了部分宿舍和教室。我们住在红一楼，那个房间很小，放了4张双人床，住8个人，学生们的箱子都塞在床底下。北京籍的同学条件更艰苦，学校是不向他们提供住宿的，他们只能骑自行车上学，每天清早要很早骑车到学校，晚上还要骑车回去。但是后来条件逐渐改善，北京的同学也得以住进宿舍。吃饭的条件也很艰苦，我们的饭堂在西侧，而教室在东侧。那时候我们都买了自行车，骑自行车从东骑到西，到那吃饭，吃完饭再从西边骑回来。每天一放学，就会看到自行车大军，浩浩荡荡地从西边一直往东边走，吃完饭以后再回来，场面还是颇为有趣的。伙食也不太好，由于食物匮乏，粮食都是定量供应的。北京的粮食供应和安徽不大相同，我最初觉得难以适应。北京分米票、面票和粮票，米票只能吃米，面票只能吃面，粮票只能吃杂粮，杂粮就是玉米面的窝窝头。由于是第一次吃窝窝头，对于我这个南方人来说吃起来还是比较痛苦的，但是为了果腹也只能吃下去。1979年新生入校，二炮有很多设施都没有腾出来，食堂地方小，学生只能露天就餐，久而久之学生就有意见了，去找二炮交涉。交涉无果，学生自发地组织到新华门前请愿，这是我大学中非常有意思的一段经历。但从那时候开始，二炮就开始撤出校园了，我们的生活条件也逐步改善了。

当年的教学完全是在摸索中前进的。我们这代学生说幸运也幸运，说不幸也不幸，因为汲取知识和琢磨学问都要靠自己。说幸运是因为这对我们的学习能力是很大的提升；说不幸是因为我们得到的学术上的帮助也比较缺乏，就连教材能给予我们的帮助也是很有限的。当时使用的大都还是“文化大革命”前的教材，然而“文化大革命”使得教育事业停滞了10年，教材急需更新换代。所以复校以后，教学和教材编写工作同时在进行。教材编写还不成熟，遇到不完善的地方，学生就只能到新华书店买参考书来看。让我印象深刻的是《资本论》的阅读，《资本论》的普遍阅读是鼓励研读原著，可是那时候不要说西方经济学了，就是对社会主义政治经济学也是一知半解——我们这代人看到的是“文化大革命”，没有看到过认真地发展经济的样子。我们既缺乏对现实的了解，又缺乏社会经验，老师讲课又讲得少，所以对《资本论》很多内容都难以理解，基本都靠参考书和辅导教材来帮助加深理解。因此，当时泡书店是家常便饭。那时候书店少，不像现在到处都是，我经常顶着风骑着自行车从人民大学到王府井新华书店买书。在当时的教学环境下，尽管各个方面都非常简陋，但是大家的学习精神都非常好。如饥似渴的我们，没有其他的想法，就是拼命地希望在有限的时间里汲取更多的知识。

我们的课程以基础课和国民经济计划的专业课为主，包括：经济学理论、马克思主义政治经济学、马克思主义哲学、马克思主义的科学社会主义、金融学、财政学、高等数学、英语、计划学、计划经济学、价格学、生产力布局等等。除了专业课和基础课之外，还有很重要的一方面就是学校安排的与生产有关的工业、农业、机械制造、电力设备等等基础知识讲座。乍看之下这些好像都和专业学习没有任何关系，也没有了解的必要，但是实践证明这些知识多少先了解一些，工作以后再继续补充这方面的知识，对我们的实践还有未来的工作都是非常有帮助的。当时学校还邀请了很多知名的专家、学者为我们做讲座，在这个方面人民大学一直都领先于其他高校。例如：曾经请了研究西方经济学的老师，他们通过专题讲座的形式，向我们讲授西方经济学。因为那时候西方经济学还是禁区，很多人主观认为西方经济学代表的是西方的思想，是“伪科学”，和社会主义是格格不入的，是不被认可的。但在人民大学就不是这样的，人民大学会有老师给大家讲授这方面的知识。有的讲座还会涉及一些与时事相关、大家都比较关心的话题。这种讲座的形式，一方面它不是作为专门的学科来传授知识，不会遭到人们的激烈反对；另一方面，又开拓了学生的视野，涉猎到了当时大家非常关心的一些话题，是非常开明的办法。我们系还和一些作家一起进行了一场篮球友谊赛。其中一位天津的作家创作了很多关于改革开放的生动的小故事，获奖无数，被邀请到人民大学做讲座。我们就是通过这些活动不断地增长见识，这样毕业进入社会的时候就不会觉得突兀而不知所措。那时候的我们刚刚睁开眼睛看世界，周围没有电视，只有报纸，所以需要不断地通过讲座这种形式将各种各样的信息传递给学生。除了举办讲座之外，学校还会举行一些讨论会。比如有一次讨论的主题就是究竟市场决定价值还是劳动决定价值，西方的理论和马克思理论到底有什么关系。市场决定价值是西方经济学的理论，劳动决定价值是马克思主义的理论，参与讨论的学生已经不会像以往全面否定西方经济学，而是能理性地分析西方经济学理论的可取之处。而通过讨论的形式，学生对教学的参与度也提高了。虽然如今条件不同了，但是我认为这些形式的生命力仍然存在，通过这样的讨论、撞击，年轻人不断地思考，发表自己的观点，这对教学，对提高年轻人的能力都非常重要。

除此之外，学校还安排了两次实践。一次是大二结束以后的中期实践，一次是毕业实践。我的中期实践是去河南郑州做一个有关玩具行业生产的调查，我们去各个工厂了解生产情况、销售情况，最后还写了调查报告。毕业实践时，学校把毕业生分成了若干组，我被分到了中国价格改革这个组，所以我的毕业实践内容就是关于中国价格改革。我们需要到国家物价局实习，同时进行调研，毕业时形成一个调研报告——后来形成了毕业论文。我和另外一个同学合作，他写下半篇，我写上半篇，就这样完成了一篇完整的论文，这篇毕业论文还得到了老师的高度评价。这两次实践是学校硬性规定必须要完成的实践，除此之外，学生也可以自发地展开实践活动。比如有一次暑假的时候，我到我父亲供职的合肥市物资局做了一些有关中国物资体系、物资流通的改革调研。暑假结束返校后，我们班开了一个小型的研讨会，同学们对各自暑期的调研情况进行了交流，连当时学校的副校长都到场听取了我们的心得体会。

我非常感谢人大的计算机课，因为它的内容非常超前。在学校时，我们不仅要了解计算机的原理，还要学会写程序。程序写完后去纸带上打孔，打孔的纸带输到计算机里，计算机根据这个纸带再开始运算。当时的计算机语言非常有意思，叫 Argol 60，直到现在我脑子里还记得特别清楚，虽然现在早就淘汰了。每次写完作业以后都要输入打孔机，打孔机打出来，再放进计算机里，如果计算机根据指令把表格打出来了，就代表通过了；如果不通过，就只能重新修改，再重新放进去。直到现在我都认为当时的自己是非常幸运的，因为人民大学的这些专业的计算机课，真的对我很有帮助。

◎ 抓住机遇，不惧挑战，摆正心态

1982 年毕业后很幸运，我被分配到国家计划委员会工作。这与我的人生规划是比较一致的，因为我们专业就是为培养计划委员会系统的干部而设立的。计划委员会就是现在的改革发展委员会，我们班有五位同学进入了计划委员会，在各个不同的部门工作。

我在计划委员会的综合司工作，当时是最核心的部门，亲历了中国经济从计划经济到中国特色社会主义市场经济的过程。在计划经济开始改革，向市场经济前进的每一步，我都是参与人。当时计划编制是指令性计划，就是每个年度的“人、财、物、产、供、销”，都是由计划来决定的。以后逐步过渡到由市场来决定，从指令性计划走向指导性计划，再走到了预测性计划。它的指标也在不断地变化，现在指令性计划、指令性指标都消失了，新的名字叫约束性指标，当然也包含少量的必须完成的指标。比如“十三五”规划中提出的环保指标和人民生活改善指标，虽然是约束性指标，但实际上也是必须完成的。整个过程实际上我都参与了。我发表了几十篇文章，讨论关于经济形势问题、关于改革的问题、关于宏观调控问题等等。

刚进计委不久，我就意识到有两门技能非常重要。一个是英文，一个是计算机。读书的时候由于条件的限制，我的英语听力和口语水平都比较差，到了计委以后首先开始补习英文。我的日常业余时间，除了加班，就是学习英语，就这样我的英文水平得到了大幅度提升。我在计委一共待了大概 12 年，中间有两年出国学习。1987 年，通过国家有关部门组织的英语考试，我先到意大利学了半年，然后又到了英国学习。当时我这个待遇，在中国可以说是凤毛麟角。去意大利拿的是意大利政府的奖学金，到英国学习拿的是中国政府的奖学金。在英国学习期间，我曾经参加了一次本科生的毕业典礼，典礼上看到了有来自新加坡的父母来参加孩子的毕业典礼。当时我很感慨：在中国一般人出国留学都是政府负担的费用，普通家庭根本负担不起，更不用说父母来参加孩子的毕业典礼了。但我当时就有自信：随着经济增长，下一代中国人也能做到，财富会越来越自由，普通家庭就足以负担留学费用。而看看现在，我们也的确实现了，我儿子出国留学的费用都是自己承担的。完成在英国的学习之后，我面对了一个选择：继续在国外学习深造还是回国工作。当时我已经拿到了美国高校的邀请函，但是怀着建设祖国的热情，我还是毅然决定回国，之后在国家计划委员会一直工作到 1994 年。这是我工作的第一阶段。

1994 年的时候，整个经济体制都在不断地深化改革，特别是金融体制进行了重大改革，商业性金融与政策性金融分离，成立了国家开发银行。在意大利和英国的学习经历使我深深感受到金融世界太丰富了，太有挑战性了。对比之下也发现了问题：在西方，市场经济的主导力量是金融；而在中国，计划经济的实际主导力量是财政，金融体系非常落后。回国以后，金融体制改革的时候，我就希望能抓住机会。我觉得人生要活得精彩，要不断地尝试新事物，去探索未知世界。所以1994年国家开发银行一成立，我就申请调入国家开发银行。政策性金融实际上在中国是从零开始，首先我调入国家开发银行综合计划局，到了综合计划局以后，我创刊了一本杂志，当时叫《政策性金融研究》，现在仍然在，是国家开发银行唯一行刊。创刊词是我写的，里面第一篇文章也是我发的。以后20多年，就在国家开发银行工作，我前前后后在国家开发银行的14个部门工作过，并担任领导职务。

在我的工作中，有一些令我终生难忘的经历，也创造了国家开发银行的许多第一。我们全行有一个扶贫工作领导小组，我是扶贫办公室负责人，负责扶贫工作。我也是贷款评审工作的前期推动者，在贷款评审委员会办公室工作，参与编写了最初的评审规章制度。1995年，国家开发银行组建了在武汉的第一家分行，分管四个省，我是武汉分行的副行长。在武汉分行，我结合工作实践，主持编写了第一部国家开发银行的信贷手册。后来我回到总行，担任了第一家中外合资的产业基金——中瑞合作基金的管理人。基金董事会的董事长是瑞士大使，副董事长是国家开发银行的一位副行长。中瑞合作基金支持了许多瑞士企业到中国来投资。2002年，我去广西分行担任第一任行长。我在广西工作了5年时间，做了大量工作，在许多方面进行了创新和探索的实践。作为一家政策性银行，要坚决贯彻党中央、国务院的各项战略与政策，并且要在创新中落到实处。例如在推动城镇化建设中，我们提出要发挥国家开发银行的融资优势和地方政府的组织优势，加大城市基础设施建设的力度。我们在投融资体制上进行了创新，在省市县组建了政府所有的投资公司，作为投融资的平台，同时将通过审批的各类基建项目打捆，由平台公司统一贷款，包括道路、桥梁、污水处理、自来水等等项目。整个广西的城镇化水平得到了显著的提高，城市面貌有很大改善。西方评价我们国家开发银行的工作让中国城镇化提前了10到15年。我们还与当地政府一起打造了广西东盟博览会，设计了关键的融资方案，提供了充分的资金支持。2011年，我调任总行规划局局长。金融机构设立规划局在金融界是独一无二的创新之举，规划局的职能范围包括不仅为国家开发银行编制长期规划，而且为中央及地方政府、专业部门、重点企业编制规划提供支持。在规划编制后，将重大项目纳入国家开发银行项目库，作为贷款支持的重点项目，这是从顶层设计到金融支持的全过程。在落实中央"走出去"战略和"一带一路"倡议中，我们将此模式引入与国外的合作中，即国际规划合作，用此模式不仅与发展中国家合作，而且与发达国家合作。到2015年离开时，我带领规划局与60多个国家签订了规划合作协议，完成了40多个国家的规划合作。一大批国外优质项目入库，支持了中国企业去海外拓展业务。同时，推动国家开发银行的外汇贷款余额列全国第一，占到全国外汇贷款余额的30%。受到国家领导人的表扬和认可。

2014年底，时任全国政协副主席陈元同志（原国家开发银行董事长）给中央写了份报告，他建议建立丝路规划研究中心作为国家级智库来推动"一带一路"倡议落地。中央批示同意，在全国政协领导下开展工作。2015年3月，时任国家开发银行行务委员的我就被调过来筹建这个中心。2016年3月，丝路规划研究中心正式成立，2017年又与发改委一起组建了丝路产业与金融国际联盟，推动"一带一路"倡议的落实。2015年到现在已经三年多了，我亲历了丝路规划研究中心和丝路产业与金融国际联盟从无到有的过程，这就是我这段时间的工作经历。

当然，人生的道路上不可能一帆风顺，需要始终保持积极的生活态度和昂扬的工作精神。当人生到达你认为的高峰的时候，紧接着伴随的可能就是低谷。我的职业生涯看似一帆风顺，但实际上并不是毫无波澜的。从普通科员做起，一级一级地升迁，充满了困难和挑战。既有胜利带来的喜悦，也有失败、挫折带来的沮丧。你需要自始至终把握好方向，把握好自己的底线，以坚韧不拔的精神，迎接一场场波澜壮阔的人生大剧。

◎ 对人大学子的建议

对年轻人的寄语，有一些心得体会，我总结了一下，也非常实在。我个人认为有 10 条，这 10 条如果能做到，人生之路应该会比较平坦，至少不会有大的波折。

第一，任何时候都要从小事做起，切忌夸夸其谈。特别是年轻的时候，刚走向社会的时候，不要因为认为是小事情就敷衍而过。我讲的小事有很多，比如复印、打印，甚至扫地、擦桌子。我当年刚到国家计委的时候，就负责抄写文件，因为当时的打印技术并不是很流行。但我没有小瞧这项工作，而是认认真真地去做。只有做好眼前的小事，才能打好基础担当大任。

第二，做事情要兢兢业业，脚踏实地。兢兢业业、脚踏实地就是指做事情要非常认真，要沉得下心，要坐得住，要耐得住寂寞，任何一个单位都喜欢这样的同志。

第三，这个世界变化太快，记住一句话，叫活到老学到老，学习不要停止。这是一个信息爆炸的时代，所以要不断地学习，汲取知识。当然，也需要有取舍，但学习是不能放松的。

第四，理论与实践相结合。我们在学校学了很多书本上的知识，到了机关，肯定也是学了很多理论知识。但理论知识只有和实践相结合，才有意义，才能发挥作用。因此，要深入基层，勇于实践，不断积累实践经验。

第五，对于年轻人来说，就是永远不要墨守成规，要勇于创新。不要把现成的东西都认为是合理的，永远都要有怀疑的眼光。要记住的就是：我是不是要用更好的方式来做它，我是不是可以提出一个创新的方法。我到刚刚建立的国家开发银行工作，亲历了许多开创性工作逐渐步入正轨，就都是一个又一个创新的过程叠加的结果。创新，都不是虚话，可以在实践中取得成功。创新会给你带来快乐，带来业绩，带来深刻的体验。

第六，需要给自己设定人生目标，但也要在实践中不断地调整。要适应新的形势，适应自己对这个世界的理解和认识，而不是一条道路走到黑。世界在变化，认知也在变化，实践当中的调整是很有必要的。不要因为我的旧目标没有实现而很沮丧，继而停滞不前，而要认识到通过调整，新的目标就会降临在你面前，需要去继续奋斗和努力。

第七，在逆境中永远不要放弃，也不要怨天尤人。逆境的时候要多想自己是不是哪个地方没有做好，要不断地反省，不要去在意过去的失败，每天太阳照样升起，生活还要开始，为什么要自暴自弃呢。顺境的时候不要趾高气扬、目中无人，不要觉得自己了不得，要学会当平凡人。把这个心态摆好以后，走到哪都会很轻松，因为天下芸芸众生，谁也不比谁高一等，大家都是平等的。

第八，要珍惜时光，特别是年轻的时候。时间很宝贵，青春转瞬即逝。1978 年到现在 40 年，你们觉得不可思议，我也觉得不可思议，40 年就过去了，人生最好的年华就这么过去了。但是回首过去，我这一生没有什么可后悔的地方，我也是问心无愧。所以要抓住年轻的时光，不能浑浑噩噩地过日子。把所有的潜能调动出来，在学习上、在生活上、在业绩上、在整个生活经历上，把所有的时间都充分利用起来。现在的诱惑太多了，上网、打游戏、玩手机都会消耗很多时间，特别是要控制好用手机的时间。

第九，我给年轻人的寄语是激情。所谓激情，就是开开心心地做事情，充满激情地做事情。乐观向上，永远面带微笑的人会令人感觉很舒服。一定要有积极向上的生活态度，如果你充满正能量，那么你的周围都会充满正能量。我当领导时，大家干活都是小跑的，因为我走路非常快。我当过兵，这些习惯都是部队培养出来的。冲锋的时候共产党员会说："同志们跟我上！"领导都在前边。所以共产党军队的凝聚力很强。作为领导就要身先士卒，要走在前面，给大家做榜样。

第十，我有几句话要送给大家，吃亏是福，胸怀一定要大，不要计较小事情。难得糊涂，有些事情没有必要搞得那么清楚，不需要太斤斤计较。与人为善，诚恳待人，真心待人，不能骗人，骗得了一次两次，时间长了，就信誉扫地了。看起来都是小事情，但它决定了你未来的道路。平淡是真，也会比较开心一点。这些是我发自内心的一些体会，希望对大家有所帮助。

蒋志刚自述，本次采访时间为2018年8月10日，由中国人民大学法学院2017级本科生苏琼璇负责采访、录音及文字整理。

采写 / 苏琼璇　　编辑 / 陈亚丹　李宣谊

傅绍万

|人物简介| 山东潍坊人

1978—1982 年就读于中国人民大学新闻系，毕业后进入山东省《大众日报》社工作 36 年，任职党委书记、董事长、总编辑 13 年。

◎ 进入人大

我的家乡是山东省潍坊市临朐县冶源镇傅家李召村，在全国、在山东、在潍坊甚至在临朐，很少能有人关注到这个村子。但是，说到沂蒙山，多数人就知道了。沂山的主峰在临朐，沂水、沭水、泗水、弥水四条河发源于沂山，其中，弥水就流经我家乡村子的东边。一方水土养一方人，弥河沿岸，文化底蕴深厚，溯河往南十里内，有明代状元马愉、著名散曲家冯惟敏的故乡。

我的父亲是中学校长，母亲是农民。上大学前，我一直生活在农村。上小学时，去村里学校报名，老师问，起名字了吗？我说，没有。老师嘟囔一句，你父亲怎么当的？也不给孩子取个名。他拿起桌子上的字典，随便翻开一页，找到的是一个“万”字，就说，叫“傅绍万”行吗？我说，好。第一个字是姓，第二个字是辈，第三个字，只要和村子里其他的人不重名，就可以当自己的名字了。我们一起上学的孩子，很多人的名字就是这么来的。

我上小学三年级时，“文化大革命”就开始了。上课不再学课本，而是学习背诵毛主席语录和“老三篇”，所谓“老三篇”，就是毛泽东的《为人民服务》、《纪念白求恩》和《愚公移山》。因为我背得太快，老师半信半疑，让我背给他听听，听完了，老师很吃惊。此后，村里开大会，会前，老师便把我抱到台子上，头上扣上一顶军帽，背诵“老三篇”给村民们听。所以，我在我们村年长者的心目中，是一个很灵透的孩子。

1974 年高中毕业以后，我在村里干了几个月农活，就到村里学校做了民办老师。当老师期间，有一件事情对我影响很大。到县教师进修学校进修，一次部队复员来的张老师和我交谈，他说：“看你挺聪明的，却没有什么追求，不想想将来做什么吗?”他触动了我，开始想自己的前途，但是，却想不出干什么。当时，上大学推荐，村里几年分不到一个名额，有了名额，都是支书的孩子上。支书没孩子等着上大学，就排支书本家的孩子，我上大学根本没可能。当兵，自己身体弱。曾听说有关系的，出外当临时工，有的在报道组写稿子当秘书，挺让人羡慕，于是，那就学写文章吧。在学校看报有条件，订的有《人民日报》、《光明日报》、《红旗》杂志和《大众日报》。实践锻炼的机会也很多，批判会、学毛选讲用会、毛选发行庆祝大会、各类动员大会、村书记讲话，还有上报材料，就让我写。这对我很重要，让我打下了一点写文章的功底。

人的一生，会遇到很多偶然性的东西，这些偶然性的东西，可能决定一个人的命运。当老师期间，有一年春节前，家里准备正月里走亲戚的礼物。街上来了换挂面的，母亲让我提了麦子去换挂面。卖挂面的小摊前堆着些报纸和旧书，他们收来做包挂面的纸张。我翻腾旧书，其中有一本，前面缺了十多页，后面也不知缺了多少页，是讲毛泽东青少年时代的事情。我很感兴趣，问换挂面的人能不能卖给我，他说，送你吧。我拿回家，读得如饥似渴，热血沸腾。毛泽东在湖南师范时期，身无分文，心忧天下，是很打动人的。从此，我坚持每天晚上看书、写文章，不过是乱写一气。累了，到村外马路上跑步一个小时。上大学后，我还参加了学校的马拉松越野赛。这让我有了一种内在的奋斗的动力，虽然不知道朝着哪里走。这实际上为恢复高考后考大学做了准备。

1977年冬天，在我们村下乡的一位知青说，要恢复高考了。考试那几天，学校放了我们几个年轻人的假，去碰碰运气。数学我没去考，考也不会，当时想，大学离我们太遥远了。中华人民共和国成立以后，我们那个村才出过两个大学生，上的最好的学校是山东师范大学，自己怎么可能会成为大学生呢?考试结果，我被录取了，但没下正式入学通知，不过这次考试让我对自己的水平有了自信。1978年高考，离考试时间还有两个月，我就向校长请假。校长说，现在教学抓得这么紧，学校又是你们5个人参加高考，没法准你假，你要坚持请假，要找代课老师，你就不能再回学校当老师了。自己想了想，不当老师也罢，考不上大学，大不了再回家干农活，就辞了教职，专心复习了两个月。考试结束，分数公布，我报了北大中文系新闻专业。为什么报新闻系，一是凭自己仅有的一点知识，二是凭年轻人的兴趣爱好，一腔热血。因为觉得当记者，是很风光的事。我们村来过一个摄影记者，拍照片的时候，大家很紧张，表情严肃，他就讲了一个笑话，大家都笑得很开心，照片就拍得很成功。还听过一个故事，一个农村人坐火车，列车员要给熟人找座位，就让这个农村人让座并开始大声训斥，这时候，旁边一位乘客为农民说话并亮出了记者证，乘务员态度立即改变，不断道歉。我想，记者能为社会伸张正义。

录取通知书是通过邮局寄来的。我晚上在生产队场院里打麦场，干完活睡在场院的棚子里，起床后正要回家，队里的会计给送通知来了，录取学校是中国人民大学新闻系。当时，对人大一点也不了解，问了父亲，他说，人大很厉害，是共产党自己办的大学。报的北大，为什么上了人大？因为人大“文化大革命”期间停办，人大新闻系整体迁到了北大，人大复校，人大新闻系又整体迁了回来。

◎ 校园生活

去大学报到，是第一次坐火车，第一次进北京。校车把我们拉到校园，从东门进，正对着一条马路，路的右边是几排红楼，我的宿舍在红一楼。楼后是一片银杏树，楼前是针叶松和一排排高大的白杨树。秋叶金黄，在风中飒飒作响，飘飘坠下。后来，我离开学校多年，夜间做梦，常梦到这一景象。

当时宿舍 4 张床，上下铺，住 8 个人。最小的 16 岁，是高二参加高考录取的，最大的 32 岁。我们这届学生，集中了从 1966 年入高中到 1978 年有资格参加高考的高中生群体。

老师阵容强大。人大复校，师资青黄不接，老教授们都在一线教学，专业课老师高手如云。

徐禾老师教政治经济学，课本是他自己写的，是《资本论》的通俗解说。方汉奇老师教中国报刊史，他中等偏上的个头，白皙的四方脸盘，一头银发，每次讲课，端一个杯子，拿几支粉笔，从来不带讲稿，板书史料，加引号。他告诉我们，“大家放心引用，一个字，一个标点都不会错。”后来，他的《中国近代报刊史》（上、下册），这么多年一直放在我的书架上，工作后还经常翻阅。张隆栋老师教外国报刊史，个头很高，很有派头，讲课时带的东西只有一只杯子，不写板书，只是讲，学问大，联想多，跑题远，同学们称张老师的课是“意识流”。甘惜芬老师讲“新闻理论”，他是中国马克思主义新闻学的奠基人，“新闻理论”是他自己写的本子。他有些偏瘦，精神矍铄，讲课时激情洋溢。他告诉我们：我这个本子年年写，年年改，年年改，又年年写，到目前也没有定稿。我们一些同学经常对他“大不敬”，课堂上提些问题，质疑他的观点。我宿舍的一个同学写了3万多字的文章，批他的观点，还交给了甘老师。现在看，观点明显偏激，但甘老师表示欢迎争鸣。蓝鸿文老师讲新闻采访与写作，他写的本子，后来被很多高校作为正式教材。四川人，四方脸，头发往脑后梳得一丝不苟，一言一行都透着严谨。

冯其庸先生颇有大师风范，我毕业后，和冯先生接触很多，受益良多。20世纪八九十年代，冯先生经常到山东，我们常陪他外出考察，看他写字、画画。他教育我：人要对社会有贡献，要读万卷书，行万里路。他70多岁高龄后，还10次到边疆，考察玄奘取经路线。冯先生一生记笔记，他去世后，我去他家看望他夫人蔡老师，蔡老师告诉我，冯先生去世前3天，还记笔记。当时已经有些神志不清，问女儿这天谁来过，说了什么话。记完了，放下笔，长叹一声说：不再记了，记不动了。冯先生是红学、考古学等方面的大师，我们学不了，但“虽不能至，然心向往之”。

我们在校期间，社会思想处于活跃期。除了课程设置外，拼命阅读课外书。当时主要是读西方启蒙思想家、俄国作家和我国“五四”时期那批作家的书。我把能借阅的不仅通读，还做了读书笔记，主要是抄录好的段落、句子。我们还经常结伴去西单看民主墙的大字报。大学三年级，还赶上了区人大代表民主选举，天天晚上去北大听竞选者演讲。还组织诗社，到大钟寺去举行了一个小仪式，想出刊物没办成，写的诗只好登到墙报上。

我们这届学生，好不容易有了一个学习的机会，眼前是一片知识的海洋，学起来真是如饥似渴。甚至每周洗澡，也计算着时间，决不超时。

大学毕业我回了山东，是受了我本家二哥一位高中同学的影响。他说：北京的大单位，压人太厉害了，大学毕业十几年了，还要干拆信封的工作。我想，那就不如回家乡了，毕竟越往下走，人才越缺，在一家省报，还可以接触实际，搞文学创作也是有利条件。另外，家庭经济状况太差，也是重要原因。系里发张电影票，我常常是步行一个小时到影院，看场电影。北京那么多公园，但到了公园门前，因为要花钱买门票，也常常望而却步了。二年级时候的圣诞节，班里搞圣诞晚会，每人交一角钱，买个礼物挂在圣诞树上，编了号，抽奖。这次活动，我做了反复的思想斗争，还是没有参加。我当时还有一角五分钱，那天晚上，我用它坐公交车，到西单我的老乡那里，去借了 10 块钱，不然，第二天就没饭吃了。我们这代人，上大学不交学费，国家还发助学金，上学期间，除了自己要筹点路费，基本就不用家里的钱了，不然，穷人的孩子上不起大学。对我们这代人，国家要求要有牺牲精神，奉献精神，因为我们靠国家的扶持成长起来。

毕业前夕，正巧《大众日报》总编辑打电话给系里领导，要大学生，就毅然要求回省报工作了。

◎ 大学收获

4 年大学生活，给身心注入了人大这所学校特有的基因，锻造了一个人大学子的眼界、人格、才情，走进社会，使自己能够更好地适应新的土壤、变化的气候，成长、壮大，走好自己的人生之路。大学给予我的太多了。

一是职业素养。新闻强调实，强调快，强调在现场。

到单位前10年，除了不到半年的驻站时间，是在总编室工作，上夜班，编辑第一版。1983年夏天的一个晚上，安排版面，一版下端要登一篇几十字的简讯，讲黑虎泉泉池不准游泳，标牌上写得清楚，但还有人在游。老编辑把稿件中引用的标语牌内容改了一个字，说稿子引错了。因为报社离黑虎泉很近，我经常去黑虎泉散步，记得牌子上的内容。我说，作者没有写错。他不认同，我就说，我去看看吧。放下笔，找了个手电筒，去现场看了一下，证实了作者是对的，报纸避免了一个小错误，也给老编辑留下了深刻印象。此后，他经常对人讲：小傅做事扎实。

1983年冬天，一个晚上，总编辑到夜班，布置任务。新华社记者批评了济南长途汽车站卫生差，服务态度不好。当时的市委书记很恼火，说已经改正了，《大众日报》发一篇正面报道吧。写稿任务落到了我头上。我想，还是眼见为实吧。下了夜班，已经凌晨两点多，我步行了一个多小时，到了长途汽车站。我到了车站，一个角落一个角落观察，看是不是清洁，看开水是不是满足供应，看售票处人员热情不热情，还采访顾客，问他们怎么看。早上8点半，上班时间，我去了汽车站办公室，和单位的领导接洽，说明了情况。回到报社，一会儿就把稿子写好了。下午上班，交给总编辑，稿子体现了领导意图，又很客观，全是现场见闻，总编辑表扬了我。

二是做事标准。人的成就与志向高低关系很大。人大新闻系水平一流，做新闻，我们感觉自己就是在高楼之上，写文章，做事业，就要做出全国水平。当了单位领导，办报方面，要办出全国一流，事业发展，要走在全国前列。

我到报社后，从最基层做起，直到当报社领导，从副总编辑算起20年时间，做过党委书记、董事长、总编辑。新闻业务方面，获得了47项中国新闻奖，其中一等奖14项，获中国新闻奖一等奖的数量是全国省市级报纸第一。2004年《大众日报》改版，中宣部调研组前来调研，中宣部领导在全国会议上肯定《大众日报》“新闻强报，特色立报”的经验。全国报业集团综合规模排名，最好成绩跃居全国第三，正常在第四位。总资产、净资产由我上任前的 16.7 亿元、8.9 亿元，增长到去年底的 76.8 亿元、56 亿元。

我始终把自己定位为一个报人。作为报人，不管是做一个普通的记者、编辑，还是做一个领导，都不能放下手中的笔。我写了两本新闻业务方面的书：《破译报业腾飞的密码》和《媒体运营之道》。研究城市发展特别是文化问题，出版了《城市与文化》一书，还出了《感悟历史的大智慧》，从网上书店传递的信息看，读者给予了较高评价。

三是把舵能力。做领导，第一位的职责是为一个单位把好舵，第一位的能力是把舵能力。新闻系的学生，了解新闻规律，了解新闻的过去，未来的趋势，了解世界的现状。因此，做领导，能够明大势，有定力，有坚守。

◎ 工作经历

我 1982 年 7 月中旬离校，8 月中旬到山东省报《大众日报》社报到。出了济南火车站，办公室张师傅接过我的行李，放到脚踏三轮车上，也让我上了车，把我拉到报社。在招待所住了一个星期，人事处领导谈话，说分配我到惠民记者站当记者。我没有思想准备，说："不能在编辑部工作一段时间吗？"他有点不高兴的样子，说大学生来报社，都是先去校对，一干几年甚至十几年。你们一到报社，就当记者，很破格，是对你们的特殊重视。

说真话，当时我感到极度失望。后来才了解到，《大众日报》创刊早，1939 年 1 月 1 日在沂蒙山区创办，工农干部多，打天下的老同志当时还在领导岗位上。进城后运动不断，工农干部政治上可靠。所以，进的大学生极少，多数是通讯员、"四清""学大寨"工作队队员出身。那时候，自己自视清高，人事处长的谈话，是给我上的参加工作后的第一课。

记者站设在地委办公楼，住宿也在楼上，在办公室隔壁，没有床，睡觉打个地铺，条件够差的。惠民属鲁西北贫困地区，印象最深的是：盐碱地。一马平川，一望无际，草木不生，偶尔能看到几簇红柳，成为盐碱地里一道风景。辽阔的原野上，骑着自行车走几个小时，难见行人。

我们站上一位站长，加我是两位记者。站长领着跑了几个县，熟悉了些情况，告诉我，自己下去跑吧，就开始独立工作了。那时候的记者生涯令人怀念。没有谁陪同，也没有招待，站长到县里，也是到食堂买饭票。像我这种小记者，住进县招待所，租辆自行车，随心所欲地跑。到了乡镇大院，问清楚书记的办公室，进去亮一下记者证，说明来意，书记就开始谈情况，或提供些线索。自己觉得有价值，就骑车赶去。采访任务没完成，就在老乡的炕头上睡，采访机关工作人员，就睡在人家沙发上。晚上，不少采访对象还到外面去拎瓶酒，买点猪头肉，边喝酒边聊，就像久别的朋友见面般亲切。

当了4个多月驻站记者，就回到编辑部，进总编室，干第一版编辑，一干差不多10年。这10年，是我业务上进步最快的时期。

一版是报纸的脸面，最重要、最好的稿件上一版。一版又是个特殊岗位，每天有一位副总编辑值班，总编辑只要在家，也每天必到。因此，可以说，一版这个岗位，是报纸的中枢神经，指挥员的智慧在这里体现。一版这个岗位，是培养人才的熔炉。所以，只要是一个有心人，勤奋用功的人，经过这个岗位的历练，更容易成人成事。

每天下班后，我都要记笔记，领导说了什么，可以作为报道题目；一些重要稿件处理，是怎么研究确定的，总结得与失；和外报比较，看谁处理得更好，应当怎么学习改进；积累一些严格按规格处理的会议、领导人活动的资料，便于查找；此外，哪位领导什么风格，优点、缺点，优点学到，缺点注意避免。这么干了不到一年，我发言就有点权威性了。每天晚上安排版面前，值班总编辑要开个编前会，老同志先发言，我后发言，我的发言有根有据，有些疑难问题也能提出可行的解决方案，领导对我也很器重。每天记笔记，坚持了五六年，用这些素材，发表了40多篇业务研究文章。

干编辑的人如果手懒，到头来会没有作品，真正成了为他人作嫁衣裳。如果勤快，有写出好作品的有利条件。干编辑站得高，信息灵，题目把握准，又少了很多编发环节，可以让自己的写作风格体现出来。此期间，我写了很多有影响的稿件。1986 年秋天，我准备到地市采访，先到省委相关部门了解些情况。到了省委接待室，问工作人员几个部门的楼层、位置，工作人员拿出一个模型，指给我看，就一目了然了。在省委办完了事情，我又到接待室，问去省府怎么坐车。工作人员又拿出一把纸条，找了一张给我，说上面写得很清楚。我觉得他们做得很好，想写个稿子，但主题理不清，就放下了。出差回来，正赶上中央召开转变机关作风大会，主题瞬间清晰了，这不是转变机关作风的好典型吗？下了夜班后，睡了几个小时，我又到省委接待室做了补充采访，写了篇《迎门春风吹人醉》的小言论，500 多字，发在一版。不久，省长指示，要求省委、省政府两个机关大院工作人员学习省委接待室的事迹，省委省政府两个办公厅下发了学习通知。于是，我又去深入采访，写了篇通讯《小屋春秋》，散文笔法，文采不错，编辑环节基本没删改，就发出来了，让老记者们刮目相看。那时候报纸少，只四个版，一篇稿件就可以成名。我写的小言论还获得了中国新闻奖。

要想有成就，就要多吃苦。干夜班期间写的稿子，基本都是省了睡觉时间写的，是下了夜班再加班。当时房子小，怕影响家人休息，在厨房里坐个马扎，膝盖上垫个硬纸板，稿子是稿纸铺在纸板上写出来的。我跟大家调侃说，我的稿子里能闻出菜叶子的味道。那时候上夜班，属于个人的时间很少。当时出报，是铅字印刷。编辑画个版样，送到工厂的车间里。车间很大，整齐地排列着一排排的铅字架，拣字工人照着稿子，从铅字架上选择铅字，一个字一个字组合起来，拼版师傅再根据编辑画的版样，把一篇篇稿子装进他的版样，组装起来。他的版样是和报纸尺寸相同的一个铁框子，拼好了版，再送到下一个工序，铸版、印刷。所以，编辑画版，计算要准，组版师傅的技巧也很重要。“铅与火”时代效率低，干夜班很辛苦，我们一版只有两位编辑，陪同值班总编辑值班。上午休息，下午4点半、晚上8点半上班，凌晨四五点下班，每周只歇一个晚上，也没人顶班，一人歇班，两个人的活一个人干。《大众日报》告别铅字，改为激光照排，是1989年，办公地点迁到了济南经十路新的办公楼以后。

干了近10年夜班，后来调整为机动记者。我的任务比较杂，除了写稿子，写得更多的是领导讲话、领导文章、公文、业务总结、报纸宣传方案、改版方案等。这些工作很锻炼人。写业务总结文章，既要知道宣传工作干了什么，又要根据中央、省委对宣传的要求，提炼出主题，还要调用大学时期学过的新闻专业知识。写公文，必须严谨，怎么切入，怎么表述，学问极大，写公文也为以后做领导工作打下了基础。写报纸宣传方案、改版方案，需要到先进单位学习，开阔眼界，还要熟悉本报情况，提升了自己的宏观思维能力。

1995年，我去省委分管宣传的领导那里采访，领导对报社没有大的改革举措很恼火，并明确提出应当在运行体制、干部人事制度、分配制度等方面进行全面改革。报社领导听了我的汇报后说，这些精神我都知道，你帮我拿个改革方案吧，我就认认真真地写起改革方案来。后来报社党委做出改革决定，安排我和办公室主任起草具体实施方案，有之前的研究，一个晚上就写好了。当年年底，找了一个部门先行试点，1996年，报社综合改革全面启动。这时候，我也没有闲下来，根据改革的进程，为社讯写评论，每到一个改革节点，写一篇评论文章。为社讯写评论，改变了我的工作岗位。

1996年初，报社领导提出让我担任理论评论部主任。我当时很诧异，说：我是学新闻的，一直干新闻，不会写评论。领导说，你给社讯写的评论，就很有水平。于是，我取得了担任理论评论部主任的资格，主任头衔之前，还加了个总编辑助理。每一个岗位，都是一次提升自己的机会，关键是怎么认识，怎么找到自己的位置，找到发挥自己才智的一片天地。

2003年，我担任总编辑，2004年3月16日正式改版，确定了办什么报，走什么路，采取什么措施达到目标。报纸要办成权威政经大报，把经济政治和主流文化新闻做得最权威、最专业。

我提出符合实际的媒体融合理念：做强两体（报纸及属于报纸的新媒体）——融合推进——形成融媒体——形成融媒体业态。

应对市场经济挑战逐步走出了路子，新的更大的挑战又摆在面前：从2005年开始，新媒体活跃起来，2010年前后，报纸消亡论一浪高过一浪。近些年，主管部门又在以行政手段推进媒体融合，因为理论上的似是而非和手段上的错误，媒体发展处于极度混乱之中。很多媒体集团对报纸、对传统媒体失去信心，看不清方向，看不到前景，一些媒体集团放弃报纸，甚至让报社关门大吉。

我是从最基层干起来的，一直做媒体，是实践派。遇到什么问题，就解决什么问题，问题解决了，事业就前进一步。回头想一想，发展新媒体、推进媒体融合经过了两个阶段。第一个阶段，新媒体出现了，就发展新媒体，当时对新媒体的发展过于乐观，认为它很快就能做大。结果，搞了几十年，新媒体赔钱赚吆喝，在产业的盘子里打不起定盘星来。让新闻人难堪的是，自己立身的报纸和其他传统媒体却在加快走向衰落。第二个阶段，走向融合，就是传统媒体不能丢，新媒体也要发展，两种媒体相加、相融，既用好原来的优势，又创造出新的优势。

基于我提出的融合理念，目前，大众报业集团形成了几大融媒体集群：大众党媒融媒体集群、齐鲁融媒体集群、半岛融媒体集群，三大融媒体集群支撑起报业集团的基本框架，也成为报业集团转型的支撑点。理论需要实践检验，我抓了地处青岛的《半岛都市报》作为试点，半岛融媒体集群开始摸索新的发展路子。他们建立新的机构设置，成立八大行业中心；建立新的指挥系统，报纸、网站、新闻客户端、微信公众号和微博一体运作。宣传经营形成大合唱，宣传的效果明显，经营方面，总经理既管报社的经营，又管网、端、微的经营，制定经营方案，做的是报网、端、微一体化的盘子，整体端给用户、报纸和新媒体优势叠加，经营的优势又显现出来。近两年市场类报纸广告刊登下降32%以上，但半岛都市报广告刊登增长18%以上。

我提出新的产业发展理念是：报业经营是影响力经营，是影响力的营造和营销；新媒体经营是融合影响力的营造和营销，经营本质没有改变。提出“主业，资源，资本”转化的大众模式；提出“创意策划 + 整合营销传播 + 活动组织”的新营销模式。

2005 年，我由党委副书记、总编辑升任党委书记、董事长、总编辑，经营成为大事。当时年利润 3 750 万元，有七八个亿的债务，还遇上几个案子，要赔款。经营怎么搞？我没有经验，白纸一张，反成为优势，这就是从常识出发。经营的道理，就是挣钱和花钱，挣钱的项目，集中人财物力做好，让它多挣钱。花钱的项目，能不办的不办，能省的钱省下来，利润就出来了。当时挣钱的项目是什么呢？公司办了不少，不挣钱，挣钱的基本是报纸。《大众日报》《齐鲁晚报》挣钱，《半岛都市报》影响很大，但还没挣钱，采取些措施也能挣钱。报纸为什么挣钱？因为办得有影响，广告商愿意登广告。报纸为什么办得好，是办报人的功劳。因此，报业经营实际上是影响力经营，把影响力做强，然后再营销影响力，让产业价值变现。谁最会营销影响力？当然是有经营头脑的办报人，因为他最懂得所经营的产品，也就是报纸，明白了这一条，经营人才怎么找，也就清楚了。我提出了经营的基本方针，就是集中精力发展优势业务，以更大的精力开发优质资源，把降低成本作为永恒课题。我们集中精力办报，几年下来，省内其他报社的报纸就远远落后于我们，不在一个档次了。随后，我们又在各地办地方版，地市报纸越来越弱，他们的日子要过好，就要想办法和我们合作。借助文化体制改革的大势，在省委和地方党委支持下，我们采取股份制方式，和青岛、潍坊、临沂、菏泽报业集团的市场报合作，在这些区域控制了市场，获取利润。大众报业集团报业发展在全国特色独具，报纸板块利润最高的年份为 4.5 亿元。

面对唱衰报业的喧嚣，我始终扛起唱兴的大旗。从 2005 年开始，报业寒冬论、消亡论甚嚣尘上，我们的员工也不同程度受到影响。我认真分析报业形势，认为报业还有很大的发展空间。因为一个产业都有生长期、成熟期和衰退期，从成熟期走向衰退期，必然出现集聚甚至垄断，中国的报业当时还处在分散状态，集中还没有出现，怎么就会走向消亡了呢？所以，我旗帜鲜明地提出，坚定不移干报业，风吹浪打不动摇。当别人在左顾右盼、动摇徘徊的时候，我们心无旁骛办报，比别人多争取了大约10年的发展机遇期。到2015年，《齐鲁晚报》的利润达到2亿元，《半岛都市报》的利润超过1亿元。

创造了大众经营模式。影响力的价值变现，一般是卖产品，拉广告，这远远不够。可以利用这种影响力，获取资源，资源变现，就是钱。利用各地建文化园区的机遇，我们在青岛、济南、烟台建设了四个文化园区，占地2 000余亩，形成了总部新区＋产业基地、教育＋产业、旅游＋产业的产业形态。我们利用全省整合有线电视网，实行一省一网的机遇，投入10亿元现金，成为山东有线电视网络的第一股东。我们拿出其中4亿元股权，与山东国投共同成立文化产业投资公司，把部分股权变现，一次交易就获得了7.2亿元的利润。我们利用全国文化扶持资金发放办法改革的机遇，成立山东省文化产业投资集团，一次获财政部扶持资金1亿元、省财政厅配套资金2.5亿元。外界把我们这种“主业，资源，资本”转化的经营模式称作报业经营的“三昧真经”，也就是办好主业，利用主业影响、获取优质资源，把资源资本化，再反哺于报纸，实现良性循环。

新媒体发展，媒体融合，经营怎么搞？实际上，媒体融合之后，经营仍然是影响力经营，是影响力的价值变现，经营的本质并没有改变。报纸经营，经营的是报纸单一的影响力。融合之后，形成融合影响力，经营的是融合影响力，必须实行全媒全案营销。美国学者舒尔茨首先提出整合营销。根据是媒体多了，你发出的声音要让人听到，必须在一个时期内，整合多种媒体一齐发声。中国学者又提出创意营销，根据是你的声音大了，还不行，你要有创意，让人愿意听，不然就成了噪音。创意策划要靠组织活动去实施，所以必须提升组织活动的本领。因此，在媒体泛滥、媒体融合形势下，媒体经营的新模式应当是“创意策划＋整合营销传播＋活动组织”，这种模式要成功，必须进行体制创新，确保这种集团军作战能够有效协同。

我促进形成集团的战略和文化：集团战略，“三四五六”，即全国三强的发展目标，大众日报、齐鲁晚报、半岛都市报和大众网四大融媒体集群的布局，报纸、新媒体、传媒金融、文化园区和楼宇经济五大产业，济南、青岛等六个区域发展高地。集团文化是指“坚持党性、服务人民，追求真理、求实创新”为核心的大众报人精神和严密的制度体系。

人生进行时

回想过去 40 年，是自身不断学习的过程，工作上不断探索的过程，人生不断转型、适应环境、提升自我的过程。

我们这代新闻人，是不断面对挑战、角色不断转换的一代人。学新闻，后来开始干新闻，办报、写文章，铁肩担道义，妙手著文章。市场经济兴起，文化成为产业，经营提上重要位置，又开始向经营人转变。我是党委书记、董事长、总编辑，管理、经营和办报 3 个角色集于一身，我自己调侃说，自己 1/3 是官员，1/3 是报人，1/3 是商人，在这三种身份中跳来跳去，不以自己的意志为转移。

工作 40 年，我是幸运的，赶上了一个大有作为的时代，遇到了一代想干事、能干事的人。一个普通农家子弟，47 岁就当上一个省报集团的一把手，成长和进步，有个人奋斗，有机缘巧遇，更离不开遇到的好领导、好同事的帮助。这几个方面，哪一项都不能缺少。

回头看，求学、奋斗，应当看得开，立得定，拿得起，放得下。看得开，就是把名利、得失看淡。人生那么多年，官大官小，钱多钱少，都不重要。关键在于做人做得怎样，做事做得尽心还是不尽心。立得定，就是对善的信念不动摇，对向善的信念不动摇，做人的本分不改变，做事的态度不改变。没有“两个不动摇”，我们所从事的精神活动不是毫无意义了吗？没有“两个不改变”，我们又怎么能够履行好应有的责任呢？拿得起，放得下，才能轻装上阵，像庄子说得那样，天下誉之而不加劝，天下毁之而不加沮。

人生不会没有挫折、失落和不如意。与同事交谈，我讲了一个观点：一个人最可贵的，是对初心的坚守，遇到误解、挫折、打击而不改变自己。看古人，有多少榜样！同事说，那些先贤，是几千年流传下来的人，几千年才出了那么些人。我说，我们达不到那样的高度，但我们有对那种高度的向往，有可以遥望的星空，也就得到了精神的幸福。

傅绍万自述，本次采访时间为2018年9月27日，由中国人民大学校友办负责采访、录音整理及文字编辑。

采访 / 孟繁颖　刘芳　　编辑 / 李宣谊

解玺璋

|人物简介| 北京人

著名文艺评论家、文化批评家。中国作家协会会员，北京作家协会第四届理事。1978—1982年就读于中国人民大学新闻系。曾任《北京晚报》编辑、编辑部主任，《北京日报》文艺图刊主编，同心出版社常务副总编辑。其评论《谁是历史的主人》获第十六届中国新闻奖暨副刊作品金奖，《平民生活，世俗情感》获第十三届中国新闻奖暨副刊作品银奖，《农民形象的创造性转换》《宛如平常一首歌》分获第七、第九届北京市电视艺术优秀论文奖。

◎ 酷爱读书，参加高考

我是北京人，祖籍是山东。只上了两年半初中，就进了北京化工二厂当工人，从 1970 年到 1978 年底，每天操作仪表，生产硅材料。

我从小就爱看书，但小学五年级时“文化大革命”开始了，读书机会就没有了，到了初中三年级就把我们分配了。前面有四届学生都到外地插队了，北京当地缺工人，缺我们这样的年轻工人，所以我们就留在了北京，有人说我们是比较幸运的一届，我们留在北京了，分配在了大工厂。

我们读了两年初中，大部分时间是学工学农，挖防空洞，真正的读书时间很少，所以到了化工厂之后我们这一批属于文化水平最低的，因为化工厂和一般的工厂还不一样，需要文化基础，否则没法操作，会影响工作。

所以工厂一开始就给我们办夜校，学习初中高中的知识。其实要是有心人，认真地读，读几年会把初、高中的知识读完，因为我们厂里有很多化校的老师。当时很多学校都解散了，这些老师被分流到各个工厂。但是我们当时没有这种心思，有一搭没一搭的。当时我每天都认真去读，所以就积累了一些知识。

再加上工厂里有一些师傅，文化水准比较高，有“文化大革命”以前的大学生，还有一些可能没读过大学，但是读过很多书的。还有一些文化机构，比如《大公报》，解散了，它的人员分流到工厂。周围这些师傅会影响我们，我们那时候十六七岁，就跟着他们一起读书。

带我的师傅是从北大中文系下放到工厂的高才生，装了一肚子古典文学。我最初背的古典诗词和文章都是他一句一句教的，他培养了我对古典文学的兴趣。他算是我的启蒙老师。

那时候找书比较难，大家都是互相借，而且只有互相信任的人之间才能互相借，我很多书就是这么看的。那时候看得比较杂，遇到什么书就看什么书，后来发现慢慢喜欢文史类的书。那几年时间对我读书的积累是很有帮助的，后来我高考能考上，很归功于这几年的积累。

我记得有一次，大概是 1971 年前后。有一天我去化工厂上夜班，快下班的时候，有人拿来一本苏联的小说《叶尔绍夫兄弟》，作者是苏联大作家柯契托夫。那时，苏联的书很难看到。我希望他能借我看一下。他答应了，但条件是我晚上来接班时一定要还他。

那时，我家住在将台路一带。从大郊亭到将台路，要坐一个多小时的公交车。我从上车开始看，回到家，一边吃饭一边看，躺下以后，也不睡觉了，继续看这本小说。一直看到晚饭后，天黑下来了，我也看完了。这时我才满足地收拾一下，接着上班去。上了车我的睡意就控制不住了。那时，从将台路先要坐 401 到大北窑，我在车上就睡着了。车到终点站，售票员也没看到我，车马上返回去了。我一睁眼，怎么还在大山子呢？一问，才知道坐了一个来回儿。这下肯定是迟到了，为此还在小组会上做了检查。但那天夜里可把我困得够呛，站着都能睡着了。

还有一次是为了看《福尔摩斯探案集》，全套 8 本。我的一个同事，她父亲当时是公安部的军代表，能从部里图书馆借出这套书，她答应给我一周时间。那时我已住工厂宿舍，为了能看完这套书，我特意和别人调了休，把我积存的一些补休也用上了，真在宿舍里看了一周。那些天，甚至看完这套书很久，我都有点神经兮兮的，总觉得身边有什么，比如一条蛇之类。但看了这套书，也给我们增添了很多谈资。那时我们上夜班，为了赶走瞌睡，有时也讲各种故事，我给班组里的师傅讲福尔摩斯，闹得大家夜里不敢一个人出门。这些事，现在想来，恍如隔世，但是有些印象还挺清晰，反正那个时候是真的喜欢书，而且读书也真不是一件容易的事情。

之后就恢复高考了。恢复高考既是共和国命运的转折点，对我而言也是我人生命运的转折点。一个人的命运可以改变历史，而历史往往又改变着许多人的命运。恢复高考是搭载我和我们这一代人走向新的生活的列车，而能否顺利地搭上这趟车，还需要一张必不可少的车票。这张车票就是通过高考，具体而言应该是我在当工人的时候没有放弃学习，没有放弃读书，知识有些积累，终于拿到了这张票。

当时我高考的时候，数学考得不好，那时高考考外语，但是不算分，我的语文历史考的都特别好，都在 90 分以上。

当时选择了人大，这个选择其实还是有些背景。我喜欢文史，特别喜欢文献学这个专业，我当时特别想考北大的文献学。1977 年高考，我的 3 个志愿全报了北大，且都与古代文化有关，即古典文献学、图书馆学及考古学。那一年的本科分数线是 280 分，我虽然超了 12 分，但去北大分数仍不够，别的学校也去不成。

当时我在厂里还有一个工作，就是办报，我们厂的报纸叫《化二周报》，当时是我和一个师傅创办的，也是一个像晚报那么大的小报，四个版，当时还是彩色印刷，相当不错，因为“化二”是一个相当大的企业，条件特别好。我当时就在负责办这个报。我有一个师傅，是宣传部的领导，半年后，我第二次参加高考，当时人大新闻系招生，他就让我别报古典文献了，报新闻吧。

◎ 条件简陋，奋发读书

我们读的是分校，当时人大复校的时候办了两个分校，人大一分校和人大二分校，这两个分校各有一个班，主校区还有一个班，当时号称是 3 个班 108 个学生，一百单八将。

当时我们一校区是在崇文门那里，所以老师给我们上课都是骑自行车和坐公交车，当时北京交通不发达，路上要花费很长时间。当时老师都年富力强，包括方汉奇方先生，还有汤世英老师都还正值中年。

有时候我们也来本校上大课。比如甘惜芬老师的新闻理论，我们就来本校上，我们离得很远，所以他一讲课我们就骑着自行车到本校来。当时本校条件确实特别不好，没有现在这么多的大教室，当时很多同学吃饭都是在操场上端着饭盒吃，北京刮大风，全是土，条件特别简陋。

分校的条件也比较差，只有教室，没有宿舍，我们都在家里住。也没有什么大的自习室，所以我们下午没课的时候都去校外，离我们比较近的是天坛公园和文化宫，那里面比较安静，我们一个班里的同学分成好多小组，大家自愿组成的，就到公园里面去，坐在树底下一起讨论，解答问题，交流笔记。

当时我没学文学我不甘心，业余时间自己学习古代文学，也旁听些有关的课程，还在做古典文论的笔记、卡片。我记得我常常逃掉自己的课去旁听中文系的课，当时我最喜欢的课是中文系教授成复旺老师开设的课程，名字叫作“中国古代文论”。成老师的课真是太好了，我当时就是旁听，在最后一排一坐，一节课也不吭声，就是听他讲。

成老师从论语开始说起，以论语为立足点，梳理了整个古代文论。我记得最清楚的是他提出的“审美中心论”和“政教中心论”这两种审美的维度，一种从孔子那里传下来一直到梁启超，一种是从庄子那里传下来一直到王国维。他的思想，他的课程对我影响真的特别大，我觉得对我影响最大的两位老师当属方汉奇先生和成复旺老师。当时在大学期间，我就从《易经》开始，一本一本地读，读这些古典文论的书，一直读到大学毕业，这期间读了好多这方面的典籍、经典著作。这对我后来影响也特别大，我很多的价值判断都是在这基础之上形成的，我后来能从事有关文艺评论方面的工作，其实就是那时候打下的基础。

◎ 新闻为业，实事求是

就是在那时候，我们学新闻的同学也有一定的新闻敏感度，当时社会上发生一些事，新闻系的同学反应应该是比较快的。我们当时办了一个墙报，就在学校里。因为大家都在北京，有时候一些事情会第一时间知道，知道了就写在墙报上，有时候我们开玩笑说我们比新华社还要快。

当时墙报在分校还是比较有名的，一下课同学就来看。我们那个报比较敢说话，有许多同学自己写的短评，写一些对新闻事件的看法，还有当时北京市政府的一些通报，大家就抄下来贴上去，直接写批语，弄得很热闹。

这几年在人大办墙报的日子对我产生了很深的影响。实事求是，就是这几年大学生活教会我的，我觉得这也是我们新闻系学生必备的一种精神，就是不管在什么条件下，都要坚持实事求是，认真负责。

◎ 各报任职，专心文艺

1983 年，我被分到《北京日报》社，第一年在总编室工作，每天晚上编新华社的国际新闻。开始做编辑工作的时候，我还是没放弃学习古典文学。那时我上夜班还在抄卡片，领导有点不满意，说我不安心工作，但是即便这样，我也不死心，于是我就偷着弄。再后来有了孩子，抄卡片的工作就没能继续，停在刘勰的《文心雕龙》上。

后来晚报需要人，因为有一个老同志退休了。他们都认为我适合做编辑。我就去《北京晚报》副刊接替那个老同志。就这样，从 1984 年开始做编辑，当时虽然没有再像之前有大量的时间系统地学习古典文学的东西，但由于编辑副刊，我接触了大量文史作者，同时也要研究文学、戏剧、影视作品，并也写了大量文艺评论，就这样，我读书的爱好也一直保持了下来。

我负责的主要是文艺评论，还有杂文和小品文。后来《北京晚报》赶上 20 世纪 90 年代末期报业发展，晚报办《文艺周刊》，就把我调过去当主编。当时文学院院长孙郁也做主编，但后来鲁迅博物院把他调过去了。他调走了没有人担任《北京日报》的《文艺周刊》的主编，就把我调过去当主编，做了 3 年。后来在出版社干了几年，又回了《北京日报》社，在那里退休。所以我一直在做副刊，真正在一线工作的时间很短。

做副刊我主要是负责文艺评论这一块，一直写一些书评、影评。有的时候我觉得我自己的工作其实和新闻的关系不大，没做过几年记者，也没做过几年新闻的编辑，虽然一直在做报纸，但其实主要是写一些有关文艺方向的东西。所以我觉得自己也不能算是标准的新闻人。

◎ 薪火相传，生生不息

之前我们在厂里办报时，就自己设计卡片，自己印出来。后来我在人大上课的时候，我看方汉奇先生也在做卡片，于是我从那个时候就喜欢上了做卡片，我读书的时候，看到什么喜欢的东西就抄到卡片上。方先生这种治学的方式和精神对我影响很大。说起来方先生算是我的启蒙导师，他讲的内容，讲课的精神，包括他研究学问的方法，都对我有很大的影响，现在虽然说有电脑了，但是我还是习惯做卡片，不管什么都想直接写在卡片上，他们好多人都建议我用电脑，但是我使用电脑不是太好，也不太会打字，所以我就一直做卡片。

在上大学的时候，方汉奇教授在上课的时候讲到了戊戌变法，讲到了梁启超变法，办报。正好学校举办青年论文大赛，号召同学们写论文，当时我写梁启超新闻思想初探，就到北京图书馆的报库，把他办的《时务报》从头到尾看了一遍，一共是 69 本，说是“报”，实际上是线装书，大概有一米高。我借的时候这个报纸没有人翻过，上面全是土。我就一本一本地看，重新编目，把所有的目录都抄下来，看他办报的思想，就这样做了一个学期，每当我没有课的时候就去图书馆，最后写了这篇论文，得了二等奖。当时方先生就说，像我这样一本一本看原报的人很少。我现在都记得他一句话："中国近代的报刊就是一片没有探索过的处女地，随便拿起一本，都能精耕细作。"

后来我写毕业论文就以这段学习经历为基础，所以说方先生是我的启蒙老师，没有他在课堂上精彩的演讲，我就不会对梁启超产生这样一种情感，并一直在追踪他。

其实说起来方先生当年对梁启超评价并不高，他说梁启超就是政治家办报，我写论文的时候他还批评我，说我对梁启超评价太高，所以给了我 5-。他很强调梁启超的政治身份，即保皇派的身份、维新党的身份。所以那个时候老先生还是这样一种思想观念，所以他不同意把梁启超拔得太高。

但是我也是一个比较固执的人，我当时已经被梁启超迷住了，我读梁启超的《时务报》，他的变法通议，简直就跟说今天的事情一样，一篇一篇谈为什么要变法，其实换句话来说，就是当时为什么要改革。那里面说了怎么变法，到底哪些东西要变，他的文章很容易鼓动人心，我后来体会到，当时那么多年轻人就是看了梁启超的文章，走向了革命的道路。当时毛泽东主席，他的一个笔名叫思任，任就是任公，梁启超早年起号"任公"，所以毛主席应该也崇拜梁启超。别人的文章里都说康梁，只有毛主席早期的文章里说梁康。可以想象毛主席当年对梁启超的这种感情。

2008 年的时候，一家出版社找到我，让我写梁启超。开始给我规定了 10 万字，因为他们想要一本图文结合的书，但后来我读了五遍《梁启超年谱》，大致对结构有了一些了解，发现这个事情没有那么容易，不是 10 万字能解决的。

梁启超是近代中国一位百科全书式的人物，一生涉及政治、经济、思想、宗教、历史、法律、金融等多个领域，具有维新派、改良派、保皇派、立宪派等多重身份，描述起来难度非常大，他的著作《饮冰室合集》，摞起来有桌子这么高，我至少读了 3 遍。加上梁启超朋友的选集、年谱、书信集等材料……相关材料就多达一两千万字。这些作品，我都进行了认真研读，其中包括孙中山作品 12 卷，章太炎作品 20 卷，康有为作品 12 卷，加起来总字数便是上千万字，读完这些，我才开始动笔写《梁启超传》。

后来我和出版社说了这个想法，他们也同意，说是我写成什么样都给我出版，就这样《梁启超传》我写了整整 4 年，从 2008 年春节后动笔，写到 2012 年春节，当年 9 月出版。一共两个大厚本。这期间，我换了两副老花镜，有时一天工作 16 个小时，当时也不用做饭做家务什么的，除了吃饭睡觉就是写这本书。虽然这么多年来，我对梁启超一直“情有独钟”，却仍然觉得自己当初答应写《梁启超传》有点鲁莽。梁启超的事情很复杂，牵连很广，不是一个人的事情，更像是一个时代的事情。我认为自己这本书更像是一个“初级作业”，很多问题还没有钻研透，人物关系只停留在“描述”层面，深入的判断还谈不上。

◎ 实事求是，永不动摇

我觉得人大对我比较大的影响就是新闻系核心的价值观，就是人大门口那 4 个字——实事求是。这 4 个字对于一个搞新闻的人来说，确实是十分重要的。要一开始就确立这种观念，这种核心价值观，所以我说这四个字对我影响是比较大的。

我觉得作为一个新闻记者的训练，就是写作的训练，这对我以后的帮助特别大。包括后来我在报社经常带实习生，他们好多人的新闻素养就比不上人大新闻学院的同学。其实“实事求是”，这对于搞新闻的人来说，确实是十分重要的。要一开始就确立这种观念，这种核心价值观。我们去采访一个新闻事件，相关方各说各的，我们就要做出判断，哪些是真实的，哪些是有水分的。作为一个新闻记者的训练，尤其是写作的训练，对我以后的帮助特别大。

◎ 心念母校，劝勉后辈

我觉得现在整个社会对大学有一些微词，有各种各样的说法，这个和我们上学时不一样，大学不是一个封闭起来的社会，它在这个社会当中，社会会对它产生一些作用，它也会受到社会的影响。我认为，作为新闻系的学生，必须坚守我们的核心价值，不管以后你参加工作遇到什么困难，什么挫折，被迫采取什么样的折中妥协的做法，无论如何，这个核心价值观都不应该被丢掉。你可能很痛苦，可能以后不去做这件事情，但是核心理论和核心价值不能丢。

对于新闻系的同学，我特别希望大家能够做一个杂家。这也是在校学习时的老师和工作时的老师教给我的：无论是记者还是编辑，都可能遇到各种各样的问题，内容是预料不到的，是千变万化的。记者每天都接触到不同的新鲜的东西，所以更需要自己有知识储备。不要拒绝新的知识和内容。多看书，看的书要多，要杂，有兴趣的书要看，没有兴趣的书也要翻一翻。这样才能保持对新知识的敏感度，丰富自己的内存。

只有这样，在采访的时候才不至于那么茫然。采访对象讲起来，自己起码有印象，之后再去慢慢深入。特别忌讳采访对象说半天，自己根本不知道怎么回事，这会给采访对象留下不好的印象，从而排斥你。

我实话实说，有一些记者被拒之门外，受访者不接受采访，这是常有的事情，原因或许是他觉得你的专业水准和他对不上号。特别是我们做文艺的，要求的专业性特别强，我们又不是专门学文艺的，知识自然有欠缺。如果我去做电影这方面，我却没有学过电影专业，没学过电影史，没学过电影理论，说一个电影我也不知道，包括说一个国外电影名家，我也不知道，怎么做工作？所以就要恶补，我 20 世纪 80 年代看得最多的就是电影方面的书，戏剧方面的书，我至少要把自己变成半个专家。

为什么我和一些电影界的、戏剧界的人特别熟，因为他们都把我当成这个领域的专家，而这也是缘于我早期在这方面下过很大的功夫。

欧洲有一些国家要求当记者是要有双学位的，要是做财经的，就至少要有一个财经方面的学位。我们国家没有这样的规定，但是我们要有这样的意识，我们要成为相关方面的专家。

所以我劝我们的一些学生，珍惜这四年的本科时光，当然有的人还要读研究生，读博士，一定要珍惜在校的时光。一旦出了学校，就很不一样了。我至今都很怀念学校生活，我觉得我在学校待的时间太短了。

学校是一个读书的地方，他不是说老师要教你很多，而是说要自觉主动地读书。我一直觉得，读书是一种游戏，有书可读心满意足，我们为什么要读书呢？一是要救天下，二是要救自己。很多时候，救天下也要从救自己开始。人非生而知之者，孰能无惑？有了惑不要紧，可以想办法解惑，而读书正是我们所能选择的解惑方式之一。

比如说20世纪80年代，那些如火如荼的读书运动，就是源自人们反思历史、思考现实、求索未来的内在要求，人们希望从书中找到答案，摸索出一条通向现代民主国家的道路。如果说，中国的改革是“摸着石头过河”的话，那么，一本本有思想价值的书，就是人们摸得到的一块块“石头”。中国的改革开放走到今天，取得了举世瞩目的成就，读书的意义不应被低估。

我建议同学们要多泡图书馆，少玩电脑，我觉得自从有了电脑之后，人们太相信电脑了，太依靠网络的搜索功能了。但有一些是电脑和网络没有办法提供的。它给你提供的东西有时候也是用不到的。我建议大家随身应该带一本书，在坐地铁、坐飞机这些空闲时间里随时翻阅，利用零碎时间读书，这个比在电脑上看杂七杂八的东西重要多了。我们新闻系的同学，一定要有大量的阅读，只有这样才能胜任自己的工作。

我不是反对大家用电脑，我指的是不要在网上看那些乱七八糟的东西，若我们真的在网上看一些有用的东西，能够给我们提供营养的，那也非常好。因为大学的时间毕竟有限，如果你把它荒废在这方面，时间就会少了。我觉得对于学生来讲，就是要珍惜这四年。在这四年里接触一些经典，读一些真正的著作，这对以后的发展是非常好的。要熟悉图书馆，多去图书馆，这对于一个学生来说非常重要。因为图书馆是一个巨大的知识库，里面有各种各样的知识。

而且现在也十分方便，我们有电子图书馆，在网上就可以进入图书馆，我觉得这都是一种方式。

我发现现在的一些实习生就缺乏阅读，读的不够多，所以也没有什么太多的感觉，我推荐他们去读一些有关美学的书，去看一看李泽厚的《美的历程》，好多人说看不懂。我只能给他们推荐一些更简单的书，我觉得这就是积累不够，没有大量的阅读作为积累，肯定无法有好的审美，进行创作。

只有在学校里，才有机会认识这么多老师，这真的也不容易，我觉得每个老师都有自己擅长的方向，你可以不同意老师的观点，但是你可以和老师讨论交流。刚才我也提到过，我和方先生就经常交流，说明我的想法，其实我最后也不是很同意他的观点，他觉得政治家办报存在太多的局限，他也不会同意我的观点，把梁启超拔得这么高，但是我们一直保持着交流，我在其中也收获了很多东西。他确实给了我很多的启发。

现在回想起当时的时光，还是很感慨，有很多回忆。

解玺璋自述，本次采访时间为2018年7月21日，由中国人民大学新闻学院2017级本科生徐辰烨负责采访、录音及文字整理。

采写 / 徐辰烨　　编辑 / 李宣谊

廖明球

|人物简介| 湖南安乡人

1953年生，1978—1982年就读于中国人民大学计划统计系统计学专业，获学士学位；1998—2001年就读于国民经济管理系国民经济计划与管理专业，获博士学位。曾任湖南省统计局副处长、正处级调研员、高级统计师，中国统计学会会员，湖南省统计学会常务理事、学术委员会委员，中国投入产出学会理事，中国国民经济核算研究会理事，中国数量经济学会会员（团体会员），中国数量经济学会理事。现任首都经济贸易大学教授、博士生导师。

◎ 青年教师，初入人大

我1953年2月出生于湖南省安乡县，父母都是乡村教师，家里一共有4个兄弟，我排行老三。当时我父母的工作并不是很稳定，一般是在这个地方待两年又在那个地方待两年，所以我的童年时光也都是随着他们在不断地搬家中度过的，从一个学校到另一个学校，从一个地方又到另一个地方。在跟着父母从乡村学校转来转去的过程中，我去过很多地方，也正是在这种家庭环境的影响下，我读书读得比较早，在五岁左右就开始读书。

初中毕业之后，为了响应毛主席有关知识青年上山下乡的号召，我在1968年12月份，大概16岁不到的时候就去了乡村务农。而且我们家也是在1969年的时候就把房子拆了，从一个小集镇搬到了农村去住。直到现在我还记得那时候实行的是“粮食统销统购”政策，大家都喊这个是统销粮，我们当时吃的也都是这个。到了乡下以后，我先是从事务农的工作，从1969年的1月份到10月份工作了将近一年的时间，接着在11月份的时候就开始担任民办教师了，具体的工作主要就是在村子里面的学校教书。一直到1976年粉碎“四人帮”，我才结束了乡村教师的工作，又拥有了接受教育的机会。当时能够出去上学的人都是在我们这些知识青年中挑选出来的，就这样，我很幸运地被推荐选拔到了湖南省常德师范学校继续读书学习。

在湖南省常德师范学校求学时，因为我之前的职业是乡村教师，所以一开始我学习的就是普通专业，包括语文、算术之类的学科。后来又因为我跟我们当地的县文化馆还有一些联系，他们想让我以后编一些节目，排练一些演出之类的，所以他们就给我联系了一个学习音乐的机会，就这样我又学了一年的音乐。开始的时候，我是想毕业以后当一个业余创作员，排排节目之类的。不过在继续学习生活的过程中，我认识到对于我来说只读一个师范还是远远不够的，我还想要继续接受教育，继续学习、深造。就这样，我在刚刚恢复高考的时候就参加了高考。我记得那是在 1977 年的 7 月，当时我的成绩很好，考了平均分将近 80 分。但是因为我们是 1976 年读的师范，1977 年的时候还没有毕业，所以我们就没有上成大学，直到我师范毕业之后，又回乡下去考了第二次才考上大学。那次考大学也考了平均分将近 80 分，在我们地区的文科里面是第二名。之所以学文科，主要是因为我受当时的环境影响没有读过高中，所以也就没有学过物理、化学之类的科目，而且就算是语文和数学也是我在当民办老师的时候自学的。能够在中国人民大学统计系学习是个意外，当时我报的志愿是中国人民大学的国际经济系与湖北财经学院的统计专业，结果第一志愿人大录取我之后又把我调剂到了统计系。我想应该是因为我上学的时候没有学过英语，英语的底子很薄弱，成绩也不好，不太适合学习国际经济，反而是我的数学考了 85 分，学得很好，就这样把我这个数学分高一些的人就调剂去学了统计，又把一些数学分较低的人调剂到了其他专业。

◎ 结缘统计，且歌且行

在我进入人大读书之前也听说过中国人民大学，但是对于人民大学的了解也仅限于曾经听说过。我知道中国人民大学曾经于 1970 年被解散了，而我们就是 1978 年复校之后的第一届学生。之所以会报考中国人民大学是因为我在师范学校上学的时候，教我的一位老师告诉我要报人民大学的国际经济，因为人大在这方面非常厉害，所以我就听他的话在报志愿的时候将中国人民大学作为了第一志愿。考上大学之后我就从湖南省的老家来到了北京求学。来北京的路费是县里面给我们这些考上大学的学生提供的，说我们好不容易考上大学了，应该给我们报销路费。就这样，用县里面给的钱买了火车票之后，我来到北京开始了求学生涯。

初到人大，我感受到这里还是继承了很多延安作风的，注重实事求是的精神，学风严谨，遇事不浮躁，讲究实干。直到现在我仍认为这些精神的熏陶对于我的一生都很有裨益，包括我后来的研究，也是联系实际实事求是，不空谈的。在大学学习的时候，同学们都很刻苦努力。当时我所在的那一个班都是学习很刻苦的人，大家的高考分数虽然很高，但是要是说起统计来，除了几个曾经学过统计或者是做过相关工作的同学，大部分的人都还是需要从零开始进行学习的。而且我们又是复校之后的第一届，上面没有兄长的指引，下面的新同学又一届一届地到来，就这点而言我们这一届可以说是很特殊的。还有一点就是我们班里同学的年龄差异也比较大，年纪大的是老高中生，年纪小的是仅读了 9 年的高中生，我的年龄在班上算是中位数，平均年龄。然而虽然我们这些同学的年龄差异很大，大的有 30 多岁，小的有十六七岁，但是我们沟通起来是没有代沟的。同学之间最常做的事情就是讨论问题，尤其是在晚上熄灯之前的那一段时间，我们大家都是在一起讨论问题之中度过的。那时候大家都是很纯粹的，通过聊天有了很多思想上的碰撞，在学习上面也互相帮助。特别是我这种文科生，就喜欢把自己学习的感受，自己对一些事物的观点、建议表达出来。也就是在这种环境下，我从一个对统计一无所知，看到统计数据就头疼的初学者，转变成为看数据看得津津有味的一个学习者。这是一个由不熟悉到熟悉，由不喜欢到喜欢的转化过程。

人大的师资力量很强，又遇到了这样的一个特殊时期，所以当时我们的老师基本上都是副教授，甚至有些教授也会来上课。在我们那届毕业之后就有同学直接留校任教了，让刚刚毕业的年轻教师来教后面的同学。不过虽然师资力量很强，但是当时的人大校园还没有建设得很好，我们的教室都是平房，还是冬天要烧煤炉、有管道的那种。宿舍也是后来才慢慢建好的，我们那时候住过红一楼和东风三楼。我现在还记得那时候二炮也占过人大的校舍，就在当时的老图书馆对面，后来给腾出来了。可以说条件最艰苦的就是我们那一届了。

在人大生活的时候，我们每天早上起来坚持跑步，有一种军事化管理的感觉。每天都要上各种各样的课，无论是本专业的还是外院的我都要听一些。每节课是50分钟，课间休息10分钟，课间操是20分钟。到了中午我就到以前那个阅览室靠一会儿，很少睡觉，就待在阅览室里面。每天一大早就要跑到阅览室先占个座，不然等到想要去阅览室的时候就没地方了。至于当时人大的课外活动，我觉得也还是很丰富的。只可惜我的体育不太好，所以就没有参加篮球、足球、排球之类的活动。不过我们班上有同学参加了，有排球队的也有篮球队的。我记得当时也有教交谊舞的，毕竟学生之间也要互相联系。除此之外，我还在大一暑假的时候参加过一次人大的社会实践活动，这些社会实践活动一般都是在暑假组织的。因为我后来有一次在暑假的时候回家了，又有两次暑假有一些其他的事情，没有时间，所以就只参加过那一次活动。我还记得那次活动去的是承德，不过那时的活动也没有现在这么正规化、体系化，都是让我们这些学生带着行李直接坐火车过去的，到那边之后会有一个当地的学校给我们提供空床位，管我们的吃住。至于活动的主要目的就是让学生对承德有一些了解、拓宽视野之类的。

我在大学里面印象最深刻的一件事情就是毕业实习。当时我一个人在丰台区统计局实习，主要工作就是计算农业的总产值。刚开始实习的时候我不会算，相关技能都是后来一边工作一边学习才渐渐掌握的。在丰台区待的那几个月，对我毕业以后从事统计工作起到了很大的铺垫作用，完成了这样一个实习任务之后，我基本上就可以胜任后来在统计局的工作了。

现在回顾大学时光，我们同学之间的感情都非常好，大家彼此之间都很了解，直到现在印象也很深刻。当时跟我们打交道最多的是班主任于涛老师，所以我也对他很熟悉，印象很深刻。再就是系里面的几位领导，他们都非常关心我们这些学生的学习和生活。还有荣英老师，经常会帮生病的同学熬药，给人一种亦师亦母的感觉。我很感谢我的这些老师们，包括后来我在读博士期间遇到的那些老师，我对他们都是印象很深刻的。毕业之后因为仍然从事相关工作，所以我们之间也会讨论一些专业上的问题。而且我和一些老师都是投入产出学会的会员（中国投入产出学会成立于1987年3月，是由中国人民大学、中国科学院系统科学研究所、国家统计局三个单位联合发起的），所以联系也比较密切。包括我的导师刘起运教授，他是2008年从中国人民大学退休，2013年退出的中国投入产出学会。再说到有老师帮生病的同学熬药的事情，其实我们当时的校医院就已经很不错了，中医西医都有，不过一般情况下我们都没怎么去校医院看过病。除此之外，人大还有一个病号餐，有一次我感冒了，胃口不好不想吃东西，学校食堂就给我下了一碗面条吃，吃完之后就感觉好多了。除了校医院，学校还有阅览室、商店、邮局、食堂之类的设施，在当时还是很全面的，基本上满足了我们生活的需要。

◎ 学习工作两不误

大学毕业后我就被分配到了湖南省统计局工作。因为我是学综合统计的，所以就把我分配到了综合处。后来综合处又分为两个处，一个叫综合平衡处，另一个叫研究室，我就又去了综合平衡处。后来综合平衡处又改成核算处，主要进行国民经济核算工作。虽然这些处的名称变化了，但是我在湖南统计局做的一直都是专业对口的工作，一直都是从事同一个职业，变动不大。在工作之余，我就把自己的主要精力放在了投入产出的研究上，当时我在湖南省承担的三四个课题，也基本上都是和投入产出有关系或者相近的。

在工作的时候，我更加感到了更新知识的重要性。本科毕业了这么多年，我也做了一些研究，获得了一些省部级的奖项，所以就想要再去深造一下，补充知识。于是，我在中南财经大学听了一年研究生课程，课程读完之后就又去考了人大的博士，想要学习与投入产出相关的知识，毕竟人大的投入产出分析是块招牌，其他学校都没有人大厉害。又因为人大的投入产出分析专业在国民经济管理系，所以我后来在选专业的时候为了专门研究投入产出，就选择了国民经济学。直到现在，人大在这方面仍然很厉害、很出名。我的博士毕业论文是“经济、资源、环境投入产出模型研究”，后来作为专著出版并获得了北京市哲学社会科学优秀成果一等奖。当然，在进行学业的过程中，为了能够平衡学习与工作之间的关系，我和原单位协商脱产一年。简单地解释，脱产就是脱离工作生产岗位，全日制在校学习的一种学习形式，也就是在这一年的时间里，我来到人大进行了博士的学习。又因为博士期间上的课也相对少一些，所以一年之后我就结束了主要课程的学习，回到湖南省统计局继续工作，剩下的时间主要是待在湖南省，只在有需要的时候回学校继续学习。包括我的毕业论文都是在我的业余时间，还有春节等假期时挤时间来完成的。

在博士学习期间，我明显感觉到我比本科时的学习目的更加明确了，原来上本科的时候我什么都看，什么知识都想了解。但是到了博士期间我就开始有目的地了解自己想要研究的问题，把主要的精力都集中在了投入产出的研究上。而且在我读博士期间，人大各个方面的环境也好了很多。我们本科的时候住的是六人间，读博士的时候就变成了研一楼的两人间。学校的食堂也和原来不一样了，装修得也比较好了。我记得读博士的时候还没有北区食堂，只有东区、中区和西区食堂，我一般都是在西区食堂吃饭。至于时间安排，我平时除了听课之外就是自己看一些书。在读博期间主要就是跟导师的交流要相对多一些，我定期会把自己学习生活的感想跟他汇报一下。总体上来说我的读博生活还是很顺利的，因为我的老师有一个课题，需要数据，而我又正好在统计局工作，经常接触这些，所以无论是我还是老师获得数据就相对容易了一些。就这样，我的老师要用的数据和我自己论文需要的数据也就都有着落了。而且当时我选择的毕业论文也和我在湖南省统计局的工作有关，所以我写起论文来也是很顺利的，因为我在工作的过程就把数据完成了，没有走什么弯路。总之，我的研究方向没有变，原来的积累东西都是可以用到的，这也帮助我避免了很多的困难。我在湖南工作期间获得了5个省、部级奖，到北京这边又获得了2个省、部级奖，一共是获得了7个省、部级的奖项。

回顾我到北京来工作之前的经历，中学毕业后，我在1969年1月就参加了工作，1969年1月至10月下乡一直在湖南省安乡县陈家嘴镇联盟村务农，11月到1976年9月担任村民办教师，先后教小学和初中，1976年10月至1978年7月在湖南省常德师范学校学习，中师毕业。1978年9月至1982年7月在中国人民大学统计学系学习，本科毕业，并获得了经济学学士学位。1982年8月至2001年12月在湖南省统计局工作，先是在1984年当上了副主任科员，接着又在1985年当上了副处长，1995年升为正处级调研员，1997年评上了高级统计师。其间，1997年3月至1998年7月在中南财经大学研究生班学习，1998年9月至2001年6月在中国人民大学国民经济学专业攻读博士，2001年6月博士毕业并获经济学博士学位。

之所以来到北京，是因为首都经济贸易大学有一个投入产出和数量经济学的博士点，而我正好就从事这方面的研究，所以在2001年我就又来到北京的首经贸任教了。来的时候先是副教授，因为高级统计师就相当于副教授了，到2005年评为教授，2008年又评上博导。

◎ 执教生涯，关照现实

到北京来之后，印象最深的事就是我和北京市统计局合作的项目，为了研究北京的问题，我们先后至少合作了3个课题。正好我原来就是在统计局工作的，所以跟他们合作起来也很方便，他们有数据，我有方法，方法和数据一结合起来这些就好做了。而且跟北京市统计局合作的话，就不用自己去找数据了。一般对我的研究来说，如果没有数据的话就算是遇到瓶颈了，我做的研究要跟实际结合起来，不能空谈。等他们有数据了我才能继续做这个研究，不做无米之炊。

2001年奥运会申报成功的时候我刚到北京，当时全国上下都很关注这个事情。到了2002年的时候，我就想到要做一个奥运经济模型，于是就申报了个省部级的课题。最开始是向国家统计局申报的一个研究方法论的课题，不过国家统计局的课题是要自筹经费的，最后还是首经贸资助了我一些资金，来支持这项研究。开始进行奥运经济模型研究之后，我先是做了方法论的研究，后来又做了全面的研究。全面的研究项目是向北京市的自然科学基金申报的，申报了这个项目后，我就又用了几年把它做完了。这个奥运经济模型后来获了北京市哲学社会科学优秀成果二等奖，我的博士论文获了北京市第九届哲学社会科学优秀成果一等奖。从我当民办教师开始，然后到中国人民大学学习，在湖南省统计局工作再到担任教授，这些人生轨迹应该说是一脉相承的。现在我是一名教师，但是我之前也当过老师，现在我在做投入产出之类的研究，我之前也在湖南省统计局做过统计工作。所以说无论是在统计局工作还是当老师，我的研究方法一直没有改变，也没有走什么弯路。虽然是面临着不同的身份转换，但是研究的东西还是一样的，而且我自己本身对这方面有兴趣，是把它当成了我的爱好来做的，所以就一直选择研究投入产出。虽然后来又把计量经济学和投入产出结合起来，在统计局的时候也曾经把投入产出和国民经济核算结合起来过，但是这样做研究也使我的研究思路更加开阔了，不是单一地从一个方面去看，而是从其他角度来研究投入产出。所以说身份的转变没有转变我的研究方向，即使现在在大学也不是以教学为主的，主要还是搞研究、做学术。

在人大的学习对我的一生都是很有裨益的。要实事求是，研究问题要用数据说话。其实我们学统计的都是要用数据说话，就是比较偏向实证，既要有方法论的研究，又要有实证的研究，不是空谈。我现在教学生也是这样，大学的教学方法和民办老师的教学方法是不一样的，当民办老师就是教给学生知识，而在大学当老师是传授学习方法，是教会学生怎样去理解问题。特别是带研究生的时候，一定要注重引导，带着他们一起做研究。毕竟本科学生和研究生的学习层次不同，本科生会讲的浅一点，我只教会他们这些证明怎么用，不会带着他们去证明。而到研究生就开始接触并且进行一些证明了，博士生则主要就是偏向证明了。包括我现在也是这样，现在我主要就是做一些前沿性的研究，做一些书本上没有的东西。最开始上学的时候我的知识都是从书本中来的，等到逐渐成熟之后，我的知识积累就是从实践中来了。同时我在提出一些选题的时候也是要根据社会的实际需要，就像奥运经济、绿色 GDP 之类都是很热门的话题，根据实际需要做出来的话也比较有意义。

◎ 宏观研究，经世致用

回想我做过的比较有意思的研究，一是博士毕业论文。当时的毕业论文我选择的是经济、资源、环境投入产出模型，数据用的就是湖南省的，方法论用的是一般的。论文的第一步是要做方法论的模型，工作量还是很大的，需要把经济、资源和环境都结合起来。我需要编制经济的投入产出模型、资源的投入产出模型、环境的投入产出模型，还要把他们结合起来做研究，所以说这是我做过的所有课题里面最大的一个。二就是我在湖南省统计局的时候，把五大核算，也就是国内生产总值核算、投入产出核算、资金流量核算、对外收支核算以及资产负债核算，每个量表都是对国民经济某一方面的完整描述，结合起来编织成一个宏观经济学的量表，并把投入产出表一直没有解决的第四象限问题给解决了，这个是在我所有课题里面，做得最成功的一个。尽管我现在做过了这么多的课题，还是对五大核算的印象最为深刻。我需要把五大核算表编制成为一张表，把他们连起来一共是 7 个象限加一个补充象限，也就是 7+1。投入产出表一共是四个象限，我又加了几个象限在里面，把他们连起来了。1995 年的时候国际统计学会在北京召开，我的这篇文章就被选上参加了这次大会，那时我还在湖南省统计局工作。后来来到北京之后我又做了一个奥运经济模型，然后又转到绿色

GDP 做投入产出研究，再后来又开始做低碳投入产出研究。基本上还是从实际出发，并且把投入产出与国民核算和计量分析结合起来。

我认为做研究是一项自觉的活动，不是放在日常工作之内的。机关里面的人一般都是只要把本职的工作完成就行了，但是我不一样，我是在思考怎么把自己的工作做成研究型的。也就是说想得深远一点，怎么往后做。不光是要把方法论挖掘出来，还要做实证。统计学就是要用数据说话，得到了那么多的数据之后却不做研究，我觉得这样是很浪费的。一般的做法是把数据完成后交上去就算是把工作完成了，但是往后做就是不光要做数据收集工作，还要把数据的来源、方法论以及它的实际应用都做出来。我认为学习了统计学这个方法之后，人的一辈子都是受用的。在跟数据打交道的时候，一开始就是烦，学不进去，但是等到学进去，就可以把数据看出来再把数据背后的东西掌握，这个是很难但是也很重要的。

可以说我的工作是比较偏向宏观的。我们开始学统计学都是研究宏观这方面的，而不是搞企业那方面的知识。人大的特点就是教大家学宏观。在教学的时候，主要目的不是要培养做企业统计的人才，而是要培养政府机关的统计人员，包括我在湖南省统计局工作的时候也是做宏观的研究。毕竟我们国家一个省的人口也相当于国外一个不小的国家了。宏观分为两个层次，一个是国家层次，一个是省层次。至于统计的应用，到现在为止一般来说都是应用得很不错的，但是没有深层次的研究。我们现在一般性的研究都做了，但是深层次的研究就不是一般的人能做到的了，所以我们现在就需要培养一些做深层次研究的人才，也就是所谓大数据挖掘的问题。我们原来也做过深层次的，但是还没有专门进行过针对性的研究，而是用很大精力去做数据。我认为首要问题是需要把投入产出表编出来，现在都是花费很大的精力去做数据，数据弄完了才能开始做分析研究，这就给我们造成了很大的限制。所以说我们深层次的研究做得很少，主要还是一般层次的研究。

◎ 祝福母校并寄语学子

我希望同学们在大学期间一定要把基础打好，不要有什么感兴趣和不感兴趣之分，因为大学本科阶段，学校安排的课程都是最基础的。虽然有些课程教的知识可能在大学毕业以后就不用了，但是它是一种储备，扩充了你的知识面。我认为其实各个学科是相通的，只不过是你要从哪个角度去研究它而已。就像经济学，没有数学就研究不了经济学，所以如果想要研究经济学的话，数学的基础就要打得牢固一点。同时，为了少走弯路，研究经济学也要把数学、哲学这些基本学科学好。认真地对待每一个学科，努力地学习知识这样对人一生都是很有帮助的。

人大原来是以人文社科为主的，我看到这些年也开始发展理科了。我认为这个方向是对的，要走综合性大学这条道路。数学、物理、化学这些专业都应该有。以人文社科为主，走综合性的道路，把其他学科发展起来，这样对学生和学校都是很好的。

最后祝愿母校发展得越来越好，晋升到世界前列，国际一流大学之中应该有中国人民大学的名字！

廖明球自述，本次采访时间为2018年7月31日，由中国人民大学2016级社会与人口学院本科生李琪、2017级社会与人口学院硕士生李运秋负责采访、录音及文字整理，部分资料来源于网络。

采写 / 李琪　李运秋　　编辑 / 刘芳

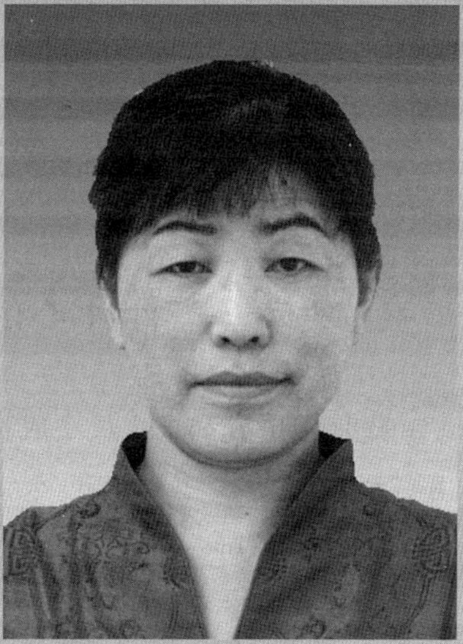

熊应进

|人物简介| 四川成都人

1958 年生，1978—1982 年就读于中国人民大学计划统计系统计专业，获学士学位。曾在中央广播电视大学文科处，从事财经类各专业、工业统计专业建设工作及统计专业课程教学工作。曾任财经部会计统计教研室主任，国家开发大学（中央广播电视大学）新闻办公室副主任、主任，《中国电大报》主编。现为国家开放大学副教授。

◎ 高校里成长，对读书心存向往

我是四川成都人，从小成长在四川财经学院，也就是现在的西南财经大学的校园中。我父亲是四川财经学院的一名行政干部，母亲是小学教师。因为从小就在高校环境中长大，身边的人对于上学和获取知识都非常重视。我的家庭也是这样，十分重视家庭教育，再加上周围的氛围，我从小就对读书非常向往。但是因为“文化大革命”的原因，很多事情还有学习都中断了。我还是挺幸运的，在1973年初中毕业后还上了两年高中，但是1975年高中毕业后我就和当时的许多年轻人一样去当下乡知青了，在农村插队了三年。我们都知道这期间人民大学停办了，其实那时全国各大高校都是一样的，四川财经学院在1970年也停办了。所有1965年和1966年入学的学生都被就地分配，老师被送到农场去劳动锻炼了。“文化大革命”结束后四川财经学院复校的时候，学校的老师和家属都特别高兴，觉得学校恢复了，生活将从此重新开始，甚至还放鞭炮庆祝。

在农村插队的3年中，我一直渴望能够读大学，接受大学教育。所以在1977年恢复高考的时候，我就决定去参加高考。最后选择中国人民大学这个学校也是受到了周围环境的影响。一是北京是中国的首都，当时那种对首都的景仰现在的人可能不太理解；二是因为家在高校，周围的人们都知道除了北大、清华，还有一个人大，而且四川财经学院的很多老师都在人大干部进修班进修过，所以对人大还是比较了解的。当时根据自己的分数，觉得北大和清华应该考不上，于是就在周围人的建议下选择了人大。

我一共参加了两次高考。第一次是在1978年1月份，是全国恢复高考之后的第一次。但是那一次我的分数不够，只能上一个中专。而我对于大学是非常向往的，不想只是读一个中专。所以又参加了1978年7月20日的第二次高考，好像我的分数还是我所在的公社参加高考的人里面最高的，这一次就考上了中国人民大学，计划统计系统计专业。现在想来，自己还是比较顺利的，因为高考废除的10年来，有太多人想要参加高考改变命运。当时有570多万人参加了1977年的考试，虽然按当时的办学条件只录取了不到30万人，但是它却激励了成千上万的人重新拿起书本，加入求学大军中去。所以我在20岁的时候能够考入中国人民大学是很幸运的。

为什么选择这个专业呢？其实我的求学路很大程度上都是受到家里和周围环境的影响，我在上大学之前是完全不知道统计是干什么的。因为我父亲在财经学院，所以在高考填报志愿的时候，学院里面的老师们互相都会推荐和提出建议供我们参考。我自己是想学中文的，但家人都建议可以学统计。统计作为经济分析的一种工具，是不受时代影响的，是一种非常有生命力的专业和学科，长盛不衰，这一点现在看来也的确如此。这个问题在我们入学后，我们系的党总支书记王经老师来宿舍看望我们的时候也问，“你们为什么选统计呀？”其实当时我根本不知道什么是统计，就是父母让我选，我就选了。那个年代父母对孩子的未来发展方向有很大的影响，作为高校教师子弟，对于学校的了解和专业的发展都是靠父母和叔叔阿姨们的见闻和了解来给我们建议。

◎ 初次离家，踏上求知旅程

在我来到人大之前，对这里的了解都是从邻居的叔叔阿姨那里来的，因为他们是20世纪50年代来人大进修的一群人。他们就告诉我，在北京上学的时候北京冬天特别冷，商店门口挂着厚厚的棉门帘等。还告诉我人民大学是什么样的，比如当时有苏联专家在人大，党史是人大的强项等等，但是并没有对校园有一个很详细的叙述。

当我来学校的时候，就觉得人大的校园很小，条件很差。因为当时解放军二炮把学校很多地方的校舍都占了，所以78级北京的同学都是走读，我们外地来的学生才住校。我记得我们住的是东门一进来的地方，是红一楼。现在也还在，有的时候我回来看看，就会想起来我们当时住在那里的情景。当时宿舍有八位同学，有六位是我们系的，还有两位是工经系的。那个时候每个专业招的人都不多，所以住宿都没有分系，大家都住在一起。宿舍里面是上下铺，中间一排桌子，就像那个年代所有的宿舍一样。其实环境挺差的，跟今天的人大住宿环境相比真是天壤之别。但是因为也没有见过别的宿舍，就觉得也很正常。洗澡是在大澡堂，和部队一起共用的，吃饭要走很远，到现在的西门食堂，所以当时流传的笑话是“到食堂吃饱了走回宿舍又饿了”。

上课大概是在现在的图书馆、国学院附近，当时那里有一片平房，就是我们上课的地方。人大复校之后，教室里的桌椅板凳都是从别的地方搬过来的。那个时候也是我第一次见识到北京的冷，而且还没有暖气。教室的讲台前面有一个大炉子，我们每天早上都要烧煤，生炉子取暖。

那也是我第一次出远门，第一次独立。当时看到从全国各地来的同学就觉得很新鲜，很有意思。我们统计专业的两个女生都是从成都来的，我们俩是老乡。其他的同学还有来自陕西西安的、河北石家庄的、内蒙古包头的、东北大连的，还有一个北京同学是在陕北工作，然后从延安回来读书的。所以我们真的可以说是来自天南海北的一群人聚在了一起，有从工作岗位上过来的，有像我一样是从各地知青来的，也有从农村来的。当时宿舍八个人，我是年龄最小的，只有20岁。她们还有24岁的、28岁的等等。因为我最小，又是第一次离家，所以大家都特别照顾我。那个年代人们思想都很单纯，所以即使年龄有差距，沟通上也不会有代沟。但是为人处世方面，我要比那些有工作经历的同学弱一些。

大学4年，有不少令我印象深刻的人和事。比如我从成都来到北京的路途。那个时候从成都到北京要坐30多个小时火车，还是那种绿皮火车的硬座。吃的是五毛钱一盒的铁饭盒盒饭，吃完就放在餐车里有列车员收走。来到北京之后觉得北京好大，和同学们到处去转，不过那时没有现在这么多人。

令我印象最深刻的人就是当时的系党总支书记王经老师，瘦瘦高高的特别精神。当时来人大之后，每个人发了一个铁的小马扎。我们就很奇怪，为什么要发这个呢？原来是当时学校很多校舍都没有被还回来，有的时候开会或者学习就要坐在小马扎上面。我记得系里面第一次新生入学大会，我们就在人大幼儿园里面的小教室，拿着小马扎坐在地上，听王老师跟我们讲人大的历史。那时候我才知道人大的前身是陕北公学，知道了人大在“文化大革命”期间的遭遇，知道了人大的复校，77 级只招了政经、哲学及党史 3 个专业，我们是复校后全面招生的第一届学生，老师对我们寄予了很高的希望。我们刚刚入校的时候，王经老师和班主任就去宿舍看我们，嘘寒问暖，问我们为什么选统计专业等等，这就一下子拉近了老师与我们之间的距离。我之前是很怕老师的，从小学到高中，看到老师就躲得远远的。但老师的探望让我们觉得人大的老师特别关心学生，不管是在学习上还是在生活上。

后来在学习的过程中，我感受到了人大老师对学问的追求和对学生的教育方式、理念是与众不同的。因为之前的一些高中同学也上了大学，和他们交流起来，就知道人大的老师在教育上是很别出心裁的，很注重教学效果，和对学生个人理解能力的把握。比如我们政治经济学的考试方式是口试。考试的时候，每个人单独见老师，老师会给你好几个纸条让你抽口试的题目，每个纸条上的内容包括老师讲课的内容和马列原著章节的内容。我最怕的就是抽到原著题，因为当时一些年龄比较大的同学，他们学起原著来就比我们要更容易。我和几位年龄比较小的同学在学《资本论》的时候就觉得好困难啊，真的理解不了。所以在抽签的时候我就一直祈祷不要抽到原著题。当我打开纸条发现不是原著题的时候，我高兴地“啊”的一下叫出声来，把老师吓了一跳。但是这样的考试方式锻炼了学生的理解能力和口述能力，要能讲，能让老师听得懂。当时还有一门课叫国民经济计划，考试的时候谁也没想到老师就出了一道题：用老师给的一堆资料编一个国民经济平衡表。全班同学都不知道怎么做。后来公布成绩，全班同学有3个不及格的，其中就有我。后来我就问班长为什么我们不及格呢？班长告诉我们其实是因为我和另一个同学上课讲话。这道题其实没人全部答对，但因为老师认为我学习特别不认真，所以给了我不及格。这件事情就让我明白了，不管干什么事情还是要踏实认真，不要耍小聪明，觉得到期末考试背一下就能考过。这件事对我来说是个终身的教诲，但也是个终身的笑话了。

另外大家都知道，77、78级的同学年龄跨度比较大，其中很多人都是“老高三”（“文化大革命”之前上过高中）。他们相对于我们来说，是经历过系统学习的一批人。而我们在“文化大革命”期间，是被鼓励学工学农，经常不上学、没有系统学习的一批人。所以他们对学习内容的把握要比我们强，学习的功力和态度都是我的楷模。那个年代大家对待学习和学术上的争论是很认真的。当时社会上有一场关于“实践是检验真理的唯一标准”大讨论，我们上课就在讨论这个问题，大家都纷纷发表自己的见解。我记得特别清楚的是有一个同学，上台根据自己学的东西就说：“实践不是检验真理的唯一标准。”大家就笑，说“你真敢说”。所以当时就是学术讨论的氛围，不是社会怎么说我们就怎么想，人云亦云，而是根据自己的所学认真地从学术方面来进行讨论。

◎ 投身高等教育普及事业，桃李满天下

在国家恢复高考之前的10年，出了一些工农兵大学生，学校是没有招正规大学生的，而到了1977、1978年，因为国家的经济建设需要大量的人才，所以我们这一届的毕业生都是国家包分配工作的。当时有两种分配方式，一种是那些从工作岗位来的，带工资的大学生，毕业之后会分配回原籍工作；还有一种就是和我一样的，没有工作单位的，是由国家分配单位。我记得当时班主任老师给我们宣

布我们这一届的就业单位，都是各大部委，非常好。其中就有中央广播电视大学。其实那个时候我也挺懵的，不知道这个学校是干吗的，但是想着这是个学校，应该有寒暑假，而且觉得当大学老师也挺好的。当时我也不太喜欢去到各大部委，因为自己不太适合那种严肃的工作氛围。我因为从小就在宽松的家庭环境和高校中长大，所以比较自由散漫。相比各大部委，学校的环境会自由一些，所以我就去了中央广播电视大学。

很多人都不太了解中央广播电视大学，它的产生是有历史的。1977年10月19日，邓小平会见英国前首相爱德华·希思时，谈到中国恢复教育的艰难和人才的短缺。希思介绍了英国当时采用广播电视等现代化手段举办开放大学的情况，引起邓小平的注意。1978年，对于全国人民来说，是十分重要的一年。这一年召开的十一届三中全会，拉开了我们国家改革开放的序幕。1978年，对我的人生来说是一个转折，对于广播电视大学来说，更是十分重要的一年。这一年的2月6日，邓小平同志在教育部和中央广播事业局联合呈送的《关于筹备电视大学的请示报告》上亲笔批示“同意”，揭开了中国现代远程教育的序幕。1979年，电大开学首次开办机械、电子类和数学、物理专业，招收了41.7万人——包括正式学生32.24万人，其中全科生9.77万人，单科生（含双科生）22.47万人，另外有相当数量的自学视听生。而1979年全国高考也只录取了28.4万人。中央电大和普通高校不太一样，它是面向全国的由中央电大和地方电大组成的办学体系，也就是各个专业的教学计划制订、教学资源制作、教学组织管理是由中央电大负责，具体招生和日常教学由各地电大执行。类比一下，中央电大就相当于普通高校的教务处，负责教学管理。1979年中央电大开学时，中国当时的行政划分有30个省及自治区，所以中央电大和除台湾地区、西藏自治区以外的28个省市电大一起开学，所有的课程是通过广播电视的专门频道进行播放。中央广播电视大学其实是将学校的办学手段作为学校的名字。1982年，电大首届毕业生和我们这些恢复高考后的77、78级毕业生同时投身到国家的经济建设之中。可以说在这一时期，电大不仅为“文化大革命”中被耽误的青年人提供了接受高等教育的机会，而且为缓解改革开放初期人才严重短缺发挥了应有的作用。

1982 年，中央电大计划在 1983 年招收财经类各专业包括工业统计专业，因此非常需要这方面的人才，所以这就是为什么我作为统计专业毕业的学生去到了中央电大。到了电大之后，我就开始为 1983 年工业统计和财经类专业招生做各种筹备工作，包括教学计划制订和授课老师的聘请。当时我就像全能一样，负责了工业统计专业教学计划里面的全部专业课程，包括统计学原理、工业统计、商业统计、基建统计、应用数理统计、西方经济统计、抽样调查、社会调查方法与实务等课，这些课程的老师基本都是我从全国各地高校请来的。其实我刚刚去到电大的时候只是执行的角色，因为在此之前电大已经启动了财经类各专业招生计划的准备。当时的教学计划请的是中南财经大学教务处的一个老师来帮助制定的，所以我去的时候已经有现成的教学计划与课程设置，只是主讲老师的选择和具体教材的编写及课程的讲授还有待我们去完成。而我作为统计学专业的学生，学的都是专业课，也没有教学方面的学习，所以我工作的过程中，很多都是借鉴当年在人大学习时老师的教学方式和考试形式。

到了 1983 年，电大开办财经类工业企业管理、工业会计、商业企业管理、商业会计、财政、金融、工业统计、物资经济管理共 8 个专业。招收全科生 23 万余人，单科（含双科）生 18.7 万人，相当于中华人民共和国成立以来普通高校同类专业招生总数的 1.70 倍。此外，还有有组织的自学视听生 10 余万人。全国电大有高等专科毕业生 6.79 万人；单科（含双科）结业生 6.12 万人。后来我的工作其实就是把整个统计专业的教学体系都搭建起来了，还包括现在沿用的一些统计课程的教学方式。

1985 年 3 月 20 日，教育部就美国旧金山总领事馆确认电大结业生学历一事发出《关于我国广播电视大学学历问题的函》，告知：“我国的广播电视大学是教育部重点大学之一。”“规格为大学专科，教学计划、教学大纲、教学要求由教育部审批，教材符合大学专科水平。主讲教学大部分是国内第一流的大学教授和讲师。每年举行国家级的全国统一课程考试。”电大的教学规定是“名师名校”，教材一定要请最有名的教师来编写并主讲，所以我们要从各地知名高校邀请老师来讲课。和我们合作的老师有很多，比如1983年统计学原理这门课的老师是天津财经学院的杨增武教授、中国人民大学统计学院的徐前教授、北京经济学院的付春生教授。1986年主讲教师就换成了厦门大学的黄良文和陈仁恩教授。这些老师都是统计学界的学术泰斗，来给电大学生讲课，我们要做的就是去和这些老师沟通和交流。因为这些课面对的学生都是在职成人学生，电大培养的是在职应用型人才，和普通高校的培养目标不一样。这样一来，主讲老师就不能用原来培养本科生或研究生的教材教授电大的学生，我们就需要和这些老师沟通，在保持学术水平不变的情况下，对学科体系和教学方法做调整，使其能够适合在职成人学生去学习。在这样的过程中我收获特别多，接触了很多学术大家，有机会跟他们一起学习。在课程的建设和资源的建设过程当中，学到了他们严谨的治学风格，和对工作的精益求精。他们对我们这些年轻人的提携和帮助，让我受益匪浅。他们才是真正的学术大家。

如果要说我这一生最骄傲的事情，应该就是在电大工作了36年，可以说是为电大贡献了自己的青春。在一个地方工作30多年，这件事让现在的年轻人来看会觉得是特别不可思议的，但是在我们这一代人身上是非常常见的。电大的学生虽然是在职成人，但是希望通过这样的方式来获取知识，来弥补自己没有上大学的遗憾，同时也通过这样的在职学习提升自己的学术水平和职业水准。我觉得这一点是我一直做这份工作最大的动力。因为电大学生虽然起点不如高校的学生高，但是学习的劲头和对大学的向往是一样的，所以我们非常愿意为他们提供这样一个机会。

中央广播电视大学现在更名为国家开放大学。2012年7月31日在人民大会堂，时任中共中央政治局委员、国务委员刘延东为国家开放大学揭牌并发表题为《努力办好中国特色开放大学》的重要讲话。她强调，要以现代信息技术为支撑，整合共享优质教育资源，创新教育教学模式，办好中国特色的开放大学，为社会成员提供更加灵活便捷公平开放的学习方式和多层次多样化的教育服务，为建设学习型社会和教育强国、人力资源强国做出积极贡献。截至目前，国家开放大学开设本专科专业 147 个，本科专业 26 个（有学士学位授予权），专科专业 121 个。在学生 351 万人，其中本科生 100.9 万人，专科生 250.3 万人，70% 以上学生来自中西部地区和基层社会组织，有 27 万少数民族学生、16 万农民大学生、10 万士官学生、1 万残疾人学生。25 岁至 40 岁的学生占在校生总数的 71.5%，40 岁以上的学生超过 26 万。累计为社会培养本、专科毕业生超过 1 100 万人。所以我在电大的这份工作实际上为我们国家的高等教育大众化起了很大的推动作用，为成千上万的人们实现他们的大学梦做了一点微薄的贡献。

还有一点很骄傲的是，人大统计专业学术排名是全国第一，作为这样一个专业出来的毕业生，我把所学的知识运用到了电大统计学的教学中去，编写了各类教材，担任了包括“统计学原理”、“工业统计”、“商业统计”、“基建统计”、“应用数理统计”、“抽样调查”、“社会经济调查方法与实务”及本科“金融统计分析”、“国民经济核算”等课程的主讲教师。其中统计学原理这门课程的教材，曾经被评为全国高等学校优秀统计学教材，制作的统计学原理的一些电子课件也获得过全国奖项。后来我还负责了本科课程国民经济核算的教学，在全国的成人教育领域都是比较有影响的，这些都让我觉得很自豪。统计学原理这门课是我参与编写教材同时参与主讲，而我们的课当时是在中央二台全天播放。所以后来就有一件很有意思的事情。我有一个亲戚，住在特别偏远的一个县城，有一次他去赶集的时候路过一个电器商城。那个年代的电视机都是在街边商店里摞着卖的，所以商城里好几个卖电视机的商店连成了一排。他路过的时候正好是电大的播课时间，所以一条街全是我在那讲课。后来好多人都说在电视上见过我，我就特别自豪，不是因为大家都见过我，而是我的课连偏远小镇的人都能够看到，那我的学生可以说是真正意义上的“桃李满天下”了。

我们有一些同学是在高校做教授、做博士生导师的，他们的目标是精英人才培养，这是社会的一个方面。但是社会的发展更多的还是要靠大众基层的发展，才能把整个社会的发展推向更高的地方，所以我做的是面向最基础人群的高等教育工作。我觉得我是为高等教育大众化的普及，为千千万万普通人的大学梦，做出我自己的努力。从 18 岁刚刚参加工作的年轻人，一直到九十岁的老太太都是我们的学生，这就是电大。

回顾过去，我的人生还是很顺利的。从高考到读书到毕业工作，没有遇到过特别大的挫折。但我自己还是有一些小遗憾，比如那个年代因为自己对英语不是很重视，就学的不好，因此就会失去一些出国学习的机会，失去了提升自己的机会。

◎ 感恩人大母校，寄语人大学子

我一直到现在都会经常回人大看看，经常参加校友办的活动。比如去年人大 80 周年庆典，我还参加了校友合唱团，在庆典周年校庆的时候表演了节目。我是离不开人大的，因为人大影响了我的一生。首先是我的家庭。我丈夫也是人大的，是我的本科同学，后来被分配到了海关总署。我女儿本科也是读的人大，在社会与人口学院。我外孙女现在两岁，以后如果有可能，我希望她也上人大。

人大也决定了我的工作，决定了我这几十年的职业发展。在人大的四年学习塑造了我的学术研究方式，也让我接触到了很多名师，其中很多老师我后来都邀请到电大去做主讲老师了。2005 年的时候我还在统计学院赵彦云院长这里做了一年访问学者。所以我和人大有很多天然的联系。

我工作的这几十年是带着人大的光环的。我记得 2007 年学校让我去做新闻宣传办公室主任，我就很奇怪，我一个没有学过新闻的人去做新闻宣传办公室主任，校领导真是不怕担风险啊。后来有同事告诉我，学校之前对我不是太有信心，所以去征求了别人的意见，得到的回复是“她是人民大学毕业的，学校对她的影响是非常大的，人大出来的人都是踏实肯干，对学术追求精益求精的，所以应该是没有问题的”。所以那个时候我才知道我的学校在其中起了非常重要的作用。不只是我，我女儿在本科毕业申请英国牛津大学研究生的时候，对方也是看中了我女儿人民大学的学术背景，看中了人大领先的人文和经济类专业背景。人大近年的建设和发展是大家有目共睹的，无论从学术水平，还是社会影响，我都觉得它是无可比拟的。所以我希望学弟学妹要真正喜欢热爱这个学校，它会带给你人生不一样的经历。

熊应进自述，本次采访时间为2018年8月12日，由中国人民大学外国语学院2017级研究生蔡芊芊负责采访、录音及文字整理，并根据熊应进校友本人提供的有关材料编辑整理。

采写 / 蔡芊芊　　编辑 / 李宣谊

图书在版编目（CIP）数据

与改革开放同行：中国人民大学校友口述史．第一辑／中国人民大学校友工作办公室编写．—北京：中国人民大学出版社，2019.5
ISBN 978-7-300-26810-1

Ⅰ．①与…　Ⅱ．①中…　Ⅲ．①中国人民大学－校史　Ⅳ．①G649.281

中国版本图书馆CIP数据核字（2019）第045618号

与改革开放同行
——中国人民大学校友口述史（第一辑）
中国人民大学校友工作办公室　编写
Yu Gaige Kaifang Tongxing——Zhongguo Renmin Daxue Xiaoyou Koushushi (Di-yi Ji)

出版发行	中国人民大学出版社		
社　　址	北京中关村大街31号	**邮政编码**	100080
电　　话	010－62511242（总编室）		010－62511770（质管部）
	010－82501766（邮购部）		010－62514148（门市部）
	010－62515195（发行公司）		010－62515275（盗版举报）
网　　址	http://www.crup.com.cn		
	http://www.1kao.com.cn（中国1考网）		
经　　销	新华书店		
印　　刷	涿州市星河印刷有限公司		
规　　格	170mm×240mm　16开本	**版　　次**	2019年5月第1版
印　　张	32.25	**印　　次**	2019年5月第1次印刷
字　　数	436 000	**定　　价**	78.00元